추천사

　　로렌과 내가 이 책을 처음 읽고 나서 거의 15년이 흘렀다. 그동안 이 책은 자녀들을 양육할 때 든든한 나침반이 되어주었다. 우리 부부는 세 명의 자녀를 키우면서 여러 부침을 경험할 때마다 이 책을 다시 꺼내 읽고 도움을 얻었다. 이번에 개정판이 나와서 기대가 크다.
　　_매트 챈들러(Matt Chandler), 텍사스주 빌리지 교회 담임목사, 액츠 29 네트워크(Acts 29 Network) 대표, 『가정 제자훈련』(Family Discipleship, 성서유니온선교회) 공동 저자

　　폴 트립은 낮은 기대감과 두려움으로 가득한 십대 자녀 양육의 패러다임을 희망차고 의미 있는 시간으로 바꾸어준다. 부모는 하나님의 성품과 복음의 능력을 자주 망각한다. 그래서 자녀의 사춘기를 그저 견디면서 낙오하지 않으면 다행인 시기라고 생각한다. 십대 자녀를 양육하는 것은 특별히 벅찬 일이다. 하지만 폴 트립은 예수님을 기억하고 복음을 믿는다면, 이 시기를 자녀들과 함께하는 건설적인

기회로 삼을 수 있음을 알려준다. 십대 자녀를 양육하는 부모의 시선을 근본적으로 바꾸어줄 획기적인 책이다.

_캐머런 콜(Cameron Cole), Rooted 설립자, 『그러므로 내게는 희망이 있다』(Therefore I Have Hope) 저자, 『복음 중심의 청소년 사역』(Gospel-Centered Youth Ministry) 공동 편집자

십대는 질풍노도의 시기를 보낸다. 자살, 우울증, 불안, 소외될까 봐 두려워하는 포모(FOMO) 증후군, 트랜스젠더의 물결, 고립, 무기력감에 특별히 취약해서 안 그래도 어려운 시기가 더욱 힘들고 괴롭다. 그래서 이 책이 더욱 귀중하게 느껴진다. 자녀 양육서 가운데 이 책은 짜증스러운 번영 복음("우리 방식대로 하면 아이들이 성공할 겁니다")을 강요하지 않는 몇 안 되는 책이다. 개정되어 출간된 폴 트립의 고전적 역작은 부모와 자녀에게 한 가지 희망을 선사한다. 바로 예수님의 생명과 죽음과 부활이다. 부모들의 손을 꼭 붙들고 이끌어 주며 격려하는 트립의 마음이 너무나 고맙게 다가온다.

_엘리즈 피츠패트릭(Elyse Fitzpatrick), 『자녀교육, 은혜를 만나다』(Give Them Grace, 생명의말씀사) 저자

나는 자녀를 양육할 때 이 책에서 너무나 많은 도움을 받았다. 그래서 이렇게 내용을 보완한 개정판이 나온다고 하니 무척 설렌다. 폴 트립은 복음과 인간 본성을 심도 있게 이해하여 이를 예수님과 함께하는 신앙생활, 결혼생활, 사역에 유익하게 적용했다. 복음을 적용

한 십대 자녀 양육을 설명해주는 이 책을 새로운 세대가 쉽게 적용하도록 개정해서 무척 기대가 된다. 이 책은 뻔한 자녀 양육 방식을 강조하는 대신 자녀의 마음속에서 벌어지는 특별한 영적 싸움에 복음을 적용하는 방법을 보여준다. 십대 자녀를 둔 부모는 마치 거친 광야를 걸어가고 있는 느낌이 들 것이다. 이 책은 광야 속에서 가야 할 길을 인도하는 나침반이 되어줄 것이다. 자녀 양육에 관한 책을 많이 읽었지만, 자녀 양육에 관한 나의 생각을 전면적으로 다시 조정하게 한 책은 두세 권에 불과하다. 그중 하나가 바로 이 책이다! 이 책을 읽은 독자는 절대 후회하지 않을 것이며, 주변 사람들에게 권하고 싶을 것이다.

_J. D. 그리어(Greear), 노스캐롤라이나주 서밋 교회 담임목사, 『복음 특강』(Essential Christianity, 두란노) 저자

자녀 양육에 대해 희망을 품게 해주는 이 책은 모든 부모의 필독서다. 저자가 이 책에서 도움이 되는 많은 방법을 알려주는 것은 맞지만, 그 때문에 희망이 생기는 것은 아니다. 이 책에서 선사하는 희망은 십대 자녀 양육의 어려움을 무시하지 않는다. 오히려 어둠에 빛을 비추어준다. 우리의 희망은 자기 아들을 보내셔서 우리를 구원해주시는 하나님에게서 비롯한다. 십대를 키우는 부모들이여, 이 책을 펴서 읽으라. 그리고 희망을 품으라!

_캐슬린 닐슨(Kathleen Nielson), 『부모의 기도』(Prayers of a Parent) 시리즈 저자, 강연가

자녀의 십대 시절을 두려움과 냉소의 시선으로 바라보고, 그저 이 시기가 무사히 지나가기만을 바라는 부모가 너무나 많다. 하지만 그 시기를 버텨내야 하는 시간이 아닌 기회가 가득한 황금기로 보면 어떻겠는가? 십대를 키우는 부모라면 모두 폴 트립의 책을 읽어야 한다. 자녀 양육을 바라보는 시각이 달라질 것이다.

_디팩 레주(Deepak Reju), 워싱턴 D.C. 캐피톨힐 침례교회의 성경적 상담 및 가정 사역 담당 목회자, 「구출 계획」(Rescue Plan) 저자

위기의 십대
기회의 십대

변화의 시기를
성숙으로 인도하는
청소년 양육 & 상담 가이드

개정판

폴 트립 지음
황규명 옮김

Age of Opportunity

ⓒ 1997, 2001, 2022 by Paul David Tripp
Originally published in English under the title *Age of Opportunity: A Biblical Guide to Parenting Teens* by P&R Publishing Company, P. O. Box 817, Phillipsburg, NJ 08865-1817, USA.
All rights reserved.

This Korean translation edition ⓒ 2024 by Timothy Publishing House, Inc., Seoul, Republic of Korea
Published by arrangement with P&R Publishing Company, Phillipsburg, New Jersey, USA.

이 한국어판의 저작권은 Frederick J. Rudy and Associates 에이전시를 통하여 P&R Publishing Company와 독점 계약한 ㈜도서출판 디모데에 있습니다. 신 저작권법에 따라 한국 내에서 보호받는 저작물이므로 무단 전재와 무단 복제를 금합니다.

위기의 십대 기회의 십대

1쇄 발행   2004년 3월 2일
7쇄 발행   2021년 4월 17일
개정판 1쇄 발행   2024년 2월 15일

지은이   폴 트립
옮긴이   황규명
펴낸이   고종율
펴낸곳   ㈜도서출판 디모데〈파이디온선교회 출판 사역 기관〉
등록   2005년 6월 16일 제 319-2005-24호
주소   서울특별시 서초구 서초대로 141-25(방배동, 세일빌딩)
전화   마케팅실 070) 4018-4141
팩스   마케팅실 02) 6919-2381
홈페이지   www.timothybook.com

ISBN   978-89-388-1703-7 (03230)
ⓒ 2024 도서출판 디모데 All rights reserved. 〈Printed in Korea〉

위기의 십대
기회의 십대

사랑하는 아내 루엘라에게

당신은 나의 가장 좋은 친구이자,
선생이며, 삶의 모범입니다.
당신은 여러 가지 방법으로
자녀를 양육한다는 것이 무엇인지 가르쳐주었습니다.
고마워요. 당신에게 받은 감화는
당신이 생각하는 것 이상으로 큽니다.

차례

서문   13

1부. 십대와 부모

1장. 위기의 십대인가, 기회의 십대인가?   19
2장. 변화를 가로막고 있는 것은 누구의 우상인가?   47
3장. 가정이란 무엇인가? -정의   65
4장. 가정이란 무엇인가? -역할   87
5장. 부모들이여, 자녀를 만나라   119

2부. 하나님이 원하시는 목표 세우기

6장. 하나님의 목적과 영광 그리고 그분의 은혜   155
7장. 현재 일어나고 있는 영적 전쟁   173
8장. 신념과 지혜   203
9장. 현실 세계에서의 삶   229
10장. 하나님을 향한 마음   267
11장. 집을 떠남   305

3부. 십대 양육을 위한 실용적인 전략

12장. 십대 양육을 위한 세 가지 전략   339
13장. 큰 변화를 향한 첫걸음   369

폴 트립의 부모 상담소   407

서문

내가 처음 상담 사역을 시작한 것은, 1971년 가을 사우스캐롤라이나주 컬럼비아에 있는 웨일리 연합감리교회의 청소년 사역 담당자로 일하게 되었을 때였다. 그때 나는 스물한 번째 생일을 3개월 앞두고 있었다. 그곳에서 보낸 시간은 너무나 먼 과거의 일이라 마치 다른 사람의 일처럼 아득하다. 하지만 그때나 지금이나 여전히 소중하게 붙잡고 있는 것이 있다. 그것은 바로 한 인간이 성인이 되기 위해 거쳐야 하는 가장 힘들고 어려운 시기인 사춘기 시절에도 복음은 놀랍게 적용될 수 있다는 신념이다.

1971년, 그때에는 결코 이러한 책을 쓸 수 있으리라고 생각하지 못했다. 왜냐하면 내 자신도 이 책에서 그리고 있는 청소년들의 모습과 많은 부분에서 같았기 때문이다. 하지만 하나님은 많은 사역과 그분이 세우신 많은 사람을 통해서 나를 훈련하셨다. 이 책에 담겨 있는 여러 깨달음에 대해 큰 도움을 준 사람들을 모두 열거한다는 것은 불가능할 것이다. 이 책은 많은 목회자와 교사들, 친구들, 동료 교수들 그리고 가족들의 애정 어린 도움의 결실로 만들어졌다. 이 모든 사람이 '성경적으로 산다는 것이 어떤 것인가?'에 대한 나의 이해에 큰 도움을 주었다.

　　나는 특별히 내 인생과 목회 사역 그리고 이 책이 나오기까지 도움을 주었던 사람들에게 감사의 마음을 전하고 싶다. 먼저 내 아이들인 저스틴, 에단, 니콜, 다네이에게 고마운 마음을 전한다. 이 아이들은 내게 하나님의 뜻에 따라서 양육한다는 것의 의미를 너무나 많이 가르쳐주었다. 특히 내 아이들이 부족한 아빠에게 거듭 베풀어준 이해와 사랑에 고마움을 전한다. 첫째로, 그들은 십대의 나이란 정말 엄청난 변화가 일어날 수 있는 기회의 시기임을 발견할 수 있도록 도와주었다. 둘째로, 함께 놀아주기보다는 많은 시간 동안 책상에 앉아 있던 아빠를 기꺼이 이해해주었다. 셋째로, 우리가 함께했던 많은 사건과 경험을 책에 기록할 수 있도록 허락해주었다. 그래서 이 책에 순수성을 더해주었다.

　　나의 형 테드가 여러 해 동안 얼마나 나에게 많은 깨달음을 주었는지 본인은 잘 알지 못할 것이다. 이 책에 등장하는 도표나 인용문에서 형의 이름을 빼고서는 거의 내놓을 만한 것이 없을 정도다. 그리고 결정적으로 이 책을 쓰도록 격려해준 것에 감사한다.

　　에드 웰치 교수, 데이비드 포울리슨 교수, 그리고 존 배틀러 교수에게 감사드린다. 그들은 내가 성경 신학을 실질적 상담에 활용할 수 있도록 도와주었다. 또한 함께 사역하는 동안 내게 주었던 끊임없는 영적 감화에 감사드린다.

　　편집 일을 도맡아주었던 수에게 감사한다. 그녀는 놀라운 능력으로 내 생각들을 적절하고도 명확한 개념의 문장으로 다듬어주었다.

    또한 오랜 시간 타이핑해주었던 루스에게 감사한다. 자원해서 해주었던 그녀의 노고로 인해 나는 이 책의 저술 작업에 좀 더 쉽게 몰입할 수 있었다.

    그리고 계획되었던 일들이 그대로 이루어질 수 있게 돌봐주었던 비서 제인에게 감사한다. 이 책은 그 모든 수고와 헌신의 결과물 중 하나다.

    나는 이 책이 사춘기에 들어서려고 하거나 혹은 이미 들어서 있는 자녀들을 둔 많은 부모에게 희망과 용기와 깨달음을 줄 수 있기를 바란다. 하나님 말씀의 진리가 초조함과 근심으로 가득 차 이 위기를 어떻게 넘길지를 걱정하는 두려움의 때를 변화시켜서 하나님이 하실 놀라운 일들에 대한 기대감과 기회로 가득 찬 때가 되기를 기도한다.

1부.

십대와
부모

1장.

위기의 십대인가,
기회의 십대인가?

이 두려움은 우리 주변 어디에서나 나타난다. TV 시트콤에서, 편의점이나 서점 진열장에 꽂힌 잡지 속에서, 토크쇼와 팟캐스트에서도 이 두려움을 볼 수 있다. 심지어는 가정을 주제로 저술된 기독교 서적 속에서도 나타난다. 그것은 바로 부모들이 십대 자녀들에 대해 가지고 있는 두려움이다. 부모들은 자녀들이 어렸을 때에는 키우는 기쁨을 누리면서도 마음 한구석에서는 최악의 사태를 예견하며, 몇 년만 지나면 이 귀여운 아이가 하룻밤 사이에 흉칙한 괴물로 바뀔 것이라는 걱정스러운 마음을 감추지 못한다. 이미 그들은 청소년 자녀 양육이라는 어두운 골짜기를 통과한 다른 부모들로부터 자신들의 앞에 놓여 있는 각종 위험들에 대해 수많은 이야기를 충분히 들어왔다. 또한 자신들이 최악의 사태를 각오하고 있어야 하며, 자녀들이 무사히 그 사춘기를 지나고 가정의 평안이 유지될 수만 있어도 감지덕지라는 말도 숱하게 들었다.

나는 최근 내가 강의했던 한 부부 세미나에서 자녀들의 청소년기를 이렇게 바라보는 시각들을 접하게 되었다. 세미나는 모든 면에서 아주 유익한 시간이었다. 수업 분위기는 매우 열정적이었고, 잘못된 생각이 교정되었으며, 소망에 찬 의욕들이 고무되었다. 음식과 숙박 시설도 아주 좋았고, 세미나 장소도 아름다운 해변가에 위치해 있어서 더할 나위 없는 분위기였다. 세미나가 끝나갈 즈음, 나는 넘실거리는 바다 물결에 비치는 저녁노을을 바라보다가 근처에 앉아 이야기를 나누고 있던 어떤 부부를 보게 되었다. 그런데 그 아름다운 풍경을 바라보고 있는데도 그들은 전혀 행복해 보이지 않았다.

나는 호기심이 발동했다. 그래서 그들에게 이번 세미나가 어땠느냐면서 말을 걸었다. 그들은 모든 것이 다 좋았다고 대답했다. 나는 그런데도 왜 별로 행복해 보이지 않느냐고 물었다. 그러자 부인이 이렇게 말했다. "우리에게는 두 명의 십대 아이가 있답니다. 그래서 우린 집에 다시 돌아가고 싶지 않아요. 이번 주말이 영원히 끝나지 않았으면 좋겠어요." 그러자 옆에서 남편이 한마디 했다. "그저 애들이란, 우리도 어린 시절에 그랬던 것처럼 반항적이 되리라고 체념할 수밖에 없는 것 같아요. 그리고 어떻게 해서든지 견뎌내야 하는 거지요." 아내가 한숨을 내쉬며 말했다. "그뿐만이 아니라 그 아이들 속에 들끓는 호르몬을 상대로 싸울 수는 없는 일 아닌가요?"

나는 돌아오면서 우리 자녀들이 일생에서 거치게 되는 이 시기에 대해 우리가 생각하는 방식에 뭔가 근본적인 문제가 있다는 생각을 지울 수 없었다. 우리의 십대 자녀들에 대해서 일종의 문화적인 현상으로서 유행하는 두려움과 냉소적인 시각을 갖게 된다는 것은 근본적으로 잘못이다. 부모들이 가장 바라는 것이

이 시기를 그저 무사히 지나가는 것뿐이라는 것도 역시 뭔가 잘못된 일이다. 우리는 새로운 관점을 가질 필요가 있다. 과연 이러한 생각이 자녀의 인생에 대해서 마땅히 가져야 하는 성경적인 관점인가? 이러한 관점이 자녀를 양육하며 미래에 대한 소망을 발견하는 데 있어서 성경적인 방법이 되고 있는가?

우리는 사회에서 일종의 열병처럼 번지고 있는 십대들에 대한 이러한 비관적인 관점이 무엇이 잘못된 것인가를 점검해야 한다.

십대에 대한 생물학적인 관점

때때로 우리는 십대 청소년에 대해 말할 때 마치 그들을 급격한 신체적 변화를 겪고 있는 반항적이고 열정적인 호르몬의 집합체 이외에는 아무것도 아닌 것처럼 이야기한다. 그리고 우리의 목적이 단지 이러한 호르몬을 어떻게든 붙들어두는 것이라고 보고 그 일만 잘 되면 아이들이 성인이 될 때까지 잘 버틸 수 있으리라고 생각한다. 얼마 전 어떤 어머니가 내게 다가와서 자신의 아들이 이제야 성년이 되었다고 너무나 기뻐하던 모습이 생각난다. 사춘기를 무사히 보낸 아들이 마치 사망의 음침한 골짜기를 무사히 통과해낸 것처럼 그렇게 기뻐했던 것이다. 그 어머니는 이렇게 말했다. "우리가 해냈어요!"

이처럼 아무 일 없이 그저 그 시기만 지나가준다면 고맙다는 생각은 부모가 청소년 자녀들에 대해 바라보는 관점이 얼마나 무기력한 것인지를 보여준다. 많은 부모들이 자신의 아이들에 대해서 말하는 것을 들어보면 그들의 말 속에서 도저히 희망을 발견할 수가 없다. 그들은 자녀들을 볼 때 그 아이들로 하여금 정신나간 사람처럼 행동하게 만드는 호르몬이 분비되는, 신체적 변화의 희생자들로만 보는 것이다. 비록 겉으로 표현하지는 않지만 이러한 생각 밑바탕에 깔려 있는 그들 나름대로의 신학적 전제들은, 성경의 진리나 복음의 능력, 혹은 성경적인 대화법과 하나님 중심의 인간관계들이 십대 자녀에게는 전혀 통하지 않는다는 것이다. 우리는 하나님의 말씀의 능력과 역동성을 믿는다. 단, 어떤 어리석은 부모가 13세와 19세 사이의 자녀에게 그것을 적용하려고 하지만 않는다면 말이다. 요즘 우리는 10세에서 12세까지를 '프리틴(preteen)'라는 용어로 독특하게 시기를 구분한다. 그리고 이 시기는 십대들의 괴물 같은 성격적인 특징이 드러나기 시작하면서 추악한 마음이 고개를 드는 때라고 말한다.

십대들은 중요한 생물학적인 변화가 몸 속에서 일어나기 때문에 자연히 통제 불가능하게 된다고 말하는 시각에 동의할 수 있겠는가? 과연 우리가 그들의 선택과 행동에 책임을 물을 수 없다고 말하면서 그들을 생물학적인 변화의 희생양으로 바라보는 시각을 인정할 수 있겠는가? 우리는 정말 십대들은 구제불능이라고 믿는 사람들에게 다시 생명과 희망을 줄 수 있도록 만드는 새로운 시각을 원하는가? 만약 우리가 계속해서 십대를 비관적으로 보게 만드는 문화에 끌려간다면 복음의 능력을 굳게 믿는 믿음 위에 든든히 거할 수 없다.

당연히 감내해야 하는
희생과 고통인가?

디모데후서 2장 22절에서 사도 바울은 디모데에게 '청년의 정욕을 피하라'고 권면하고 있다. 이 흥미로운 짤막한 구절이 우리로 하여금 청소년기에 대해서 미리 상상하고 그 시기는 어떨 것이라고 단정해버리는 극단적인 생각으로부터 빠져나와 균형을 잡을 수 있도록 깨우쳐준다. 어떤 면에서 성경은 우리가 이 인생의 한 시기로서의 청소년기를 낙관적으로 생각하지 말아야 한다고 지적하고 있다. 분명히 유독 젊은 사람들만을 미혹하고, 특히 그들에게 강력한 힘을 행사하는 정욕의 유혹이 존재한다. 우리는 이러한 정욕에 맞서 대처해야 한다. 성경은 이 일에 우리가 좀 더 지혜롭게 되기를 촉구하면서 이렇게 묻는다. "한 사람이 인생의 중요한 시기를 지나는 동안 그를 지배하려고 하는 사악한 정욕들이 어떤 것들인지 알고 있는가?"

바로 여기에서 사도 바울은 "청년"이라고 그 유혹의 대상을 한정하는 단어를 사용했다. 왜냐하면 인생의 각 시기마다 찾아오는 고유의 유혹이 있기 때문이다. 유소년기와 청년기 그리고 장년기에 나타나는 죄의 유혹은 제각각이다. 십대 청소년에게 있는 유혹이 특별히 더 극단적이거나 심한 것은 아니다. 한 사람의 인생 속에서 맞이하는 각각의 시기 가운데 유혹이 나타날 때마다 주님을 기쁘시게 하려면, 유혹에 빠지지 않기 위해 경계함을 받고 기도하며 죄를 짓지 않도록 노력하고 죄와 싸워야 한다. 십대들은 특별히 더 독특한 죄의 유혹에 대항해서 스스로를 지키도록 부르심을 받았다. 장년들 역시 그 나이에 다가올 수 있는 유혹에 대항해서 싸우도록 부르심을 받았다. 나이에 상관없이 각 사람은 이 세상에서 그리스도인으로 살아가고자 할 때, 각 연령기에서 부딪히는 싸움을 싸워야 한다.

생물학적인 변화와의 싸움인가, 아니면 마음과의 싸움인가?

디모데후서는 몇몇 구절뿐만 아니라 전체 말씀이 청소년기에 부딪히는 싸움이 무엇이며 그 성격은 어떤지를 아는 데 도움을 준다. 십대 청소년들의 삶 속에는 끊임없이 제기되는 싸움이 있지만, 그것은 생물학적인 싸움이 아니다. 그것은 고도로 영적인 싸움이며, 마음의 문제에 대한 싸움이다. 이것이 사도 바울이 디모데에게 그의 마음이 악한 정욕에 이끌리지 말도록 당부하면서 일깨우고자 했던 것이다. 이 싸움은 특별히 십대에게만 해당하는 것은 아니다. 십대 청소년들에게는 단지 특별한 모습으로 다가올 뿐이다. 사실 이것은 모든 사람에게 해당되는 싸움이다.

나이가 어떻든지 모든 사람들의 죄성은 바울이 로마서 1장 25절에서 바울이 잘 나타내 보여주고 있다. 즉 창조주에 대한 경배와 섬김을 바꾸어서 피조물을 경배하고 섬기려는 경향이 있는 것이다. 그렇다. 이 죄성은 친구들이 자신을 어떻게 생각하는지에 모든 신경을 집중하는 청소년들의 삶 속에 있을 뿐만 아니라, 직업적인 성공을 위해서 가족이나 영적인 문제들을 도외시하는 어른들의 삶 속에서도 분명히 나타난다. 바울이 말했던 것처럼,

그 싸움은 마음의 문제에 대한 싸움이다. 그리고 무엇이 그 마음을 지배하느냐가 그의 인생을 결정짓는다는 점에서 매우 중요한 문제이기도 하다.

십대들에게 다가와서 그들이 어떤 피조물 없이는 도저히 살아갈 수 없다고 믿게 만드는 심각한 마음의 유혹이 있다. 이러한 유혹의 음성은 그들로 하여금 자신의 본질과 의미 그리고 삶의 목적이 창조주이신 하나님이 아니라 피조물로부터 발견할 수 있다고 믿게 만든다. 이러한 음성들이 결국에는 삶을 변질시키는 청소년기의 문제를 만들어낸다. 그리고 우리에게 생물학적으로 그 시기에는 어쩔 수 없다고 생각하는 두려움이 있고, 또 어떻게 해서든지 무사히 통과하기만 하면 된다는 소극적인 마음이 있다고 해서 그러한 문제점을 간과해서는 안 된다. 우리는 예수님이 오셨기 때문에 각 사람은 죄된 본성의 욕구로부터 자유로워질 것이며, 그래서 그분을 섬길 수 있고 또한 그분만을 섬길 수 있음을 믿어야 한다. 이것은 십대들에게도 마찬가지다.

고뇌하는 부모들

청소년기의 혼란스러움은 단지 그들의 행동이나 태도에서 나타날 뿐만 아니라, 부모들의 생각과 욕망과 태도와 행동에서도 역시 나타난다. 자녀들의 청소년기 시절은 부모들 속에 있는 모든 악한 것들을 다 끄집어내기 때문에 힘든 시간이 될 수밖에 없다. 바로 이 시기에 부모들은 자신들이 하리라고는 전혀 생각도 못한 말들을 서슴없이 하는 자신을 발견한다. 그들은 자녀들의 행동에 대해서 비난이나 죄의식의 조장 그리고 미래에 대한 부정적인 단정으로 반응하며 전에는 상상조차 할 수 없었던 정도의 분노를 토해낸다. 또한 어렸을 때는 집안의 자랑이요 기쁨의 근원이었던 자녀들이 십대가 되어서 일으키는 여러 가지 문제와 남들 보기에 부끄러운 일들로 인해 고민하게 되는 때가 바로 이 시기다.

이제 청소년기의 문제가 단지 그들의 생물학적인 변화와 반항에 원인이 있는 것이 아님을 인정해야 하는 것이 분명해졌다. 이 시기는 부모인 우리 자신의 마음의 잘못된 생각과 욕구들을 드러낸다는 점에서 우리에게 힘든 시기다. 여기서 깨달아야 하는 원리가 한 가지 있다. 우리 어머니는 이것을 다음과 같이 말씀하시곤 했다. "애초에 마음에 없던 것이 술 취했다고 해서 밖으로 드러나는 것은 아니란다." 이 시기는 우리를 가리고 있던 커튼을 치우고 적나라하게 드러나게 만든다는 점에서 감당하기 어려운 때다. 이것이 바로 십대를 키우는 시련이 그토록 힘든 이유이지만 동시에 이 시련은 하나님의 손에 의해서 유용하게 사용된다. 우리는 이 시련의 한순간에 획기적으로 변화되지 않는다. 다만 그 시련들은 우리의 본질적인 모습이 어떤 것인지를 드러낼 뿐이다. 그 시련들은 우리가 지금까지 전혀 보지 못하고 있던 것들을 보게 해준다. 그래서 자녀들의 청소년기는 부모인 우리들의 자기 의로움, 인내하지 못함, 용서하지 못하는 마음, 헌신적인 사랑의 부족, 믿음의 연약함, 편안함과 안락함에 대한 욕망 등을 보여준다.

왜 우리는 기회들을 놓쳐버렸는가?

최근에 나는 자신의 아들에게 너무나 화가 나서 어쩔 줄 모르던 한 아버지를 상담한 적이 있었다. 불행히도 그는 하나님이 특별히 그를 택하셔서 아들의 시급한 영적인 필요를 채워주도록 불러 세우셨다는 사실을 깨닫지 못하고 있었다. 그 아버지와 아들 사이에는 따뜻함이라고는 찾아볼 수가 없었다. 심지어 최소한의 온정도 없었다. 그들 사이에는 팽팽한 긴장 속의 서먹서먹함만이 있었다.

그러던 중 하루는 낙제를 받은 성적표에 대해서 이야기를 하기 위해서 그 아버지는 아이의 방에 들어갔다. 그는 아들에게 다가가 얼굴에 성적표를 디밀어대면서 말했다. "내가 네가 해준 게 얼마나 많은데 네 녀석이 어떻게 감히 내게 이런 짓을 할 수가 있어!" 그 아버지에게 아들의 나쁜 성적은 개인적인 모욕으로 받아들여졌다. 그런 일은 결코 그가 일어나리라고 예상했던 것이 아니었다. 그는 자신의 책임을 다했다. 그러니 지금 아들도 자신의 책임을 다해야만 한다고 생각했다. 그는 아들에게 화를 내고 있었지만, 자신의 아들이 하나님께 어떤 죄를 지었기 때문에 화를 내는 것이 아니었다. 단지 아들이 자기가 아버지로서 소중하다고 생각했던 것들을 빼앗아가버렸기 때문에 화를 내었던 것이다. 그는 훌륭한 자녀를 둔 신앙 좋은 아버지라는 평판, 당연히 받을 자격이 있다고 생각했던 존경 그리고 마침내 장성한 자녀들로부터 얻게 되리라고 기대했던 편안함을 소중히 여기고 있었던 것이다.

그 속에는 아버지로서의 사역을 감당하려고 하는 노력이 전혀 없었고, 아들을 잘 교육시킬 수 있는 기회를 얻었다는 생각도 없었으며, 아들의 삶 속에서 하나님이 하시고자 하는 일들의 한 부분이 되려고 하는 노력도 없었다. 그저 야고보서 4장 2절에 나오는 '욕심을 내어도 얻지 못한 것'으로 인한 분노로만 가득 차서 화를 낼 뿐이었다.

지금 우리가 이야기하고 있는 문화적인 냉소주의는 십대 청소년들이란 어떤 아이들이며, 그들은 지금 어떠한 일을 겪고 있는가에 대한 우리의 생각에 바탕을 두고 있다. 그래서 이 시기를 좀 더 가치 있게 하기 위해 할 수 있는 일이란 별로 없다고 믿는 추세다. 이러한 문화적 시각은 고작 부모들이 맨정신을 유지할 수 있기 위한, 또 가정이 깨어지지 않게 하기 위한 그리고 청소년 자녀들이 스스로 위험을 초래하는 일을 최대한 막기 위한, 말 그대로 살아남기 위한 전략들을 우리가 강구해야 한다고 말할 뿐이다.

그러나 내 경험으로 보면 부모가 자신으로부터 흘러나오는 잘못된 행동과 잘못된 마음의 자세를 깨닫고 고백하며 돌아서게 되면, 그 결과 청소년기의 문제들을 바라보는 시각과 자녀들과의 관계에 있어서 커다란 변화가 생기게 된다. 우리가 청소년기에 대해서 정말 진심 어린 눈으로 바라보려고 한다면, 우리의 자녀들만을 보아서는 안 되고 우리 자신에 대해서도 바라보아야 한다. 그리고 겸손하게 스스로 변화하고자 하는 부모라면 자신들이 하나님의 변화의 도구로 쓰임받는 일에 헌신할 수 있다.

더 좋은 방법

이제 우리는 사춘기와 관련한 모든 우리 문화의 비관주의를 거부해야 한다. 그렇게 할 때 사춘기는 도무지 종잡을 수 없고 소모적이기만 한 갈등으로 가득 찬 시기가 아니라, 전에 없었던 새로운 기회의 시기가 된다. 또한 바로 이 시기는 자녀의 삶에 뿌렸던 모든 씨앗의 열매들을 거두기 시작하고, 그들이 진리를 마음속 깊이 품고 어엿한 성인으로서 하나님을 경외하는 의미 있는 삶을 준비하게 할 수 있는 자녀 양육의 황금기다.

그래서 이 시기는 심층을 파고드는 질문을 할 수 있는 때이며, 이전에는 가능하지 않았던 의미 있는 대화를 나눌 수 있는 시기다. 또한 십대 자녀들의 진정한 마음을 드러내는 여러 가지 실패의 경험과 시행 착오가 나타나는 시기이기도 하다. 그래서 이 시기는 날마다 하나님의 사역을 할 수 있는 커다란 기회의 시기인 것이다.

사춘기는 단순히 무사히 넘어가기만 하면 좋은 시기가 아니다. 소망과 사명감을 가지고 다가가야 하는 시기다. 이 시기에는 거의 매일매일이 우리 자녀들의 인생에 친절한 도움과 장래에 대한 소망과 참된 진리를 전해줄 수 있는 새로운 기회들로 가득 차 있다. 우리는 자녀와의 관계가 점점 더 소원해지게 내버려두어서는 안 된다. 이때야말로 이전에는 한 번도 맺어보지 못했던 더욱 친밀한 관계를 맺을 수 있는 때다. 그래서 이때는 정말 좋은 기회의 시기이다.

이것이 바로 이 책이 말하고자 하는 바다. 이 책은 기회와 소망을 전해주려는 것이 목적이다. 지금은 우리가 냉소적인 시각과 두려움의 구렁텅이에서 나와 새롭게 자녀를 양육할 때이며, 하나님이 우리를 위해 예비해두신 계획을 실천할 수 있는 빛 가운데로 나와야 할 때다. 그리고 이 책은 당장 실천할 수 있는 행동과 변화를 위한 목표와 실제적인 방법들에 대한 내용을 담고 있다. 성경의 진리가 모든 사람에게 적용될 수 있었던 것처럼, 십대 청소년들에게도 효과적으로 적용될 수 있음을 확신하게 될 것이다.
　　동시에, 이 책은 그렇게 낙관적인 내용만을 담고 있는 것은 아니다. 이 책에서 다루고 있는 십대 시기에는 때때로 갈등과 다툼과 슬픔이 격동적으로 일어난다. 이때는 새로운 유혹의 시기이며 시련과 시험의 시기이도 하다. 그러나 이러한 모든 다툼과 갈등, 시련과 시험들은 부모들에게 자녀 양육에 있어서 놀라운 변화의 기회를 제공한다.

하나님이 변화시키시는 순간을
깨닫는다는 것

　　　　　　　　　　그날은 날씨가 쌀쌀한 화요일 저녁이었다. 나는 그날 온종일 상담을 했고 저녁에는 세 시간 동안 강의도 했다. 10시 정도 되어 집에 돌아왔을 때 나는 잠들기 전에 한 시간 정도의 휴식 시간을 즐길 수 있으리라고 기대하고 있었다. 무슨 이유 때문이었는지 지금은 정확히 모르겠지만, 난 상상하기를 온 가족이 9시쯤에는 다들 잠자리에 들었겠거니 생각했다. 혹은 다 잠자고 있지는 않더라도 최소한 내가 지쳤고 방해받고 싶지 않다는 것을 잘 알겠거니 생각했다. 그러면서 그날 내내 충실하게 하나님을 위해서 일했다고 자인했다. 틀림없이 하나님도 이젠 내게 좀 쉴 권리가 있다는 점을 인정하실 것이다! 나는 조용한 거실에서 차가운 콜라를 마시면서 신문을 좀 보고 리모컨으로 TV를 켜서 보는 내 모습을 상상했다. 정말 완전히 지쳐 있었고 내게는 쉴 권리가 있었다[이 책을 읽는 당신은 지금 내가 '자기를 부인하는 대단히 헌신적인(?)' 사역자의 모습으로 집에 들어가고 있는 모습을 보고 있다].

나는 가족 중 아무에게도 들키지 않고 조용히 들어갈 수 있으리라는 헛된 희망을 품고서 조심스럽게 현관문을 열었다. 거실 등은 꺼져 있었고 집은 조용해 보였다. 이쯤 되면 성공한 셈이나 마찬가지였다. 편안한 나만의 휴식 시간을 갖고자 했던 내 꿈이 이루어지나 싶었다. 하지만 현관 안으로 한 발자국을 채 내딛기도 전에 싸우는 소리가 크게 들려왔다. 내 가슴은 철렁했다. 아예 못 들은 척 넘어가고 싶었다. 그 소리는 이제 막 사춘기에 들어선 아들 에단의 목소리였다. 내 절망은 이내 분노로 바뀌어버렸다. 그 녀석을 붙들어놓고 이렇게 말하고 싶은 충동이 치밀어 올랐다. "너, 아빠가 오늘 하루 얼마나 피곤하게 일했는지 모르겠니? 아빠가 얼마나 지쳤는지를 모르겠어? 내가 지금 가장 하기 싫은 일이 바로 네 문제를 가지고 씨름하는 거다. 이 문제는 네가 스스로 알아서 해결할 수밖에 없어. 제발 한 번쯤은 네 자신 이외에 다른 사람도 생각해주는 사람이 되었으면 좋겠다. 나는 너를 위해서 애쓰고 있는데 내게 돌아오는 보답은 이런 것뿐이구나. 이 피곤한 아빠를 단 하룻밤도 내버려두지 못하겠니?"

　이런 여러 가지 생각이 내 속에서 끓어올랐지만, 난 한 마디도 할 수가 없었다. 오히려 잠자코 에단이 불평과 불만을 다 쏟아내는 것을 묵묵히 들어주었다. 그 아이는 동생의 인생을 망치는 일 외에는 하는 일이 없는 것 같은 형 때문에 분노했다. 그때 시간은 이미 10시가 넘어 있었다. 에단의 문제는 비교적 사소한 것이었다.

　나는 그 아이에게 그냥 네가 참고 넘어가라고 말하고 싶었다. 하지만 새로운 사명감이 나를 붙들었다. 바로 이 순간 생각하지 못했던 기회가 찾아온 것이다. 이것은 우리를 사랑하시는 전능하신 하나님이 주관하시는 일상생활 속에서 일어나는 내 아들의 마음을 보여주시는 일이었다. 이 순간은 아들과 아버지가 대화를 나누는 그 이상의 의미가 있었다. 그것은 하나님의 시간이었다. 바로 하나님이 내 아들에게 이미 오래전부터 시작하셨던 구원 사역의 과정 중에 일어난 의지적인 결단의 순간이었던 것이다. 그 순간 유일한 선택의 문제는 내가 하나님의 뜻을 따를 것인가, 아니면 내 자신의 뜻을 따를 것인가였다. 과연 내가 그 순간에 복음을 진실하게 믿고 내게 필요한 것을 공급해주시는 하나님을 의지함으로써 내 아들의 인생 속에서 감당하도록 내게 부여하신 하나님의 일들을 잘 해낼 수 있을 것인가?

　일단 에단을 거실에 앉힌 다음, 무슨 일이 있었는지 말해달라고 했다. 아이는 마음이 상해 있었고 분노하고 있었다. 자신의 생각을 말하던 그 순간 바로 그 아이의 마음이 드러났다. 처음에는 분노의 감정에 격해서 말하였지만, 점차 감정이 가라앉아 내

말을 들을 준비가 되었다. 알고 보니 형과 벌인 사소한 논쟁이 매우 심각한 갈등 수준까지 가게 되었던 것이었다. 하나님은 내게 피곤함을 이길 수 있는 능력과 인내심을 주셨다. 그리고 내 입을 적절한 말들로 채워주셨다. 에단은 그 밤에 새로운 방식으로 자신을 보게 되었고 이전에는 전혀 깨닫지 못했던 자신의 죄악 됨을 고백하고 회개했다.

자정 무렵이 되어서야 우리는 대화를 끝내고 자기로 했다. 우리는 서로를 껴안아주었고 각자 방으로 가서 잠자리에 들었다. 처음에 별것 아닌 것처럼 보여서 귀찮게만 여겨졌던 문제는 사실 사랑의 하나님이 계획하신 놀라운 섬김의 기회였다. 또한 하나님이 에단만을 변화시키시기 위해 일하고 계신 것이 아니라는 것도 더욱 분명해졌다. 그분은 나 또한 변화시키시기 위해 일하고 계셨던 것이다. 그날 밤 내 마음의 이기심은 숨지 못하고 나타났다. 그 이기심은 모든 부모들로 하여금 자신의 도움이 필요한 청소년 자녀들에게 화를 내며 대화를 단절시켜버리게 만드는 마음과 똑같은 것이었다. 내게도 역시 그리스도가 필요하다는 사실이 드러나게 되었다. 그분의 도우심 없이는 그분의 도구로 사용될 수 있는 방법이란 전혀 없다.

작은 순간,
거룩한 부르심

나는 이렇게 일상적인 삶에서 일어날 수 있는 순간에 대해서 쓰기로 했다. 왜냐하면 그러한 순간들은 매일 일어나는 일일 뿐만 아니라, 하루에도 몇 번씩 일어날 수 있는 대수롭지 않은 순간들이기 때문이다. 이와 같은 순간마다 기회가 실려 있다. 사실 사춘기 때에는 임신이나 약물 중독이나 폭력 사건 같은 심각한 일이 생기는 순간보다는 이러한 일상적인 순간들이 훨씬 더 많다. 쉴 새 없이 계속 심각한 결정을 내려야 하는 상황 속에서 살고 있는 사람은 없다. 일생 동안 그런 결정을 해야 하는 경우는 많지 않다. 우리는 놀랍도록 세속적인 세상에서 살고 있다. 바로 이곳에서 우리는 우리의 십대 자녀들을 두려움과 공포의 눈이 아니라 기회를 얻을 수 있다는 눈으로 볼 필요가 있는 것이다.

마지막 한 개 남은 사탕 때문에 형제 사이에 실랑이를 벌일 때나, 학교 가기 30분 전에 입을 옷이 없다며 울부짖을 때나, 빨려고 가져간 옷 속에서 구겨진 성적표를 발견하게 될 때나, 자기의 계획을 허락해주지 않는 부모에게 마구 대들 때나, 한 달 동안 세 번이나 자동차 범퍼를 찌그러트려 놓았을 때나, 불평불만으로 가득 차 있을 때, "다른 애들은 다들 그렇게 하는데…" 또는 "엄마 아빠는 날 사랑하지 않아!"라는 말로 부모의 마음을 아프게 할 때, 그 모든 순간은 단순히 '삶을 지긋지긋하게 만드는 것' 이상의 그 무엇임을 깨달아야 한다. 바로 그 순간들을 위해 하나님이 부모들을 예비하셨다. 당신은 그 순간 하나님의 일꾼이 된다. 당신은 믿을 수 없을 만큼 지극히 높은 부르심을 받은 것이다. 부모로서 당신은 자녀가 집에서 돌봄을 받던 것에서 진일보하여 하나님나라의 온전한 백성이 되는 마지막 단계를 거치고 있는 시기에 도움과 안내의 역할을 맡은 하나님의 도구인 것이다. 그 시간들은 당신의 삶을 의미 있게 만든다. 바로 그때 당신은 어떠한 직업이나 경제적인 성공보다도 그 이상의 무한히 가치 있는 진정한 부모로서 공헌을 하게 되는 것이다.

기회를 깨닫는 일

내 스스로가 십대 자녀들을 키우면서, 아이들의 친구들을 보면서 그리고 다른 부모들과 이야기를 나눌 때마다 느끼는 것이지만, 이러한 사춘기의 시간들은 무궁무진한 기회의 시기라고 더욱 확신하게 된다. 사춘기라는 그 미묘하고 두렵고 이해할 수 없고 즉흥적인 변화의 시기에는 부모가 중요한 역할을 하게 되는 놀라운 기회를 얻을 수 있는 상황들이 있다. 또한 이 시기는 대피소로 피할 때가 결코 아니다. 가정이 완전히 엉망진창이 되어버렸다는 가장 극단적인 상상 속에서 두려움에 떨어야 하는 시기도 아니다. 문화적인 '세대 차이'가 원인이라고 단정 짓고 그냥 포기해버려야 하는 시기도 아니다. 이 시기는 전투에 뛰어들어 당신의 십대 자녀에게 나아가야 하는 때다. 자녀들의 삶에 개입하는 때이고, 상호 작용하는 때이며, 대화를 나누는 때이고, 관계를 더욱 돈독히 하는 때다. 청소년들이 자신의 의심과 두려움과 실패를 숨기게 하는 시간이 아니라, 노력하고 사랑하며 격려하고 가르치며 용서하고 고백하며 용납하는 시간이다. 한마디로 아주 놀라운 시기인 것이다.

나와 내 아내는 세 명의 십대 자녀를 키우면서 그 어느 때보다 막중한 사명감을 느꼈다. 자녀들과 함께 웃고, 함께 울고, 이야기를 나누고 함께 기도했다. 우리 부부는 아이들을 위해 애를 썼으며 아이들과 함께 노력했다. 우리는 실패와 시련을 기회로 보았다. 우리가 항상 믿음으로만 행동했던 것은 아니다. 우리의 죄를 고백하고 회개해야만 할 때도 있었다. 하지만 우리는 서로에게 이 때가 가정생활 중에서 가장 놀라운 시절임을 끊임없이 말해주었다. 우리는 우리가 하고 있는 일들 덕분에 행복했다. 그리고 우리 자신의 미약한 노력과 연약한 믿음 속에서도 하나님의 영광이 나타난다는 것을 깨달았다.

모든 십대 자녀를 가진 부모들이 통과할 수 있는 세 가지 아주 기본적인 기회의 문이 있다. 기회라고 할 수 있는 이 문제들이 자녀들로 하여금 지금까지 배웠던 진리들을 자신의 삶 속에 실천할 수 있게 하는 도구가 된다. 십대들은 불안감, 반항심, 청소년 세계의 놀라운 확장성이라는 세 가지 문제를 안고 있다. 이 문제들은 부모가 자녀의 삶에서 가장 본질적인 것에 접근할 수 있도록 하나님이 주신 기회의 문이다.

십대의 불안감

십대들은 안정된 마음을 가지고 있지 않다. 아침에는 안정되어 보이기다가도 저녁때는 쉽게 허물어져버릴 수 있다. 자신의 외모가 괜찮다는 생각을 하며 잠자리에 들었다가도 아침에 깨어서 거울 속의 자신을 보고 갑자기 자기 머리가 몸에 비해서 지나치게 크다는 생각에 사로잡힐 수가 있다. 또한 자신이 정상적인 한 사람의 인간으로서 지켜야 할 모든 규범들을 잘 이해하고 있기 때문에 자신감이 넘치다가도, 친구들과의 파티에서 작은 실수라도 하면 자신은 앞으로 도저히 인간 취급을 못 받게 될 거라고 완전히 자포자기해버리기도 한다.

우리 아들 에단이 15살 때쯤, 거의 울기 일보 직전의 절망적인 표정으로 집에 돌아온 적이 있었다. 나는 무슨 일이냐고 물어보았다. 그 아이는 사람들이 매일 학교에 갈 때나 올 때 항상 자신을 비웃고 있다고 말했다. "사람들이 날 쳐다보고는 자기네들끼리 수근수근대고 키득거려요." 그 아이에게 삶은 괴로운 시간이었다. 그 아이는 빠르게 성장하고 있었다. 자기 자신과 자신의 몸과 외모에 도저히 자신이 없었다. 그 아이는 소년과 어른 사이의 중간 지대에 살고 있었다. 그래서 자신의 불안감을 주변 모든 사람에게 투사하고 있었던 것이다. 그렇지만 그러한 육체적인 불안감의 시기가 그의 말에 귀를 기울여주고, 사랑하고, 격려하고, 복음을 설명해줄 많은 기회를 주고 있었다.

바로 이 시기는 십대 자녀들의 수만 가지 질문으로 홍수가 나는 시기다. 나는 누구인가? 나는 괜찮게 보이는가? 왜 삶은 그렇게 복잡한가? 내가 과연 그 모든 규칙들을 다 기억할 수 있을까? 옳은 것은 무엇이고 그릇된 것은 무엇인가? 누가 옳고 누가 틀린 것일까? 내 몸에 도대체 무슨 일이 일어나고 있는 것일까? 나는 앞으로 무슨 일을 해야 할까? 성공하게 될까, 아니면 실패할까? 사람들이 정말 나를 좋아하고 있는 걸까? 이런 내가 정상적인 걸까? 우리 가족들은 정상적인 사람들인가? 하나님은 정말 계시는 걸까?

육체적인 외모, 인간관계, 여러 가지 사상들, 책임감 그리고 미래… 이 모든 것들이 십대에게는 두렵고 불확실한 것들이다. 그렇지만 그와 동시에 이 시기를 기회의 시간으로 만들어주는 것이 바로 이러한 문제들이다. 이 모든 질문들 속에서 매우 의미심장한 성경적인 주제들이 논의될 수 있다. 예를 몇 가지만 들어보면 창조의 섭리, 인간의 두려움, 하나님의 주권, 진리의 본질, 그리스도 안의 자기 정체성 그리고 영적인 전쟁과 유혹과 같은 주제들이다. 우리는 십대가 날마다 경험하는 불안감 속에서, 그들이 이론적인 신앙을 실제적이고 현실적인 신앙으로 만들 수 있도록 돕는 기회를 갖게 된다. 이러한 각각의 질문들이 중요한 성경적인 진리에 대해서 대화를 나누고, 확인하고, 경험하고, 적용하고, 자신의 것으로 만들 수 있는 기회를 제공한다.

십대의 반항심

십대의 끔찍하고 악명 높은 반항에 관한 이야기는 부모들이 사춘기를 두려워하는 주된 이유 중의 하나다. 곱게 자라온 아이가 동네 깡패의 우두머리가 될 수 있다는 생각은 부모들에게는 최악의 악몽인 것이다. 그렇지만 우리는 십대가 자연히 그렇게 반항적이 되리라는 지레 짐작을 다시 한번 재고할 필요가 있다. 동시에 우리는 이 시기가 자녀들이 자신에게 허용된 행동의 울타리를 조금씩 밀어내어 행동의 자유를 확장하려 하고, 사방에는 여러 가지 유혹들이 산재해 있고, 친구들의 영향이 항상 올바른 행동을 하게 만드는 것이 아니라는 점을 알고 있어야 한다.

어느 주일날 오후에 우리 부부는 가슴을 철렁하게 만든 전화를 한 통 받게 되었다. 우리 교회에 나오는 아들 친구의 어머니였다. 우리 아들이 그 집에서 하룻밤 자고 온 줄로 알고 있었다. 그런데 그녀는 우리 아들이 어젯밤에 그 집에 있지 않았다고 말했다. 그녀는 우리 아들이 자기 아들에게 그 사실을 숨겨달라고 부탁했다는 것도 말해주었다. 하지만 그 친구는 양심에 걸렸고 그래서 어머니에게 솔직히 털어놓았다. 그래서 그녀가 우리에게 전화를 해서 알려주었던 것이었다. 우리는 아이가 무슨 일을 했던 것일까 걱정하면서도 한편으로는 대단히 실망스러웠다. 잠시 동안이나마 극단적인 최악의 상상에 사로잡혔다. 지금까지 도대체 얼마나 많은 거짓말을 한 것일까? 왜 함께 살면서도 그런 일을 몰랐을까? 하지만 그러면서도, 우리 부부는 지금이라도 사실을 알게 해주신 하나님의 은혜에 깊은 감사를 드렸다. 나중에 아들을 불러놓고 물어보았고 아이는 모든 것을 솔직히 털어놓았다. 그 아이에게는 이 순간이 누구를 섬길 것인가를 결정해야 하는 기로의 순간이었다. 결코 일어나지 않으리라고 생각했던 일이 일어나긴 했지만, 아이의 방을 나오면서 우리는 오히려 하나님의 은혜로운 계획임을 깨닫고 너무나 감사했다.

특히 십대 청소년들로 하여금 반항하도록 유혹하는 욕구들이 있다. 그 욕구는 독립적이 되려고 하는 것이며, 스스로의 힘으로 판단하고자 하는 것이고, 자유를 얻고자 하는 것이며, 새로운 것을 알고자 하는 것이고, 자신을 둘러싼 한계를 극복하고자 하는 것이며, 스스로 삶을 조절하고자 하는 것이고, 자신의 힘으로 뭔가를 결정하고 싶은 것이며, 뭔가 좀 다르게 살려는 것이고, 상황에 적응하고자 하는 것이며, 친구들로부터 인정받고자 하는 것이다. 다른 많은 욕구와 함께 이러한 모든 마음은 인간의 악한 본

성인 이기심과 자기중심적인 성향에 의해 더욱 부추겨져서 십대의 타락을 선동한다.

그렇지만 그와 동시에 반항하고자 하는 마음과 순종하고자 하는 마음 사이의 갈등은, 죄를 지적하는 성경의 가르침이 논의되고 적용되며 내면에 자리 잡을 수 있는 배경이 된다. 권위에 관계되는 성경적 진리와, 씨를 뿌리고 그 열매를 거둠과, 진리와 거짓의 본질에 대한 것과, 지혜와 어리석음, 율법과 은혜, 죄의 고백, 회개, 용서 그리고 마음의 본성과 기능에 대한 이 모든 것이 사춘기의 반항과 순종의 중대한 순간 속에서 분명하게 드러나게 된다. 이러한 것들을 말해줄 기회를 늘 포착하려고 마음의 준비를 하고 있는 부모라면 자녀들의 삶 속에서 성경의 핵심 진리를 전해줄 많은 기회를 얻게 될 것이다.

십대 세계의 놀라운 확장성

부모들에게는 충격을 가져다주는 일이자 십대 청소년들에게는 불안감의 근원이 되는 일은 그들의 세계가 갑작스럽게 확장되어버리는 것이다. 정말 전혀 예기치 못한 순간에 그 세계는 갑자기 커져버린 것같이 느껴진다. 고작 뒤뜰에서 많아야 한두 시간 정도 그네를 타며 놀던 남녀 아이들은 이젠 수백 킬로미터 떨어진 새로운 장소에서 새로운 경험을 하며 새로운 친구들과 사귀게 된다.

그런데 그 세계가 그들에게 언제나 신나고 재미있기만 한 것은 아니다. 때때로 그 세계는 겁나기도 하고 감당하기 어렵기도 하다. 십대 청소년들이 새로운 경험으로 인해 생동감 넘치기도

하지만, 소극적으로 변하고 도피하게 되는 때가 바로 이 시기다. 어떤 때에는 십대의 자유분방함을 즐기기도 하지만, 다른 한편으로는 자신에게 주어진 새로운 기대감을 두려워하기도 한다.

그들의 세계는 결코 중단되지 않고 끊임없이 확장된다. 온통 새로운 친구들, 새로운 장소, 새로운 기회들과 책임들, 새로운 생각, 새로운 계획, 새로운 자유로움, 새로운 유혹, 새로운 느낌, 새로운 경험, 새로운 발견들뿐이다. 이렇게 끊임없이 확장되는 그들의 세계 속에 있는 모든 즐거움과 그와 동시에 생기는 불안감은 가장 근본적인 진리를 정말로 이해하고 진정으로 자기 것으로 만들 수 있도록 그들을 도울 수 있는 기회가 된다. 그 진리들이란 하나님의 주권과 통치하심이며, 주님의 항상 함께하시는 도움의 손길이며, 성경적인 인간관계이며, 영적인 충만함이며 제자 훈련, 자기 절제, 평안, 진실, 신뢰, 교회의 본질, 세상과 육체와 사탄과 책임감과 의무의 원리이며, 성경적인 우선순위이며, 은사의 발견과 사용이고 그 외 모든 다른 성경 안의 진리와 원리들이다. 함께 나눌 수 있는 진리는 정말 많다. 십대의 확장되고 있는 세계는 부모에게 자신의 십대 자녀로 하여금 하나님의 세계 속에서 의미 있고 생산적인 삶을 살 수 있도록 준비시킬 수 있는 놀라운 기회를 마련해준다.

우리의 십대 자녀들에 대해서 성경적인 양육 방법을 세우고자 하는 출발점은 우리 문화가 전해주는 어둡고 불길하기만 한 비관주의를 거부하는 것이다. 그렇다. 십대 시절은 변화와 불안감과 혼란의 시기다. 그러나 이 시기는 하나님이 우리 자녀들의 눈에 진리의 빛을 보여주기 위해 사용하시는 때이기도 하다. 만약 우리가 그분의 도구가 되려고 한다면 우리 자신의 우상과 싸워야 하고, 매 순간의 고비마다 흔들림 없는 성경적인 진리를 굳게 붙들어야 한다. 또한 하나님이 우리를 위해 모든 상황을 다스리고 계심을 믿어야 하고, 주님은 어려울 때 항상 옆에서 도우신다는 진리를 의지해야 하고, 그분의 구속적인 목적을 이루시기 위해서 모든 상황 속에서 역사하고 계심을 믿어야 한다. 그리고 그분의 말씀은 권능 있고 역동적이며 효과적인 것임을 깨달아야 한다.

우리는 십대의 불안감과 저항심과 그들 세계의 놀라운 확장의 피해로부터 어떻게 해서든지 살아남기 위해 대피소로 피신해 들어가기를 원해서는 안 된다. 오히려 그 반대로 우리의 십대 자녀들에게 해주어야 할 사역을 위해서 디모데에게 바울이 말했던 그 부르심을 하나님의 도구로서 감당하기를 원한다.

딤후 4:2 "너는 말씀을 전파하라 때를 얻든지 못 얻든지 항상 힘쓰라 범사에 오래 참음과 가르침으로 경책하며 경계하며 권하라."

우리는 소망을 가지고 십대라는 이 중요한 시기에 접근해야 한다. 그 소망은 우리의 자녀들에 대한 기대감이나 우리 자신에 대한 자신감에 근거한 것이 아니라, 오직 우리의 삶에 놓아주신 기회를 잡고자 할 때에 간구하거나 상상하는 것 이상으로 더 큰 도움을 주실 하나님께 근거한 것이다. 그래서 목적 의식과 부르심을 깨닫는 마음을 가지고 십대 청소년들에게 접근해야 한다.

사람들이 우리가 하는 일이 무엇이냐고 묻는다면, 이렇게 대답할 수 있다. "나는 십대 자녀들을 둔 부모입니다. 부모로서 자녀들을 양육하는 일은 내게 그 어떤 다른 일보다도 가장 중요한 일입니다. 내가 하고 있는 다른 모든 일은 그다음 순서일 뿐입니다." 그리고 이렇게 고백할 수 있다. "보시다시피 이 일은 지금까지 내가 했던 일 중에서 가장 기대되는 일입니다! 전에는 이토록 놀라운 기회들로 가득 찬 일을 해본 적이 없습니다. 매일같이 나의 역할이 요구됩니다. 매일같이 나는 중요하고 놀라운 가치가 있으며 가장 보람된 일을 하고 있습니다. 어떤 것과도 이 일을 바꾸지 않을 것입니다!"

1장. 성찰과 토론을 위한 질문

(1) 최근에 십대에 대한 부정적인 고정 관념에 대해 보거나 들어본 적이 있는가? 어디에서 보고 들었는가? 개인적이더라도 문화적 냉소주의에 어떤 식으로든 동조한 적이 있는가? 십대를 키우는 부모가 이 시기에 낙심하지 않도록 어떻게 격려할 수 있는가?

(2) 자신의 사춘기 시절과 십대 시절 신체 발육 상태가 어떠했는지 생각해보라. 사춘기 시절이 신체적, 심리적, 사회적으로 어렵고 힘들지는 않았는가? 자신의 사춘기 시절을 돌아보는 작업이 십대 자녀를 이해하는 데 어떤 도움을 줄 수 있다고 생각하는가?

(3) 최근에 자녀가 겪은 어려운 일 중에서 부모인 당신과 자녀를 모두 힘들게 했던 일은 무엇인가? 이 일에 대해 어떻게 반응했는가? 평온한 일상을 깨뜨리는 괴롭고 골치 아픈 일이라고 여겼는가? 아니면 소중한 기회라고 생각했는가?

(4) 십대 자녀가 특별히 어느 부분에서 불안해하는가? 어떻게 해야 불안해하는 십대 자녀를 위로하고, 격려하며, 하나님의 자녀라는 정체성을 확인해줄 수 있는가?

(5) 최근에 십대 자녀가 어떤 식으로 반항했는가? 이렇게 반항하는 내면의 동기는 무엇이라고 생각하는가? 표면적인 행동만 다루는 것이 아니라 더 깊은 동기를 다루기 위해 어떻게 해야 하는가?

(6) 성인인 당신은 어떤 면에서 하늘의 아버지께 여전히 반항하는가? 인정하기 싫겠지만, 그 모습이 반항하는 당신의 십대 자녀와 닮지는 않았는가? 하나님께 반항하는 당신의 모습을 십대 자녀에게 진솔하게 털어놓는다면 어떤 발전이 이루어질지 생각해보라.

(7) 십대에게 시간과 노력을 쏟는 부모가 되라는 하나님의 부르심과 배치되는 당신의 모습은 무엇인가? 하나님이 주신 이 기회를 최대한 활용하기 위해 우선순위, 일정, 재정 등의 영역에서 재점검해야 할 부분이 있는가?

2장.

변화를 가로막고 있는 것은 누구의 우상인가?

우리가 십대들의 삶 속에 거하시는 그리스도의 사역에 동참하고자 한다면, 먼저 우리 자신의 우상에 대해 솔직해지는 것이 중요하다. 그 우상으로 인해 우리에게는 창조주 하나님에 대한 경배와 섬김을 바꾸어서 피조물에 대한 경배와 섬김으로 만들어버리는 경향이 있다. 지금까지 우리는 사춘기 시기의 고민들을 이해하려고 할 때마다 단지 십대들과 그들의 문제만을 보곤 했다. 하지만 사실은 우리가 자신의 내면을 들여다보고 '진정으로 내 마음을 지배하고 있는 것은 무엇일까?'라는 질문을 던져야 한다.

이에 대해서는 분명히 대개의 그리스도인 부모들이 이구동성으로 신학적으로 정확한 대답을 할 것이다. 우리는 하나님의 자녀다. 그분은 우리의 마음을 다스리신다. 그러나 과연 그러한가? 이 말이 신학적인 정의가 될 수 있을지는 몰라도 우리가 날마다 섬기는 분이 그분이라는 말은 아니다. 자, 다시 한번 생각해 보자. 우리의 삶에서 항상 실제로 일어나는 일들 속에서, 예를 들면 침실에서, 거실에서, 부엌에서, 삶의 각 순간 속에서 정말로 우리의 마음을 다스리고 있는 것은 무엇인가?

마음에서부터 출발하라

부모들이 먼저 자기 자신을 살펴보지 않고서 청소년 자녀들을 양육할 방법에 대해 생각한다는 것은 시간 낭비일 뿐이다. 하나님이 아닌 다른 것이 우리 마음을 지배하고 있다면, 자녀들의 십대 시절에 하나님이 주신 황금 같은 기회의 순간들을 전혀 기회로 여기지 않을 것이다. 오히려 믿을 수 없을 만큼 자기중심적인 자녀들 때문에 생겨나는 짜증과 분노로 인해 끊임없이 괴로워하게 될 것이다. 어른도 아니고 아이도 아닌 우리의 십대 자녀들은 삶의 가장 사소한 순간들조차 모든 것을 뒤죽박죽으로 만들어버릴 수 있는 기묘한 재주가 있다.

이에 대해서 성경 전체에 걸쳐 제시되는 중요한 원리가 있는데, 그중 특히 에스겔 14장 4절에 구체적으로 나타난다. "그런즉 너는 그들에게 말하여 이르라 나 주 여호와가 말하노라 이스라엘 족속 중에 그 우상을 마음에 들이며 죄악의 걸림돌을 자기 앞에 두고 선지자에게로 가는 모든 자에게 나 여호와가 그 우상의 수효대로 보응하리니." 이스라엘의 지도자들은 자신들에게 주시는 말씀을 듣기 위해 하나님께 나아왔다. 그러나 그들이 나아올 때에 하나님은 그들의 마음이 우상에 의해 지배되고 있는 것을 아셨다. 그래서 하나님은 말씀하신다. "너희의 마음속에 우상이 있기 때문에 내가 너희에게 하고자 하는 말은 오직 너희의 우상에 관한 것뿐이다."

그 이유가 무엇인가? 우리에게 그 이유를 암시하는 한 문구가 있다. 하나님은 말씀하시기를 마음속에 우상을 가지고 있는 사람은 "죄악의 걸림돌을 자기 앞에 두고" 있는 자라고 하셨다. 여기서 나타나는 원리는 우상이 미치는 피할 수 없는 영향력이 있다는 것이다. 내 마음을 지배하는 것이 내 삶을 지배한다. 마음속의 우상은 항상 자기 앞에 죄악의 걸림돌을 놓는다.

손바닥을 쫙 펴서 손가락 사이를 약간 뗀 뒤 얼굴 앞에 갖다 대보라. 손가락 사이로 앞을 보고자 할 때에 시야가 가려질 것이다. 당신의 손이 얼굴 앞에 있는 한, 아무리 무언가를 보려 해도 시야는 항상 손가락으로 가려질 것이다. 마음속의 우상도 그와 같다. 그것은 내 삶에 도저히 피할 수 없는 영향력을 행사한다. 내가 어디를 가든지, 무엇을 하든지, 그 우상은 내가 하고 있는 일과 그 일을 하는 방식에 영향을 미칠 것이다. 이러한 이유 때문에 하나님은 다음과 같이 말씀하신다. "내가 너희의 우상에 대한 말 이외의 다른 것을 말해준다는 것은 의미 없는 일이다. 왜냐하면 내가 무엇을 말하든지, 어떻게 말하든지 그 모든 것은 너희의 마음을 지배하는 우상을 섬기기 위해 사용될 것이기 때문이다. 그러므로 나는 너희의 우상에 대해서 다루기를 원하노라. 그것이 제일 먼저 할 일이다."

우리는 이 핵심적인 문제를 결코 그냥 지나칠 수 없다. 나는 우리의 우상이 하나님이 주신 기회를 애매한 고통이라고 생각하게 만들고 있음을 절감한다. 우리는 그 우상 때문에 비판과 비난 그리고 정죄의 쓰라린 말로 십대들에게 되받아치면서 관용치 못하고 분노로 행하고 있다. 하나님이 우리를 사랑하고, 용납하며, 용서하고, 섬기라고 부르셨지만, 우리는 대개 그렇게 살지 못하고 있다.

부모의 마음속에 있는 몇 가지 대표적인 우상과 그것들로 인해 자녀들에게 반응하게 되는 방식을 살펴보자.

안락함의 우상

대다수의 사람들은 겉으로는 그렇지 않을지라도, 마음속 깊은 은밀한 곳에서는 자기 리조트를 세우고 싶어 한다. 여기서 리조트란 자신이 섬김을 받는 곳을 가리키는데, 그곳은 당신이 욕구에 따라 하고 싶은 것을 당신이 하기 원하는 때에 하는 곳이다. 그러한 삶 속에서 모든 일을 행하는 유일한 이유는 오직 자기 자신의 필요가 있을 때뿐이다. 리조트에서 당신은 충분한 권리를 누린다. 당신은 돈을 지불했고, 그래서 어떤 유익을 기대할 수 있는 권리가 있다. 나는 이렇게 대부분의 사람들이 안락함을 위해 살며 이러한 권리 의식을 자신의 자녀 양육에도 적용하려고 하는 모습을 볼 때 안타까운 마음이 든다. 그들은 조용함과 화기애애한 분위기와 화평함과 존경을 받을 권리가 있다고 확신하고 있으며, 그것을 얻지 못할 때에는 분노를 터트린다.

성경은 우리에게 인생은 휴양지와는 거리가 멀다는 것을 강조하고 있다. 인생은 전쟁이다. 이것이 십대 시기에는 더욱 분명하게 나타난다. 나는 아이들에게 그들이 집에서 나갈 때마다 수없이 말하곤 했다. "저 밖에서는 영적인 전쟁이 일어나고 있다. 그 전쟁은 네 마음속에서 벌어지고 있는 거야. 네 영혼을 지배하기 위해서 싸우고 있단다." 십대 시절의 격정과 혼란 그리고 불안은 중요한 생물학적인 변화가 일어나는 결과이기도 하지만, 동시에 치열한 영적인 전투가 일어나기 때문이기도 하다.

안락함과 편안함, 일정함과 고요함, 여유로움과 평화 그리고 안식을 원하는 부모들은 이 전쟁에서 매우 불리할 것이다. 그들에게는 자신의 십대 자녀들이 적으로 보이기 시작한다. 그리고 자녀들을 위해서 싸우는 것이 아니라 그 자녀들과 싸우게 된다. 더욱 비참한 일은 그들이 이 싸움의 진정한 성격이 무엇인지, 진정한 적은 누구인지를 잊어버리게 된다는 것이다. 급기야 절박한 자기 욕구로부터 나오는 대로 행동하고, 뼈저리게 후회할 말들을 내뱉고, 마침내는 하나님이 그들에게 주신 부모로서의 사명을 감당해야 하는 시간 속에서 패배하며 어떠한 열매도 맺지 못하게 되고 만다.

존경의 우상

한 아버지는 자기 딸의 음악 CD를 다 끄집어내서 산산조각을 내버렸다. 매일 밤 아이를 자기 방에 가두고 문을 잠가버렸으며, 교회 기도 모임에서는 모든 교인 앞에서 자기 딸의 죄를 낱낱이 공개했다. 딸의 친구들이 보는 앞에서 뺨을 때리기도 했고 윽박지르기도 했다. 이 모든 것은 전부 아버지인 자기 말에 복종하도록 하기 위해서였다. 그러면서 항상 자기가 어렸을 때에 얼마나 모범적인 청소년이었는지를 말하는 것도 빼먹지 않았다. 내 상담실에서 그는 엄청난 열정을 가지고 단호하게 말했다. "제가 제일 중요하게 여기는 일이 바로 딸아이가 저를 존경하게 만드는 것입니다!"

　　존경을 받고자 하는 마음이 그의 마음을 지배하고 있었다. 그는 자신이 그럴 권리가 있다고 확신하고 있었다. 그래서 모든 문제가 전부 이 존경의 문제로 귀결되었다. 아무것도 아닌 사소한 곳에서도 그는 존경이 없다고 판단했다. 그렇게 되자 그 딸의 삶은 아버지에게 늘 '낙제점'을 받는 시험의 연속이 되어버렸다. 아버지는 자기 딸이 겪는 성장의 문제, 불안정의 문제 그리고 여러 가지 실수마저도 자신에 대한 모욕이라고 여겼다. 그의 생각 속에는 결코 하나님과 자신 사이의 수직적인 차원의 영적인 깨달음이 없었던 것이다. 그는 자기 딸을 하나님과 관계를 갖고 있는 그분의 자녀로 보지 않고 오직 자기와 관계를 갖고 있는 자기 자녀로 보았다. 그러면서 자신이 인생을 구원하시는 하나님께로 딸아이를 인도하는 사명을 받았다고 생각하지 못했다. 그의 마음은 자기 딸이 자신을 경외하고, 마땅히 자기가 받아야 한다고 생각하는 존경을 보여주도록 만들어야 한다는 목표 의식에 사로잡혀 있었다.

　　과연 부모를 존경하는 것은 좋은 것일까? 물론 그렇다. 이것은 각 부모들이 자신의 자녀에게 가르쳐야만 하는 것일까? 역시 그렇다. 그러나 이것이 부모 자신의 마음을 지배하는 것이 되어서는 안 된다. 그렇지 않으면 결코 아무런 의도가 없었던 자녀의 실수나 잘못들을 의도적인 것으로 오해하며, 부모는 하나님의 대사로서의 역할을 상실하게 되고, 나중에는 하나님만이 이루어내실 수 있는 것을 자녀에게 요구하게 되고 그것을 얻기 위해 자녀들과 싸우게 된다.

안타깝게도 아버지의 눈은 자신을 지배하고 있던 우상에게 눈이 멀어 있었고, 존경을 얻기 위한 악전 고투 속에서 사실은 존경과 완전히 반대인 악한 마음을 자기 딸에게 계속 심어주고 있었다.

보답의 우상

우리 부부는 학교에서 요청이 있을 때마다 아이들을 위해 학교에 갔다. 그리고 우리는 간밤에 꿈자리가 사나웠던 날에도 아침 일찍부터 정성스럽게 등교 준비를 도와주었다. 아이들이 번번이 적셔놓은 침대보를 갈아주었고, 파자마와 슬리퍼 차림으로 아픈 아이를 위해서 밤 늦게 약국에 갔다오기도 했다. 스케이트 보드 모양의 특별 생일 케이크를 만들어주었고, 침실 카펫의 구토물을 말끔히 치워주기도 했고, 교장 선생님과 면담을 하기도 했다. 숙제를 도와주느라 끙끙대며 시간을 보내기도 했고, 수천 번의 행사를 위해서 차편을 제공해야 했으며, 수십 번의 지루한 음악회에 앉아 있어야 했고, 기억에 남을 만한 휴가를 위해 많은 돈을 소비했다. 우리가 옷을 빨아준 물로 그랜드 캐년을 메울 수 있을 것이다. 악기를 사주거나 치아 교정으로 우리 자신의 꿈을 포기해야만 했던 적도 있었다. 이 정도 투자를 했다면 이젠 무언가를 바라는 것이 당연한 일이 아니겠는가?

상담을 위해 찾아왔던 대부분의 부모들로부터 이런 말을 얼마나 많이 들었는지 헤아릴 수가 없다. 이런 말은 매우 논리적이고 정당하며 옳은 것처럼 보인다. 자녀들은 그들의 부모님에게 보답을 해야만 한다. 하지만 보답을 받는 것이 우리가 자녀를 양육하는 목표가 될 수는 없다. 그것이 삶의 목적이 될 때, 우리는 모든 상황 속에서 어떻게 해서든지 보답을 받고 싶어서 눈이 벌개진 괴상한 모습이 될 것이다.

십대가 된 자녀들이 학교가 끝나고 집에 와서는 불쑥 다가와서 이렇게 말하는 모습을 상상이나 할 수 있을까? "엄마, 내가 오면서 무슨 생각했는지 알아? 지금까지 엄마와 아빠가 날 위해 얼마나 많은 일을 해주었는지를 생각하고 있었어. 엄마는 내 인생이 시작된 후부터 지금까지 날 위해서 나와 함께 계속 있었잖아. 너무 고마워서 집으로 오는 버스에서 울음을 터트릴 뻔 했어! 집에 오는 동안 내내 도저히 기다릴 수가 없어서 오자마자 말하는 거야. 엄마 너무너무 고마워!" 만약 이런 일이 일어난다면 그 순간을 기리는 기념비를 하나 세우고 평생 꺼지지 않는 불을 켜두기라도 해야 할 것이다.

사춘기가 된 딸이 자기 방에서 흐느끼고 있는 것을 듣고 걱정스러운 마음으로 다가갔을 때, 그 딸과 이런 대화를 나누는 부모가 있을까? "무슨 일이니, 애야?" "전 아빠와 엄마에 대해서 생각하고 있었어요. 그런데 제게는 지금껏 너무 감사하는 마음이 없었던 걸 깨달았어요. 지금까지 별로 감사한 마음을 나타내지 못한 것이 너무 죄스럽고 괴로워요. 앞으로는 매일 엄마 아빠한테 감사하다고 말할게요. 흑흑." 현실은 이러한 상상과는 완전히 반대다. 십대 자녀들의 성향은 다른 사람들을 배려하고 감사함을 표현하기보다는 훨씬 더 자기중심적이고 자신의 유익을 추구하고자 한다.

만약 부모들이 자기 십대 자녀들에 대해 하나님의 사역을 감당해야 하는 그분과의 수직적인 관계가 있음을 망각한다면, 그리고 부모와 자녀 사이를 '섬김과 보답'이라는 계약 관계로만 보려고 한다면, 그들은 자녀가 십대 시절을 보내는 내내 엄청난 실망과 분노를 겪어야만 할 것이다. 마찬가지로 부모가 다 성장한 자녀에게 뭔가 보답받기를 기대한다면, 오히려 그 부모들이 더욱 이기적이고 전보다 더 자녀 사랑이 부족한 것처럼 보일 것이다. 다시 한번 말하지만, 모든 부모들은 다음과 같은 질문을 스스로에게 할 필요가 있다. "내가 지금 하고 있는 일을 나는 왜 하고 있는가? 나는 누구를 섬기고 있는 것일까? 내가 기대하고 요구하는 것은 무엇인가? 내 자녀와의 관계에서 생기는 많은 기회의 순간 속에서 나를 지배하는 욕구는 누구의 것인가? 하나님인가, 나 자신인가?"

성공의 우상

한 아버지가 자기 아들을 옆에 앉혀두고 내게 이렇게 말했다.

"목사님은 교회에 가서 모든 사람이 반항적인 내 아들을 위해서 기도해준답시고 수군거리는 것을 볼 때 기분이 어떤지 아십니까? 사람들이 일이 어떻게 돌아가고 있는지 궁금해하고 부모가 어떻게 감당하고 있는지 수근대는 것을 알면서도 예배에 참석하는 것이 어떤 기분인지 아십니까? 정말 이럴 수는 없습니다. 우리 부부는 부모로서 하나님이 명하신 모든 것을 지금껏 충실히 하느라 애썼습니다. 그런데 그 모든 것이 결국 이런 식이란 말입니까! 전 제 자신에게 물었습니다. 만약 애를 키우는 것이 결국 이런 식일 뿐이라는 것을 알았다면 애초부터 자녀를 가졌겠느냐고요. 전 이루 말할 수 없이 실망스럽고 너무나 부끄럽습니다."

그날 오후 아들도 듣고 있는 데서 그 아버지가 했던 말은 사실 모든 부모들이 느끼고 있지만 단지 표현하지 못했던 것일 뿐이었다. 우리는 마치 우리가 확고한 성공을 보장받은 것처럼 기대감을 잔뜩 가지고 자녀 양육을 생각하는 경향이 있다. 마치 우리가 맡은 일만 잘하면 자녀들은 모범적인 아이들로 자라줄 것이라고 생각한다. 그러나 이 타락한 세상 속에서 이것은 결코 일어나지 않는 일이다.

자녀의 순종이 부모의 권리라는 생각으로 자녀를 양육하면, 부모의 정체성을 자녀에게 덧씌우기 쉽다. 자녀가 어떠한 모습이 되어야만 한다는 것을 요구하기 시작하면, 우리는 그러한 모습이 이루어질 때만 성취나 성공의 기쁨을 느낄 수 있게 된다. 그러면 자녀를 하나님의 창조물이 아닌 자신의 트로피 정도로 바라보게 된다. 은근히 자신은 인생에 성공했다는 증거물로서 자녀가 자기 인생의 전면에 진열되기를 원하는 것이다. 자녀들이 이런 기대에 미치지 못할 때에는, 그들을 위해 슬퍼하고 그들을 위해 싸우기보다는 그들에게 화를 내고 그들과 대적하여 싸우는 자기 자신을 발견한다. 사실 우리는 자기 자신과 자신의 실패에 대해서 슬퍼하는 것이다. 우리는 자녀들이 부모들로부터 뭔가 값어치 있던 무언가를, 소중히 여기게 된 무언가를, 그 마음을 지배하고 있던 무언가를 날려버렸기 때문에 분노한다. 그것은 바로 자녀 양육에 성공했다는 자랑스러운 평판이다.

그 아이들이 하나님의 자녀라는 사실은 너무나 잘 잊어버린다. 그 아이들은 우리에게 속한 것이 아니다. 그들은 우리에게 영광을 가져다주기 위해 태어난 것이 아니다. 오직 주님의 영광을 위해서 태어났다. 우리의 십대 자녀들은 그분으로부터 와서, 그분으로 말미암아 존재하고, 자신들의 삶을 통해 그분에게 영광을 돌린다. 우리는 그분의 계획을 실현하기 위한 종들일 뿐이다. 그분의 손에 의해 사용되는 도구일 뿐이다. 우리의 존재 의미는 하나님 자신에게 그리고 우리에 대한 그분의 부르심 속에 있는 것이지, 우리 자녀와 자녀들의 성공 여부에 있지 않다. 그들의 거부와 불순종이 우리를 슬프게 하는 이유는 그들이 우리에게 거부하고 불순종하기 때문이 아니라, 하나님을 거부하고 불순종하기 때문이어야 한다.

우리가 부모로서 이러한 '하나님과의 수직적 관계의 실체'를 잃어버릴 때마다 어려움에 부딪힌다. 그렇게 되면 하나님을 바라보지 못하고, 우리 자녀에게 그분이 주인 되심을 깨닫지 못하며, 어떤 결과가 나오든지 자녀에게 신실한 부모가 되기를 바라시는 그분의 부르심에 대한 시각을 잃어버리게 된다. 자녀 양육이 자기의 수고, 자녀의 성공, 가족의 평판 등으로 축소될 때에, 우리는 자녀들의 실패 앞에서 신실한 사랑을 보이기가 힘들 것이다. 하나님이 부여하신 사명을 이루는 순간이 정죄의 말로 가득 차서 분노를 터트리며 죄를 지적하는 순간으로 변해버릴 것이다. 도움을 필요로 하는 십대 자녀들을 한 번 더 그리스도께 인도하기는커녕, 말로써 그들을 더 망가뜨릴 것이다. 그들을 사랑하는 대신에 거부할 것이다. 소망의 말을 하는 대신에 절망에 빠뜨릴 것이다. 우리의 마음은 하나님 앞으로 자녀들을 인도하지 못한 것에 대한 안타까움보다는 우리 자신의 수치심과 분노로 가득하게 될 것이다.

우리는 자신의 마음을 살펴보는 데서 먼저 출발해야 한다. 자녀를 소유하고자 하고 다른 사람들 앞에 보여지는 명예에 집착하는 태도를 갖고 있지는 않은가? 사소하게라도 평판에 의해 좌우되지는 않는가? 우리 마음속에 자녀들을 사랑하고자 하는 노력이 있는가? 그러한 노력으로 인해 거리감을 좁힐 수 있었는가? 본의 아니게 다른 사람의 생각에 의해 흔들리지는 않는가? 하나님의 말씀의 능력을 의심하지는 않았는가? 또한 그 능력이 왜 우리의 뜻대로 '역사'하지 않는지를 생각해본 적이 있는가? 우리가 이 타락한 세상 속에서 살아가고 있는 십대 자녀들의 삶 속에 우리를 동참하게 하신 명령에 순종하고자 한다면 이러한 의문들에 대해 진지하게 고민해야 할 것이다.

통제의 우상

나는 사람이 오직 두 가지 삶의 방식으로 살아간다는 것을 더욱 분명히 확신하게 되었다. 하나는 하나님의 뜻과 다스림에 순종하면서 하나님을 의지하며 사는 삶이고, 또 다른 하나는 자신이 하나님이 되려고 노력하는 삶이다. 이 둘 사이에 중간 지대는 없다. 우리는 죄인이기 때문에 전자보다 후자에 더 능하다.

이러한 영적인 동기가 자녀 양육의 본질을 차지하고 있다. 성공적인 자녀 양육은 올바른 하나님의 뜻에 따라 나의 통제력을 상실하는 것이다. 자녀 양육의 목표는 우리 스스로가 한 발 뒤로 물러서는 것이며, 하나님의 능력과 교회의 협조를 통해서 이전에는 완전히 부모에게만 의존적이었던 자녀를 독립적이고 성숙한 사람으로서 자신의 힘으로 살아갈 수 있도록 키우는 것이다.

어린 자녀를 기르던 초기에는 모든 것을 통제할 수 있었다. 비록 그 모든 일로 인해 힘들어하며 불평하긴 했지만 그래도 완전한 통제력을 가지고 있다는 것에 만족했다. 아기 스스로 할 수 있는 것은 자율 신경계 이외에는 거의 없었다. 부모는 자녀의 음식과 쉴 시간과 신체 활동과 보는 것, 듣는 것, 가는 곳, 심지어는 친구들까지 거의 모든 것을 마음대로 결정하였다. 그러나 진실은 우리 자녀들은 태어난 첫날부터 독립적으로 성장하고 있다는 것이다. 도움이 없이는 뒤집지도 못했던 아기가 이젠 어떤 허락도 없이 마음대로 욕실에 들어갈 수 있고, 화장실 두루마리 휴지를 다 풀어버릴 수도 있다. 바로 이러한 아이가 언젠가는 집에서 떠나 부모의 손길로부터 완전히 벗어난 곳으로 떠나버릴 것이다.

그런 일들이 우리에게 점점 다가오고 있다. 우리는 자녀들이 그저 우리와 똑같이 자라기만을 기대한다. 나는 학교에서 열리는 운동 경기에 참여하기를 좋아하고 보는 것도 좋아한다. 큰 아들 저스틴이 처음에 자신은 아빠랑 미식축구 경기 보는 것이 싫다고 말했던 때가 기억난다. 뭐라고? 미식 축구를 좋아하지 않는다고? 나는 이렇게 대답하고 싶었다. "그래선 안 돼! 나는 네가 그토록 흥미진진한 경기의 진정한 팬이 되도록 길렀어! 너는 나처럼 되고 싶지 않니?"

또 내 딸 니콜이 처음으로 자기는 땅콩 버터를 싫어한다고 말했던 때가 기억난다. 그것은 거의 크리스마스나 여름 휴가를 싫어한다고 말하는 것과 같았다. 마치 신학적으로 어떤 문제가 있는 것처럼 여겨졌다. 나는 그 아이에게 땅콩 버터가 얼마나 좋은 것인지를 설득시켜야겠다고 결심했다. 그러면 그 아이가 점차 자라면서 오히려 열렬한 땅콩 버터 애호가가 되도록 만들 수 있을 것 같았다.

얼마나 많은 부모들이 자기 자녀들이 선택한 친구들로 인해 골머리를 앓는지 아는가? 그렇다. 친구들을 선택하는 것도 정말 중요한 문제다. 하지만 우리는 그런 것들조차 자라는 아이들에게 마지못해 양보하게 된다. 자녀 양육의 목적은 자녀들의 안전과 부모의 마음 편함을 보장받기 위해 우리 자녀들을 바짝 조여서 확실하게 통제할 수 있게 되는 것이 아니다. 오직 하나님만이 그러한 통제를 행사하실 수 있다. 양육의 목적이란 우리 자녀들에게 말씀의 원리를 통해서 성숙한 자기 통제력을 갖게 하시는 하나님의 계획에 동참하는 것이다. 그래서 그들이 선택과 통제와 독립이라는 점점 더 확장되는 영역을 실천하도록 해주는 것이다.

때때로 시간을 거꾸로 돌리고 싶어 하는 부모들을 상담하게 되는 경우가 있다. 그들의 유일한 소망은 모든 것을 마음대로 통제할 수 있었던 예전으로 돌아가는 것이다. 청소년이 되어버린 자녀들을 마치 작은 아기처럼 대하고 싶어 한다. 그래서 부모가 아니라 교도관이 되어버리고, 자녀와의 힘든 시간을 보내는 데 있어서 유일한 소망은 복음적으로 사역하는 것뿐임을 잊어버린다.

우리는 다음과 같은 복음의 진리를 확실하게 기억해야 한다. 첫째, 하나님이 "만물을 그의 발 아래에 복종하게 하시고 그를 만물 위에 교회의 머리로 삼으[신]"(엡 1:22) 그리스도가 통제하시지 않는 상황이란 없다. 둘째, 그분은 상황을 통제하실 뿐만 아니라 행하시기로 약속하신 선한 열매를 이루시기 위해서 역사하신다(롬 8:28). 그래서 우리는 십대 자녀들의 모든 욕구, 생각, 행동을 통제하려고 애쓸 필요가 없다. 모든 상황 속에서 그들은 그리스도의 주권적인 통치 아래에 있다. 주님은 우리가 할 수 없는 일들을 이루시는 분이다. 셋째, 우리는 자녀 양육의 목표가 자녀들에게 우리의 형상을 심어주는 것이 아니라, 그리스도의 형상을 심기 위해 수고하는 것임을 기억해야 한다. 우리의 목적은 취향과 의견과 습관을 자녀 속에 복제하는 것이 아니다. 나는 그 아이들 속에서 내 자신의 형상을 보기를 원하지 않는다. 오직 그리스도의 형상이 나타나기를 원한다.

◼

우리는 우리 자신의 본질을 정직하게 살펴보지 않고 자녀들이 겪는 혼란과 격변만 보면서 그들의 십대 시절을 부모들이 고군분투하는 시기로 당연하게 생각해서는 안 된다. 만약 우리의 마음이 편안함과 존경과 보답과 성공과 통제하고자 하는 우상에 지배되고 있다면 무의식적으로 십대 자녀들의 영적인 필요를 채워주기보다는 자신의 기대를 충족시켜주기를 강요하게 될 것이다. 또한 그들이 고군분투하는 시기를 하나님이 주신 기회의 문으로 바라보기는커녕, 그들을 부모를 낙심시키고 괴롭히는 존재라고 보게 될 것이다. 결국에는 하나님께로부터 사명을 가지고 키우라고 부르심을 받은 그 자녀에 대해서 점점 끓어오르는 분노를 품게 될 것이다.

2장. 성찰과 토론을 위한 질문

(1) 지금 당신의 마음을 지배하는 우상이 있는지 생각해보라. 경력, 외모, 사회적 지위, 자녀의 성공 등이 우상이 될 수 있다. 이런 우상이 자녀 양육에 어떤 영향을 미치고 있는가? 이런 우상에 집착하다가 기회로 삼지 못하고 십대 자녀와 갈등을 빚은 적이 있었는가?

(2) 최근에 십대 자녀의 마음을 차지하기 위해 벌어지는 영적 전쟁을 보았을 때 어떤 조치를 취했는가? 싸움을 회피했는가? 아니면 자녀와 마음을 나누며 기도하는 마음으로 전쟁에 동참했는가?

(3) 십대 자녀를 오직 당신과의 관계나 자녀를 향한 기대의 차원에서만 보고 싶다는 유혹을 받는가? 주로 어떤 식으로 유혹을 받는가? 자신을 자녀와 하나님의 관계를 중재하는 대리인으로 본다면 어떤 극적인 변화가 일어날 수 있는가?

(4) 성장기에 당신의 부모가 무엇을 우상으로 삼았다고 생각하는가? 부모의 우상이 자녀인 당신에게 어떤 영향을 미쳤는가?

(5) 자녀를 전시해놓을 트로피로 여겼다면 어떤 부분에서 그러했는가?

(6) 자녀를 그리스도께 인도하는 대리인으로서 당신은 자신의 죄와 통제 욕구를 예수님께 내어드려야 한다. 다음의 질문에 답해보라. 나는 자녀에 대해 소유권과 권리가 있다고 생각하는가? 나도 모르게 명성을 얻고 싶은 욕구에 지배받지는 않는가? 십대 자녀를 사랑하기 위해 분투하고 있는가? 이런 투쟁의 결과로 자녀와 거리가 생기지는 않았는가? 타인의 시선에 좌우되지는 않는가? 말씀의 원리를 의심해본 적은 없는가?

(7) 자녀에게 그리스도가 아니라 당신의 모습을 투영하고 싶은 유혹을 받은 적이 있는가? 그렇다면 주로 어떤 부분인가?

3장.

가정이란 무엇인가?
-정의

'가정이란 무엇인가?'라는 질문은 지금까지의 인류 역사 속에서 끊임없이 논란이 되었고, 앞으로 다가올 세대에서도 논쟁 거리가 될 주제다. 오늘날 우리 문화 속에서 가정의 본질을 정의하는 것은 특히 뜨거운 논쟁 거리다.

여기에서 우리의 목적은 성경적으로 가정에 대한 온전한 정의를 내림으로써 그러한 문화적인 논쟁에 뛰어들지 않으려는 것이다. 우리의 목적은 완전히 새로운 방법으로 가정을 다시 정의하는 것이다. 이는 다시 말해서 '가정이란 무엇인가?'라는 질문에 기능적으로 대답하는 것이다. 우리가 정말로 알고자 하는 것은 '하나님은 가정이 어떤 일을 하기 원하시는가?'라는 질문에 대한 대답이다. 이 일은 가정에 대한 기능적 정의가 우리 자녀들과 그들에 대한 우리 부모들의 반응의 목표를 설정할 것이기 때문에 중요하다. '하나님은 가정이 어떤 역할을 하기 원하시는가?'라는 질문은 '하나님은 우리가 십대 자녀들에게 어떤 일을 하기를 원하시는가?'라는 물음의 기본 바탕이 된다. 먼저 부모로서의 할 일을 제대로 이해해야 그다음으로 청소년 자녀를 둔 부모로서 해야 할 일에 대한 적절한 성경적인 관점을 갖게 될 것이다.

나는 많은 성도들이 수개월 동안 고민하여 마련한 특별한 휴가 계획이나 각종 이벤트에 대해서 말하는 것을 들었다. 어느 날 나는 상담을 하면서 온 가족이 여름 휴가를 해변으로 놀러 가기로 하고 여러 가지 계획을 세워놓았다는 이야기를 듣고 있었는데 갑자기 이런 생각이 스쳐 지나갔다. 즉 많은 부모들이 자기 자녀를 어떻게 양육할까 하는 것보다 휴가를 어떻게 보낼 것인가 계획하는 데 더 주도 면밀하고, 더 기발하고, 더 많은 준비를 하고, 더 열심을 보인다는 것이었다.

내가 여름 휴가를 어떻게 보내는 것이 좋은지 알고 있더라도 확실한 계획이 없다면 그 휴가를 어떻게 지내게 될지를 한번 상상해보라. 휴가 기간에 가족과 함께 어디로 갈지 대충 생각은 했지만 정확한 목적지가 없다면 어떻게 될까? 대충 방향은 알고 있더라도 지리를 완벽하게 알지는 못한다면 어떻게 될까? 여행 비용이 꽤 들게 되리라는 것은 알고 있어도 정확히 얼마가 필요할지를 모른다면 어떻게 될까? 어떤 식으로든지 휴가를 보내기는 하겠지만, 과연 성공적인 휴가가 될 수 있을까?

가정생활이 바로 이와 같다. 우리가 성경적으로 가족에 대해서 잘 알고, 성경적으로 준비하고, 성경적으로 이끌어가는 것은 아주 중요한 일이다.

가족:
하나님이 주신 가장 우선적인 배움의 장

사사기 2장 6-15절은 모든 성경 말씀 중에서 가장 슬픈 상황을 보여주고 있다. 이것은 지상에 하나님이 허락하신 가족의 중요성을 선포하는 말씀이다. 이 장면에서 우리는 약속받은 땅에서 태어난 이스라엘의 첫 번째 세대는 '여호와를 알지 못하며 여호와께서 이스라엘을 위하여 행하신 일도 알지 못했다'(10절)는 설명을 듣게 된다. 이 말을 곰곰이 생각해보자. 그들의 모습은 우리에게 충격적이다. 가나안에서 태어난 첫 번째 세대는 하나님이 누구신지 몰랐고, 당신의 백성을 구원하시고 인도하신 그 놀라운 모든 일에 대해서 알지도 못했다는 것이다.

어떻게 된 일인가? 도대체 어떻게 이런 일이 있을 수가 있는가? 어떻게 이스라엘 백성의 자녀들이 하나님에 대해서 모를 수가 있는가? 어떻게 그들이 애굽의 재앙과 홍해와 시내 산과 반석에서 나온 물과 하늘에서 내린 만나를 모를 수가 있는가? 무엇이 잘못되었나? 어떻게 이스라엘 자녀들이 태평하게 다른 신들을 섬기면서 자랐단 말인가?

선지자들이 자신의 일을 제대로 하지 못했던 것일까? 제사장들이 직무 유기를 한 것인가? 그렇지 않다. 교육의 실패 원인은 거기에 있지 않았다. 근본적인 실패는 바로 각 가정들이 하나님이 행하기를 원하시는 일들을 하지 못했던 것에 있었다.

이스라엘이 약속의 땅으로 들어가기를 준비하고 있었을 때 하나님은 각 가정에 대한 자신의 목적에 대해서 특별히 시간을 할애하여 말씀해주셨다. 신명기 6장에 하나님의 계획이 기록되어 있다. 하나님은 본질적으로 이렇게 말씀하셨다. "나는 가정을 우선적인 배움의 공동체가 되도록 만들었다. 내 백성이 마땅히 살아야 하는 방식대로 살기 위해 알아야 하는 진리들을 가르칠 때에 이보다 더 좋은 배움터는 없다." 이어서 하나님은 말씀하셨다. "너희는 너희의 자녀들과 함께 살아라. 너희는 그들이 누울 때 함께 있어주고, 그들이 일어날 때 함께 있어주어라. 자녀들의 삶의 많은 부분을 너희가 함께하라. 그리고 너희 자녀를 가르쳐라. 가정은 너희의 배움터다."

부모들은 자기 자녀에 대해서 다른 어느 누구도 따를 수 없는 가르침의 기회를 갖고 있다. 왜냐하면 그들과 함께 살고 있기 때문이다. 하나님은 우리에게 그 기회를 최대한 이용하라고 명령하신다. 자녀들을 재울 때, 잠들기 전까지 그들이 궁금해서 질문할 때 그 기회를 활용하라. 아침마다 시간이 없어서 응대해줄 수 없을 것 같은 투정과 불만도 잘 이용하라. 그들의 하루가 어땠는지 자녀들의 삶에 대해서 물어보라. 하지만 그런 말은 간식을 먹을 때나 식탁에서처럼 시간 여유가 많을 때 해야 한다. 그래야 대화가 이루어진다. 자녀가 나갔다가 집에 들어왔을 때 현관에서 의례적으로 하는 것이 되어서는 안 된다. 함께 차를 타고 가는 동안 자동차 라디오를 끄고 자녀들과의 이야기에 열중하라.

가정은 배움을 위한 환경적인 측면에서도 학교와 완전히 다르다. 교실은 삶과 동떨어져 있고 공백이 있다. 교실에서는 인생에 대한 공부를 하기 위해 애써서 삶의 모습을 재현시킨다. 하지만 가정은 그 자체가 삶이다. 가정에서는 삶이 단지 현관에만 나타나는 것이 아니라, 부엌에 침실에 그리고 갖가지 자신만의 은밀한 공간에까지 이어진다. 가정에서의 삶은 우리 주변 사방에서 일어나는 일이기에, 우리는 그 삶에 대해 질문하고, 평가하며, 해석하고, 논의해야 한다. 삶에 대해서 가르치는 데 가정보다 더 안정적이고, 풍요롭고, 역동적인 곳은 없다. 왜냐하면 하나님이 가정이란 바로 그렇게 배우는 공동체가 되도록 만드셨기 때문이다.

모든 것을 다스리시는 창조주시며, 모든 지혜와 지식의 귀한 것들이 그 속에 감추어져 있고, 그분이 만드신 세상과 그분의 영감으로 기록된 말씀 속에 자신을 나타내시는 하나님은 부모를 가장 우선적인 교사로 부르셨다. 그래서 가정이 다른 무슨 일을 하든지 간에 제일 먼저는 효과적인 배움의 공동체로서 기능하도록 만드는 것이 우리의 책임이다. 이것은 문제, 갈등, 의심, 의문, 혼란, 어려움, 연합, 분리, 기쁨, 슬픔, 노력, 여가, 관계, 순종, 반항, 희망, 두려움, 웃음, 권위, 복종 등 가정생활의 여러 가지 복잡다단한 면을 이루고 있는 순간순간을 가르칠 수 있는 시간으로 보아야 한다는 것을 의미한다. 즉 가정생활의 모든 순간이 가르침의 시간이라는 뜻이다. 이것이 바로 가정을 이 세상에서 역사하시는 구원자 하나님의 사역이 활발히 이루어지는 도구로 만드는 일이다.

교실과는 달리 가정에서 가르치는 일은 자발적으로 자연스럽게 이루어진다. 학습 계획이나 교재나 책상도 없다. 당신은 마음의 준비를 하고 기회만 찾으면 된다. 기다리던 순간은 철물점에 다녀오면서 아이가 하나님은 전봇대도 만드셨냐고 물어볼 때 찾아오기도 한다. 혹은 전혀 예기치 못하게 사춘기의 딸이 욕실에서 자신의 얼굴이 너무 싫어서 집 밖에 나가기 창피하다고 혼자서 푸념을 늘어놓을 때 찾아오기도 한다. 하나님은 그러한 기회들을 놓치지 말고 가르치고, 또 가르치고, 또 가르치라고 하신다.

학생들에 대해서 이해하기

만약 당신이 자녀들의 삶 속에서 하나님의 도구로 사용되기로 결심했다면, 하나님은 가정이 그분의 우선적인 배움의 공동체가 되도록 하셨고, 부모는 그분의 우선적인 교사가 되며, 가정생활은 바로 그 가르침과 배움이 일어나는 현장이 되도록 하셨다는 사실을 알아야 한다. 일단 당신이 하나님의 교사임을 이해했다면 그다음 알아야 할 것은 "학생들이 어떤 사람들인가?"에 대한 것이다. 학생들이 그저 우리의 자녀들이라고 말하는 것은 충분하지 않다. 우리는 그 자녀들이 누구인지에 대해 성경적으로 설명할 수 있어야 한다. 훌륭한 교사는 자신이 가르칠 내용을 잘 아는 것뿐만 아니라, 가르칠 학생들에 대해서도 잘 알고 있다. 바로 그것이 자녀를 양육하는 방법이다. 우리 자녀들에 대한 이해가 정확하면 할수록, 하나님이 우리에게 부여해주신 일들을 더 성공적으로 할 수 있다.

성경에서 우리의 자녀들에 대해 설명하는 내용을 많이 찾아볼 수 있다. 그 가운데 특히 성경이 그들에 대해 말하는 다음과 같은 네 가지가 가장 핵심적인 것이다. 우리가 부모로서 이러한 것들을 이해하기만 한다면 어떻게 가르쳐야 할 것인지가 구체적으로 나타나게 된다.

자녀들은 언약의 존재다

성경이 자녀들에 대해 언약의 존재라고 말했을 때 그 뜻은 자녀들이 하나님과의 관계를 위해 준비된 자들이라는 것이다. 그들은 그분을 알고, 사랑하고, 섬기고, 순종하기 위해 창조되었다. 자녀들은 독립적인 삶을 살고, 자기 지향적이며, 자신의 뜻대로 살고, 스스로 만족한 삶을 살기 위해 태어난 것이 아니다. 한 아이가 생각하며 행동하고 말하는 모든 것들은 사실 하나님께 즐거운 순종을 드리는 의도로 행해지도록 그분이 계획하셨다. 이는 그리스도가 주신 가장 첫째 되고 위대한 계명이다(마 22:37-38). 또한 자녀들의 정체성이 무엇인가에 대해서 말해주는 가장 근본적인 것이다.

성경은 여기서 조금 더 나아간다. 성경은 만약 자녀들이 하나님께 즐거운 순종을 드리려는 마음으로 살지 않는다면 다른 사람이나 다른 어떤 물건에 그러한 순종을 바치게 된다고 말한다(롬 1:18-32). 자녀들은 하나님을 섬기고 경배하든지, 그렇지 않으면 다른 것을 섬기고 경배하게 될 것이다. 당신은 자녀들을 경배하는 자와 경배하지 않는 자로 나눌 수 없다. 모든 자녀들은 다 무엇인가를 섬기며 경배하고 있다. 문제는 그가 섬기는 것이 과연 무엇이냐 하는 것이다. 자녀가 행하는 모든 것과 요구하는 모든 것과 생각하는 모든 것과 선택하는 모든 것과 추구하는 모든 관계와 취하는 모든 행동은 전부 일종의 경배의 표현이다. 형제간이나 자매간에 조금 더 좋은 자리에 앉으려고 거칠게 싸울 때, 혹은 또래 친구들의 사랑을 받지 못해서 괴로워할 때 경배의 마음이 표출되고 있음을 기억하는 것이 중요하다. 인간관계라는 모든 수평적인 측면의 행동에는 하나님과의 관계라는 수직적인 측면이 함께 존재한다.

자녀들은 모두 무엇인가를 경배하고 있다. 그들의 삶은 자신이 경배하는 것이 무엇이든 그것에 의해 형성되고 지배된다. 이 말은 삶의 모든 순간이 하나님이 다스리시는 시간이 되어야 한다는 것을 의미한다. 매 순간마다 아이들은 자신이 피조물 됨을 깨닫고 하나님께 드리는 경배의 순종 속에서 살아가거나, 아니면 피조 세계의 어떤 것을 하나님과 바꾸어서 그것을 섬기며 살아가게 된다. 그렇지만 그들은 이런 모습으로 살아가는 자신을 깨닫지 못한다(사실은 그 부모도 마찬가지다). 그래서 우리가 그들의 모든 행동 속에서 그들이 언약의 존재임을 성실하게 일러주는 것이 필요하다. 이는 성경에서 부모의 할 일에 대해서 말해주고 있는 내용 가운데 가장 중요한 일이다.

자녀들은 사회적인 존재다

자녀들은 하나님과의 관계를 위해 창조되었을 뿐 아니라, 다른 사람들과의 관계를 위해서 창조되었다. 이것은 두 번째 큰 계명이기도 하다(마 22:39). 자녀들은 공동체를 이루기 위해 태어났다. 하나님은 항상 자신의 백성이 다른 사람들과 관계를 맺고 있는 자들임을 염두에 두고 말씀하신다. 개인적이고 독립적인 요즘의 문화는 성경의 가르침과는 별 상관이 없다. 한 인간의 삶의 목적은 건강한 개인주의를 지향하는 것이 아니다. 그것은 하나님 안에서 공동체를 이루며 함께 살아가는 다른 사람들과 연합하여 사는 것이다.

아이는 인생의 첫 시작부터 주변 사람들에게 도덕적인 책임을 지고 있다. 그는 자기 자신을 사랑하는 것처럼 다른 사람을 사랑하라고 부르심을 받는다. 그 아이가 하는 모든 일은 공동체를 향한 하나님의 부르심에 순종을 표현하는 것이든지 아니면 거역하는 것이든지 둘 중 하나다. 죄인인 인간은 원래 공동체에 잘 적응하지 못한다. 본성상 인간은 자기 지향적이다. 죄는 자신을 숭배하는 마음으로부터 흘러나오게 된다. 그래서 타락한 세상에서 살아가고 있는 본질상 죄인인 자녀들은 공동체에 대한 하나님의 계획을 이루는 것을 힘들어할 수밖에 없다.

나는 우리 아이들 가운데 누구도 마지막 남은 초콜릿 도넛을 보면서 다른 형제에게 이렇게 말하는 것을 본 적이 없다. "음, 난 초콜릿 도넛을 좋아하긴 하지만 내가 먹어버리는 것보다 더 기분 좋은 일이 있어. 우리 가족 중 아무나 저 마지막 남은 도넛을 먹고서 즐거워하는 것을 보는 게 제일 즐거워." 그런 적은 한 번도 없다. 오히려 많이 있던 도넛이 점점 줄어드는 것을 보면서 매우 날카로워지던 것을 더 많이 보았다. 그들의 말에 귀를 기울여보면 이렇다. "누구 아직도 배고픈 사람 있니?" "지난번엔 누가 마지막 도넛을 먹었지?" "벌써 세 개나 먹은 사람은 누구야?" 이런 말들은 다 자기 유익을 구하는 마음과 자기가 원하는 것을 다른 사람이 차지하지 않을까 하는 걱정에서부터 나오는 것들이다.

결국, 마지막 도넛이 누군가의 입에 들어가는 순간 식탁은 아수라장이 되어버린다. 아무도 자신을 사랑하지 않는다고, 그건 불공평하다고 울어대는 자기 연민에 빠진 아이가 생긴다. 지나간 네 번의 도넛 회식을 상기시키면서(누가 일일이 기억하겠는가?) 상황의 부당함을 주장하는 변호사 같은 아이도 생긴다. 늘 이런 식이기 때문에 자기는 이제 다시는 도넛 따윈 먹지 않겠다는 극단적인 아이도 있다.

이렇듯 죄인인 인간들은 서로 사랑하라는 하나님의 부르심을 따르기가 결코 쉽지 않다. 그래서 집에서부터 모두가 한 가족임을 늘 강조하며 가르쳐야 한다. 이웃을 내 몸처럼 사랑하는 것은 죄인에게는 너무나 감당하기 어려운 명령처럼 보인다(사실 그렇다). 이 명령은 마음속에 있는 모든 것과 대항해서 싸우기를 촉구한다.

나는 몇 년 전 유치원 교사를 한 적이 있었는데, 그때 이것을 체험했던 시간이 기억난다. 그때 나는 아이들에게 서로 때리라고 가르친 적이 결코 없었다. 또한 질투하고, 불친절하게 말하며, 앞에 서 있는 친구들을 밀고, 자기 신발이 친구 신발보다 훨씬 더 좋다고 자랑하며, 뭔가 잘한 것을 으스대고, 매사에 경쟁하라고 가르친 적도 없었다. 나는 이기적인 어린아이들로 가득한 교실을 배움이 일어나는 사랑 넘치는 공동체로 바꾸는 데 많은 시간이 걸렸다.

바로 그것이 부모의 인생이다. 당신이 해야 할 일은, 자녀가 사랑이 넘치는 공동체를 이루며 살아가도록 돕는 것이다. 이때 우리는 자녀가 사회적 존재로 지음받았지만, 죄가 다른 사람에 대한 사랑을 우상 숭배적인 자기 사랑으로 바꾸어버렸다는 사실을 인식하고 있어야 한다.

자녀들은 해석하는 존재다

성경은 우리의 사고방식에 대해서 무척이나 많은 것을 말하고 있다. 왜냐하면 그것이 하나님의 형상으로 지음받은 우리에게는 매우 중요한 부분이기 때문이다. 당신에게 충격적으로 들릴지 모르겠지만, 모든 자녀들은 '생각'을 한다. 몇몇 아이들이 다른 아이들보다 좀 더 뛰어난 모습을 보여주기는 하지만, 여하튼 모든 아이들이 생각을 한다. 그리고 그 마음의 생각이 그들의 인생을 사는 방식을 형성한다. 그런 이유로 성경은 우리가 '무엇을 생각하고 있는가'의 중요성을 강조한다. 성경은 진리와 거짓에 대해서, 지혜와 어리석음에 대해서, 빛과 어둠에 대해서, 선과 악에 대해서 이야기한다. 하나님은 삶에 대해서 생각하는 방식에 옳은 것과 틀린 것이 있다고 말씀하신다. 그리고 우리가 삶에 대해서 생각하는 것이 무엇이든지 간에 그것이 우리의 행동을 결정한다.

자녀들이 생각한다는 말은 무슨 뜻인가? 그것은 자녀들이 인생을 이해하려 한다는 것이다. 그들은 자신의 주변에서 일어나는 일들과 자기 속에서 일어나는 변화들을 나름대로 조직하고 해석하며 설명하려고 한다. 자녀들은 끊임없이 해석하며, 사실에 입각해서 삶에 반응하는 것이 아니라 그러한 사실로부터 자신들이 해석한 의미에 입각해서 행동한다.

얼마 전, 내 딸이 자기 방을 뛰쳐나오면서 "누가 내 책가방을 훔쳐갔어요!"라고 소리친 적이 있었다. 그런 경우에도 가장 먼저 알아야 하는 것은 그 말이 실제로 일어난 일을 말한 것이 아니라, 일어난 일에 대한 나름대로의 해석을 말했다는 것이다. 이 경우는 사실에 대한 자의적인 해석이었다. 그 아이에게는 단정치 못하게 책가방을 잃어버린 것에 대한 책임을 지는 것보다 누군가 책가방을 훔쳐갔다는 음모가 있다고 믿는 것이 더 수월했다. 나는 그 아이가 모든 일을 나름대로 해석하고 있다는 사실과 그 해석이 얼마나 자기 자신을 사로잡고 있는지 깨닫도록 설명해주었다. 우리는 그 아이가 서 있던 곳에서 1미터도 되지 않는 철 지난 옷 밑에서 책가방을 발견했다.

성경은 인간이 해석만 하는 존재가 아니라, 올바르게 해석하기 위해서 하나님이 진리를 보여주시는 것을 필요로 하는 존재라고 말한다. 그것이 바로 주님이 친히 말씀을 주신 이유다. 아담과 하와를 창조하신 직후 하나님이 가장 먼저 하신 일은 그들에게 삶의 의미와 목적에 대해서 설명하여 말씀하신 것이었다. 왜 하나님이 그러한 일을 하셨는가? 왜냐하면 하나님은 그들이 그분과 함께 완벽한 관계를 맺으며 완벽한 세계에서 살고 있는 완벽한 사람임을 알고 계셨지만, 그들 자신의 힘으로 삶을 해석해낼 수는 없는 것을 알고 계셨기 때문이었다. 아담과 하와에게는 자신의 세계를 해석할 수 있는 하나님의 말씀이 필요했다. 그리고 그와 동일한 원리가 우리의 자녀들에게도 해당된다.

창세기 3장에서 또 다른 해석자가 등장한다. 뱀이다. 그때 일어난 일을 이해하는 것은 중요한데, 뱀이 한 일은 하나님이 아담과 하와에게 말씀하신 바로 그 사실을 바꾸어서 완전히 다른 해석을 한 것이었다. 뱀의 해석에 따르자면 아담과 하와는 하나님께 순종하는 어리석은 자들이었던 것이다. 그들은 뱀의 말을 들었고, 그 말을 믿었다. 그리고 그 결과는 온 세상이 죄로 타락하게 되는 것이었다.

인류의 조상이었던 그들처럼 자녀들도 끊임없이 삶을 해석하고 있다. 그들이 삶으로부터 해석해낸 것은 항상 중요한 의미를 갖는다. 그것은 진실에 근거하든지 아니면 거짓에 근거하든지 둘 중 하나다. 그리고 그것이 앞으로 하게 될 모든 행동을 결정짓는다. 자녀가 해석하는 존재라는 것을 제대로 이해하고 있는 부모라면 확고한 성경적 관점이 그들 마음에 자리 잡도록 할 수 있는 모든 일을 다 할 것이다. 그런 부모라면 이 일이 가정 예배와 같은 정규적인 교육 시간에만 이루어지는 것이 아니고, 가족 생활 가운데서 자연적으로 계속 나타나게 되는 일임을 깨달을 것이다.

매일 가정 예배를 드린다고 해서 이것이 끝났다고 생각하면 안 된다. 그 일이 중요하기는 하지만, 그 정도로는 아직 충분하지 않다. 우리가 자녀들과 살아가는 일상생활 속에서 그들이 하나님의 관점으로 삶을 보도록 계속 가르쳐야 한다는 것은 매우 분명하다. 자기 자녀들이 단순히 사실에 입각해서 반응하는 것이 아니라, 그 사실을 해석하며 그 해석하는 방식이 그들에게 특정한 모습과 의미를 부여하게 된다는 것을 이해하는 부모들은 자녀의 물음에 정성껏 대답해주며 잘 이해했는지 세심하게 묻는다. 가족 간의 대화가 바로 이런 일을 위해서 이루어질 때 새로운 의미와 새로운 목적을 성취하게 된다.

자녀들은 마음의 생각을 따라 행동한다

내가 상담했던 대부분의 부모들은 자기 자녀들이 옳은 일을 하도록 가르치겠다는 목적을 가지고 있었다. 그들의 목적은 자녀들의 행동을 조절하고 지시하며 인도하겠다는 것이었다. 그들에게 이것은 그리스도인의 자녀 양육의 핵심이었다. 그래서 썩 좋지 못한 성적을 받은 존이라는 아이는 자신의 성적이 더 좋아질 때까지 텔레비전을 보지 못하게 되었다. 그리고 말도 없이 자기 언니의 블라우스를 빌려가서 돌려주지 않았던 수는 6주 동안 어느 누구의 옷도 빌리지 못하도록 엄벌이 내려졌다. 자, 이제 모든 것이 해결되었는가? 겉으로는 그렇다. 하지만 마음은 변하지 않았다.

왜 수가 허락도 없이 다른 사람의 것을 가져갔고 다시 돌려주지 않을 권리가 있다고 생각했는지 물어보아야 했다. 그 아이가 자기 자신과 다른 사람에 대해서 생각하고 있는 것이 무엇이었는가? 그것이 어떻게 전혀 양심에 거리끼지 않았을까? 수에게 행동의 제약을 가하는 것만으로는 적절하지 않다. 우리의 목적은 자녀들의 마음을 드러내서 다루기를 원하시는 하나님께 쓰임을 받는 것이다. 그래서 그들이 주님을 기쁘시게 해드리는 방식으로 행동하기 원하게 하는 것이다.

표면적으로는 행동을 강조하는 것이 옳은 일처럼 보이고 성경적으로 보일 수도 있다. 행위가 중요하지 않은가? 하나님도 당신이 거룩하신 것처럼 우리도 거룩하라고 하셨지 않은가? 우리도 순종하라고 부르심을 받은 것이 아닌가? 이 모든 질문들에 대한 분명한 대답은 그렇다는 것이다. 하지만 좀 더 부가적인 설명이 필요하다. 성경은 우리에게 단지 순종하라고만 명하지 않았고, 우리의 행동을 조절하는 것이 무엇인지 말한다. 그것은 "마음"이다.

누가복음 6장 43-45절을 읽어보자.

"못된 열매 맺는 좋은 나무가 없고 또 좋은 열매 맺는 못된 나무가 없느니라 나무는 각각 그 열매로 아나니 가시나무에서 무화과를, 또는 찔레에서 포도를 따지 못하느니라 선한 사람은 마음의 쌓은 선에서 선을 내고 악한 자는 그 쌓은 악에서 악을 내나니 이는 마음의 가득한 것을 입으로 말함이니라."

우리 모두와 같이 자녀들도 자신의 마음을 행동으로 나타낸다. 누가복음 6장에서 논의되고 있는 특별한 행동은 말의 문제에 관한 것이지만 이 원리는 모든 인간의 행동에 적용되며, 자녀들의 행동에서도 나타난다. 마음의 생각과 동기가 그 아이의 반응하는 방식을 결정짓는다. 만약 그 아이가 진실이 아닌 것을 믿고 있으며 잘못된 것을 간절히 바라고 있다면, 절대로 올바른 행동을 할 수가 없다.

그러므로 십대 자녀 양육의 목적은, 올바른 행동을 하게 만드는 것에 초점이 있는 것이 아니라 자녀들의 마음을 변화시키는 데 있다. 우리는 항상 마음을 드러내시는 하나님의 사역에 쓰임 받기 위해 노력해야 한다. 왜 늘 활기찼던 존이 그렇게 형편없는 성적을 받게 되었을까? 우리는 그 아이의 성적이라는 환경은 그 마음속의 생각과 동기들로 들어가는 문이 됨을 깨달아야 할 필요가 있다. 별로 중요하지 않은 일들 때문에 공부해야 할 시간을 낭비하게 만드는 마음의 욕구가 무엇인지를 살펴보아야 한다. 그 아이가 어떻게 자신의 무책임함을 변명하는지도 살펴야 한다. 이렇듯 마음의 반응과 변화가 우리의 관심사다. 왜냐하면 마음을 지배하는 것이 삶을 지배할 것임을 알기 때문이다.

그리스도가 말씀하신 나무의 비유를 통해 십대들에 대해 우리가 해야 할 일을 이해하는 데 이 원리가 얼마나 중요한지를 살펴보자.

내가 마당에 커다란 사과나무를 심었다고 가정해보자. 매년 그 나무는 잘 자랐고 사과 열매들이 열렸다. 그런데 어느 해에 그 사과나무는 수확기가 되었는데 열매들이 썩거나 일찍 떨어져버리는 일이 생겼다. 몇 번 이런 일들을 겪은 뒤에 아내가 내게 와서 말했다. "여보, 사과나무 상태가 별로 안 좋은 것 같아요. 열매들도 도저히 먹을 수가 없고요. 우리가 지금까지 한 노력이 다 허사가 되어버린 것 같아요. 당신이 좀 어떻게 해보지 않겠어요?" 고민하던 내게 한 가지 좋은 생각이 떠올랐다. 나는 자신 있게 내가 우리 사과나무를 고칠 거라고 말했다. 그리고 잠깐 필요한 것들을 구하러 나갔다 오겠다고 했다.

얼마 후 나는 큰 사닥다리와 가지 치는 가위와 공업용 스테이플러 그리고 두 바구니의 사과를 가지고 마당에 들어섰다. 나는 조심스럽게 나무에서 모든 썩은 열매를 잘라내고 빨갛게 잘 익은 사과를 스테이플러로 단단히 고정시켰다. 그러고 나서 간단히 문제를 해결한 뿌듯한 마음으로 아내를 마당으로 불러냈고 변화된 나무를 보여주었다.

우습지 않은가? 그렇다. 내가 진정으로 문제를 해결하지 못했기 때문에 우스운 것이었다. 문제는 열매에 관한 것 그 이상이었다. 근본적으로 나무 자체에 뭔가 문제가 생긴 것이었다. 문제의 원인은 그 뿌리에까지 캐들어가야 하는 것이었다. 뿌리에서부터 변화되어야 하는 것이었다. 나는 나쁜 열매를 좋은 열매로 바꿔 달았다. 하지만 나무 자체는 여전히 좋은 열매를 맺을 수가 없었다. 설상가상으로 내가 인위적으로 나무에 단 열매도 오래갈 수가 없었다. 왜냐하면 그 열매에 생기를 불어넣고 영양분을 공급할 수 있는 뿌리와 아무런 관계가 없었기 때문이다.

나는 우리가 지금까지 그리스도인의 자녀 양육이라고 불렀던 것들 대부분이 '열매를 갖다 붙이는 식'이었다고 생각한다. 열매를 열매로 바꾸어 다는 것은 겉치장에 불과하다. 그런 방식은 오직 행동의 변화에만 관심을 갖는다. 자녀들의 마음을 알려고 하지도 않고 그 마음을 다루려고도 하지 않는다. 이처럼 '죄는 무조건 나쁘니, 그냥 하지 마라' 식의 자녀 양육은 죄가 행동의 문제일 뿐 아니라, 마음의 생각과 동기의 문제이기도 한 것을 깨닫지 못한다. 만약 마음이 변화되지 않는다면, 어떤 행동의 변화들도 결국은 일시적이고 겉치장에 지나지 않는다는 점을 전혀 알아차리지 못하게 된다. 이렇게 행동들이 오래 지속되지 못하는 이유는 그것들이 마음의 뿌리에 붙어 있지 않기 때문이다.

그리스도는 마태복음 5장 27-28절에서 간음의 본질에 대해서 말씀하실 때 이 원리를 알려주셨다. 그리스도는 간음이 성적으로 부정한 행위만이 아니라 마음에 음욕을 품는 것도 포함된다는 것을 말씀하시면서, 행동의 도덕적 가치는 그 속에 담겨 있는 생각과 동기도 함께 고려된다는 것을 알려주셨다. 어떤 행동을 했느냐가 아니라 어떤 마음을 가지고 있었느냐가 중요함을 보여주신 것이다. 우리는 부모로서 바로 이러한 일을 해야 한다. 우리의 궁극적인 목표는 하나님이 효과적으로 그리고 구체적으로 우리 자녀의 마음을 다스릴 수 있게 하시는 것이다. 우리는 이러한 일이 일어나도록 하기 위해 그분의 도구로서 모든 가정생활 속에서 부모의 역할을 감당하는 것이다. 행동을 바꾸기만 하면 된다는 '열매 붙이기'에 만족할 수는 없다.

▶

　　십대 자녀 양육에 성공한 부모들은 가정이 하나님의 가장 우선적인 배움의 공동체임을 잘 알고 있다. 가정 안에서 가르치는 것은 진리를 끊임없이 그리고 효과적으로 전하기 위해 하나님이 특별히 맡겨주신 사역이다. 또한 부모들은 하나님의 가장 우선적인 교사들이다. 하나님이 주신 이 사역을 잘해나가기를 원한다면, 당신이 가르쳐야 할 학생인 당신의 자녀들을 힘써 알아야 한다. 당신은 자녀들에 대한 성경의 설명을 진지하게 받아들이고, 이 가르침의 사역을 어떻게 감당해야 할지를 보여주는 성경 말씀의 설명을 잘 이해하려고 노력해야 한다. 다음 장에서 우리는 바로 이러한 일을 하게 될 것이다.

3장. 성찰과 토론을 위한 질문

(1) 가정은 가장 중요한 배움의 장이다. 당신의 자녀들은 가정에서 주로 무엇을 배우는가? 부모라는 역할 덕분에 주어지는 가르침의 순간을 어떻게 활용하고 있는가?

(2) 기도하는 마음으로 가르칠 기회를 찾을 때, 가족의 평범한 일상 중 자녀를 가르칠 수 있는 경우가 있는가?

(3) 모든 자녀가 무언가를 섬기고 있다면, 십대 자녀의 마음에 무엇이 자리 잡고 있는지 보이는가? 자신의 마음이 무엇에 지배당하는지 자녀가 자각하고 있는가? 어떻게 하면 부드러운 태도로 설득하여 자녀가 왜곡된 욕망에 대해 경각심을 갖게 하고, 진정한 만족을 주시는 유일한 분이신 예수님께로 돌이키게 할 수 있는가?

(4) 그리스도인 사이의 관계든 그 밖의 관계든 당신의 가족은 공동체 속에서 사는 바람직한 모습에 대한 모범을 보여준 적이 있는가? 당신의 죄가 공동체에 장애물이 된 적이 있는가?

(5) 자녀들은 끊임없이 주변 세상을 해석하며 살아간다. 어떻게 하면 자녀가 자신을 둘러싼 세계를 명확하게 해석하도록 도와줄 수 있는가? 또한 이를 통해 자녀의 생각이 성경적으로 형성되도록 도와줄 방법은 무엇인가?

(6) 자녀의 마음의 동기를 파악하기보다 주로 행동에 관심을 가졌던 적이 있는가? 구체적인 경우를 확인하고 자산의 잘못을 되돌아보라. 그렇게 행동한 뿌리 깊은 동기는 무엇이라고 생각하는가?

4장.

가정이란 무엇인가?
-역할

만약 당신이 긴 여행을 떠나기로 계획했다면 단순히 가려고 하는 곳과 어떻게 그곳에 가는가보다 더 많은 것을 알아야 한다. 그리고 당신을 태우고 갈 자동차에 대해서도 좀 더 자세히 알아야 한다. 어떤 이유로 캘리포니아까지 여행을 하게 되었는데, 만약 자동차를 출발시키고 멈추는 방법을 알지 못할 뿐만 아니라 연료가 필요하다는 사실도 모른다면 당신이 목적지에 도착할 수 있는 방법은 없다. 십대 자녀를 양육하는 것도 이와 마찬가지다. 우리가 자녀들을 양육하려고 할 때 하나님이 우리를 인도하고자 하시는 최종 목표가 무엇인지 알게 되었다면, 그 일을 이루기 위해 사용하시는 그분의 교통 수단인 '가정'을 정확히 이해해야 한다.

    바로 앞 장에서 우리는 하나님의 우선적인 배움의 공동체가 가정이라고 정의했다. 가정은 자녀들에게 삶에 대해 성경적으로 분명한 관점을 가르칠 수 있는 가장 일관되고 포괄적인 환경을 제공한다는 것을 살펴보았다. 이제 우리는 부모로서 하나님의 가장 우선적인 교사라는 역할을 잘 이해하고 받아들여야 한다.

아마 당신은 가정이 배움의 공동체라는 개념을 이해하고 있다고 생각할 것이다. 하지만 어떻게 매일매일의 삶에서 하나님의 진리를 가르쳐야 하는지를 분명히 확신하고 있지는 못할 것이다. 조이가 신고 다니는 운동화 때문에 친구들에게서 놀림당하고 있을 때, 어떻게 그러한 상황을 하나님의 진리를 가르칠 기회로 만들 수 있겠는가? 사라가 밤 9시 45분에 당신에게 내일 아침까지 가져가야 하는 포스터용 마분지가 필요하다고 말할 때, 이러한 순간을 어떻게 진리를 가르칠 기회로 삼을 수 있겠는가? 조시가 먹을 것이 가득한 냉장고 문을 열고 서서 먹을 게 하나도 없다고 말할 때, 당신은 어떻게 그 순간을 기회의 순간으로 만들 수 있겠는가? 피트가 친구 집에서 자기네들끼리 염색을 하고서 녹색으로 물들인 머리로 집에 들어섰을 때, 그에게는 어떤 진리를 가르쳐줄 수 있겠는가?

나는 우리가 무엇을 말해주어야 좋을지 모르기 때문에 좋은 기회들을 놓쳐버린다고 확신한다. 우리의 기독교 신앙은 때로는 매일의 일상적인 삶에 적용하려고 하면 무엇을 어떻게 해야 좋을지 잘 모르게 되는 경우가 있다. 그래서 그저 우리 자녀들이 언젠가는 올바른 일을 하게 될 것이라는 기대감 속에서 실제 생활과는 동떨어진 성경 구절을 아무 설명도 없이 주입시켰던 것이었다.

모든 사람의 상황에 적용할 수 있는 세 가지 근본적인 주제가 있다. 그것은 하나님의 존재와 그분에 대한 우리의 의무, 이웃을 진정으로 사랑해야 할 우리의 책임, 죄에 직면한 복음의 아름다움과 능력이다. 성경은 이 세 가지 주제에 대해 많은 것을 말하고, 이 주제들은 자녀를 가르칠 때 상호 작용하는 방법을 형성할 것이다. 이러한 주제들을 고려하면, 가정이 신학적, 사회학적, 구속적 기능을 수행해야 한다는 것을 알게 될 것이다.

신학적인 공동체로서의 가정

하나님은 가정이 신학적인 공동체로서 기능하도록 계획하셨다. 신학은 하나님과 그분의 존재, 본성, 사역을 연구하는 학문이다. 가정생활은 하나님이 존재하시고 우리는 그분의 피조물이라는 진리에 기초를 두어야 한다. 우리가 행하고 생각하고 말하는 모든 것들이 그러한 진리에 연결되어 있다. 그러므로 삶을 수평적으로, 즉 단지 이 세상의 관계와 환경의 관점에서만 바라보아서는 결코 안 된다. 어떤 상황과 환경 속에서도 항상 하나님과 그분의 뜻과 사역에 대해서 질문하고 생각해야만 한다.

이 모든 것의 목표는 우리 자녀들의 정체성이 하나님의 살아 계심과 그 영광에 분명하게 뿌리내릴 수 있도록 하기 위한 것이다. 우리는 그들이 하나님께 지음받은 것과 그분께 속해 있음과 그분의 영광을 위해 살도록 부름받은 자들임을 이해하기 원한다. 우리는 이 신학을 실행하도록 하나님께 부름받았다. 이는 다시 말하면 그들의 삶이 날마다, 매 순간 하나님을 의식하며 살아가도록 하는 것이다. 그분은 우리가 말하고 생각하는 모든 것들에 대해 의미와 모습을 부여하시는 실체이시다.

신명기 6장 20-25절을 보면, 하나님의 존재하심과 사역 안에 우리 자녀들의 정체성을 뿌리내리게 하는 사역이 일상의 삶의 환경에서 이루어지고 있다. 아들이 아버지에게 와서 묻는다. "아버지, 왜 이 모든 규칙들에 순종해야 하나요?" 많은 부모들이 그런 질문들에 대해 이같이 대답한다. "내가 하라고 했으니까 넌 그냥 하기만 해!" 아니면, "하든지 말든지 맘대로 해!" 그러나 모세는 완전히 다른 방식으로 대답하라고 가르친다. 그는 우리에게 그 질문 속에서 기회를 찾으라고 말한다. 자녀들에게 그들이 구원하신 하나님의 자녀들임을 말해주라고 가르친다. 그들에게 하나님이 자신의 백성에게 하신 약속을 이루시기 위해서 자연 현상까지도 어떻게 바꾸어놓으셨는지를 말해주라고 한다. 하나님이 우리의 유익을 위해 율법을 주셨고 그분의 길을 따르는 것이 복된 길임을 가르치라고 하신다. 하나님의 영광과 선하심이라는 토대 위에 정체성을 세우게 하라고 하신다.

전도서 기자는 그것을 이렇게 표현했다. "헛되고 헛되며 헛되고 헛되니 모든 것이 헛되도다 해 아래서 수고하는 모든 수고가 사람에게 무엇이 유익한가"(전 1:2-3). 모든 부모들이 잊지 말아야 하는 강력한 능력의 말씀이다. 만약 당신이 하늘이 존재하지 않는 것처럼 산다면, 하나님이 계시지 않는 것처럼 살아간다면, 모든 것은 그 의미를 잃어버릴 것이다. 만약 당신이 삶을 수평적으로만 바라본다면 모든 것은 그 의미를 잃어버릴 것이다. 전도서 기자는 모든 노력, 모든 지혜, 모든 성과, 모든 즐거움, 모든 성공 그리고 모든 수고가 하나님께 연결되지 않는다면 완전히 헛되다고 말하고 있다. 만약 영광스럽고 좋으시며 세상을 다스리시고 계획을 가지고 계시며 그 뜻을 이루시는 하나님이 없다면, 그 어떤 것도 전부 무의미하다. 우리는 왜 생각하고, 일하며, 순종하고, 사랑하며, 공부하고, 대화하며, 섬기고, 주는가? 그 이유가 무엇인가? 왜 그렇게 하는가? 모든 것에 의미를 부여하시는 분은 오직 하나님이시라는 사실에 근거하지 않을 때, 삶의 모든 모습들은 아무 의미 없는 선택의 혼란스러운 연속일 뿐이다. 이러한 진리는 마치 하얀 천에 붉은색 물감을 떨어뜨리면 빨갛게 스며드는 것처럼, 자녀와 접할 때마다 전해져서 그의 인생 전체에 스며들어야 한다.

가정이 신학적 공동체라고 말하는 것은 우리가 항상 신학적이어야 한다는 것을 의미한다. 우리는 항상 하나님과 연관 지어서 삶을 바라보아야 한다. 그분은 어떤 분이신지, 그분이 하시는 일은 무엇인지, 그분은 우리가 어떤 모습이 되기를 원하시는지, 또 무엇을 하기 원하시는지 생각해야 한다. 이러한 생각과 아무 상관이 없는 순간이란 존재하지 않는다. 우리 인생의 모든 일들이 그분께 연결되어 있는 고리다.

그러면 이제 자녀들에게 신학적이 되어야 하는 자들로서 그들에게 무엇을 말해야 하는지 생각해보자.

모든 순간이 하나님의 시간이다

우리는 자녀들이 하나님을 멀리 떨어져 계시고, 전혀 상관하지 않으시며, 기도할 때만 우리의 부르짖음을 듣고 구원해주시는 분으로 생각하게 내버려두어서는 안 된다. 성경은 하나님이 우리의 삶 가까이 계시고 적극적으로 동행하시는 분이심을 보여주고 있다. 시편 기자는 그분을 "환난 중에 만날 큰 도움"(시 46:1)이시라고 표현했다. 하나님께 거는 긴급 구조 요청 전화란 존재하지 않는다. 왜냐하면 하나님은 벌써 거기 계시고 이미 일하고 계시기 때문이다. 하나님이 계시지 않거나 개입하지 못하시는 상황이란 결코 존재하지 않는다. 그분이 다스리지 않으시는 환경이나 장소나 관계도 역시 결코 존재하지 않는다.

바울은 아덴 사람들에게 하나님이 '우리 각 사람에게서 멀리 떨어져 계시지 않은' 방식으로 세상을 통치하시므로 우리가 '하나님을 더듬어 찾아 발견하게 하려 하신다'(행 17:27)고 말했다. 하나님은 가까이 계신다. 그분은 우리의 삶에 참여하신다. 매 순간은 그분의 시간이며 그곳에서 역동적으로 자신의 뜻을 이루고 계신다. 이 순간 가장 중요한 것은 우리가 바라는 것이 아니라, 그분이 이루시는 것이다. 십대 자녀들은 자신들이 바라는 것이 가장 중요하다고 잘못 생각하기도 한다. 그들은 자신의 '욕구'를 없어서는 안 될 '필요'라고 단정하고 이러한 '필요'를 필사적으로 '요구'한다. 부모가 이를 들어주지 않으면 자신을 사랑하지 않는 것이라고 의심하면서 말이다. 우리는 그들의 눈이 자신들이 바라는 것에서 하나님이 원하시는 것으로 옮겨가도록 하는 일에 최선을 다해야 한다.

바울은 로마에 있는 성도들에게 "하나님을 사랑하는 자 곧 그 뜻대로 부르심을 입은 자들에게는 모든 것이 합력하여 선을 이루느니라"(롬 8:28)고 말했다. 모든 상황 속에서, 모든 문제 속에서, 모든 장소에서, 모든 관계 속에서, 항상 하나님은 역사하신다. 모든 순간이 하나님의 시간인 것이다.

내 아들이 신발 가게 앞에 서서 이렇게 말한 적이 있다. "아빠, 나 저 신발을 가져야겠어요. 아빠, 난 저 신발이 필요해요!" 나는 그 아이 발을 바라보면서 지금 그 아이가 신발을 신고 있지 않은 상태가 아님을 확인했다. 집에는 그 아이의 신발이 더 많이 있다는 것을 알고 있었다. 그런데도 그 신발들이 필요하다고 말할 때 그 아이의 말은 어떤 의미였을까?

십대 자녀들은 구체적으로 하나님을 의식하면서 살아가지 못하는 경향이 있다. 그들은 자기 자신에 대한 생각으로 가득 차 있다. 삶의 매 순간마다 자신이 원하는 것이 무엇인가에 대해서는 너무나 잘 알고 있다. 그래서 자신의 뜻이 이루어지지 않을 때에는 자기 연민에 빠지거나 불평과 불만과 분노를 터뜨리게 된다. 또한 하나님과 그분의 뜻을 잊어버리는 경향이 있다. 인생을 욕구를 채우는 시간으로 치부해버리기도 한다. 십대들은 실망을 잘 감당하지 못하는 경향이 있다. 그들은 욕구 충족의 권리가 있다고 생각하며 살아간다. 이 모든 것이 의미하는 바는 십대 청소년들은 믿을 수 없을 정도로 수평적 관계에 몰입하고 현재의 쾌락에만 빠져드는 경향이 있다는 것이다. 그래서 그들에게는 하나님과 그분의 존재하심과 그분의 성품과 그분의 뜻으로 향하도록 이끌어줄 우리 부모들이 필요하다.

항상 더 높은 목표를 향해서

가정생활의 모든 순간 속에는 우리가 계획하는 것과 요구하는 것, 원하는 것, 바라는 것보다 항상 더 중요한 것이 있다. 항상 더 높은 목표와 더 높은 계획이 있는 것이다. 더 높은 목표란 하나님의 뜻이며 더 높은 계획이란 우리가 그분을 기쁘시게 하기 위한 삶이다. 이것은 우리가 하는 모든 일의 초점이자 궁극적 이유가 우리 자신이나 우리의 행복이 아니라 바로 하나님이 되셔야 한다는 뜻이다.

만약 십대들에게 그들이 삶에서 가장 이루고 싶은 것이 무엇이냐고 물어본다면, 대부분 그저 행복해지기를 원한다고 대답할 것이다. 이 대답이 겁나는 이유는 그들의 행복의 조건이 거의 매 시간마다 변할 뿐만 아니라, 자기 자신의 즐거움 이외에는 추구하는 더 높은 목표가 없다는 것이다. 그래서 '누구의 즐거움이냐'는 질문이 십대 자녀들의 마음속에서 본능적인 반응으로 나타날 때까지, 부모들은 모든 상황에서 이 질문을 던져야 한다.

어느 날 우리 아들이 머리를 떨구고 학교에서 돌아왔다. 나는 무슨 일이냐고 물어보았고, 그 아이는 "아무것도 아니에요"라고 대답했다. 나는 아들에게 대답이 시원치 않다고, 분명 무엇인가 문제가 있는 것 같다고 말했다. 그리고 그 아이를 따뜻하게 한 번 안아주고 사랑을 표현한 다음, 무엇인지 모르겠지만 말하고 싶으면 언제든지 말하라고 자상하게 말해주었다. 그날 저녁에 나는 아들에게 다가갔다. 그리고 지금은 좀 어떠냐고 물었고, 아까는 정말 침울해 보였다고 말했다. 그러자 그 아이에게서 마음의 고민이 터져나왔다. "아무도 나같이 착한 애랑은 친구를 하려고 하지 않아요! 학교에서 인기 있고, 다른 아이들을 이끄는 애들은 모두 다 노는 애들이에요. 그 아이들은 친구들도 많고 여자애들도 다 따르는데 나는 뭐냔 말이에요? 나는 믿음직스러운 좋은 친구가 될 수 있는데… 나에겐 친구들이 없다구요! 차라리 나도 노는 애가 되는 게 나을 것 같아요. 아무도 알아주지 않는데 착하게 사는 게 무슨 소용이 있겠어요?"

이 얼마나 거룩한 삶의 방향을 설명해주기에 더할 나위 없이 좋은 기회인가! 우리는 하나님을 기쁘시게 하는 삶에 관해 이야기했다. 우리는 시편 73편을 보았고, 그곳에서 시편 기자 역시 악한 자들이 승리하고 있음을 보고 괴로워하는 것을 발견했다. 우리는 누군가 우리를 지켜보고 계신다는 사실에 대해 이야기했다. 이 타락한 세상에서 어떻게 악이 칭송을 받으며 선이 무시당하고 조롱받는지를 이야기했다. 그리고 하나님의 존재하심과 영광 그리고 그분의 계획이 아들의 고등학교 생활과 어떤 관계가 있음을 깨닫게 하였다. 하나님이 그 시기를 통과하도록 하시는 데는 그분의 목적이 있음을 함께 이야기했다. 그 후에도 동일한 주제에 대한 이야기를 자주 반복해서 함께 이야기했다. 우리는 십대들이 자기 자신의 영광에서 벗어나 하나님의 영광을 위해 살아간다는 것이 구체적으로 무엇을 의미하는지 이해하도록 도와주어야 한다.

하나님의 이야기 속에 담긴 그들의 이야기

현대 그리스도인들은 성경을 마치 종교 사상의 백과사전 정도로 생각하는 오해를 하고 있다. 그래서 성경을 "그 상황에 해당하는 구절은 몇 장 몇 절이다"는 식으로 보게 된다. 이런 식의 접근은 성경으로부터 그 생명력과 정신을 빼앗아버린다. 성경은 주제별로 조직된 백과사전처럼 엮인 것이 아니다. 예를 들면, 당신이 성경을 결혼, 정치, 성, 자녀 양육, 대화, 직장, 돈, 교회 등의 주제에 관한 성경 구절들로 다 분류해버린다면 정작 성경이 말하고자 하는 바를 이해하지 못할 것이다. 그 구절들로부터 배우게 되는 것이 무엇이든지 간에 왜곡될 것이며 문맥에 맞지 않는 내용이 될 것이다. 왜냐하면 그 구절들이 성경이 정말로 말하고자 하는 바와 다르게 이해될 것이기 때문이다.

성경은 주제별 색인이나, 사전, 백과사전과 같은 종류가 아니다. 성경은 이야기책이다. 그것도 하나님의 이야기다. 그분의 성품과 창조와 타락한 세상을 구원하심과 모든 세대에 대한 그분의 주권적 계획에 대한 이야기다. 그것은 진실하며 변개할 수 없는 이야기다. 그것은 궁극적인 유일한 이야기다. 모든 족속과 나라의 이야기 속에서 우리는 생명력과 의미와 소망을 발견한다. 이 거대하고 전 우주적인 이야기는 우리 모두에게 아침에 눈을 뜨고 일어나야 할 이유를 부여하며, 우리가 부르심받은 일들을 행해야 할 이유를 부여한다.

십대들에게 신학을 가르친다는 것은, 삶의 갖가지 문제에 부딪힐 때마다 바로 성경 구절을 들이대야 한다는 뜻이 아니다. 그보다는 매일, 가능한 모든 수단과 방법을 동원해서 십대들의 이야기를 하나님의 거대한 이야기 속으로 집어넣어야 한다는 뜻이다. 십대들은 자기 자신의 이야기에 파묻혀 산다. 그리고 그 속에 있는 두려움에 휩싸이고는 한다. 조금 남다른 어떤 순간이 자신의 인생이라는 이야기에서는 너무나 심각한 것처럼 보이는 것이다. 우리가 십대들에게 그 문제가 사실은 생각하는 것만큼 중요한 것이 아니라는 것을 깨닫도록 도와줄 때, 그들은 반대로 흥분해서 우리에게 말한다. "엄마, 아빠는 저를 전혀 이해하지 못하세요!"

십대의 이야기는 그들을 종종 많은 곤란에 빠뜨릴 정도로 현재에 강력하게 영향을 미치고 있다. 그들은 초점을 잃고 있다. 오직 그 순간에 얻고자 하는 것만을 위해 살게 된다. 자기 자신의 욕망에 지배되기도 하고, 자신의 순간적인 행복을 얻기 위한 방법에 노예처럼 얽매이기도 한다. 욕망을 만족시키고 은밀한 즐거움을 누리려는 필사적인 노력 속에서 나중에 후회하게 될 결정을 내릴 때도 있다.

십대들은 필수적으로 더 큰 이야기를 보아야만 한다. 자신의 삶이 자기의 행복보다 더 크고 더 중요한 그 무엇의 일부임을 알아야 한다. 그들에게는 자기 자신의 영광보다 더 크고 놀랍고 훌륭하신 하나님의 영광에 이끌려서 그것을 위해서 살아야 한다. 매일 하나님의 이야기 속에 포함된 자신의 이야기를 발견하는 것이 필요하다. 이런 것들은 그들에게 올바른 일을 하며 살아갈 수 있는 동기를 부여할 것이다. 또한 소망을 줄 것이며, 그들이 인내하며 살도록 부르신 하나님의 부르심을 따를 수 있는 능력을 줄 것이다.

성경은 앞에서 언급된 여러 가지 주제들에 대해서 많은 말을 하고 있지만, 그 모든 것은 하나님과 그분의 사역에 관한 영광스러운 이야기라는 관점에서 바라볼 때에만 의미가 있다고 말할 수 있다. 우리는 성경의 명령들과 원리들에서 하나님을 배제하지 않도록 매우 주의해야 한다. 그분은 모든 사람들 위에 뛰어나신 능력과 영광 가운데 계신다. 모든 명령들에 순종하기 위해서는 그분의 능력이 필요하고, 모든 원리들이 이해될 수 있기 위해서는 그분의 지혜가 필요하며, 모든 약속들이 성취되기 위해서는 그분이 필요하다. 그 모든 체계는 전부 하나님의 이야기의 진실함에 근거하고 있는 것이다.

이것이 바로 십대들이 인생에 대해서 이해해야 하는 내용이다. 하나님은 존재하시고, 그분은 살아 계시며 역사하신다. 그분의 이야기와 그분의 사역이 성경에 기록되어 있다. 인생에 있어서 가장 중요한 것은 그분의 역사하심에 순종하면서 살아가는 것이다. 하나님의 자녀로서 우리는 그분의 거대하고 전 우주적인 계획의 일부가 된다. 우리는 그분이 이 세상에서 하시는 일의 일부가 된 것이다. 그 일은 내가 지금 어떤 인생의 드라마를 살고 있든지 간에 그것에 하나님의 의미와 목적을 부여하는 일이다. 부모로서 우리는 매일 충성스럽게 우리의 십대 자녀들의 이야기가 하나님의 이야기 속에 심겨지도록 해야 한다. 그들에게 항상 이렇게 질문하도록 가르쳐야 한다.

- 하나님은 누구신가?
- 그분은 무슨 일을 하고 계시는가?
- 그분이 약속하신 것이 무엇인가?
- 그분이 명령하신 것이 무엇인가?
- 이러한 것들이 매일의 삶의 순간들에 대한 나의 생각과 반응을 어떻게 형성해나갈 것인가?

신뢰와 순종

마지막으로, 가정을 신학적 공동체로서 생각한다는 것은 매일의 삶의 환경 속에서 하나님을 따른다는 원리를 아주 구체적으로 실현한다는 것을 의미한다. 우리는 이 세상의 삶 속에서 의미심장한 일들을 많이 하며 살지는 않는다. 우리 대부분은 이 세상의 역사책에 기록되지 않는다. 그저 가족이나 혹은 몇 명의 친구들에게 기억될 뿐이다. 그것도 죽은 다음 2, 3대가 지난 후에는 완전히 잊히고 만다. 그러므로 우리는 자녀들이 삶의 가장 평범한 순간에도 하나님께 초점을 맞출 수 있도록 가르쳐야 한다. 집에서, 학교에서 혹은 친구들과 보내는 평범한 매일의 일상에서 하나님을 위해 살아가도록 하기 위해서다.

이 과정에서 하나님이 삶의 모든 순간에 함께하심을 깨닫게 해줄 두 가지 질문이 있다. 우리는 십대들이 스스로에게 이렇게 질문할 수 있을 때까지 계속해서 물어보아야 한다. 이것은 다음과 같은 두 가지 단어로 요약될 수 있다. 바로 '신뢰'와 '순종'이다.

먼저 '순종'이라는 단어를 생각해보자. 우리는 모든 상황에서 십대들이 하나님을 향한 마음을 갖게 되기를 원한다. 그들이 그분을 기쁘시게 하려는 삶의 목적을 가지고 있기를 원한다. 그래서 우리는 매 순간마다 그들을 격려하면서 이렇게 스스로에게 묻게 해야 한다. "이 상황에서 다른 사람에게 내가 미루지 않고 반드시 하도록 하나님이 내게 명하시는 것은 무엇일까?" 이러한 질문을 통해 그들이 하나님의 부르심에 대해 생각하는 방식은 좀 더 구체적이고 세밀해진다. 일단 십대들이 그러한 책임감에 대해서 성경적으로 좀 더 명확해지게 되면, 그에 대한 적절한 반응은 '순종'하는 것이 된다.

그다음으로 '신뢰'라는 단어는 십대들에게 자신이 한계를 가지고 있다는 사실을 주목하게 한다. 삶의 상황 속에서는 변화되어야 하지만 그들 자신도 어쩔 수 없는 것이 있다. 그런 경우는 그들의 책임이 아니다. 왜냐하면 감당할 수 있는 능력 밖의 일이기 때문이다. 이러한 영역은 하나님께 의지해야 한다. 그래서 우리는 십대들에게 다음과 같이 묻도록 가르쳐주어야 한다. "이 상황에서 내가 하나님의 능력과 사랑의 손길에 의지해야 하는 일은 무엇일까?"

십대 청소년들은 이런 영역을 혼동하기 쉽다(때로는 어른들도 마찬가지다). 그들은 하나님이 하실 일을 자기가 직접 하려 하고, 자신들이 해야 하는 일은 잊어버리곤 한다. 어떤 딸아이가 엄마에게 말했다. "이제 더 이상은 못 참겠어요. 제가 마지막으로 할 수 있는 일은 그 아이(남동생)에게 앞으로 제 방에는 얼씬도 하지 말라고 따끔하게 가르치는 거예요. 전 그 애가 어떻게 해서든지 저와 제 물건을 존중하게 만들 거예요." 이 소녀가 깨닫지는 못했지만, 여기에는 동생과의 갈등 속에서 그 소녀가 행하기를 원하셨던 간단한 일을 행하는 것을 잊어버리고 하나님의 역할을 하려다가 절망하게 된 십대 소녀의 모습이 있다. 그 소녀는 오직 하나님만이 하실 수 있는 일을 하려고 시도한 결과로 낭패를 당하게 될 것이다.

가정은 신학적 공동체다. 그래서 우리는 자녀들에게 삶의 모든 순간이 하나님의 시간이라는 것을 가르쳐야 한다. 언제나 개인적인 행복보다 더 높은 삶의 목표가 있다. 자신의 이야기보다 더욱 중요한 하나님의 이야기가 있다. 그리고 우리는 모든 상황에서 하나님을 신뢰하고 순종하라고 부르심을 받았다. 그리스도인의 가정은 단순히 주일에만 신학적으로 생각해서는 안 된다. 주일부터 그다음 주일까지 신학적이 되어야 한다.

사회적인 공동체로서의 가정

십대 청소년들이 하나님의 성품과 그 존재하심 속에서 자신들의 정체성을 찾기 위해 부모들이 필요한 것처럼, 공동체 안에서 자신의 정체성을 갖기 위해서도 역시 부모들이 필요하다. 죄된 본성을 가진 인간은 누구나 타고난 개인주의자이다. 이들은 프랭크 시나트라(Frank Sinatra)의 '마이웨이(My Way)'라는 노래를 즐겨 부른다. 그들은 자기 자신에 대한 생각으로 가득 차 있다. 그들의 생각은 자신이 필요로 하는 것과 원하는 것에 의해 지배되고 있다. 죄인은 육체의 욕심을 따라 지내며 육체와 마음의 원하는 것을 하는(엡 2:3) 자들이다. 그들은 자신의 뜻이 관철되기를 원한다. 그래서 그 길에 방해가 되는 자라면 누구든 가리지 않고 맞붙어 싸운다. 결과적으로 그들은 화평하기보다는 분쟁하기를 더 잘하고, 사랑하기보다는 미워하기를 더 잘 한다(약 4:1-10). 연합하기보다는 분열하기를 더 잘하는 것이다.

우리는 가정에서 이 모든 일을 경험했다. 안타깝게도 본성적 죄 때문에 마찰이 일어나는 것은 보통 가정에서 흔히 있는 일이 되어버렸다. 그런데 여기서 마찰이란 서로 치고 때리고 밀고 당기고 하는 것을 뜻하지 않는다. 그냥 살아가면서 같이 지내기가 힘들다는 것이다. 우리는 생기지 말아야 하는 갈등들이 계속해서 일어나는 것을 경험한다. 예를 들면 퉁명스러운 말투와 이기적인 행동, 혹은 분노의 표출 같은 것말이다. 의견 충돌은 가정생활의 많은 순간순간에 나타난다. 그러한 갈등은 죄인인 우리가 근본적으로 우리 자신을 위해 살아가려고 하기 때문에 일어난다. 이렇게 되면 우리 자신의 유익은 최고의 가치가 되고 우리 주변 사람들은 항상 그 길에 방해가 되는 자가 되어버린다.

하지만 우리가 인생을 성경적으로 접근하게 되면 삶이 얼마나 달라질지 생각해보라. 하나님의 이야기는 단지 그분의 성품과 구원 사역에 대한 이야기만은 아니다. 그것은 하나님의 백성이 되도록 사람들을 불러 모으시는 그분의 부르심에 대한 이야기다. 또한 종족과 성별과 나라와 계급에 의해 분리되었던 모든 막힌 담을 허무시고, 하나님의 백성이 그리스도 안에서 새사람(엡 2:11-22)으로 살아가는 사랑의 공동체가 형성되는 이야기다. 하나님이 보시기에 성공한 사람이란 하나님을 사랑할 뿐만 아니라 그 이웃도 자기 자신처럼 정말로 사랑하는 사람이다.

공동체에서의 삶을 가르칠 때 가정보다 더 근본적이고, 더 쉽게 접근할 수 있으며, 더 안정된 맥락에서 가르칠 수 있는 환경이란 없다. 가정 자체가 하나의 공동체로서 의식을 하든 안 하든 나름대로의 공동체관을 가르치게 된다. 가정은 네 이웃을 네 몸처럼 사랑하라는 것을 가르치며 그에 대한 모범을 보여주든지, 아니면 그 원리를 모든 상황에서 무시해버리고 자기중심적인 이기주의를 가르친다. 인간관계의 본질에 대한 효과적인 가르침이란 어머니와 아버지가 서로에게 말할 때 서로를 섬기며 결정을 내리고, 상대방의 다른 의견을 존중해주는 모습에서 나타난다. 가정이 그 자녀들에게 다른 사람들과의 인간관계에 대한 실제적인 개념을 가르치지 않고 모범을 보여주지 않기란 불가능하다.

가정은 네 이웃을 네 몸과 같이 사랑하라는 말씀이 모든 상황에서 확고한 생활 방식이 되도록 가르치는 장이 되도록 부르심을 받았다. 가정에서 우리는 날마다 가장 큰 첫 계명인 하나님을 사랑하라는 것을 가르칠 수 있는 기회를 얻을 뿐 아니라, 두 번째 계명인 이웃을 네 몸과 같이 사랑하라는 것도 가르칠 수 있다. 하지만 이와 동시에 정신없이 바쁜 와중에서는 마음의 문제를 다루기보다는 표면적인 해결 방법만을 억지로 강요함으로써 자녀 양육의 좋은 기회를 놓쳐버리기도 쉽다.

어떤 부부가 내게 CD 플레이어를 서로 듣겠다고 집안에서 늘 싸우는 자신의 두 십대 아들들에 대해서 이야기한 적이 있었다. 이 싸움이 얼마나 격한지 자기 CD를 듣겠다고 밀고 당기고 하는 바람에 집안 가구가 다 망가질 정도였다. 이에 대해서 내게 자랑스럽게 털어놓았던 그들의 해결 방법은 둘이 교대로 CD 플레이어를 이용하는 한 주간의 스케줄을 만드는 것이었다. 아들들은 더 이상 싸우지 않았다. 그리고 이런 식으로 문제도 해결된 것처럼 보였다. 하지만 그 부모들은 네 이웃을 네 몸과 같이 사랑하라는 중요한 마음의 문제에 대해서 말해줄 하나님이 내리신 기회를 놓쳐버리고 말았다. 인간적인 생각으로 차선책을 선택했던 이들 부모는 삶 속에서 두 번째 계명을 깨닫게 할 수 있는 하나님이 주신 기회를 놓쳐버리고 말았던 것이다.

이것이 그리스도가 "율법의 더 중한 바"(마 23:23)에 대해 말씀하신 내용이다. 주님은 더 근본적인 마음의 문제, 즉 공의와 긍

효과 신의는 거들떠보지 않으면서 행동이 나타나는 것만을 강조하는 바리새인들을 꾸짖으셨다. 그렇지만 부모들도 역시 마음의 문제로 빚어진 상황들을 단순히 어떤 행동적인 기준을 적용하려 함으로써 해결하려고 한다. 이것은 즉각적으로 상황을 호전할 수 있겠지만, 드러나지 않고 그대로 남아 있는 더 중요한 마음의 문제를 남겨두게 된다.

잠언 20장 5절에는 이렇게 나와 있다. "사람의 마음에 있는 모략은 깊은 물 같으니라 그럴지라도 명철한 사람은 그것을 길어 내느니라." 이것이 바로 우리가 가족 관계 속에서 해야만 하는 일이다. 이기적이고 개인주의적이며 끊임없이 요구하는 마음이 가정에서 의견 충돌과 분열과 갈등을 불러일으킬 때에, 우리는 하나님이 말씀하신 계명 가운데서 우리와 하나님과의 관계 다음으로 중요한 이 계명을 다룰 수 있는 기회를 주신 그분께 감사해야 한다. 만약 우리가 진정으로 감사하게 되면 일시적이고 표면적인 해결 방법에 집착하지 않게 될 것이고, 갈등을 빚고 있는 진짜 이유인 마음의 문제를 밝히기 위해 노력하게 될 것이다.

가정보다 이 일을 더 잘 할 수 있는 장소는 없다. 가정에서 자녀들은 자신들이 함께 살기로 선택하지 않은 사람들을 사랑하라는 하나님의 부르심을 깨닫게 된다. 가정에서는 자신들에게 주어진 베풀고 사랑하며 섬기라는 날마다의 책임을 회피할 수 없게 된다. 그들 주변의 거의 모든 것이 다 함께 나누어야 하는 것들이다. 가정에서 그들의 욕심은 다른 사람의 계획과 충돌을 빚게 된다. 가정에서 그들은 그리스도의 도우심을 힘입지 않고서는 이웃을 내 몸처럼 사랑한다는 것이 완전히 불가능하다는 것을 깨닫게 된다.

다른 사람들에 대한 십대 청소년의 태도는 사랑의 법에 의해서 형성되어야 한다. "그러므로 무엇이든지 남에게 대접을 받고자 하는 대로 너희도 남을 대접하라 이것이 율법이요 선지자니라"(마 7:12). 그렇지 않으면 욕심의 법에 의해서 형성된다. "너희 중에 싸움이 어디로부터 다툼이 어디로부터 나느냐 너희 지체 중에서 싸우는 정욕으로부터 나는 것이 아니냐 너희는 욕심을 내어도 얻지 못하여 살인하며 시기하여도 능히 취하지 못하므로 다투고 싸우는도다"(약 4:1-2).

가정은 다른 사람들에 대한 십대들의 진정한 마음이 그대로 나타나는 현장이다. 가정에서는 그들의 마음을 지배하는 것이 무엇인지 드러나는 상황이 계속해서 발생한다. 아침 식사를 할 때 조금 더 우유를 많이 먹으려고 싸우는 것, 거실에서 우연히 부딪힌 것에 대한 과잉 반응, 욕실 사용 시간에 대한 논쟁, 빌려주고 돌려받지 못한 옷에 대한 논쟁, 누가 차를 사용할 것인가에 대한 논쟁, 다른 가족을 조롱하는 유머, 다른 가족을 돕고 싶지 않으면서도 자신은 도움받고자 하는 욕심, 가정의 자질구레한 일에 자발적으로 참여하지 않으려는 마음, 험하고 악한 말이 점점 더 심하게 오고 가는 설전에 참여하고 싶은 마음 그리고 그밖에 이와 비슷한 무수히 많은 상황들은 가정생활의 끊이지 않는 골칫덩어리로만 여겨져서는 안 된다. 이러한 상황들은 하나님이 우리 자신의 편안함과 유익보다 더 큰 무엇인가를 행하도록 부르시는 부르심의 순간이다. 하나님은 바로 이러한 때 우리가 두 번째 계명의 사랑을 가지고 자녀들을 사랑하라고 부르신다. 그러면 우리는 자녀들에게 너무나 절실히 필요한 두 번째 대계명을 따르는 양육을 하기 위해 시간을 할애할 수 있게 된다. 그때 우리는 개인적인 욕심에 지배되어서는 안 되고, 하나님의 사랑에 지배되어야 한다. 하나님의 사랑은 우리가 원하는 조용함을 줄 수 있는 빠르고 표면적인 해결책은 제공할 수 없을 것이다. 그러나 우리 자녀들이 하나님이 원하시는 그리스도를 닮은 사랑의 마음을 갖게 할 수는 있다.

구속적 공동체로서의 가정

거친 현실이라고 할 수 있는 모든 삶이 가정이라는 배경 속에서 나타난다. 가정은 인간의 죄성으로 인해서 약속이 지켜지지 않고, 소망이 깨어지며, 기대한 것에 대해 실망하는 일이 일어나는 현장이다. 그토록 자상하고 세심해 보이던 남자 친구는 일단 남편이 되면 소원해지고 무관심한 사람이 된다. 그렇게 활달하고 행복해 보이던 여자 친구는 늘 짜증 내고 불평으로 가득한 아내가 된다. 너무나 귀엽고 사랑스럽게 보이던 자녀는 점차 반항적이고 불순종하는 자식이 된다. 결코 자기 부모의 실패를 반복하지 않겠다고 맹세하던 한 부부는 그토록 싫어하던 바로 그것을 말하며 행하고 있는 자신들을 발견하게 된다.

우리는 타락이라는 험한 현실이 매일의 가정생활 속에서 그대로 나타나고 있다는 사실을 직면해야 한다. 예수님을 믿는 가정의 가장 중요한 기능을 하게 하는 것은 바로 그러한 겸손한 고백이다. 겸손하게 우리의 타락한 실체를 고백할 때 비로소 우리는 주 예수 그리스도의 은혜의 풍성함을 추구하게 되고 그것을 귀하게 여기기 시작한다. 부모나 자녀나 마찬가지지만 우리가 스스로를 죄인으로서 은혜가 필요한 자로 여길 때 가정은 은혜, 용서, 죄로부터의 구원, 화목, 그리스도 안의 새 생명 그리고 소망이 가정생활의 중심 주제가 되는 진정으로 구속적인 공동체가 될 수 있다.

하나님이 죄를 깨닫게 하실 때 그리스도인들에게는 오직 두 가지 반응이 존재한다. 하나는 잘못된 욕구와 행동을 내 자신의 양심에 끼워 맞추기 위한 자기 합리화라는 변명을 늘어놓는 것이다. 또 다른 하나는 죄를 인정하고 하나님과 사람에게 그 죄를 고백하며 다시 한번 그리스도의 긍휼히 여기시는 은혜 아래 엎드리는 것이다. 전자를 행하는 부모는 구속적 공동체로 기능하는 가정을 꾸리지 못할 것이다. 그들은 자신도 모르게 자녀들에게 죄를 숨기고, 그것을 변명하며, 죄의 존재를 부정해버리고 오히려 다른 사람을 비난하는 것을 가르칠 것이다. 후자를 행하는 부모는 자녀들에게 그리스도를 의지하며 자기 죄를 고백하고 죄가 넘치는 곳에 은혜가 더욱 넘친다는 사실을 믿음으로 가르칠 것이다. 그런 부모들은 자녀들에게 앞으로 자라서 어떠한 죄의 구덩이도 예수님의 은혜보다 더 깊지 않다는 사실을 믿고 깨닫는 소망의 사람들이 되도록 가르칠 것이다.

가정이 구속적 공동체, 즉 복음이 가족 한 사람 한 사람을 엮는 끈과 같은 역할을 하는 곳으로서 기능하도록 하는 열쇠는 자신의 잘못을 자녀들에게 기꺼이 고백할 준비가 되어 있는, 그리스도를 진정으로 의지하는 부모다. 종종 부모가 자신의 유년기에 대해서 말하는 것을 보면 겁날 정도로 자기 의에 사로잡혀 있다. "봐라, 내가 너만 했을 때는 말이야 그런 나쁜 일은 꿈에도 생각하지 못했어." 부모가 자녀들에게 말할 때 마치 성전에서 다음과 같이 기도하던 바리새인처럼 되기 쉽다. "나는 다른 사람들 곧 토색, 불의, 간음을 하는 자들과 같지 아니하고 이 세리와도 같지 아니함을 감사하나이다"(참고. 눅 18:9-14). 그러나 자기 죄를 고백하는 부모는 그들 스스로가 자녀들을 위해 날마다 복음의 모범을 보여주는 사람들이 될 것이다.

만약 우리가 인간적이고 차선적인 기준을 받아들임으로써 하나님의 기준을 타협하는 일을 하지 않는다면, 하나님의 법은 죄를 드러낼 것이다. 성경은 하나님의 말씀이 우리를 그리스도께로 인도하는 빛이요 선생이라고 말하면서 우리 자신을 볼 수 있는 거울과 같다고 말씀한다. 부모가 신실하게 자기 자신과 자녀들을 하나님의 고귀하신 기준에 맞추려고 할 때, 그 자녀들은 자신들에게 그리스도가 절대적으로 필요하다는 것을 깨닫기 시작할 것이다.

어느 날 밤 우리 딸의 방을 지나가다가 안에서 우는 소리를 듣게 되었다. 나는 들어가서 무슨 일이냐고 물어보았다. 그 아이는 눈물을 흘리면서 말했다. "아빠, 전 못하겠어요. 아빠가 제게 하라고 하신 일을 전 도저히 못하겠어요. 정말 불가능해요!" 나는 도대체 무슨 말인지 설명해달라고 했다. 그러자 이렇게 말했다. "아빠가 제게 동생이랑 뭐든지 사이좋게 나누면서 지내라고 하셨잖아요. 하지만 전 못하겠어요. 아빠가 제 것을 그 아이에게 주라고 하시면 그렇게 하겠어요. 하지만 전 그게 싫어요. 그리고 아빠가 그렇게 말씀하실 때면 아빠한테 화가 나고, 제 것을 가져가는 그 아이를 보면 미칠 것 같아요. 아빠, 전 다른 사람과 제 것을 나누고 싶지 않아요. 전 그게 싫다구요! 정말 도저히 할 수가 없어요!" 그 아이는 이렇게 말하면서 다시 울음을 터트리고 말았다.

그날 밤 그 방에서 우리 딸은 놀라운 일을 경험하기 시작했다. 그것은 율법으로는 의를 이룰 수 없다는 사실을 깨닫는 것이었다. 그 아이는 자신의 능력으로 혹은 자신의 의지로 하나님께 순종할 수 없다는 것을 깨닫기 시작했다. 바로 그날 밤 그 방에서 아이는 그리스도를 간절히 부르짖기 시작했다. 그분이 자신의 유일한 소망임을 깨닫기 시작했다. 겉으로만 그럴듯하게 보이려는 인간적인 해결책으로는 도저히 감출 수 없었던 나눔에 대한 갈등의 문제가 구속주이신 그리스도를 드러내준 것이다.

말씀이 한 가정의 유일한 기준으로 굳게 자리 잡을 때 죄는 그 본질을 드러낸다. 바로 그럴 때 그리스도 예수의 구원의 말씀이 비로소 의미를 찾게 된다. 그리고 성령이 편안하고자 하는 욕구를 희생하는 성실한 부모의 사역을 통해 역사하실 때, 늘 편한 것만 좋아하고, 교만하며, 자기방어적이고, 자기중심적이며, 자기 의로움에 빠진 우리의 자녀들이 은혜를 간절히 간구하는 자들로 변해가는 것이다.

우리는 자녀들이 집에서 경험하게 될 것들이 무엇인지 알고 있다. 그들은 다른 사람들의 죄로 인한 피해를 겪게 될 것이다. 그들은 완전히 성화되지 못한 죄인들이 함께 살고 있는 가정에서 살고 있다. 그래서 불쾌한 말을 들을 것이고, 결코 사랑의 행동이 아닌 것을 보게 될 것이며, 다른 사람의 이기심을 경험하게 될 것이고, 짜증과 분노의 대상이 되기도 할 것이다. 우리는 자녀들이 이러한 경험을 하게 되는 것을 복음의 말씀을 가지고 대비해야 한다. 우리 자녀들에게 오셔서 용서하시고 구원하시며 회복하시고 고쳐주실 구원자가 있다는 것을 가르쳐야 한다. 이것을 가르치기 위해서는 싸우는 아이들을 떼어놓고 각자 방으로 올라가라고만 하는 것보다는 좀 더 노력해야 한다. 서로 마주보게 하고, 상대방을 존중하게 하며, 자신의 잘못을 사과하게 하고, 용서를 빌게 하며, 다시 화해하게 할 때 가르침이 이루어지는 것이다. 그럴 때 우리는 복음을 가르치는 것이고, 구원자이신 하나님의 존재하심과 능력을 확증하여 보여주는 것이며, 이 타락한 세상 속에서도 소망의 사람들이 되라고 자녀들에게 가르치는 것이다.

또한 우리는 자녀들이 죄를 짓고 있다는 것도 알고 있다. 다른 사람을 아프게 하는 말들이 그들의 입에서 나온다. 게으름과 무책임함이 드러나기도 한다. 사랑보다는 이기심으로 행동하기도 한다. 순종하기보다는 반항하고, 주기보다는 받기를 더 좋아한다. 이러한 각각의 죄의 경험들은 구원의 기회, 즉 우리의 자녀들을 소망과 도움을 주시는 주 예수 그리스도께로 인도할 수 있는 기회가 된다.

그러나 우리는 가끔씩 이러한 기회들을 놓쳐버린다. 눈앞에 있는 문제들을 해결하느라 너무 바쁘기 때문이다. 자녀들이 다투고 싸울 때, 우리는 그저 싸움을 말리기에만 온 힘을 쏟는다. 그래서 그 속에 있는 그들의 죄의 본성을 드러내고, 각각의 아이들이 그리스도를 의지하도록 이끌어서 언제든지 죄를 고백하고 회개하면 그분이 용서해주시고 도와주신다는 사실을 경험하게 하지 못하는 것이다. 우리는 또 자녀들의 죄를 자신에 대한 모욕이라고 생각하기 때문에 이러한 기회들을 놓치고 만다. 우리 자신의 상처와 분노에 사로잡히고 마는 것이다. 그래서 소망과 은혜의 말보다는 분노에 찬 후회의 말이나("제발 네가 단 한 번이라도 행동을 똑바로 하는 것을 보았으면 좋겠다!") 아니면 정죄의 말들("너는 결코 변하지 않을 거야!")을 내뱉어버린다.

우리는 자녀들이 마치 우리 자신과는 아무런 관계가 없는 문제들을 가지고 있는 것처럼 그들을 정죄하듯이 대해서는 안 된다. 그들과 우리를 동일하게 보아야 한다. 우리도 같은 죄인들이다. 죄는 인간의 상태다. 그것은 우리의 모든 본성에 존재하는 문제다. 우리 가운데 누구도 이 문제로부터 자유로운 사람은 없다. 우리 자녀들이 저질렀던 죄는 바로 우리도 저질렀던 죄다. 우리가 자녀들과 동일하다는 것을 인정할 때 과거에 복음으로 인해 가졌던 감격을 다시 회상하게 된다. 왜냐하면 복음은 바로 우리들에게도 유일한 소망이기 때문이다. 그래서 우리는 자녀들에 대해 "어떻게 네가 그럴 수가 있니?"라든지 "왜 그런 짓을 했니?"라고 말하지 말아야 한다. 우리 자신의 죄를 겸손히 인정하는 마음으로 자녀를 양육해야 한다. 죄가 어떻게, 왜 저질러졌는지 우리는 이해해야 한다. 왜냐하면 우리도 그런 경험이 있고, 주 예수 그리스도의 영광스러운 은혜로부터 떠나 있으면 언제든지 또 그럴 수 있기 때문이다.

또한 만약 자녀들이 우리를 조금이라도 닮았다면 좀 더 나았을 것이라고 말하지 않아야 한다. 그런 말은 하나님이 금지하신다. 그보다는 그들이 지금 괴로워하고 있는 문제들로부터 자유로울 수 있는 길은 오직 그리스도 예수뿐이라고 말해주어야 한다. 당신의 죄로 인한 고민을 자녀들과 함께 나누라. 그러면 당신의 이야기를 통해 그리스도의 은혜가 더욱 부각될 것이다(고린도후서 1장 8-11절의 바울의 모범을 참고하라).

그리고 우리는 자녀들이 세상의 타락과 죄악을 경험하게 될 것이라는 점을 알아야 한다. 바울은 로마서 8장에서 온 세상이 구속을 간절히 기다리며 함께 탄식하고 있다고 말했다(22절). 우리 자녀들은 이 세상에서 약속이 지켜지지 않고, 관계가 깨어지며, 실패한 제도와 타락한 정부, 이기적인 야망, 부당한 폭력 그리고 해체된 가정을 경험하게 될 것이다. 유혹과 거짓말과 악한 대적들의 궤계도 경험할 것이다. 그들은 우리를 삼키려고 하는 사탄이 정말로 존재하고 있는 세계에 살고 있다. 그래서 충격을 받으며 속임을 당하게 될 것이다. 마음의 상처와 두려움과 실망과 절망과도 씨름해야 할 것이다. 냉소주의와 패배주의에 빠질 수 있는 수없이 많은 이유들이 생기게 될 것이다.

우리는 그들이 경험하는 이 세상의 타락으로부터 그들을 안전한 곳으로 인도해낼 수는 없다. 또한 마치 그런 타락이 존재하지 않는 것처럼 행동할 수도 없다. 왜냐하면 그들이 보는 곳마다 그러한 타락을 경험하게 될 테니까 말이다. 여기서도 역시 우리는 복음을 전해야 한다. 그러나 이 세계는 완전한 혼동의 세계는 아니다. 이 모든 타락한 세계도 부활하신 그리스도가 다스리신다. 그분은 당신의 백성을 위해서 모든 것을 다스리신다. 그분은 모든 죄와 슬픔과 고통의 종말을 가져오고 계신다. 우리가 여기서 경험하는 것은 영원한 영광에 족히 비교할 수 없다. 바로 거기에 소망이 있다. 우리는 그러한 소망을 우리 자녀들에게 말해줄 수 있는 구체적인 길을 찾아야 한다. 더욱 훌륭하고 아름다운 것이 다가오고 있다. 우리가 선한 싸움을 계속해야 하는 이유가 있는 것이다.

안팎으로 죄가 넘쳐나는 삶 속에서, 세상과 육체와 사탄의 권세에 직면하여 가정은 겸손히 죄의 실체를 인정하면서 구속적인 공동체로 기능해야 한다. 그리고 부활하신 그리스도의 은혜라는 그 놀라운 실체를 늘 끊임없이 사모하며 바라보아야 한다. 그분은 백성의 구원을 위해 모든 것을 다스리는 분이시다. 죄가 머리를 치켜드는 모든 상황은 은혜를 가르칠 수 있는 기회가 된다. 시험하는 자가 나타나는 모든 상황은 그보다 더 크신 그리스도께 집중할 수 있는 기회가 된다. 실패의 모든 순간들은 용서와 회복의 말씀으로 나아가는 길이 된다.

가정보다 더 안정적이고 효과적인 배움의 공동체는 없다. 하나님의 존재하심과 영광, 이웃을 사랑하라는 도덕적 책임 그리고 우리가 죄에 빠질 때마다 주시는 복음의 소망은 가정생활을 해석하고, 규정하며, 설명하고, 조직하는 지속적인 주제가 되어야 한다.

우리는 부모로서 우리의 위치가 하나님이 세우신 가장 우선적인 교사임을 받아들여야 한다. 그것은 일평생 주어지는 거룩한 부르심이다. 우리가 할 수 있는 일 가운데 이보다 더 중요한 것은 없다. 우리가 하나님의 부르심을 따를 때, 바울이 에베소 교회를 위해 기도했던 것을 바로 우리 자녀들을 위해 기도하게 될 것이다.

엡 1:18-19 "너희 마음의 눈을 밝히사 그의 부르심의 소망이 무엇이며 성도 안에서 그 기업의 영광의 풍성이 무엇이며 그의 힘의 위력으로 역사하심을 따라 믿는 우리에게 베푸신 능력의 지극히 크심이 어떠한 것을 너희로 알게 하시기를 구하노라."

4장. 성찰과 토론을 위한 질문

(1) 매 순간 자녀가 하나님을 향해 살아가게 하려면, 부모도 그렇게 살아가는 훈련을 해야 한다. 단조로운 일상의 시간을 보낼 때도 하나님의 임재와 역사를 생생하게 느낄 방법을 생각해보라.

(2) 당신의 자녀가 지금 부딪힌 '수평적' 문제나 장애물은 무엇인가? 우리 인생의 모든 부분이 하나님과 연결되어야 한다. 그렇다면 자녀의 그 문제를 '수직적인' 싸움이 되도록 유도할 방법은 무엇인가?

(3) 지금 십대 자녀가 자신의 인생이라는 이야기와 처해 있는 상황 때문에 눌리고 힘들어하고 있지는 않은가? 하나님의 더 거대한 구속 이야기에 깊이 뿌리내리도록 도와줄 방법을 고민해보라. 자녀가 하나님의 이야기와 연결되도록 도울 방편으로 성경을 의지하라.

(4) 타락이라는 처참한 현실이 가족을 통해 어떻게 적나라하게 드러나는가? 이런 현실에 대해 하나님의 구원하심과 은혜를 구하라. 십대 자녀에게 구속의 소망을 전해주라.

(5) 자신의 힘으로 피할 수 없는 죄, 오직 예수님만이 해결하실 수 있는 죄를 정직하게 확인해보라. 과거에 이런 죄들을 어떻게 처리했는가? 스스로 합리화했는가? 아니면 회개했는가? 부모로서 하나님의 기준에 미치지 못할 때, 자녀에게 어떻게 회개의 모범을 보여줄 수 있는가?

(6) 어린 시절의 고민이나 살아오면서 겪은 고난 중에서 십대 자녀와 함께 나누기에 적당한 사례가 있는가? 예수님이 베풀어주신 자비와 용서와 구원의 증거를 보여줄 수 있는 것이 좋다. 하나님이 우리가 겪는 모든 일, 심지어 힘든 일까지도 창조적인 방법을 동원해 사랑으로 선하게 바꾸어주심을 자녀들에게 예를 들어 설명해주라.

(7) 주님이 당신의 가정을 은혜, 용서, 죄와 구원, 화해, 그리스도 안에서 누리는 새 생명, 소망을 가장 중요한 주제로 삼는 구속의 공동체로 삼아주시도록 기도하라.

5장.

부모들이여,
자녀를 만나라

당신이 십대 청소년이었을 때의 모습을 기억하는가? 자의식에 사로잡혀 있고, 육체의 변화에 당황해하며, 온통 혼란스럽던 그 모습을 기억하는가? 어떤 날엔 세상을 다 얻을 것만 같다가, 또 어떤 날에는 당장에라도 죽고 싶어 했던 것을 기억하는가? 근사하게 보이려 하다가 오히려 실수만 했던 것을 기억하는가? 당신이 어머니와 아버지로부터 인정받기 위해 애쓰면서도 어이없게 무책임하고 어린애 같은 짓을 저질렀던 것을 기억하는가? 십대 청소년들을 잘 다루는 부모들은 그 험난했던 십대 시절을 보내는 것이 어땠는지를 잘 기억한다.

    나는 어머니와 아버지를 간신히 설득해서 마침내 차를 몰 수 있게 된 때를 기억한다. 모처럼 차를 몰고 나갔는데, 연료가 바닥나서 남의 차를 빌려 타고 집에 돌아와야 했었다. 그런데 설상가상으로 차 열쇠는 차 안에 꽂아놓은 채였다. 어머니가 내가 얼마나 바보 같은 행동을 했는지 구체적으로 말씀하실 때 나는 완전히 무너지고 말았다.

햄버거 가게에서 일어났던 일도 생각난다. 그때 나는 사이다를 한 잔 샀다. 그 사이다를 받아가지고 내 테이블로 걸어오는데 마침 며칠 전에 만났던 세 명의 여학생들이 가게 안으로 들어오는 것을 보았다. 난 그 여자애들이 이곳에 함께 있다는 것에 너무 기쁘고 흥분한 나머지 아는 척을 하려고 의자에 앉으면서 손을 흔들다가 사이다 잔을 넘어뜨렸고 전부 내 무릎 위로 쏟아버렸다. 그 여학생들은 날 보더니 웃음을 터트렸고 나는 바지가 다 젖어서 커다란 원을 만들어버린 채로 앉아 있었다. 그때 내가 간절히 원했던 것은 가능한 빨리 그 가게를 도망쳐 나오는 것이었다. 하지만 하나밖에 없는 출구는 너무나 멀리 있는 것처럼 느껴졌고, 깔깔거리며 웃는 그 세 명의 앞을 지나가야만 했다. 나는 그때의 한 걸음 한 걸음을 평생 잊지 못할 것이다. 출구에 도착하기까지 걸렸던 시간은 3개월은 족히 넘는 것 같았다. 나는 그곳에 있던 모든 사람들이 군청색 바지가 누렇게 다 젖어버린 내 우스꽝스러운 모습을 쳐다보고 있다고 생각했다. 그날 난 그 가게 주차장에 쪼그리고 앉아서 죽고 싶다는 생각만 했다. 그 일은 너무나 심각한 것이었고, 그것으로 모든 것은 다 끝장나버렸다. 내 마음속에는 이런 생각들이 가득했다. 난 결코 정상적인 인간이 될 수 없을 거야! 난 테스트에서 처절하게 실패해버렸고, 그 여자애들은 앞으로 날 두고두고 놀릴 거야!

　　부모들이 자신들의 이러한 과거의 순간들을 기억하지 못한다면, 이런 일들이 십대 자녀들에게 얼마나 심각한 것인지를 무시해버린다면, 우리는 그들과 결코 마음 문을 열고 진지하게 대화할 수 없을 것이다. 그들에게는 매우 심각한 문제이지만 우리는 그저 별것 아니라고만 말해버린다. 그러면 사소한 부끄러움 그 이상의 영적 성숙을 이루어갈 수 있는 기회를 잃어버리게 된다. 절망적인 부끄러움에 빠져 있는 어린 영혼에게 구세주의 존재와 능력과 사랑과 그분을 바라보는 삶을 가르칠 기회를 놓치는 것이다. "그 기회를 놓치지 않는다고 해서 무엇이 달라지나?"라고 말하지 말고 자녀들과 진심으로 그 감정과 그 세계를 존중하면서 진솔한 대화를 나눌 수 있어야 한다. 부모인 우리는 언제나 자녀의 옆에 있으면서 그들에게 귀 기울이고 사랑하며 지원해주고 도와준다는 것을 분명히 알려주어야 한다. 이를 위해서 그들이 심각하게 생각하는 것을 우리가 결코 비웃지 않으리라는 것을 반드시 깨닫게 해야 한다.

그런데 문제는 이러한 십대들의 고통스러운 부르짖음이 우리에게 기습적으로 다가온다는 것이다. 한번은 아침에 그날 할 일을 생각하면서 부엌에서 나오다가 마침 들어오던 아들과 마주쳤다. 내가 인사도 하기 전에 그 아이가 말했다. "아빠, 제 귀가 어떤 것 같으세요?" "네 귀가 어떤 것 같냐고?" 나는 물었다. 나는 그 아이의 귀가 어떻다고 생각하지도 않았고, 전에도 생각해본 적이 없었다. 또 그 아이의 귀에 대해서 아내와도 이야기를 나눠본 적이 없었다. 그렇지만 어느 날 갑자기 그 아이는 자신의 귀에 대해서 정말 심각하게 생각하고 있었던 것이다. 그런데 만약 내가 주저주저한다면 아이가 더 절망할지도 모르는 일이기에 어느 정도 합리적인 대답을 해줘야만 했다. 그래서 이렇게 말했다. "그래, 넌 네 귀가 어떤 것 같은데 그러니?"

내 아들은 그저 자기 모습이 정상적인 사람의 모습으로 성장했기를 바라면서 그날 아침 거울을 보았다. 그런데 이상하게도 귀가 자기 머리통에 잘 어울리지 않는 것 같았다. 나는 하나님의 창조 능력이 놀라우시다는 것과 귀의 오묘한 이치에 대해서 설명해주려고 노력했지만, 그 아이는 조금도 들으려 하지 않았다. 그리고 이렇게 말했다. "하지만 아빠, 이 귀라는 것은 머리 양쪽 옆에 그냥 붙어 있잖아요. 이 귀들은 너무 밖으로 튀어나와 있어요. 이 귀들을 가지고 뭘 하죠? 더구나 제 귀는 제 머리통에 잘 어울리지 않아요. 이 귀들 때문에 너무 창피한데, 난 평생 꼼짝없이 이 귀들을 붙이고 살아야 해요!" 그날 아침 나는 이전에 한 번도 해본 적이 없는 귀에 대한 긴 이야기를 나누게 되었다.

 아마 이것이 부모가 사춘기를 잘 이해하지 못하는 이유가 되는 것 같다. 우리는 갑작스럽거나 전혀 예상치 못한 일이 일어나는 것을 좋아하지 않는다. 상황이 갑자기 너무나 심각해진다거나, 혹은 형편이 너무나 빠르게 변하면 불안해한다. 그래서 이 세상이 전해주는 생존 개념으로 자녀들의 십대 시기를 바라보게 되고 그 십대의 혼란스러움을 이겨낼 수 있도록 도와줄 또 다른 책을 찾아나서게 된다. 나는 최근에 어느 티셔츠 뒤에 이렇게 쓰인 문구를 본 적이 있다. '제가 좀 지쳐 보이나요? 우리 집엔 십대 자녀가 있답니다.'

 매일 우리는 이번엔 무슨 문제가 우리 십대 자녀에게 생길지 결코 알 수 없다. 그러나 우리가 그 시기를 이해하면 할수록, 두려움이 아니라 준비된 마음을 가지고 접근할 수 있다. 그리고 부모들이 온전한 정신으로 가정이 깨어지지 않고 원만하게 자녀의 사춘기를 넘길 수만 있다면 그것이 성공이라는 자기중심적인 생존 개념을 거부해야 한다. 우리는 자녀들의 삶 속에 중요한 일을 행하시는 하나님의 손에 움직이는 도구가 되어야만 한다.

십대들에 대한
성경의 말씀

우리는 십대들에 대해 성경적인 이해를 갖추어야 한다. 그러나 여기에는 문제가 있다. 성경에는 십대 청소년이라고 구체적으로 말한 것이 없다는 것이다. 당신이 성구 대사전에서 십대 청소년이란 단어를 찾으려고 한다면, 아무것도 찾지 못할 것이다. 우리가 특정한 인생의 기간을 가리켜 사춘기라고 일컫는 이 말은 상당히 최근에 생긴 것이다.

그렇지만 성경은 젊은이들의 경향에 대해서 아주 놀라운 설명을 해주고 있다. 그 가운데 대부분의 것들이 잠언에서 발견된다. 잠언 1-7장은 아들에게 실제적인 삶의 조언을 주는 지혜로운 아버지의 모습을 기록하고 있다. 나는 이 장들을 연구하면서 십대 자녀들에게서 발견되는 특성들을 찾을 수 있었다. 그렇지만 그 내용은 결코 이 세대의 문화가 십대를 바라보는 식의 뿌리 깊은 절망감을 보여주지 않는다. 오히려 그 내용은 간단하면서도 지혜롭게 우리가 십대 자녀들을 키우면서 겪게 될 여러 종류의 갈등을 효과적으로 대비해나갈 수 있도록 준비시켜준다. 이 같은 잠언의 내용에 나타나는 십대의 경향에 대해 살펴보도록 하자.

지혜와 징계에 무관심함

잠언은 지혜의 가치와 징계의 중요성을 강조하고 있다. 잠언에 나오는 아버지는 근본적으로 그 아들에게 이렇게 이야기한다. "네가 인생에서 취하고자 하는 모든 것 중에서 가장 먼저 지혜를 취하라! 그것이 네가 가진 모든 것 중에서 가장 가치 있는 것이다." 징계의 말을 듣는 일과 그것을 듣고 순종하는 일의 중요성이 동일하게 강조된다. 잠언은 이렇게까지 말하기도 한다. "징계를 싫어하는 자는 짐승과 같으니라"(잠 12:1). 이것은 십대들(그리고 그들의 부모들)의 마음을 강조하여 드러내는 구절이다.

대부분의 십대들은 지혜에 대한 열정이 전혀 없다. 사실 그들은 자신들이 지혜롭다고 생각한다. 그래서 어리석게도 부모가 줄 수 있는 실생활에 적용되는 조언이란 별로 없다고 단정해버린다. 그래서 자기 부모들이 자신을 '완전히 이해하지 못한다'거나 '전혀 대화가 통하지 않는다'고 생각한다. 그러나 대부분의 십대에게는 지혜가 없다. 그들에게는 사랑으로, 성경적으로, 신실하게 행하는 징계가 절대적으로 필요하다.

대부분의 십대 자녀들은 부모에게 이렇게 말하지 않는다. "아빠, 전 아빠가 정말 지혜롭다고 생각해왔어요. 하나님이 제게 아빠를 주셔서 저도 아빠의 지혜를 가질 수 있게 된 것이 너무 좋아요. 저는 집에 들어와서 아빠와 이야기하면서 저에게 너무나 필요한 지혜를 아빠가 가르쳐주시기만을 기다렸어요." 절대로 이런 일은 일어나지 않는다. 그들은 부모의 지혜를 달라고 요청하지 않는다. 하지만 우리는 포기할 수 없다. 우리와 자녀들의 관계를 그들이 정하도록 내버려둘 수 없다.

이제 스스로에게 물어보라. 내가 자녀들에게 지혜를 가르쳐 주려는 모습으로 대화를 나누고 있는가? 내가 자녀들로 하여금 징계를 달게 받도록 만들고 있는가? 예전에 비인격적인 말로 자기 자녀들을 괴롭히면서 징계를 쓰라림으로 받도록 하는 부모를 본 적이 있다. 그래서는 안 된다. 지혜를 사모할 만하게 만들라. 징계가 옳은 것이고 받는 것이 좋다고 생각하게 만들라. 만약의 사태에 대한 두려움 때문에 하나님의 은혜로만 가능한 인간에 대한 통제를 당신의 수단으로 삼지 말라.

지혜로 자녀들의 마음을 얻으라. 그리고 그들에게 지혜를 파는 세일즈맨이 되라. 거칠고 격한 분노나 심한 언어적 폭력으로 행하지 말라. 만약 당신이 자녀에게 언어적인 총알로 사격을 가한다면 자녀들은 방어막 속으로 숨어버리거나, 아니면 당신에게 대항해서 응사할 것이다. 지혜는 그럴 때 얻어지는 것이 아니다.

여기에 황금률이 있다. 자녀의 문제를 다스리기 전에 당신 자신을 먼저 다스리라(마 7:3-5). 종종 내가 아이들 가운데 한 명과 대화를 나누려고 할 때 그 아이들 뒤에 아내가 서서 내게 손짓을 하곤 한다. 그건 절대로 좋은 신호가 아니다. 아내는 내가 아직 아이들과 대화할 준비가 되지 않았다는 것을 말하고 있는 것이다. 나에게는 잠시 시간 여유를 가지고 당면한 문제를 성경적으로 점검하면서 내 자신을 준비하고, 그것에 대해 아내와 이야기도 나눈 다음에 우리 아이와 내 자신을 위해 기도할 필요가 있었다. 그렇게 모든 준비를 마치고 나면 난 완전히 다른 마음가짐이 되고 그래서 하나님의 변화의 도구로 쓰임받기에 더욱 합당해지게 된다.

당신 자신을 준비한 다음에, 적당한 시간에 적당한 곳에서 자녀들과 이야기를 나누라. 집에서 가장 조용한 방으로 들어가든지, 아니면 그 아이가 원한다면 자기 방에서 이야기를 나눌 수도 있다. 이처럼 중요한 지혜와 징계의 시간을 바쁜 시간대에 갖지 말라. 또 후다닥 끝내버리려고 하지 말라. 다른 사람들 앞에서 훈계하지 말고, 집이나 교회에 가기 위해 차를 타고 나가면서 지나가는 말로 하지 말라. 시간을 들이라. 그러면서 이렇게 말해주라. "너는 얼마나 소중한 아이인지 모른단다. 그리고 하나님이 말씀하신 것도 정말 중요하지. 그래서 아빠는(엄마는) 하나님의 변화의 도구로 쓰임받기에 필요하다면 얼마든지 즐거운 마음으로 시간을 투자하려고 해."

자녀들이 당신의 약점을 건드릴 수도 있다는 것을 인정할 수 있을 만큼 겸손해야 한다. 그리고 당신의 약점이 무엇인지를 깨달으라. 자녀들 앞에서 그리스도의 사랑의 모범을 보여줄 수 있게 해달라고 자녀와 대화를 나누기 전에 기도하라. 만약 당신이 감정을 절제할 수 없게 된다면, 일단 그 상황으로부터 빠져나와 기도하며 감정을 추스른 다음 다시 돌아와 대화를 매듭지으라. 지혜를 전해준다는 것은 말로써 자녀를 때리는 것이 아님을 기억하라. 그것은 아이의 목에 사랑이 듬뿍 담긴 화환을 걸어주는 것이다. 그것은 세상에서 가장 값비싼 보석을 건네주는 것이다. 바로 하나님의 품 안에서 나와 아이의 손에 쥐어지는 보석이다. 이것은 십대 청소년들이 지혜와 징계에 대해서 지금껏 생각하고 있던 것과 완전히 다른 것이다. 그들의 선입관이 고착되지 않게 하고 당신의 죄 때문에 그 가치와 아름다움이 훼손되지 않게 하라.

십대는 다분히 방어적이다. 그들은 종종 부모의 애정 어린 관심과 부모로서 주는 도움을 단지 실패에 대한 질책으로 받아들인다. 그래서 자신의 생각과 행동을 변명하려 하며, 순순히 받아들이지 않고 논쟁을 벌이기도 한다. 우리가 사용하는 말을 조심해서 할 필요가 있다. 자녀들에게 솔직한 질문을 하고 지레짐작으로 비난하는 말을 하지 않도록 유의해야 한다. 그때 하나님이 주시는 자기 절제의 은사를 활용해야 한다. 당면한 문제에 대해 현명한 안목을 갖지 못하게 하는 거친 논쟁으로부터 한 걸음 물러나야 한다. 그런 논쟁은 오직 이기느냐 아니면 지느냐만 생각하게 만들 뿐이다. 잠언은 "유순한 대답은 분노를 쉽게 하여도 과격한 말은 노를 격동하느니라"(잠 15:1)고 말한다. 우리는 감정적으로 격해지는 갈등 상황에 빠지지 않도록 늘 조심해야 한다.

　　십대들이 방어적인 태도를 취할 때 도움이 되는 지침 세 가지가 있다.

　　첫째, 그들과 이야기할 때 당신이 어떤 행동을 취할지 분명히 해두라. 그리고 이렇게 말하라. "오해하지 말아라, 얘야. 아빤 너를 추궁하려는 게 아니란다. 나는 너를 너무나 사랑하고 있고, 또 너를 사랑하기 때문에 네가 어른의 세계로 뛰어들려고 할 때에 가능한 모든 일을 도와주려는 거야. 아빠가 너의 적이라고 생각하지 말거라. 나는 네 편이야. 그리고 네가 나를 위해서 이 부탁만 들어주었으면 좋겠다. 만약 내가 너를 오해하고 있거나 너를 잘 이해하지 못한다고 생각하거나 혹은 너에 대해서 아빠가 무작정 화만 낸다고 생각하거든 아빠한테 살짝 그것을 말해주지 않겠니? 난 너를 돕고 격려하기 위해서 하나님의 도구로 쓰임받고 싶단다. 아빠 네가 잘못되는 것을 원치 않아."

　둘째, 그들의 방어적인 태도를 스스로 깨닫도록 도우라. 모든 죄된 본성을 가진 다른 사람들과 마찬가지로 십대 아이들도 영적인 소경이 됨으로 인해 고통스러워하고 있다. 그들은 자신의 실제 그대로의 모습을 보지 못한다. 그래서 우리의 도움이 필요하다. 나는 이렇게 말하곤 한다. "애야, 우리 사이가 좀 서먹서먹한 것 같구나. 지금 아빠는 너에게 큰소리치지도 않았고, 욕하지도 않았고, 또 어떤 것에 대해서도 널 나무라지 않았다. 그런데 너는 아빠한테 화가 나 있는 것 같구나. 왜 그렇게 단단히 화가 났는지 말해주지 않겠니? 아빠는 우리 사이가 이렇게 불편하지 않았으면 좋겠구나. 지금 아빠가 화가 나서 이러는 게 아니란다. 널 사랑하고 어떤 식으로든지 널 돕고 싶어서 그러는 거야."

　셋째, 자녀들에게 솔직하게 당신의 죄를 고백하려고 노력하라. 짜증 내고, 참지 못하며, 너무 앞서서 생각하고, 욕하며, 정죄하고, 소리 지르는 등 우리가 감정적으로 스스로를 통제하지 못하는 모든 상황들이나, 혹은 때리고 윽박지르고 밀치거나 하는 모든 행동은 "자녀를 노엽게"(엡 6:4) 한다. 그러므로 이 모든 것들을 하나님께 회개하고 자녀에게도 사과해야 한다. 우리가 보이는 진심으로 우러나오는 겸손과 온유함이 자녀들에게 가장 훌륭한 모범이 된다. 겸손한 신념을 가지고 그리스도의 죄사함에 대한 확신을 나타내라. 그렇게 하면 자녀들이 죄와의 싸움을 혼자 하고 있는 것이 아님을 알려주고, 죄의 고백이 은혜로운 결과를 가져온다는 것을 보여줄 수 있다.

　십대 청소년들은 방어적일 뿐만 아니라 폐쇄적이기까지 할 때도 있다. 그들은 속마음을 잘 털어놓지 않는다. 부모님에게 하고 싶은 말이 있어서 엄마나 아빠를 급히 찾아다니는 일이란 결코 없다. 때로는 꿀 먹은 벙어리가 되기도 한다. 그래서 그들이 자신의 방에 틀어박혀서 얼굴조차 내밀지 않는 것은 그리 특별한 일이 아니다. 하지만 유감스럽게도 대부분의 부모들이 십대 자녀가 자신만의 성벽을 쌓아나가는 일을 그냥 용납하고 있다. 그 부모들은 자기 자녀와 만날 시간이 줄어들고 부딪힐 일도 없게 되는 것을 그냥 방치하고 있다. 몇 년 전만 해도 아이들이 어디를 가든지 늘 함께 붙어다니던 그들이 말이다. 자녀들이 말을 하지 않으려 할 때 부모도 말을 하지 않는다. 그래서 어떤 심각한 일이 발생하게 되면, 십대 자녀들이 그 일을 혼자 처리하지 않고 도움을 받고 싶어도 엄마와 아빠는 어디에서도 찾아볼 수가 없게 된다.

당신의 자녀에게 나아가라. 날마다 당신이 그들을 사랑하고 있음을 표현하라. 예, 아니오로 대답할 수 있는 질문은 하지 말라. 장황한 묘사와 설명과 자기의 마음을 표현할 수 있도록 물어보라. 징계할 때만 그런 질문을 하지 말라. 무언가 잘못했을 때만 그들에게 다가가는 것이 되지 않게 하라. 항상 올바른 것을 가르쳐주려 하고 자주 격려해주라. 날마다 자녀와 함께 기도하라. 그것이 자녀들을 불편하게 할지라도 말이다. 항상 그들이 어디 있는지를 확인하고, 잠자기 전에는 꼭 따뜻하게 "잘 자거라"고 얘기해주라. (우리 가족의 경우는 이것이 습관이 되었기 때문에, 아이들은 자기 전에 인사하기 위해서 우리를 찾아다닌다.) 그들의 세계에 들어가서 거기에 머물라. 그들이 당신을 자신들의 세계 바깥에 있는 사람으로 여기지 않도록 하라. 그들은 자기 세계에 함께 존재하지 않는 누군가로부터 넘어 들어온 지혜와 징계를 다시 밖으로 밀어버리고 말 것이다.

당신이 그들의 선택과 행동에 대해서 질문할 때에 그들은 자기 책임을 누군가에게 떠넘기면서 회피하기도 할 것이다. 자신들이 당신의 지시를 잘 듣지 못했다거나 충분한 시간이 없었다거나 하면서 변명할 것이다. 어쩌면 식구 중의 누군가의 책임이라고 돌릴지도 모른다. 그런 반응들은 당신의 감정을 상하게 할 것이다. 당신에게는 오직 성령님만이 주실 수 있는 자기 절제가 필요하다는 사실을 반드시 기억하라.

십대 청소년이 책임을 전가하는 방법 가운데 하나는 부모가 다른 형제자매에게는 쉬운 일을 시키면서 자신에게는 특히 어려운 일을 시킨다고 몰아세우는 것이다. 그들은 부모가 가혹하고 일관성이 없다고 불평한다. 그런 때에는 지금까지 해왔던 이야기가 끊어지지 않도록 하고, 양육법이 옳으냐 그르냐의 문제로 확대되지 않도록 하는 것이 중요하다. 그럴 때 다시 한번 우리는 겸손과 인내로서 자녀들을 대하려고 노력해야 한다. 그리고 이렇게 말해야 한다. "아빠가 해야 하는 일들인데 제대로 하지 못했던 일들이 있다는 것은 아빠도 알고 있단다. 하지만 너희도 아빠가 너희를 얼마나 사랑하는지 그리고 너희의 인생에서 하나님이 원하시는 모습을 보이려고 아빠가 노력한다는 것을 알아주었으면 해. 아빠에 대해서나 너희를 가르치는 방법에 대해서는 다음에 이야기했으면 좋겠구나. 아빠는 아빠의 모습이 어떠한지 그리고 교육 방법이 어땠으면 좋겠는지에 대해서 너희의 말을 듣고 싶어. 하지만 지금 우리는 바로 너에 대해서 이야기해야 한단다."

십대들은 말을 주의 깊게 잘 듣지 않는다. 그렇기에 이런 대화는 재미있고 조리 있게 해야 한다. 당신의 시대와는 너무나 다른 그들에게 기나긴 연설 같은 대화는 피해야 한다. 그들의 짧은 집중 시간을 다루는 방법은 강연하는 방식보다는 지혜와 징계를 상호 작용하는 시간으로 삼는 것이다. 어떤 부모들은 아예 강단에서 말하는 것처럼 하는데, 그런 강의가 되지 않도록 노력해야 한다. 자녀들에게 생각할 시간을 주라. 그러면서 자녀들이 그들의 행동과 마음의 생각과 욕구와 선택이 무엇이었는가를 살펴볼 수 있도록 자극하는 질문을 하라. 그 가운데 말씀의 빛이 비추어지도록 도우라. 진리를 향해 눈이 뜨이게 하라. 그들이 지혜가 무엇인지를 깨닫도록 하라. 당신만의 독백이나 비난이 되지 않게 하라. 자녀들을 교육시키는 자격과 권위가 훼손되지 않는 범위 내에서 자유롭게 말할 수 있도록 기회를 주라. 진리의 가치를 깨닫게 하고 그 아름다움을 드러내는 방식으로 자녀들에게 말하라.

　　감정에 사로잡히지 말고, 사랑을 숨겨두지 말며, 자기 마음속의 갈등에 휩쓸리지 말라. 진실하게 지혜의 유익과 징계의 사랑이 나타나는 말을 하라. 자녀 앞에서 가치 있는 것이 무엇인가를 보여주고, 자녀의 마음속에서 진리에 대한 사랑이 생겨나게 해달라고 하나님께 구하라.

율법주의적인 경향

　　잠언은 우리가 해야 할 일과 하지 말아야 할 일, 혹은 옳은 것과 그릇된 것의 목록을 제시하지 않는다. 잠언이 우리에게 주는 것은 지혜와 어리석음이라는 두 가지 세계관이다. 여기에서 우리는 두 가지 삶의 자세를 발견한다. 하나는 하나님의 진리를 통해 인도받고자 하는 지혜로움이고, 다른 하나는 인간의 생각과 욕심에 따라 인도받고자 하는 어리석음이다. 하나님은 겉으로의 행동 그 이상의 것을 추구하신다. 그분은 오직 우리가 그분의 신적인 성품에 참예하는 자가 되기를 바라시면서 일하고 계신다(벧후 1:4). 우리는 경건한 삶을 일련의 법칙들로 축소시킬 수 없고 그래서도 안 된다. 경건함이란 하나님께 영광을 돌리기 위해서 하나님의 말씀을 가장 궁극적인 가치로 바라보고 그 말씀을 따르고자 하는 열망이 있는 겸손하고 감사가 넘치는 예배의 모습이다.

그러나 십대들은 철저한 율법주의자들이 되는 경향이 있다. 그들은 율법의 정신보다는 율법의 문자에 집착하는 경향이 있다. 십대들은 자신들은 아직 울타리 안에 있다고 말하면서 그 울타리를 밖으로 밀어내려 한다. 십대들은 부모인 당신들을 경계선 토론으로 몰아붙인다. 십대들은 '자신이 얼마나 멀리 갈 수 있는지'의 토론에 부모들을 참여하게 하며, 나중에는 "하지만 저는 부모님이 하라고 하신 것을 정확하게 했어요"라고 반응하는 경향이 있다.

우리는 하나님을 향한 마음을 갖는다는 것과 옳은 일을 행하는 마음을 갖는다는 것이 무엇을 의미하는지를 이야기할 수 있는 기회로서 십대들의 율법주의를 볼 필요가 있다. 우리는 십대 자녀들과 율법의 정신에 대해서 논쟁하는 것에 능숙해질 필요가 있다. 우리는 명령 뒤에 있는 마음의 문제에 대해서 말해야 하는데, 내적인 경건함과 바리새적인 의무의 수행 사이에는 커다란 차이가 있음을 보여야 한다.

내 아들은 자기 동생과 몸으로 하는 놀이를 할 때 늘 과격해지곤 했다. 그 아이는 키와 힘에 있어서 자신의 압도적인 우위를 즐겼다. 그래서 동생이 완전히 패배하여 울면서 끝나게 되는 경우가 많았다. 그래서 나는 아이에게 동생과 그런 놀이를 하지 말라고 했다. 그 요구를 하면서 나는 위협의 범주에는 자신의 체격을 사용하여 동생을 울리는 것과 같은 많은 것들이 있다는 것을 설명해주었다. 자신의 체격이 동생보다 훨씬 유리한 것을 가지고 때리거나 건드려서 위협을 해서는 안 된다는 것을 여러 말로 한참을 설명해주었다.

며칠 뒤 나는 거실에서 다시 작은아이가 우는 소리를 듣게 되었다. 그래서 큰애를 불러다가 다시 물었다. "아빠가 전에 너한테 동생한테 그렇게 하지 말라고 말했던 것 같은데?" 그러자 그 아이가 대답했다. "전 동생을 건드리지 않았어요." 무슨 일이 있었는지 알겠는가? 그 아이는 말 그대로 율법의 문자를 어기지 않았다. 즉 내 명령대로 자기 동생을 전혀 건드리거나 다치게 하지 않았던 것이다. 그렇지만 그 아이는 동생을 전혀 건드리지도 않으면서도 울게 만들어서 내가 한 말의 의도를 완전히 어기고 말았던 것이다.

우리가 이러한 율법주의를 우리 자녀에게서 발견하고 하나님이 요구하시는 참된 정신을 깨닫게 할 때에, 그들은 비로소 자신의 무력함을 발견하고 그리스도의 도움을 간절히 요청하게 될 것이다. 그렇지 않다면 하나님의 율법을 인간이 감당할 수 있는 기준으로 축소해버렸던 바리새인들같이 될 수밖에 없다. 그리스도는 자신을 따르는 자들에게 그들의 의로움이 바리새인과 서기관들보다 낫지 아니하면 천국에 들어갈 수가 없다고 말씀하셨다. 우리가 십대 자녀들에게 율법 정신의 위대함에 대해서 말해준다면 그들은 이렇게 말할 것이다. "전 할 수가 없어요. 전 사랑할 수가 없고, 남에게 베풀 수가 없어요. 전 종이 아니라고요." 이때 자녀들은 오직 그리스도가 주실 수 있는 도움을 간절히 바라게 될 것이다.

이 문제는 매우 중요하다. 인간적인 율법주의는 인간적인 자기 의로 나아가게 된다. 인간적인 자기 의는 그리스도의 구원하시는 은혜를 필요로 하지 않는다. 인간적인 의로움은 인간이 율법을 지키는 자신의 행위로 말미암아 의로워질 수 있다는 사탄의 사악한 거짓말을 그대로 믿는 것이 된다. 만약 그것이 사실이라면 그리스도는 오실 필요도 없었고, 이 세상에 사실 필요도 없었으며, 죽으시고 부활하실 필요도 없었을 것이다. 우리는 십대 자녀들이 자신의 율법주의를 볼 수 있도록 도와주어야 한다. 그리고 우리는 율법주의가 즐기는 끝없는 경계선 논쟁에 휘말려서는 안 된다. 우리는 자녀들이 자신의 마음 안에 있는 반항심을 깨닫고, 진정한 의가 되시는 그리스도께로 나아가도록 도와주어야 한다.

지혜롭지 못하게 친구를 선택함

잠언에는 친구 관계와 우리와 우리의 행동에 미치는 다른 사람들의 영향에 대한 아주 많은 내용이 담겨 있다. 십대들은 자신의 친구들을 선택할 때 지혜롭지 못한 경향이 있다. 그래서 잠언은 당신이 옳지 않은 사람을 만났을 때, 길을 건너 다른 쪽으로 걸어가야 한다고까지 말하고 있다. 친구 관계는 매우 중요하다. 사람은 그의 친구들을 통해서 알 수 있다. 친구들에 의해 영향을 받지 않는다는 것은 불가능하다. 그렇지만 십대 자녀들은 대부분 자신은 친구들로부터 영향을 받지 않을 것이며 "다 알아서 할 수 있어요"라는 자신감을 보인다.

이 문제에 비추어 나의 십대 시절의 경험을 떠올리게 된다. 내가 그때의 일을 떠올리면 지금 당장이라도 어머니를 찾아 용서를 구하고 싶다. 내가 이성에 눈을 뜨기 시작할 무렵, 나는 교회 학생회의 임원으로 열심히 활동하기 시작했다. 그때 학생회에는 커플인 아이들이 많았다. 나도 어떤 여학생을 좋아하게 되었고 그 아이를 주말 모임이 끝난 뒤에 집으로 데리고 왔다. 이제서야 깨달은 것이지만 그때 그 아이는 교회에서 불량스러운(이를 뭐라고 불러야 할지 잘 모르겠다) 여자애들 가운데 한 명이었다. 내가 그 아이와 결혼하지 않은 것은 얼마나 감사한 일인지 모르겠다.

그때를 회상하면 내가 그 아이를 집으로 데려왔을 때가 생생하게 기억난다. 어머니는 전형적인 괴로운 미소를 띠시고는 내가 엉뚱한 짓이라도 하지 않기를 간절히 바라시는 마음으로 최대한 친절하고 상냥하게 대해주셨다. 어머니는 친절과 예의를 지키려고 노력하셨지만, 동시에 나를 도덕적 위험으로부터 구해내기를 원하고 계셨던 것이다. 어머니는 그날 밤에 그 특별한 여자애의 어떤 점에 끌렸는지를 물어보셨다(그 아이는 예뻤고, 같이 있으면 즐거웠으며, 게다가 나를 좋아한다는 것은 분명했다). 그때 내가 얼마나 방어적이었는지 기억이 난다(하지만 그것을 인정하지는 않았다). 어머니가 그러한 선택의 중요성에 대해서 내게 경고하셨고, 그때 나는 매우 기분이 상해 내가 다 알아서 할 수 있다고 말씀드렸다.

우리는 그러한 대화를 할 때 신중함과 끝없는 사랑을 가져야 한다. 십대 자녀들은 자기 친구에 대한 이야기를 할 때 거부 반응을 보이거나 방어적이 되기 쉽다. 마치 다음과 같은 자동적인 반응이 있는 것 같다. "제 친구를 싫어하신다는 것은 바로 절 싫어하신다는 거예요." 부모로서 우리는 이러한 대화를 하는 방법에 대해서 매우 주의할 필요가 있다. 결코 과격한 말이나 인신공격성 언사는 삼가야 한다. 우리의 목표는 자녀들이 긴 안목으로, 정직하고 성경적으로 올바른 관점을 갖게 하기 위해 감정적이며 무조건적인 친구 관계를 한 발 물러서서 바라보게 해야 한다는 것이다. 그들은 우리의 도움 없이는 그렇게 할 수가 없다. 하지만 자신의 분노 때문에 그들에게는 소중한 친구 관계를 감정적으로 모욕한다면 우리 역시 그런 일을 할 수가 없다.

이 주제는 매우 진지하게 다루어져야 한다. 십대 자녀들은 지혜롭게 친구를 선택하는 기술을 배울 필요가 있다. 그들은 자신들에게 미치는 친구 관계의 강력한 영향력을 이해해야 한다. 우리가 자녀의 친구들에게 지혜롭지 못한 선입견을 갖거나 동기에 대해 부당한 비난과 판단을 하거나, 친구 관계의 영향에 대한 성격과 수준에 대해 임의로 가정함으로써 부모로서 자녀에게 미칠 수 있는 영향을 스스로 약화시키지 않도록 하는 것이 매우 중요하다. 우리는 자녀들이 친구 관계에 대한 그들의 생각과 욕구와 동기와 선택과 행동을 스스로 점검하는 것을 도울 수 있는 좋은 질문들을 던져야 한다. 우리는 아이들이 친구 관계에 대해 현명한 결정을 내릴 수 있도록 마음의 통찰력을 길러주어야 한다. 우리가 두려움 때문에 섣불리 판단하거나 결정해버린다면, 자녀의 마음속에서 결실을 거두기는 어려울 것이다. 그렇게 해버리면 그들 속에서 일어나는 지속적인 마음의 변화를 볼 기회를 놓치게 된다. 오직 마음의 변화만이 친구 관계에 대한 근본적인 변화로 이어질 것이다.

성적 유혹에 취약함

잠언에 나오는 아버지는 성적인 유혹에 대해 많은 말을 한다. 우리는 인간의 성에 대해 매우 왜곡된 시각을 가지고 있는 문화 속에서 특별히 이 주제를 심각하게 다루어야 할 필요가 있다. 자녀들에게 인간 생활의 이 의미 깊은 영역에 대해서 정확한 관점을 갖게 하는 곳은 기독교 공동체 이외에는 거의 없다. 십대 시절은 육체적으로 깨어나는 시기다. 아이들은 이때 처음으로 이성과의 관계를 간절히 동경하게 된다. 음욕과 성적 환상이 때로는 그들의 은밀한 죄가 되기도 한다. 우리는 이 분야에 대해서 무조건 피해버릴 수도 없고 당황스러움이나 어쩔 줄 모르는 마음으로 다가서서는 안 된다. 우리는 이 주제에 대해서 미리부터 자녀들과 허심탄회하게 대화해야 하며 충분히 개방된 논의의 주제가 되도록 해야 한다.

많은 부모들은 자녀와 처음으로 성에 대한 대화를 하게 되는 것을 곤혹스러워한다. 그들은 말을 꺼내기 위해 준비하는 데 몇 주를 보낸다. 그리고 그 일을 무사히 끝냈다는 데 안도의 한숨을 내쉬고, 다시는 그 문제로 대화하지 않는다. 당신은 어떤가? 당신의 자녀가 이러한 성 문제와 관련해 무슨 일을 하고 있는지 아는가? 자녀들이 음욕과 환상과 자위 행위와 씨름하고 있다는 것을 알고 있는가? 그들이 이성 관계에 대해 성경적인 관점을 가지고 있는지 알고 있는가? 얼마나 많은 성에 대한 세속적인 거짓말을 그들이 받아들이고 있는지 아는가? 유혹을 경험하게 되는 상황과 장소와 인간관계에 대해서 이해하고 있는가? '청년의 정욕'을 이길 방법에 대해서 자녀와 머리를 맞대고 좋은 방법을 생각해내려고 한 적이 있는가? 만약 문이 닫히도록 내버려둔다면, 이 문제에서는 자녀를 결코 양육할 수가 없다.

우리가 자녀들이 성적으로 순수하게 되기 위해서 돕고자 한다면, 그 중요한 열쇠는 가능한 일찍 그 문제를 다루는 것이다. 그렇게 할 때 자녀들이 십대에 이르러 부모와 자녀들 둘 다 성에 대해서 말하기를 당황스러워하거나 꺼리지 않게 된다. 나는 이 주제를 두 아들이 11살 때와 9살 때 처음 가르쳤다. 나는 아이들을 데리고 나가 피자를 사주기로 했다. 그 시기는 아이들이 앞으로 경험하게 될 것들에 대해 별로 잘 알지 못하고 있을 때다. 나는 아이들이 얼마나 알고 있는지를 확인하는 질문을 몇 가지 했다. 나는 냅킨에다가 그림을 그려가면서 가르쳤다. 큰아들이 피자를 먹으면서 말했다. "아빠, 설마 지금 제가 생각하는 그것을 정말 그리시려는 거예요?" 내가 말했다. "음, 그래서 다른 사람에게 잘 보이지 않는 자리를 택한 거야." 그리고 우리는 이야기를 시작했다. 아이들은 내가 그 주제에 대해서 전혀 부끄럽게 여기고 있지 않다는 것을 알게 되었고 그래서 아이들은 그동안 묻고 싶었던 질문들을 하기 시작했다.

　세월이 흐르면서, 우리는 그런 대화가 자연스럽게 계속되도록 노력해왔다. 왜냐하면 새로운 의문들, 새로운 유혹들, 새로운 주제들, 새로운 상황들이 계속 생기기 때문이다. 성적인 순수함을 유지하기 위한 하나님의 방법을 더욱 이해하게 된다는 것은 한 번의 대화로 이룰 수 있는 것이 아니다. 어떻게 유혹을 판단하고 피할 수 있는가를 배우는 것은 한 번의 성교육을 통해서 습득될 수 있는 기술이 아니다. 부모들은 십대 초기에 이러한 대화의 길을 열어야 하고 이후에 정성을 기울여서 우리 자녀들이 집에서 독립할 수 있을 때까지 계속 해나가야 한다.

　당신의 십대 자녀들이 당신과 이런 이야기를 나누는 것을 편안하게 여기는가? 한편으로 성은 하나님이 주신 놀라운 선물이라고 말하면서도, 다른 한편으로는 그에 대해 대화하기를 두려워하거나 지나치게 조심스러워하거나 혹은 피하면서 상반된 모습을 보이지는 않는가? 당신은 그것이 다루어서는 안 되는 주제라고 생각하는가? 당신의 자녀들이 알고 있는 것이 무엇이며 그 지식이 어디서부터 왔는지를 알고 있는가? 당신의 자녀들이 성적인 유혹들과 씨름을 하고 있는 상황이 무엇이며 어떻게 그러한 씨름을 감당하고 있는지 알고 있는가? 그들이 성에 대해 확고한 성경적인 관점을 가질 수 있는가? 그들이 주변 문화의 왜곡된 관점들을 비판할 수가 있는가? 당신의 자녀가 성적인 정결함을 갖고자 하는 열망이 있는가? 아니면 성경적인 정숙함과 우선순위에 대한 경계선을 지금 넘어서고 있지는 않은가? 만약 당신이 그러한 질문들에 대해 대답할 준비가 되어 있지 않다면, 당신은 자녀에게 필요한 대화를 충분히 하지 않은 것이다.

십대 시기에는 성적인 깨달음과 유혹이 폭발적으로 증가한다. 그들은 평생 그들이 하게 될 성생활의 기본 바탕을 형성하기 시작한다. 바로 그때 많은 십대들이 자신의 삶의 방향을 바꾸어 버리는 성적인 죄에 빠지게 되고, 평생 올무에 매여 살게 하는 성적인 죄를 은밀히 반복적으로 행하게 된다. 우리는 이 영역에 대해서 개방적이고 긍정적이며 지속적으로 양육할 것을 다짐해야 한다. 정직한 질문과 인내심 있는 대화로써 우리 자녀들을 돌볼 것을 결심해야 한다. 우리는 가능한 일찍 성에 대한 주제에 마음 문을 열고 대화를 나누어야 하며, 그들이 집에서 독립할 때까지 언제든지 계속해서 나눌 수 있도록 해야 한다.

종말론적인 관점의 부재

영원에 대해 관심을 갖는 종말론은 대부분의 십대 청소년들의 신앙에서 별로 중요한 부분을 차지하지 않는다. 그들은 영원에 대한 소망을 바라보고 살지 않는다. 내세에서 누리게 될 기쁨을 기다리면서 살지도 않는다. 그들은 정말 믿을 수 없을 정도로 현실 중심적이다. 그들은 현재의 순간만이 인생의 유일한 순간이라는 듯 살아간다. 그들은 미래에 대한 투자라는 것도 생각하지 않는다. 뿌린 씨앗의 열매를 거두게 되리라는 추수 개념도 없다. 갈라디아서 6장 7절은 이렇게 말하고 있다. "스스로 속이지 말라 하나님은 업신여김을 받지 아니하시나니 사람이 무엇으로 심든지 그대로 거두리라." 이것은 일반적인 십대들의 관점에서는 매우 생소하긴 하지만 사실 정말로 중요한 영적 원리다.

그들은 장기적인 투자의 관점으로 생각하도록 지도받아야 할 필요가 있다. 우리는 그들에게 지금 뿌리는 씨앗의 종류와 그 씨앗에서 나올 열매가 무엇인지를 점검하도록 가르쳐야 한다. 육체적인 순간만이 중요한 것이고 현재의 일시적인 행복만이 전부라고 믿는 그들의 믿음에 대해서, 우리는 사랑을 가지고 도전해야 한다. 그들은 하나님이 지금 이 순간보다 더 큰 무언가를 위해 사역하고 계심을 이해해야 하고, 다가올 놀라운 그 무언가를 위해 그들을 준비시키고 계심을 알아야 한다.

오늘날의 문화는 현재 땅 위의 물질적 보화 속에서 삶의 의미를 찾고, 성공한 사람이란 가장 큰 부의 축적을 누리는 자라는 거짓말을 더욱 강조하고 있다. 우리 십대 자녀들은 이러한 말을 듣고 있는 것이다. "너희의 수준은 입고 있는 옷의 상표에 의해서 결정된다. 또한 네 몸의 크기가 너의 크기이며, 지적 능력과 스포츠 실력이 너를 결정한다. 타고 다니는 차가 무엇이며, 사는 집이 얼마나 넓으며, 다른 사람들에게 인기가 얼마나 높은가가 바로 네 자신인 것이다."

오늘날의 문화에서 훌륭한 사람은 누구인가? 영원한 가치를 위해 애써 노력해서 그것의 열매를 거두기 위해 투자하는 사람이 훌륭한 사람이라고 불리는가? 결코 그렇지 않다. 훌륭한 사람이란 아름다운 목소리와 비싼 옷과 멋있는 차와 우람한 근육과 막대한 은행 잔고를 가진 사람이다. 그는 순간을 위해 사는 사람이요 세상에 재물을 쌓아놓는 사람이다. 이런 사람들은 영원에 대한 생각이 아직 성숙하지 못한 대부분의 십대들과 별다를 것이 없다. 하나님이 보시기에 그들은 사실, 우리의 자녀들이 사라지게 될 세상을 위해 살게 만들며 세상의 거짓말을 믿게 만드는 훼방꾼들일 뿐이다.

우리의 자녀들은 영원을 바라보는 유익한 관점을 통해 삶을 긴 안목으로 바라보기 위해서 우리들이 필요하다. 그러한 관점으로 바라볼 때 인생은 180도 달라 보인다. 그들은 모든 선택과 행동이 하나의 투자임을 알아야 한다. 그리고 언젠가 거두게 될 삶의 열매를 거두게 할 씨앗을 뿌리지 않고서는 인생을 성공적으로 사는 것은 결코 불가능하다는 것을 알아야 한다.

마음의 문제에 둔감함

잠언에 나오는 아버지가 자신의 아들에게 주는 가르침 중간에는 다음과 같은 경계의 말이 있다.

> **잠 4:20-22** "내 아들아 내 말에 주의하며 내가 말하는 것에 네 귀를 기울이라 그것을 네 눈에서 떠나게 말며 네 마음 속에 지키라 그것은 얻는 자에게 생명이 되며 그 온 육체의 건강이 됨이니라."

그는 지금 이렇게 말하고 있다. "아들아, 잘 들어라. 내가 너에게 말하고자 하는 것은 매우 중요한 것이란다. 이 말들을 결코 무심하게 흘려듣지 말거라." 그리고 이어서 말한다. "모든 지킬 만한 것 중에 더욱 네 마음을 지키라 생명의 근원이 이에서 남이니라"(잠 4:23). 이는 다른 말로 하면 이런 뜻이다. "내가 지금까지 말했던 것들 중에서 특히 너의 마음에 초점을 맞추어라. 마음을 잘 알고, 마음을 보호하며, 마음을 지켜라. 네 마음은 너의 인생을 다스리는 핵심이다. 아들아, 너의 마음을 다스리는 것이 바로 너를 다스릴 것이다."

이전에 말했던 대로, 우리는 단순히 행동만을 지도해서는 안 된다. 우리는 단지 행동의 선택을 지도하려 하거나 우리 생각에 그들이 했으면 하는 일을 하게 하려는 것이 아니다. 하나님은 우리가 더 높은 목표를 갖도록 부르셨다. 우리는 우리의 십대 자녀들의 마음을 알고자 한다. 이는 그들의 마음이 사실은 어떠한지를 살펴보고 오직 하나님과 그분의 진리에 의해서만 좌우되는 마음을 갖도록 하시는 하나님의 사역에 쓰임받기 위해서다.

당신은 자녀들과 대화를 나눌 때 삶의 환경과 관계들의 문제를 해결하는 것보다 더 깊은 대화로 나아가는가? 그들이 여러 문제들 이면에 있는 마음을 바라보도록 돕고 있는가? 창조주를 피조물의 어떤 것들과(예를 들면 친구들의 용납, 특히 소유하고자 하는 것, 어떤 명예스러운 위치 등) 바꾸어버렸다는 것을 깨닫도록 돕고 있는가? 그들이 자신이 진정으로 섬기는 우상이 무엇인지 고백하도록 도와주었는가? 그들이 생각하고 바라고 있는 것이 성경의 진리에 어긋나는 것임을 애정 어린 마음으로 지적해주었는가? 마음의 생각과 동기를 드러내는 질문을 했는가? 그들이 진정으로 경배하는 것이 상황과 관계에 어떻게 반응하느냐에 의해 드러난다는 것을 알려주었는가?

마음을 깨닫는다는 것에 대해서 말할 때마다 영적 소경이 무엇인가에 대해서도 말해야만 한다. 우리는 모두 자기 마음을 깨닫지 못하는 영적인 소경이기 때문에 어려움을 당한다. 특히 십대들이 그로 인해 어려움을 당한다. 그 이유는 대개 그들이 인생을 볼 때 겉으로 드러난 행동과 육체적인 것과 지금 당장의 즐거움이 무엇이냐는 것으로만 생각하기 때문이다. 그들은 애써 시간을 들여 자신의 마음을 살피려고 하지 않는다. 자신의 마음에 도전을 주거나 그 마음을 드러내는 질문도 하지 않는다. 그런 이유로 우리 아이들의 양육에 관한 나의 목표는 하나님과 그분의 뜻에 대해서 가르치는 것뿐만 아니라, 그들 자신이 누구인가를 알도록 돕는 것이다. 나는 그들이 자신의 죄와 싸우고 있으며 그 자신은 연약하고 죄의 유혹에도 취약하다는 사실을 깨닫게 되기를 간절히 원한다.

나는 십대들이 스스로 깨달아가도록 돕기 원하기 때문에 그들이 명령을 어긴 것에 대한 벌을 주기 위해서 그들의 방으로 뛰어 들어가는 등의 일을 하지 않는다. 징계를 할 때 우리는 대화를 한다. 죄의 교활함을 벗어버리고 마음을 온전히 드러내기 위해 치밀하게 준비된 질문을 던진다. 내 아이들이 더욱 자신을 잘 깨닫게 될수록, 그들은 내가 말한 것에 대해 고마워한다. 왜냐하면 그들은 아빠의 지도가 필요하다는 것을 알게 되었기 때문이다.

대부분의 십대 청소년들에게서 나타나는 자기방어적인 모습은 자기 자신에 대한 완전한 몰이해와 영적 둔감성 때문에 생겨난다. 우리는 자녀들이 자기 자신을 알게 되도록 끊임없이 노력하여 그 지식이 하나님을 갈망하도록 이끌어야 한다. 이처럼 모든 순간은 바로 자신을 깨닫게 되는 기회다.

다음과 같은 비유를 상담에서 잘 사용하곤 하는데, 이것은 특히 청소년들에게 더 적합하다. 십대들이 당신에게 자신의 생활을 담은 '비디오'를 보여준다고 하자. 그런데 그 속에 그들 자신은 나타나지 않는다. 그들의 삶을 담은 비디오는 오직 상황의 어려움이나 다른 사람들이 자신에게 어떤 행동을 했는가에만 집중되어 있는 것이다. 그들이 자신의 삶을 이야기할 때, 그들은 자신이 한 일들에 대한 책임을 다른 사람이나 다른 어떤 것들에 전가하는 방식으로 말한다.

어느 날 우리 딸이 학교에서 성적표를 받아왔다. 그 아이는 이렇게 말했다. "아빠, 제 스페인어 과목 성적에 대해서 말씀드릴 것이 있어요." 나는 이미 분위기가 심상치 않다는 것을 눈치챘다. 그 아이는 자랑스럽게 말했다. "전 우리 반에서 최고 좋은 성적인 'D'를 받았어요!" 그리고 그 성적에 대한 딸아이의 장황한 설명을 다 듣고 나자, 나는 그 성적표를 액자에 걸어놓아야겠다고 생각했다. 왜냐하면 그 말대로라면 난 열악한 교육 현실과 형편 없는 교수법에도 불구하고 그럭저럭 점수를 받은 딸의 자랑스러운 아버지였기 때문이다. 아이는 내게 반 학생들 모두가 심지어는 제일 공부 잘하는 애까지도 나쁜 성적을 받았다고 했다. 그 반에 'C'를 받은 학생은 2명밖에 없으니까, 자기가 받은 'D'는 비교적 좋은 성적이라는 것이었다. 딸아이는 그 이유를 설명했다. "아빠, 선생님이 완전히 초보 수준이에요. 그 선생님은 우리를 가르치면서 어떻게 가르치는가를 배우고 있다구요. 우리는 완전히 실험용 쥐가 된 거예요." 이야기를 듣고 있으려니, 그런 딸을 둔 나는 더욱 자랑스러워해야 할 것 같은 생각이 들었다. 신출내기 선생님의 그 모든 시행착오 속에서도 나름대로 성적을 거두었다니 이 얼마나 자랑스러운 딸인가!

하지만 사실은, 그날 오후 딸의 이야기를 들으면서 내 마음은 슬픔으로 가득 찼다. 왜냐하면 그 아이가 거짓으로 연기를 하고 있는 것이 아니었기 때문이다. 나는 그 아이의 얼굴을 들여다보며, 그 아이가 지금 내게 하는 말을 정말 확신하고 있다는 것을 알 수 있었다. 그 아이는 정말 그 모든 일이 조금도 자기 잘못이 아니라고 생각하고 있었던 것이다. 성적표를 받고 집에 돌아오는 그 사이에 아이는 그 모든 상황으로부터 자신의 책임을 면하게 해줄 상황에 대한 새로운 해석을 만들어버렸다. 그 아이는 영적으로 소경이 되어버렸고 성적표가 보여주는 마음의 진정한 문제를 보지 못하고 있었다.

내가 그 아이의 생각을 바로잡기 시작했을 때, 무슨 일을 겪었는지 아는가? 딸아이는 당장 방어적으로 변했다. 자신이 정당한 인정을 받지 못하고 부당한 취급을 받는다고 생각했다. 내가 자기를 제대로 이해하지 못한다고 불평하면서 아빠는 동정심이 전혀 없는 사람이라고 몰아세웠다. 왜 자기편이 아니라 선생님 편을 드냐고 투덜댔다. 그것은 우리가 십대 자녀들의 마음으로 들어가려고 할 때 겪는 일반적인 상황이다.

부모로서 나의 목표는 우리 아이들이 하나님을 알게 되는 것만이 아니라, 그렇게 하면서 자기 자신에 대해서도 알게 하는 것이다. 하나님을 알게 될 때만이 진실한 자기 자신의 모습에 대해서 알 수 있고, 그 결과 하나님께 대한 갈망이 더욱 커지게 된다. 하나님에 대한 깊은 인격적인 이해와 자기 자신에 대해 더욱 깊게 깨달아가는 것은 영적인 삶의 중요한 상호 작용이며, 바로 십대 자녀들 가운데 생겨나야 하는 것이다.

여기서 우리가 이해해야 하는 것은 부모들이 십대 자녀들의 눈을 열어 그들 자신의 모습이 어떠한지를 보게 할 때 이 일은 '혈과 육'에 관련된 싸움이 아니라는 것이다. 이것은 영적인 싸움이다. 거짓말하며 속이고 죄로 미혹하게 하는 대적이 존재한다. 십대들은 특히 자신에 대한 사탄의 이 거짓말에 취약하다. 그들은 문제의 원인이 자기 자신이 아니라는 말을 얼른 믿어버린다. 자신들이 부당한 비판과 징계로 인해 애매하게 고통당하고 있다고 생각한다.

우리는 자녀들의 눈을 열어주지 못하는 소모적인 말싸움에 휩쓸리지 말고, 그리고 그들이 더욱 방어적이고 폐쇄적이 되지 않도록 강하고 인내함으로 굳게 서야 한다. 그리스도의 사랑과 겸손히 그분께 의지하는 마음으로 마음의 심각한 문제들을 드러내는 모든 기회를 활용해야 한다(사람에 대한 두려움, 물질주의, 이기심, 탐욕, 욕심, 부러움, 불신앙, 분노, 자기 의로움, 세상에 대한 사랑, 정욕, 반항심 등). 그리고 십대들이 성경의 거울을 통해서 자기 자신을 들여다보도록 도와주어야 한다.

지혜와 어리석음, 율법주의와 진정한 경건, 친구 관계, 성 문제, 영원의 문제 그리고 마음의 문제를 깨닫는 것 등, 이 모든 주제들은 십대 시절에 살펴보아야 하는 것들이며 주님의 사역을 위한 좋은 기회를 제공한다. 하나님은 이러한 주제의 대화를 사용하셔서 우리의 십대 자녀들이 그분을 알게 되고, 그분을 사랑하며, 그들의 삶에 실제적인 방향을 제시해주는 방법으로 그분의 진리를 따라 살도록 도우신다.

그렇지만 이 주제들은 자녀 양육을 어려운 것으로 여기게 만든다. 부모를 힘들게 하고 두렵게 만들 수 있으며 분노를 일으키기까지 한다. 심지어는 여기서 생기는 문제들로 인해 부모들은 인생 자체가 후회스럽다고까지 말하게 된다. 하지만 문제 상황들은 하나님이 부모와 자녀 사이에 더 깊은 유대감을 형성하시는 데 사용될 수 있다. 아니면 사탄이 그 관계를 확실히 단절시키기 위해 그 상황을 사용할 수도 있다.

만약 당신이 불안과 짜증과 두려움을 가지고 이 문제를 다루려고 한다면, 자연히 자녀를 더욱 통제하려고만 할 것이다. 그렇게 되면 그 상황을 성숙을 위한 하나의 과정으로 보는 것이 아니라, 어떻게 해서든지 그 괴로움으로부터 살아남아야겠다는 생각만 갖게 될 것이다. 인생을 언제 터질지 모르는 지뢰밭이라고 생각하게 될 것이며, 당신의 십대 자녀를 다치지 않고 무사히 이 시기를 통과시키는 것 이외에는 어떤 소망도 바랄 수가 없게 된다. 절망적인 상황에서는 끓어오르는 감정을 이기지 못하고 결국 부끄러움과 후회로 가득 차게 될 어리석고 아무 유익이 없는 일을 저지르면서도 하나님 말씀의 진리를 내세울 것이다. 부모로서 당신의 일이 매우 힘들고 자녀가 당신의 평화를 빼앗아버렸다고 생각함으로 자기 연민이 생기게 되면, 언어로 자녀를 폭행하거나 위협으로 동기 부여를 하게 될 것이다. 자녀의 반항이 점차 거세지면 당신과 자녀의 관계는 산산조각 날 것이다. 마침내 당신은 마지막 분노의 표현으로서 당신 자신의 무기력함을 인정할 것이고, 당신이 할 수 있는 일은 모두 다 했다고 스스로 위로하면서 부모 역할을 포기할 것이다.

그러나 그 대신에 만약 당신이 구원자이신 주님에 대한 끊임없는 믿음을 가지고 자녀에게 다가간다면, 그분의 참된 말씀과 다스리심의 권능은 당신의 약하고 미흡한 부모로서의 능력을 더욱 강화해서서, 사랑과 이해와 은혜와 소망과 생명을 전해주는 자로 당신을 사용하실 것이다. 그러면 차분하면서도 세심한 질문을 자녀에게 하게 되며, 그 질문은 당신의 자녀가 혼자서는 결코 살펴보지 못했던 것들을 살펴보게 할 것이다. 또한 개인적인 비난이나 정죄가 되지 않으면서 마음의 생각을 물어보는 대화도 가능하게 될 것이다. 용납과 용서와 소망의 정신을 가르칠 수 있을 것이다. 그렇게 되면 다시 자녀가 집에 돌아올 때 웃으며 반길 수 있고, 자녀는 부모가 자기 방에 들어올 때 더 이상 긴장하거나 경계하지 않을 것이다. 그리고 당신은 대부분의 십대 청소년들이 숨기거나 무시해버리는 문제를 들고 당신을 찾아오는 자녀를 보게 될 것이다. 당신과 자녀와의 관계가 무르익어가면 갈수록 그 자녀가 점차 그리스도의 형상을 입게 되는 것을 발견할 것이다.

5장. 성찰과 토론을 위한 질문

(1) 시간을 내서 당신이 십대 시절에 겪은 경험을 떠올려보라. 옛날에 썼던 일기장이 있다면 다시 읽어보라. 급격한 감정의 변화, 몸매에 대한 의식, 끝 모를 혼란이 기억나는가? 여러 방면에서 취약하고, 누군가에게 거부당해 눈물 흘리며, 끊임없이 불안에 시달렸던 기억이 있는가? 자녀에게 당신이 십대 시절 경험한 일을 들려주라. 당신도 그들과 같은 시기를 지났고, 그 시간이 얼마나 힘든지 알고 있다고 말해주라.

(2) 십대 자녀에게 마지막으로 지혜로 교훈하거나 책망한 일을 떠올려보라. 관대하고 설득력이 있게 말했는가? 목소리와 전달된 내용이 자녀를 신랄하게 정죄하는 말투는 아니었는가? 자녀는 어떤 반응을 보였는가?

(3) 십대 자녀가 철벽 방어를 하며 부모의 접근을 차단한 적이 있는가? 점점 더 당신을 더 멀리하고 있지는 않은가? 당신은 십대 시절 부모의 접근을 차단하며 철벽 방어를 하려고 했던 때가 기억나는가? 부모나 청소년부 목회자나 선생님과 같은 어른이 당신과 거리를 좁히려고 계속 관심을 보였을 때 어떤 기분이었는가?

(4) 지금 당신은 십대 자녀의 실제 세계를 알고 있는가? 아니면 바깥에서 멀찍이 지켜보는 수준인가? 어떻게 하면 자녀를 위해 사랑으로 기도하면서 포기하지 않고 다가갈 수 있는가?

(5) 자녀가 율법을 어긴 사건을 은혜를 경험하는 기회로 만들 수 있는 방법은 무엇인가? 율법을 제대로 지킬 수 없다는 사실은 그리스도가 절실히 필요한 증거라고 알려주라.

(6) 십대 자녀의 친구 관계가 자녀의 인생에 긍정적으로든 부정적으로든 어떤 영향을 미치고 있는가? 자녀가 인생에서 어리석은 관계를 스스로 판단할 수 있도록 돕기 위해, 자녀의 생각, 희망 사항, 동기, 선택을 살펴볼 수 있는 적절한 질문을 만들어보라.

(7) 성적 유혹의 문제를 두고 대화할 때 자녀와 마음을 터놓고 솔직한 대화를 나눌 수 있는가? 십대 자녀가 고민이 있을 때 숨기지 않고 당신에게 털어놓는다고 생각하는가? 그렇게 생각하는 이유는 무엇인가?

(8) 자녀가 지금 고민하는 문제로 현재의 순간에 매몰되지 않고 영원에 대한 시각을 유지하도록 돕기 위한 방법은 무엇인가?

(9) 십대 자녀가 자신에 대해 믿고 있는 거짓말은 무엇인가? 주로 어떤 식으로 남에게 책임을 전가하고 비난하는가? 주님을 의지하며 인도를 구하면서 자녀의 마음과 관련된 문제를 자연스럽게 드러낼 수 있는 방법은 무엇인가?

(10) 십대 자녀에게 사랑과 이해와 은혜와 희망과 삶의 용기를 전하도록 당신을 도구로 사용해달라고 하나님께 기도하라.

2부.

하나님이 원하시는 목표 세우기

6장.

하나님의 목적과 영광
그리고 그분의 은혜

나는 다소 화가 난 상태로 아들 방으로 들어갔다. 그날 밤 나는 육체적으로 너무나 피곤했고, 또한 지쳐 있는 아버지였다. 우리 아이들에게 계속적인 사역을 해야 한다는 것에 대해 지쳐 있었고, 벌써 수만 번 해왔던 동일한 대화를 역시 동일한 아이와 또 한 번 해야 한다는 것이 힘들었다. 난 아내에게 이렇게 말하고 싶었다. "당신이 가서 하지 그래. 난 이미 했잖아. 이런 대화를 또 다시 반복하기는 싫다고!" 그리고 자꾸만 내 관심과 시간을 필요로 하는 아들의 죄와 그 성숙하지 못함에 대해서 화가 나기 시작했다.

    나는 아들 방에 들어가기 전에 잠시 기도했다. 기분이 나아지는 것 같았고 이제 나는 생산적인 대화를 할 준비가 되었다고 생각했다. 하지만 방에 들어갈 때도 여전히 피곤하기는 마찬가지였다. 그 아이도 역시 지쳐 있었다. 그래서 내가 말하는 것에 즉시 방어적인 반응을 보였다. 그 아이는 내가 사랑이 없고 불친절하며 이해심이 부족하다고 몰아세웠다. 내가 하려는 모든 이야기에 사사건건 거부 반응을 보였다. 이런 태도는 내가 예상했던 상황이 아니었다.

대화 중간의 언제부터인가 나는 자제력을 잃었다. 화가 잔뜩 나서 아이에게 이전에 한 번도 보이지 않았던 분노의 모습으로 야단을 쳤다. 나는 아이에게 네가 정말로 변화될 때까지 이 아빠가 오래 살았으면 좋겠지만, 기대하지는 않겠다고 말하면서 그 방을 나왔다. 방을 나올 때, 그 아이는 분노와 상심이 교차된 얼굴로 나를 바라보았다.

어둠 속에서 침대 끝에 앉았을 때 나는 부모로서 완전히 지쳤고 상심했다. 하나님이 나를 저 아이들의 아버지로 부르신 그 부르심은 전혀 실감이 나지 않았고 불가능한 것처럼 보였다. 나는 내가 알고 있는 것에 따라서 행하지 못했기 때문에 괴로웠다. 내가 과연 잘 할 수 있는지도 의심스러웠다. 자기 연민과 정죄로 인해 마음이 찢어지는 듯했다. 내 아들이 나를 괴롭혔던 방식 그대로 나도 그 아이를 괴롭게 만들고 싶었다. 그렇지만 그런 내 마음은 잘못이라는 것을 알고 있었다. 침실로 돌아와 앉았을 때 이 일은 내가 결코 그만둘 수 없는 일이라는 것을 깨닫게 되었다. 도피처란 없었다. 내일도 나는 동일한 사명을 가지고 눈을 뜨게 될 것이다. 나는 하나님의 도우심과 용서를 간구했다. 그리고 그분의 성품과 능력을 달라고 간구했으며, 믿음과 인내를 달라고 기도했다. 나는 그때보다 더 절실히 내게 매 순간 주님의 도움이 필요함을 깨달은 적이 없다.

아마 당신도 나와 비슷한 상황들로 인해 절망감에 사로잡혔던 적이 있을지 모르겠다. 어쩌면 엄청나게 후회했을지도 모르겠다. 그리고 당신의 마음의 죄가 드러났을지도 모르겠다. 또한 이렇게 말하고 싶은 충동이 들었을지도 모르겠다. "목사님, 전 결코 당신이 말한 것을 할 수가 없을 것 같아요!" 어쩌면 이렇게 말할 지도 모른다. "당신이 한 일은 당신 자녀들이니까 가능했을 거예요. 내 아이들 같은 경우는 절대 불가능해요!"

우리가 십대 자녀들을 양육할 때 우리에 대한 하나님의 목적을 살펴보기 전에 먼저 하나님의 자녀들로서 우리가 누구인지를 깨닫는 것이 필요하다. 그리고 하나님의 영광과 은혜가 우리의 죄와 자녀 양육에 있어서의 고통보다 더 크다는 것을 깨닫는 것이 중요하다.

실망과 좌절의 순간에 귀한 위로를 주었던 세 가지 성경 본문을 당신에게 보여주고자 한다. 하나님은 이 구절들을 사용하셔서 우리 자녀들의 삶 속에서 나에게 하라고 부르신 일들에 대한 내 사고방식을 완전히 바꾸셨다.

놀라운 능력

인생에서 자녀 양육처럼 하루 24시간이 끊임없이 요구되는 일도 별로 없다. 또 그처럼 예기치 못한 어려움이나 극적인 일이 벌어지는 경우도 드물다. 나는 자녀들에 대해 완전히 지쳐버렸다고 말하는 십대 자녀를 둔 많은 부모들과 만나서 이야기를 해보았다. 그들은 자신들이 뭔가 부르심을 받은 일을 하기에는 너무나 약하다고 생각하는 사람들이었다. 이런 상황에서 분명하게 알아야 할 것은 우리는 하나님의 자녀들로서 결코 약해지지 않는다는 것이다.

바울은 에베소서 3장 20-21절의 잘 알려진 송영을 통해 그러한 능력을 우리에게 보여주고 있다.

"우리 가운데서 역사하시는 능력대로 우리가 구하거나 생각하는 모든 것에 더 넘치도록 능히 하실 이에게 교회 안에서와 그리스도 예수 안에서 영광이 대대로 영원무궁하기를 원하노라 아멘."

우리 아버지 하나님은 엄청난 권능의 하나님이시다. 그 권능을 통해 그분은 우리가 상상 속에서나 생각할 수 있는 것 이상의 훨씬 놀라운 일들을 행하신다. 당신의 삶 속에서 가장 이루기 어려워 보이는 것을 한 가지 생각해보라. 하나님은 그보다 더한 것을 이루어내신다. 성경이 십대 자녀의 삶 속에 가장 필요하다고 말하고 있지만, 전혀 비현실적으로 보이고 도저히 이룰 수 없을 것 같은 일을 한 가지 생각해보라. 하나님은 그보다 더한 것을 이루신다.

우리가 하나님의 이 엄청난 권능을 힘입고 있다는 관점에서 부모로서의 자신의 사명을 바라보는 것이 중요하다. 그 능력으로 하나님은 세계를 창조하셨고, 온 우주를 다스리시며, 그리스도를 죽은 자 가운데서 살리셨고, 죄악의 권세를 물리치셨다. 하나님은 우리의 이성이 받아들일 수 있는 한계 그 이상의 영광스러운 권능을 지닌 분이시다. 우리는 단지 자신의 부족함과 연약함만을 바라보는 관점을 가지고 부모로서의 책임감을 바라보아서는 안 된다. 우리는 전능자의 자녀임을 기억해야 한다. 그분은 권능 그 자체시다. 그분은 강하시다.

하지만 그것만 아는 것으로는 충분치 않다. 당신은 아마 이렇게 생각할지도 모른다. "좋습니다, 목사님. 그 권능을 조금만이라도 얻으면 되겠네요!" 하지만 여전히 당신은 어떻게 그 권능을 얻는지 모른다. 사실 내가 만나보았던 많은 부모들은 에베소서 3장 20-21절과 같은 말씀 때문에 더 낙심했다. 왜냐하면 그들은 그러한 경험들과는 너무나 무관한 것처럼 보였기 때문이다.

이 송영에 쓰인 단어들에 좀 더 세밀한 주의를 기울여보자. 이 구절은 하나님은 온갖 구하는 것이나 생각하는 것에 더 넘치도록 능히 하실 이시며(지금 이 말들에 주의를 기울이라), 그것을 우리 가운데서 역사하시는 능력대로 하신다고 하였다. 그분의 능력이 어디에 있는가? 그것은 하늘 아래 어디엔가 떨어져 있는, 오직 그 일을 행할 수 있게 하는 주문을 발견하는 자들에게만 가능하다고 했는가? 그렇지 않다. 그것은 바울이 말한 바가 아니다. 대신 그는 영광스럽고 획기적인 어떤 것을 말하고 있는데, 그것은 사실이다. 즉 하나님의 엄청난 능력이 그분의 백성과 그 역동적인 사역 안에 거한다. 부모들이여, 이 영광스러운 능력은 하나님의 자녀인 바로 당신 안에 거하고 있으며, 잠자고 있는 것이 결코 아니다. 하나님의 엄청나고 역동적인 능력은 바로 당신 안에 그분의 영으로서 거하고 있다. 그래서 당신은 하나님이 행하라고 부르시지 않았다면 불가능했을 일들을 이루어낼 수 있는 것이다.

이 능력이 우리의 연약해진 그 순간에 함께하신다. 그래서 우리가 포기하지 않을 때 전능자의 자녀인 우리 안에 내주하시는 그 영광스러운 능력의 근원을 경험하게 된다. 바울은 고린도후서 12장 9절에서 하나님의 강하심이 우리의 약함 속에서 완전하여진다고 했다. 그러나 가끔 우리는 그분의 능력을 경험하지 못하기도 한다. 왜냐하면 우리가 벽에 부딪힐 때 포기하기 때문이다. 대부분의 사람들이 순간의 감정에 굴복하여서 후회할 것들을 말하고 행동하게 되는 것은 바로 그들 자신의 능력과 지혜의 한계에 부딪힐 때다. 그렇지만 우리를 위해 역사하시는 그리스도의 능력으로 인해 우리는 전혀 다른 것을 행할 수 있다. 용기와 소망을 가지고 다시 양육할 수 있는 것이다. 우리가 하나님의 자녀로서 그 능력을 부여받았다는 것을 깨닫는 것이 중요하다.

영광의 선물

요한복음 17장에서 그리스도는 십자가형과 부활과 승천을 앞두고 계셨다. 잡히시기 전 마지막 순간에 그분은 제자들과 그들의 사역을 통해 나중에 믿게 될 사람들을 위해 기도로 하나님께 나아가셨다. 그분은 자신을 따르는 자들이 서로 연합하는 관계를 갖게 되기를 기도하셨다. 그것은 그분의 자녀들이 그리스도가 아버지 하나님과 성령님으로 더불어 함께하시는 것과 동일한 연합을 이루게 해달라는 것이었다. 이제 그러한 연합이 있는 가족을 한번 상상해보라. 당신의 자녀와 그런 종류의 관계를 맺고 있다고 생각해보라.

그러나 이러한 소망을 주는 본문을 살펴볼 때 또다시 다음과 같은 유혹이 나타날 수 있다. "이봐, 정신 차려! 너무 심각하게 생각할 것 없어. 설마 그게 가능하리라고 정말로 생각하는 건 아니겠지?" 이 본문을 실제적인 격려나 도움을 주는 말씀으로 보기에는 너무나 현실과 동떨어진 것 같아 지나친 이상주의라면서 치워버리기 전에, 우리는 본문에 쓰인 단어들에 세심한 주의를 기울일 필요가 있다.

> **요 17:20-23** "내가 비옵는 것은 이 사람들만 위함이 아니요 또 그들의 말로 말미암아 나를 믿는 사람들도 위함이니 아버지여, 아버지께서 내 안에, 내가 아버지 안에 있는 것같이 그들도 다 하나가 되어 우리 안에 있게 하사 세상으로 아버지께서 나를 보내신 것을 믿게 하옵소서 내게 주신 영광을 내가 그들에게 주었사오니 이는 우리가 하나가 된 것같이 그들도 하나가 되게 하려 함이니이다 곧 내가 그들 안에 있고, 아버지께서 내 안에 계시어 그들로 온전함을 이루어 하나가 되게 하려 함은 아버지께서 나를 보내신 것과 또 나를 사랑하심같이 그들도 사랑하신 것을 세상으로 알게 하려 함이로소이다."

그리스도는 이 기도 속에서 자신이 백성을 위해 뭔가 굉장한 일을 하셨다고 말씀하신다. 세상의 부패함과 인간의 죄악된 성품을 아시는 그리스도는, 우리가 자신의 힘으로는 우리를 위해 마련된 그분의 계획인 사랑과 연합을 이룰 수 없으리라는 것을 아셨다. 이 세상에서 주님은 괴로움과 분노와 질투와 탐욕과 속임과 원수 갚는 것과 같은 죄들이 일어나는 것을 보셨다. 그분의 신적인 간섭 없이는 형제는 자매를 사랑할 수가 없으며, 남편은 아내를 사랑할 수가 없고, 친구는 친구를 사랑할 수가 없고,

부모도 자식을 사랑할 수가 없을 것이다. 그리고 바로 이 모든 것을 가능하게 하는 것이 바로 주님이 공급하시는 사랑이었다.

　22절 말씀의 단어들에 주의를 기울여보자. "내게 주신 영광을 내가 그들에게 주었사오니 이는 우리가 하나가 된 것같이 그들도 하나가 되게 하려 함이니이다." 바로 여기에 그리스도가 말씀하신 핵심이 있다. 주님이 세상에 오셔서 육신이 되셨을 때, 전능하신 하나님의 영광은 그분에게 주어졌고, 또한 그분으로 말미암아 하나님의 영광이 우리 모든 사람에게 나타났던 것이다. 그리스도는 자신에게 주어지는 영광을 자신의 형제들에게 돌리신다고 하셨다. 이는 그들을 하나가 되게 하기 위함이었다. 우리는 이 구속적인 진리를 놓치지 말아야 한다. 우리의 힘으로 성취할 수 없었던 것을 그리스도가 가능하게 해주셨다. 그분은 이 특별한 목적을 위해서 전능하신 하나님의 영광을 우리 위에 내려주셨다. 우리들 서로서로의 관계는 삼위일체 되신 주님의 관계를 그대로 나타내게 되는 것이다. 바울은 이러한 원리를 골로새서 2장 9-10절에서도 말한다. "그 안에는 신성의 모든 충만이 육체로 거하시고 너희도 그 안에서 충만하여졌으니."

　당신이 십대 자녀와 방 안에서 심각한 이야기를 하려고 할 때, 당신과 그 아이만 어떤 식으로든지 서로 화목할 수 있게 되기를 바라면서 그 방에 있는 것이 아니다. 하나님의 영광이 은사로 당신에게 주어진다. 이를 통해 당신은 하나님이 자신의 백성을 위해 계획하신 겸손하고, 인자하며, 인내하고, 참을성 있는 사랑과 연합의 도구로 사용될 것이다. 그분의 영광이 주시는 선물이 바로 당신이 고대하던 하나 됨인 것이다.

그리스도가 "그들로 온전함을 이루어 하나가 되게 하려 함은"이라고 말씀하신 것을 주목해보자. 그분이 "그들로 온전한 하나를 스스로의 힘으로 이룰 수 있게 하심은"이라고 기도하지 않으신 것을 깨닫는 것이 중요하다. 그리스도는 이렇게 말씀하신 것이다. "아버지여, 아버지의 자녀들이 연합과 사랑 안에서 살아가고자 한다면, 오직 아버지만이 저들로 그러한 삶을 살게 하실 것입니다." 다시 말하지만, 방 안에서 아버지와 자녀가 이야기를 나누고 있을 때 단지 우리들만 노력하고 있는 것이 아니다. 하나님이 그분만이 하실 수 있는 것을 이루시기 위해 일하고 계시다. 그래서 그 시간은 하나님의 은혜의 시간이요, 구속과 변화의 시간이다.

우리 인생에서 십대 자녀를 양육하는 시기보다 더 그분의 순간순간의 역사하심과 영광의 은사를 간절히 필요로 하게 되는 때는 없다. 그 기간에 우리는 우리의 약함과 죄 그리고 무능력함을 뼈저리게 깨닫게 된다. 악한 사탄이 우리를 하나님이 주신 높은 목표를 이루려는 데서 돌이켜 인간의 통제력과 일시적인 성공을 바라보도록 유혹하는 것도 바로 그때다. 우리는 하나님의 영광을 주심이 우리와 자녀 사이의 커다란 격차를 없애는 다리를 놓기 위함임을 기억해야 한다. 이렇게 되면 그분의 사랑과 연합은 우리 가운데 더욱 풍성해진다.

우리에게 필요한 모든 것

베드로후서 1장 3-9절의 말씀은 부모들에게 큰 위로를 준다.

"그의 신기한 능력으로 생명과 경건에 속한 모든 것을 우리에게 주셨으니 이는 자기의 영광과 덕으로써 우리를 부르신 이를 앎으로 말미암음이라 이로써 그 보배롭고 지극히 큰 약속을 우리에게 주사 이 약속으로 말미암아 너희가 정욕 때문에 세상에서 썩어질 것을 피하여 신성한 성품에 참여하는 자가 되게 하려 하셨느니라 그러므로 너희가 더욱 힘써 너희 믿음에 덕을, 덕에 지식을, 지식에 절제를, 절제에 인내를, 인내에 경건을, 경건에 형제 우애를, 형제 우애에 사랑을 더하라 이런 것이 너희에게 있어 흡족한즉 너희로 우리 주 예수 그리스도를 알기에 게으르지 않고 열매 없는 자가 되지 않게 하려니와 이런 것이 없는 자는 맹인이라 멀리 보지 못하고 그의 옛 죄가 깨끗하게 된 것을 잊었느니라."

베드로는 무기력하고 열매도 없는 무익한 삶을 살아가는 신자들이 있다고 말한 다음 그렇게 된 이유를 설명한다. 그것은 신자들이 유익하고 생산적인 삶을 살아가게 만드는 좋은 덕목들을 잃어버리고 있기 때문이다. 믿음, 덕, 지식, 절제, 인내, 경건, 형제 우애 그리고 사랑은 그리스도인들이 영향력 있는 삶을 살기 위한 필수적인 덕목들이다. 그것들은 또한 보람된 자녀 양육의 본질적인 덕목이며, 십대 자녀들과 겪게 되는 힘겨운 삶 속에서 우리에게 반드시 필요한 덕목이기도 하다.

또한 베드로는 왜 그러한 본질적인 덕목들을 잃어버리게 되었는지 그 이유를 말하고 있다. 왜냐하면 그들은 근시안적이고 맹목적이며, 자신들이 과거의 죄로부터 깨끗케 되었다는 것을 잊어버리고 있기 때문이다. 간단히 말하면, 그들은 자신의 정체성을 잃어버렸다. 자신들이 하나님의 자녀임을 잊어버린 것이다. 베드로의 논리가 바로 여기에 있다. 만약 당신이 하나님의 자녀임을 잊어버린다면, 당신의 삶을 영향력 있고 생산적이게 만들 덕목들을 추구하는 노력을 잊어버리게 될 것이라는 점이다.

베드로후서 본문의 처음 몇 구절은 하나님의 자녀로서 우리의 본질적인 영광스러움을 그리고 있는데, 베드로는 그것을 우리가 잊어서는 안 된다고 말한다. 또한 그는 하나님은 우리에게 생명과 경건을 위해 필요한 모든 것을 다 주셨다고 말한다. 하나님은 영원한 삶을 위해 우리에게 필요한 모든 것을 다 주셨을 뿐만 아니라, 그분이 다시 오시기까지 우리가 부르심을 받은 대로 하나님께 영광을 돌리는 삶을 살기에 필요한 모든 것을 다 주셨다. 이 말의 시제를 유의해서 살펴보라. 베드로는 하나님이 우리가 필요로 하는 모든 것을 다 주셨다고 말한다. 그것은 이미 일어난 일인 것이다. 이것이 바로 근본적인 복음의 진리다. 하나님은 그 일을 하기 위한 방법을 보여주시지 않고는 어떤 일도 하라고 부르시지 않는다. 만약 그분이 우리에게 홍해를 건너라고 하셨다면 그분은 우리에게 수영을 하게 하시든지, 배를 타게 하시든지, 다리를 놓게 하시든지, 아니면 물을 가를 수 있게 해주셨을 것이다.

베드로는 이렇게 말한다. "너희가 어떠한 자인지 잊지 말라.

너희는 감당할 수 없는 부요함을 물려받은 하나님의 자녀다. 너희는 하나님이 너희에게 행하라고 하신 모든 일을 행하기 위해 필요한 모든 것을 이미 받았다. 절망에 빠지지 말라. 포기하지도 말라. 너희에게 주신 부르심으로부터 도망가지도 말라. 믿음, 덕, 지식, 절제, 인내, 형제 우애, 사랑, 이 모든 것들 중 다만 몇 가지만으로 만족하지 말라. 이 모든 것을 다 취하라. 이는 하나님의 자녀들로서 너희가 받은 영적 유산들이다."

우리는 심각한 대화를 나누기 위해 자녀들의 방으로 들어가기 전에 스스로에게 이같이 말해야 한다. "나는 하나님이 내게 행하라고 하신 일을 이루기 위해 필요한 모든 것을 다 가지고 있다." 이 순간 우리는 그리스도가 자신의 죽으심으로 말미암아 우리에게 전하여 주신 새로운 성품이라는 유업을 어느 정도 체험할 수 있다.

엄청난 능력이 그 속에 들어 있으며, 우리가 사랑하고 연합할 수 있게 만드는 영광의 선물이자, 하나님이 행하라고 부르신 일들을 이루기에 필요한 모든 것, 바로 그것이 복음이다. 그리고 그것이 하나님의 자녀들로서의 우리의 본질이다. 자녀를 양육하다가 연약하게 되고 좌절하게 된 우리를, 그 비참한 상태로부터 구출하여 믿음과 용기와 소망을 갖게 만들 수 있는 것은 바로 그러한 진리다. 이것은 우리가 하나님의 거룩한 목표를 온전히 붙들도록 하며, 악한 대적이 우리 마음을 지배하고자 하는 절망적인 상태와 싸워 이기도록 만드는 것이다.

우리는 외롭게 혼자 떨어져 있지 않다. 하나님은 우리에게 풍성한 은혜의 자원들을 보내주셨다. 그분은 우리 안에서 그리고 우리를 통해서 역사하시면서 우리 스스로의 힘으로는 결코 이룰 수 없는 것을 주님의 능력으로 이루게 하신다. 복음은 우리가 소망을 가지고 자녀를 양육할 수 있다고 말한다. 복음은 우리가 성장할 수 있으며, 변화할 수 있고, 더 좋은 많은 일들을 행할 수 있다고 말한다. 우리가 능력의 한계에 이르렀을 그때에 사랑하게 하시고, 절제하게 하시며, 인내하게 하시고, 선한 일을 행하게 하시며, 친절하게 하시고, 심지어는 우리 자녀들이 거칠게 반항하는 때에라도 이 모든 일을 하게 하시는 하나님의 능력을 체험할 수 있다.

하나님은 우리의 약함을 아신다. 그분은 우리의 죄를 알고 계신다. 그래서 영광스러운 은혜의 선물을 우리에게 주셨다. 이로써 우리는 우리 자녀들의 삶을 변화시키시는 그분의 도구가 될 수 있다. 우리는 결코 좌절과 절망 속에서 자포자기할 수 없다. 그리스도는 소망의 이유를 내려주셨다. 그것은 우리가 자녀를 양육할 때 효과적이고 유익한 양육을 할 수 있다는 소망이다. 그분이 주신 은혜의 선물은 연약하고 실패 투성이인 죄인들을 전능하신 하나님의 능력 있고 풍성한 삶을 사는 자녀들로 바꾸어놓는다. 우리가 그분의 은혜와 영광의 시각을 통해 자녀 양육을 바라볼 때 소망을 가지고 그분의 거룩한 목적에 충성할 수 있다.

그날 내가 아들의 방을 나와 혼자 어두운 방 구석에서 괴로워하고 있었을 때 나는 그것을 깨닫게 되었다. 그리고 다시 한번 스스로에게 이 말씀을 되뇌었다. 나는 내 불순종과 불신앙을 회개하였으며, 더 큰 믿음을 갖게 해달라고 기도했다. 그 말씀의 진리가 나의 소망과 용기를 새롭게 하였다. 그 말씀은 내가 하나님의 목표를 향해서 더욱더 나아가도록 도와주었다. 잠자리에 들었을 때 나는 내일 아침이 너무나 기다려졌다. 나는 빨리 내 아들에게 내 사랑을 표현하고 용서를 구하고 싶어 견딜 수가 없었다. 그리고 나는 비록 앞으로 더 많은 도전과 씨름이 있다 하더라도 내게는 소망이 있다는 것을 깨달았다. 하나님의 은혜와 영광의 충만한 시각을 가지고 그 문제를 바라볼 수 있게 되었던 것이다.

6장. 성찰과 토론을 위한 질문

(1) 가장 최근에 부모로서 자괴감에 시달린 때는 언제인가? 무엇이 당신을 이렇게 정신적, 감정적으로 기진할 만큼 내몰았는가?

(2) 부담감에 짓눌릴 때 어디서 용기와 에너지와 희망을 찾는가? 책임을 회피하거나 음식, 오락, 다른 형태의 즐거움으로 어려움을 회피하지는 않는가?

(3) 하나님은 과거에 어떤 식으로 당신이 생각하거나 구한 것 이상으로 풍성하게 베풀어주셨는가?(엡 3:20) 하나님의 사역이 당신의 마음에 십대 자녀를 잘 양육할 수 있다는 낙관주의를 불러일으키는가? 그렇지 않다면 무엇이 당신을 냉소적으로 만드는가?

(4) "그의 신기한 능력으로 생명과 경건에 속한 모든 것을 우리에게 주셨으니"(벧후 1:3)라는 확신으로 자녀를 양육하고 있는가? 이번 주에 자녀를 양육할 때 하나님의 능력이 필요하리라 예상되는 문제는 무엇인가? 이런 문제에 대비하기 위해 무엇을 할 수 있는가?

(5) 자녀를 양육하는 과정에서 당신의 신앙생활의 부족한 부분이 어떤 식으로 드러났는가? 십대 자녀나 가족이나 친구에게 이런 약점을 숨기려고 하지는 않았는가? 고린도후서 12장 9절과 배치되는 소셜 미디어용 자녀 양육을 연출하고 있지는 않은가?

(6) 십대를 키우는 부모로서 힘든 시기에 위로가 되는 성경 구절은 무엇인가? 낙심하는 순간에 바로 확인할 수 있도록 이 말씀들을 어디에 두면 좋을지 생각해보라.

7장.

현재 일어나고 있는
영적 전쟁

항상 그렇듯이 그 일은 전혀 생각지 못한 때 일어났다. 딸아이는 주저하면서 내게 말씀드릴 것이 있다고 했다. 학교 일에 관한 것인데, 뭔가 문제가 생겼다고 했다. 그런데 뭔가 말하려고는 하고 있었지만 상당히 불안해하고 있었다. 딸아이가 어떻게 설명해야 할지를 몰라 우물쭈물하고 있을 때 내 심장은 요동치기 시작했다. 도대체 무슨 일을 저지른 것일까? 어디 다치지는 않았는가? 언제 일어난 일인가? 내가 무슨 이야기를 듣게 될까? 그 아이를 내 방 서재에 불러다가 앉혀놓고 이야기를 듣기 시작했다.

내 시선을 피하려는 듯이 고개를 푹 숙인 채로, 그 아이는 내게 꼬깃꼬깃 접힌 쪽지 한 장을 내밀면서 말했다. "영어 수업 시간에 이 쪽지를 사만다에게 주다가 걸렸어요. 영어 선생님이 이 쪽지를 읽으시고는 매우 화가 나셔서 우리를 교장 선생님 방으로 따라오라고 하셨어요. 교장 선생님은 제가 이 쪽지를 오늘 밤 아빠께 보여드려야 하고 내일 아빠를 만나시겠다고 했어요. 그런 뒤에 저희를 어떻게 할지 결정하신대요."

나는 그 쪽지를 펴서 읽기 시작했다. 그것은 정말 말할 수 없을 정도로 공격적인 내용이었다. 선생님의 권위를 완전히 무시하고 있었다. 게다가 사용한 말들도 도저히 나의 사랑하는 딸의 머리에서 나왔으리라고는 믿을 수 없을 정도로 악한 것이었다. 내 마음은 분노와 슬픔과 부끄러움이 한데 어우러져 금방이라도 폭발할 것만 같았다.

어떻게 감히 내 아이가 그렇게 노골적으로 반항적이고 무례한 짓을 저질렀을까를 생각하니 분노가 치밀어올랐다. 우리는 지금까지 그 아이를 진리 안에서 최선을 다해 교육해왔다. 그런 우리에게 그 아이가 보답한다는 것이 겨우 이런 것인가? 어떻게 이럴 수가 있는가? 동시에 나는 슬퍼졌다. 단순하고 사랑스럽고 복잡하지 않던 세계가 갑자기 순식간에 허물어졌다. 완전히 끝났다. 그 아이는 더 이상 아빠의 무릎 위에 올라와서 옛날 이야기를 해달라고 보채던 순수하고 귀여운 꼬마 소녀가 아니었다. 이제는 더 이상 아빠의 간지럼 피우는 손가락을 피해 복도로 도망치던 장난기 어린 소녀가 아니었다. 나는 예전의 그 세계를 원했다. 나는 시간을 거꾸로 돌릴 수 있는 능력이 있기를 간절히 바랐다. 그런 쪽지를 써대는 아이를 양육해야만 한다는 것이 싫었다. 그저 다시 예전의 작고 귀여운 꼬마 소녀를 돌려받고 싶었다.

그런데 문제는 그 와중에 내가 느꼈던 세 번째 감정인 부끄러움이었다. 나는 그 지역의 기독교 사회에서는 꽤 알려져 있던 사람이었다. 나는 목사였고, 신학교 교수였으며, 상담가였다. 그리고 기독교 가정과 자녀 양육에 대해 세미나에서 발표를 하기도 했다. 그런데 이젠 사람들이 나를 어떻게 생각하겠는가? 참 잘

난 전문가로군! 참 잘도 모범을 보였군! 이렇게 말하지 않겠는가? 나는 부끄러움으로 얼굴이 화끈거렸다. 그 학교의 선생님들이 이 쪽지를 보았을 때 무슨 생각을 했을지 걱정이 되었다. 또한 그들이 나에 대해서 어떻게 생각할지도 두려웠다.

나는 딸아이가 앉아 있는 동안 그 쪽지를 읽고 또 읽었다. 그 아이가 정말 이런 글을 썼다고는 믿을 수가 없었다. 나는 딸에게 정말 이런 일을 직접 했느냐고 묻고 싶었다. 그리고 그 아이가 자신이 하지 않았고 단지 다른 사람을 대신해서 쓴 것이라고 대답하기를 바랐다. 하지만 그 아이는 정말로 이 쪽지를 직접 썼다. 그 말들은 전부 딸아이의 머리에서 나온 것이었고, 전부 그 아이의 펜으로 쓰인 것이었다. 정말 자기가 하고 싶은 말을 친구에게 전하기 위해서 썼던 것이다. 그 점에 있어서는 아무런 착오도 없었다.

갑자기 만약 이것이 '빙산의 일각'이라면 어쩌나 하는 걱정이 들었다. 지금은 아무도 모르고 있지만 이 아이가 저지른 다른 일이 있다면 그것이 무엇일까? 집에서는 절대 쓰지 않지만 친구들끼리만 사용하는 다른 말은 어떤 것들이 있는가? 학교에서 주변의 어떤 아이들과 놀고 있는가? 왜 우리 아이 친구들은 다 그렇게 나쁜 아이들만 있는 것일까? 우리 아이는 어떤 곳을 놀러 다닌 것일까? 아직은 모르지만 그 아이가 이미 저질렀고, 우리가 딸에 대해서 가지고 있는 생각을 더욱 산산조각 내는 또 다른 일이 있을까? 나는 혼란스러웠다. 이 모든 것에 대해서 알고 싶었지만 무슨 소리를 듣게 될까 두려워서 차마 물어볼 수가 없었다.

얼마나 시간이 지났는지 모르겠다. 아이가 말하는 소리에 다시 정신을 차렸다. "아빠, 그렇게 앉아서 쪽지만 보고 계실 거예요? 아무 말씀도 안 하세요?" 나는 끓어오르는 마음을 꾹 참으면서 말했다. "지금 아빠는 뭐라고 말해야 좋을지 모르겠다." 그리고 또 나에게 해야 될 말이 더 없느냐고 물었다.

이런 경우와 같은 십대 시기의 예측 불가능함과 그러한 일에 직면한 우리의 마음의 갈등 때문에 부모들에게는 분명한 성경적인 목표가 필요하다. 이것은 우리가 여행하려는 길에서 벗어나지 않도록 하나님이 주신 가드레일이기도 하다. 우리는 이러한 일이 갑자기 우리에게 찾아오게 될 때 무슨 일을 해야 하는가를 결정하지 못하고 지체해서는 안 된다. 하지만 그 팽팽한 갈등과 끓어오르는 감정이 솟구칠 때 명확하고 성경적이며 구체적인 해결 방법을 생각하리라고 기대할 수는 없다. 또한 슬픔과 실망의 강렬한 감정을 다루게 될 때 장기적인 안목의 목표를 세우리라고 생각할 수도 없다. 그러므로 우리는 구체적인 일련의 목표를 세우기 위해서 우선적인 연구 과제를 가지고 우리 자녀들과 함께 이 시기를 대비해야 한다. 그러지 못한다면, 하나님이 죄악된 상황을 구속의 기회로 바꾸실 때 우리가 행할 수 있는 선한 일들을 행하지 못하게 될 것이다.

나는 십대 자녀를 양육하기 위한 다섯 가지 근본적인 목표를 설명하기 위해 실제적인 예로써 내 딸과의 이 갈등 상황을 사용하려고 한다. 그 전에 목적으로 삼아서는 안 되는 것을 먼저 살펴보도록 하자.

행동을
규제하는 것

　　　　　　　　　나는 십대 자녀를 둔 대부분의 부모가 가장 기본적인 기준으로 자녀의 행동을 규제하는 것에 대해 안타깝게 생각한다. 그들은 십대 시절에 생기는 대표적인 세 가지 죄악을 저지르게 될까 봐 두려워하고 있다. 그것은 마약과 술, 성관계 그리고 퇴학당하는 것이다. 부모들은 이 일이 일어나지 않게 하기 위해서 할 수 있는 일이라면 어떤 것이든 하려고 한다. 그래서 그들은 자기 자녀들의 행동을 통제하는 나름대로의 방법을 구축해왔다.

　　이런 부모들은 탐정처럼 자녀의 일거수일투족을 감시하는 일에 많은 시간을 보내기도 한다. 이럴 땐 부모라기보다는 차라리 형사라고 해야 할 것이다. 그들은 죄의식을 가중시키거나("엄마, 아빠가 너한테 해준 것이 얼마나 많은데, 고작 이렇게 하는 게 그 은혜에 보답하는 거냐?" "주님이 네가 지금 하고 있는 일을 내려다보실 때 널 어떻게 생각하시겠니?"), 두렵게 만들거나("네가 그곳에 가게 되면 나쁜 병에 걸리게 된다는 걸 모르겠니?" "네가 그 일을 한다면, 엄마와 아빠는 다시는 너와 얘기하지 않을 거야!"), 아니면 조건적인 설득("만약 네가 …을 한다면, 네게 자전거를 사줄게." "그럼 약속한 거다. 네가 …을 하면, 아빠도 …을 할게.")으로 자극을 주려고 한다.

　　하나님께 순종하지 않는 마음을 가진 십대 자녀들의 행동을 고치려고 하는 것은 겉모습만 바꾸는 것이며, 이것은 그리 오래가지 못한다. 분명히 그들이 다시 자신의 마음에 따라서 움직이는 순간에는 더욱 본능적인 생각과 목적으로 행동하게 될 것이다. 더 이상 옳은 일을 하려고 하지도 않을 것이다. 왜냐하면 그들이 이전에 행했던 옳은 일이란 그저 외적인 부모의 간섭에 의해 강요된 것뿐이기 때문이다. 그들의 마음은 결코 변하지 않았다. 우리는 십대 자녀들이 대학을 가기 위해 멀리 떠나거나 혹은 그들이 그리스도인 부모로부터 '배웠던' 모든 것을 다 던져버리는 것 같을 때 이것을 깨닫게 된다.

골로새서 2장 20-23절은 이같이 행동을 통제하려는 시도를 경고한다.

> "너희가 세상의 초등 학문에서 그리스도와 함께 죽었거든 어찌하여 세상에 사는 것과 같이 규례에 순종하느냐 (곧 붙잡지도 말고 맛보지도 말고 만지지도 말라 하는 것이니 이 모든 것은 한때 쓰이고는 없어지리라) 사람의 명령과 가르침을 따르느냐 이런 것들은 자의적 숭배와 겸손과 몸을 괴롭게 하는 데는 지혜 있는 모양이나 오직 육체 따르는 것을 금하는 데는 조금도 유익이 없느니라."

단지 '탈선'하지 못하는 것에만 초점을 맞추어서 법칙과 규제를 통해 십대들을 통제하려는 노력은 결국 실패하고 말 것이다. 왜냐하면 그것은 마음을 다루지 않기 때문이다. 바울이 강력하게 말했던 대로 이러한 방법은 "육체를 따르는 것을 금하는 데"는 유익이 조금도 없는 것이다. 그가 말하려고 했던 것은 그런 방법이 사람의 잘못된 행동의 근원인 마음의 죄악된 성향을 다루지 않는다는 것이다. 베드로도 정욕으로 인하여 세상이 썩어지게 되었다고 말했다(벧후 1:4). 우리는 십대들의 마음의 정욕을 다루는 수준까지 이 문제에 접근해야 한다. 그렇지 않으면 많은 소소한 전투에서는 이길지 몰라도 궁극적으로는 전쟁에서 지게 될 것이다. 자녀에 대해서 형사가 되고 간수가 되고 재판관이 되는 것만으로는 부족하다. 우리는 하나님께로부터 받은 우리 자녀들의 영혼을 위하여 그들의 마음을 신실하고, 주의 깊게 목양해야 한다. 사실 이러한 돌봄을 우리는 이미 여호와 하나님으로부터 받았다.

자녀 양육에 있어서 목양적인 모범을 보이는 부모라면 규칙을 만들고, 그것을 어겼을 때 처벌하는 것보다는 더 의미 있는 일을 할 것이다. 목양적인 자녀 양육은 그 자녀들과 친구가 되는 것이다. 이러한 부모는 무슨 문제가 있는지 살펴보고 조사할 것이다. 그들은 자녀들을 자신에 대해서 깨닫게 하는 대화로 유도할 것이다. 거리를 두며, 피하고, 전혀 대꾸하지 않는 긴장 관계를 만들지 않을 것이다. 자녀들이 부모와 담을 쌓지 않게 할 것이다. 문제가 생겼을 때는 처벌하기보다는 대화를 먼저 하려고 할 것이다. 그리고 자녀에게 잘잘못을 지적하고 처벌을 내리기 위해서만 대화하지도 않을 것이다. 반대로 다음과 같은 마음을 드러내는 질문으로 자녀 마음의 진정한 생각과 동기를 드러내려고 할 것이다.

- "그 순간에 넌 무슨 생각을 하며 무엇을 느꼈니?"
- "왜 그것이 너에게 그렇게 중요하니?"
- "네가 그렇게 했을 때 무엇을 이루려고 했었니?"
- "그때 너에게 가장 중요한 것이 무엇이었니?"
- "그 상황에서 네가 두려워했던 것은 무엇이었니?"

- "네가 얻고자 했던 것이 무엇이었니?"
- "왜 그렇게 화가 났니?"
- "만약 네가 그때로 돌아가서 다른 일을 한다면 어떻게 바꾸겠니?"

　이 질문들은 자녀가 말씀이라는 정확한 거울로 자기 자신을 들여다보도록 도울 것이다. 말씀의 거울은 마음을 드러내며 옳고 그름을 판단한다. 그리고 이 모든 일을 겸손하고 온유하며 친근하고 용서하며 인내하고 사랑을 가지고서 행할 것이다. 그렇게 하면서 그들은 자녀들의 영혼의 위대한 목자이신 그리스도의 사랑을 나타내 보여줄 것이다.
　골로새서 3장 12-14절은 우리가 십대 자녀들을 사역할 때 가져야 하는 바람직한 태도를 보여준다.

> "그러므로 너희는 하나님이 택하사 거룩하고 사랑받는 자처럼 긍휼과 자비와 겸손과 온유와 오래 참음을 옷입고 누가 누구에게 불만이 있거든 서로 용납하여 피차 용서하되 주께서 너희를 용서하신 것같이 너희도 그리하고 이 모든 것 위에 사랑을 더하라 이는 온전하게 매는 띠니라."

　마음의 문제를 생각하며 자녀들을 양육하는 부모들은 참으로 살아 계시고 구속적인 사랑에 있어서 한이 없으신 분의 현존을 드러내게 될 것이다. 마음의 변화를 일으키시는 위대하신 주님은 회복의 손길을 통해 부모들을 자신의 도구로 사용하신다. 많은 부모들이 자녀들에게 옳은 일을 행하려고 노력하면서 양육한다면 그것은 조급한 분노나 두렵게 만드는 통제력이나 절망적인 마음으로 간신히 설득하려고 하는 모습과는 얼마나 다르겠는가! 야고보는 이러한 분노에 대해서 말하기를 "사람이 성내는 것이 하나님의 의를 이루지 못함이라"(약 1:20)고 했다.

자녀를 통제하려고 하는 노력은 주님이 당신의 자녀들의 삶에서 행하기 원하시는 일들을 방해하는 것이다. 에스겔은 하나님의 목표에 대해서 매우 명확하게 보여준다. "이스라엘 족속이 다 그 우상으로 말미암아 나를 배반하였으므로 내가 그들이 마음먹은 대로 그들을 잡으려 함이라"(겔 14:5). 하나님은 말씀하신다. "내 백성의 마음을 다시 사로잡는 것이 바로 내가 행하고자 하는 일이다. 그래서 그들이 나만을 섬기게 되기 원하노라." 우리가 자녀를 양육할 때 이보다 더 낮은 목표를 가질 수 있을까? 우리는 그들의 행동을 사로잡고 있는 마음속 깊은 곳의 우상을 발견해내야만 한다. 그것은 성령님이 우리를 통해서 자녀들의 삶에 말씀의 빛을 비추어주실 때 낱낱이 드러나게 될 것이다.

자녀들과의 일상적인 만남에서부터 심각한 상황의 국면에 이르기까지 우리가 그들과 행하는 모든 일은 마음의 변화에 기본적인 초점이 맞추어져 있어야 한다. 마음을 다루는 성경적인 양육은 우리가 자녀들과의 관계에서 행하는 모든 일 가운데 실제적인 지침을 제공하는 다섯 가지 근본적인 목표로 요약될 수 있다. 이러한 목표는 이 장과 다음 네 장에 걸쳐 논의될 것이다.

목표 1.

영적인 싸움에 초점을 맞추기

십대의 삶은 보여지고 만져지고 느껴지는 세계에 대한 관심에 의해 지배되기 쉽다. 그들은 자신의 외모가 어떠냐에 따라 펑펑 울면서 괴로워하기도 한다. 친구들에게 인기가 많기를 간절히 원하기도 한다. 자신의 자질구레한 물건들에 굉장한 집착을 보이기도 한다. 아름다워 보이는 것이나 맛이 좋은 것에 대해서 아주 극단적인 말로 표현한다. 누군가 자신이 입은 옷을 조롱하거나 놀리면 완전히 상심해버린다. 거절당할까봐 괴로워한다. 십대는 지나치게 물질주의적이 될 수도 있다. 다시 말해, 보이는 세계에만 집착한다. 때로는 영적인 세계라는 더욱 중요한 것이 그들에게는 전혀 비현실적으로 보이기도 한다.

십대들은 두 가지의 허무맹랑한 거짓말을 믿는 경향이 있다. 첫 번째는 보이는 세계가 영적인 세계보다 더 진정한 것이라는 거짓말이다. 그들에게 현재의 물질적이며 개인적인 행복이 영원한 축복보다 더 중요하게 여겨진다는 것은 별로 놀랄 만한 일은 아니다. 두 번째로 그들은 보이는 세계가 영원하리라고 믿는 경향이 있다. 그들에게 이 세계는 사라질 것이라고는 생각되지 않는다. 항상 존재하며, 늘 있는 그 자리에 그대로 있을 것이라고 생각한다.

이러한 생각은 성경적 세계관과는 얼마나 동떨어진 것인가! 시편 73편에서 아삽은 악한 자가 번성하는 것은 한낱 꿈과 같다고 말한다. 이 얼마나 정확한 판단인가! 꿈은 보기에는 진짜 같지만 사실은 그렇지 않다. 그것은 육체가 깨어나는 순간 사라져버리는 것이다. 인간이 추구하는 세상의 좋은 것들은 막 이루어지는 순간에도 조금 지나면 금새 없어져버린다. 보이는 세계는 이렇듯 멸망하게 되어 있는 것이다.

고린도후서 4장 16-18절에서 바울은 이러한 원리를 말한다.

"그러므로 우리가 낙심하지 아니하노니 겉사람은 낡아지나 우리의 속은 날로 새로워지도다 우리가 잠시 받는 환난의 경한 것이 지극히 크고 영원한 영광의 중한 것을 우리에게 이루게 함이니 우리가 주목하는 것은 보이는 것이 아니요 보이지 않는 것이니 보이는 것은 잠깐이요 보이지 않는 것은 영원함이라."

바울의 마음속은 보이지 않는 것들로 충만했다. 그는 영적인 것들에 초점을 맞추었다. 그리고 육적이며 물질적인 것들을 추구하지 않았다. 그 이유는 아주 간단하다. 그것들은 없어져버리기 때문이다. 그리스도는 이렇게 말씀하셨다. "사람이 만일 온 천하를 얻고도 제 목숨을 잃으면 무엇이 유익하리요 사람이 무엇을 주고 제 목숨과 바꾸겠느냐"(마 16:26). 요한은 그의 첫 번째 서신에서 "이 세상이나 세상에 있는 것들을 사랑하지 말라"(요일 2:15)고 경고했다. 이러한 가르침은 성경 전체에 걸쳐 나타난다. 지혜로운 사람은 보이지 않는 것을 위해서 산다. 어리석은 자는 다가올 세상에서 썩어지고 무용지물이 될 것들을 쌓기 위한 창고를 지으면서 산다. 지혜로운 자는 영적인 축복을 위해서 살지만, 어리석은 자는 육적인 보상을 간절히 바라면서 산다. 지혜로운 자는 영원한 것을 바라보지만, 어리석은 자는 순간의 쾌락을 위해서 산다.

　십대들은 영적인 세계의 중요성을 전혀 알지 못하거나 혹 알아도 별로 중요하게 생각하지 않으면서 육적인 것에 초점을 두고 살아간다. 그뿐만 아니라 무사태평한 사고방식을 가지고 살아간다. 평화로운 시대의 사람들은 쾌락, 재미 그리고 즐거움에 빠져든다. 그리고 자신의 소원과 욕구만을 생각한다. 그러나 전쟁이 일어났을 때 사람들은 전혀 다른 목표를 가지고 살게 된다. 고급 오디오를 생산하던 공장은 전투용 전자 장비를 만드는 곳으로 바뀐다. 사치스러운 자동차를 조립하던 공장은 탱크를 생산하기 시작한다. 젊은 사람들은 학교에 가는 대신 군사 훈련을 받고 전쟁터로 나간다. 전쟁은 단지 군인들 사이에서만 일어나는 것이 아니라, 나라 온 전체가 전쟁터로 변하게 된다.

　여기에 핵심이 있다. 성경은 바로 '삶은 전쟁터다'라고 말하고 있다. 나는 자주 우리 아이들에게 이렇게 말하곤 했다. "너희에게는 싸워야 할 전쟁이 있단다. 그것은 지금 너희들의 마음속에서 일어나고 있어. 지금 너의 영혼을 지배하기 위한 전쟁이 벌어지고 있는 거야. 오늘 하루도 순간순간마다 크고 작은 많은 전투가 벌어질 거란다. 조심해야 한다. 전투가 일어난다는 것을 잊지 말거라. 너희를 속이고 사이를 갈라놓고 망가뜨리려는 악한 계획을 가진 적이 있다는 것을 잊지 말아야 한단다. 너희는 반드시 싸워 이겨야 한다는 것을 잊지 말아라. 마음을 놓아서는 안 된다. 절대 잊지 말아야 한다." 이것은 자녀들에게(혹은 당신 자신에게) 아무리 강조하더라도 결코 지나치지 않다.

　지혜롭고 성숙하고 경건한 사람들은 이 영적인 전쟁을 항상 잊지 않고 살았다. 그들은 삶의 매 순간 이것을 의식하였다. 전도서에서 거듭 강조되듯 그들은 결코 인생을 '해 아래에서'만 보지 않았다. 그들은 자신들이 하는 모든 일에서, 처해 있는 모든 상황에서 영적인 의미를 찾았다. 이것이 바로 우리가 자녀들에게 길러 주어야 할 사고방식이다. 이것을 위해 우리는 영적인 것을 사모하는 마음을 가져야 한다. 그리고 이 전쟁을 의식하며 살아야 한다.

    자녀들에게 영적 싸움을 깨닫게 하고 싸우도록 가르치지 못하게 방해하는 두 가지 요소가 있다.

잘못된 걱정

    부모로서 우리는 보이지 않는 세계보다 보이는 세계에 대해 더 크게 걱정하는 경향이 있다. 그리고 특히 그 일이 자녀에게 닥쳤을 때는 더욱 그렇게 된다. 우리는 자녀들의 학업 성적이 떨어지면, 그때 하나님이 보여주시는 자녀의 내적인 영적 문제에 관심을 갖기보다는 앞으로 대학 가는 데 나쁜 영향이 미칠 것을 더욱 심각하게 생각한다. 우리는 자녀의 영적인 상태를 보여주는 모습보다는 성적표에 나타난 나쁜 성적에 더 지대한 관심을 갖는다. 자녀들의 방이 정리되지 않고 엉망진창인 것에 대해서는 노발대발하지만, 그렇게 엉망이 된 상태 이면에 있는 자녀의 마음에는 관심을 갖지 않는다. 우리는 자동차가 접촉 사고로 찌그러지면 속상해하고 물리적 손상에 대해서는 크게 생각하지만, 그와 동시에 십대 자녀의 인생에 생겼을지도 모르는 영적 손상에 대해서는 그리 큰 문제로 생각하지 않는다. 자녀의 옷차림새가 단정치 못하다, 너무 음식을 많이 먹는다, 음악을 너무 크게 틀어 놓는다 등에 대해서는 많은 말을 하지만 그러면서 정작 중요한 그 속마음은 놓치고 만다.

　이런 이유 때문에 이 세상에서 모든 상황마다 벌어지는 영적인 전투에 대해서 자녀들에게 깨닫게 할 기회를 잃어버리게 된다. 만약 우리가 자녀들이 영적인 싸움을 싸우게 하려 한다면, 먼저 우리 자신에게 정말 중요한 것이 무엇인가를 물어보아야 한다. 우리가 문제를 해결하는 방식이나 우리가 관심을 갖는 것들이 사실은 믿는다고 말하는 것과 정반대되지는 않는가? 부모의 삶은 자녀들에게 나타나기를 원한다고 말하는 것들과 일치하고 있는가?

문화적인 오해

　자녀들에게 영적인 싸움을 깨닫게 하는 일을 방해하는 두 번째 장애물은 문화적인 오해다. 우리의 기독교 문화는 영적인 싸움을 오해하는 경향이 있다. 대부분의 그리스도인들은 영적인 싸움이 마치 스티븐 스필버그 같은 유명한 영화 감독이 제작하고, 스티븐 킹 같은 유명한 대본 작가가 집필하는 거창한 영화라고 생각한다. 영적인 싸움이라고 하면 귀신 들림이라든지 사탄이 지배하는 끔찍한 환영이라든지, 혹은 극적인 귀신 쫓음 같은 것을 먼저 떠올린다. 하지만 성경은 영적인 싸움이 그리스도인의 삶에서 어떤 특별한 폭력적이고 기괴한 사건이 생기는 것이 아니라, 일상적인 삶 속에서 일어나는 일이라고 말하고 있다.

　바울이 에베소에 보내는 편지의 끝부분에서 영적인 싸움에 대한 주제를 언급할 때, 그는 영적인 어두운 면에 대해서 말하려고 화제를 바꾼 것이 아니다. 그는 그때까지 자신이 말했던 모든 것을 요약하였다. 영적인 싸움은 어디에서 일어나는가? 그것은 교회에서, 가정에서, 부모와 자녀 사이에서, 종과 주인 사이에서 그리고 우리 주변 환경의 모든 장소에서 일어나고 있다. 그래서 십대 청소년들은 이 영적 전쟁을 어떻게 싸워야 하며 주님이 주신 무기를 어떻게 사용하는지를 배워야 한다. 바울의 설명은 이렇게 날마다 모든 곳에서 일어나는 전쟁을 어떻게 받아들여야 하는지를 알게 해준다.

> **엡 6:10-18** "끝으로 너희가 주 안에서와 그 힘의 능력으로 강건하여지고 마귀의 간계를 능히 대적하기 위하여 하나님의 전신갑주를 입으라 우리의 씨름은 혈과 육을 상대하는 것이 아니요 통치자들과 권세들과 이 어둠의 세상 주관자들과 하늘에 있는 악의 영들을 상대함이라 그러므로 하나님의 전신갑주를 취하라 이는 악한 날에 너희가 능히 대적하고 모든 일을 행한 후에 서기 위함이라 그런즉 서서 진리로 너희 허리띠를 띠고 의의 호심경을 붙이고 평안의 복음이 준비한 것으로 신을 신고 모든 것 위에 믿음의 방패를 가지고 이로써 능히 악한 자의 모든 불화살을 소멸하고 구원의 투구와 성령의 검 곧 하나님의 말씀을 가지라 모든 기도와 간구를 하되 항상 성령 안에서 기도하고 이를 위하여 깨어 구하기를 항상 힘쓰며 여러 성도를 위하여 구하라."

만약 우리 자녀들이 영적인 전쟁에서 굳건하게 서려고 한다면, 우선 그들은 전쟁이 일어나는 곳이 영적인 세계임을 알아야 한다. 누가 적이며, 누가 적이 아닌지도 알아야 한다. 이 전쟁에서 무기가 무엇이며, 그것을 어떻게 사용하는지 그리고 매일의 삶 속에서 승리한다는 것이 어떤 것인지를 알아야 한다. 그리고 영적인 전쟁이 우리가 살고 있는 곳에서 일어날 뿐만 아니라, 우리의 삶 자체가 영적 전쟁이기 때문에 매우 중요한 것이다.

그래서 바울은 에베소 교인들에게 우리의 씨름이 혈과 육에 대한 것이 아니라고 한 것이다. 그는 단순히 모든 상황과 관계들을 수평적으로 생각하지 않기를 원했다. 그 모든 상황 속에서 벌어지고 있는 영적이며 수직적인 싸움이 있다는 것을 깨닫기 원했다. 그래서 우리들에게 사탄의 계획을 대적하고, 주님의 능력으로 강건하여지며, 하나님의 전신갑주를 취하고, 기도하라고 했던 것이다. 현재 일어나고 있는 전쟁이 있다. 그것은 그리스도인의 삶의 한 부분이 아니다. 그리스도인의 삶 전체다.

안타깝게도 많은 그리스도인 부모가 문화적인 오해 때문에 자녀들에게 이 싸움에 대해 알려주지 못할 뿐만 아니라, 자녀들이 하나님의 자녀로서 경험할 수 있는 매일의 승리를 얻기 위해 준비시키지도 못한다.

영적인 싸움을 하는
사람의 자질

우리의 양육 목표는 자녀들이 영적인 세계를 깨닫고 살아가는 사람들이 되도록 키우는 것이다. 부모들은 십대 자녀들이 자신들이 하는 모든 일의 영적인 의미를 이해하는 성인으로 성장하게 해야 한다. 영적인 싸움을 이해하고 싸우는 십대 청소년은 어떤 모습일까? 그들의 삶에 나타나야 할 몇 가지 자질을 살펴보자.

하나님을 진심으로 경외함

영적인 싸움을 하는 십대는 하나님에 대해 진심으로 내면화된 경외감을 갖는다. 이것은 영적인 삶의 근본이다. 하나님께 대한 경외야말로 참된 지혜로운 삶의 시작이다(잠 1:7). 어리석은 자는 그 마음속에 하나님에 대한 경외감이 없다. 그래서 순간적인 것을 위해 살며 눈에 보이는 것을 위해 살아간다.

하나님에 대한 경외함이란 무엇인가? 그것은 영적인 사람이 가지고 있는 결코 타협할 수 없는 삶의 동기다. 하나님과 그분의 존재하심과 그분의 의지와 그분의 영광은 영적인 사람에게 있어서 삶을 살아가는 근본 목적이 된다. 그러한 사람은 삶을 살아가는 데 유일한 동기가 있다. 그것은 주님을 기쁘시게 하기 위해서 살아가는 것이다. 그는 자신의 즐거움이나 다른 사람의 즐거움을 위해 살지 않는다. 자신이 소유할 수 있는 것을 위해 살지도 않는다. 하나님이 말씀하신 것을 이루기 위해 행동하며 살아간다. 이것이 그의 삶 속의 유일한 사고 체계다. 그는 누군가 보기 때문에 그 일을 하는 것이 아니며, 그 결과가 두려워서 하는 것도 아니다. 오직 하나님께 대한 깊고 절실한 사랑과 경배를 드리기 위해서 그 일을 하는 것이다. 그분에 대해 의도적으로 그리고 알면서도 불순종하는 것이란 도저히 상상할 수 없다.

이것이 우리가 자녀들과 함께할 수 없을 때, 그리고 악한 세상으로부터 많은 압력이 그들에게 주어지는 유혹의 때에도 그들을 순결하게 지킬 수 있는 유일한 길이다.

권위에 순종함

하나님에 대한 두려움에 이어서 그것과 직접적으로 연결되는 두 번째 자질은 권위에 순종하는 것이다. 내가 상담했던 부모에게서 들었던 슬픈 말 가운데 하나는 이런 것이었다. "목사님은 십대는 반항적이라는 것을 반드시 알고 계셔야 합니다. 그것이 자라는 과정이니까요." 하지만 나는 우리가 그들이 반항하리라는 것을 기대하거나 혹은 당연하게 여기게 되어야 한다고 생각하지 않는다. 그런 모습은 잘못이며 항상 위험스러운 일이다.

만약 어떤 사람이 하나님을 두려워한다면, 그는 하나님이 그의 삶에 주신 권위에 복종할 것이다. 자신의 삶에 주어진 권위를 부정하려 하며 무시하고 저항하려고만 하는 사람은 영적인 전투에 임할 때 하나님께 도움을 받지 못할 것이다. 하나님은 죄를 억제하시기 위해 우리의 삶에 권위자를 허락하셨다. 자신의 죄악성을 깨닫고 거룩한 삶을 살기 원하는 사람은 사사건건 권위에 충돌하지 않을 것이다. 오히려 그 권위를 감사하게 생각하고 복종할 것이다. 이것이 우리 자녀들에게서 형성되기를 원하는 마음의 자세다.

십대 자녀들이 권위를 부정적이고 가혹한 것으로만 본다면 무엇인가가 잘못된 것이다. 우리의 목표는 그들에게 하나님이 허락하신 권위가 필요함을 알게 하고, 그 권위에 기꺼이 복종하는 것이 얼마나 중요한가를 가르치는 것이다. 우리는 그들이 삶에서 도움, 안내, 보호, 절제의 도구로서의 권위의 모습을 보면서 성장하기를 원한다. 이것은 이 타락한 세상에서 그들의 마음과 그들의 싸움의 본질을 아시는 하나님이 사랑 가운데 허락하신 것이다. 궁극적으로 우리는 그들이 마침내 다음과 같이 말하기를 원한다. "제게는 권위가 필요하고, 저는 그 권위 아래 있기 원합니다. 그리고 하나님이 그 권위를 제 삶에 내려주신 것에 대해 감사드립니다."

이러한 목표를 이루고자 하는 것은 어쩌면 비현실적으로 보일 수 있다. 그것은 다음과 같은 두 가지 이유 때문이다.

첫째, 우리 대부분이 자녀들로부터 부정적인 대답을 듣는 일에 너무나 익숙해져서, 그들이 순응과 존경과 자발적인 순종을 보이는 것이 오히려 이상하게 보이기 때문이다. 우리는 존경받기를 기대하거나 그들의 반항적인 모습에 슬퍼하기는커녕, 오히려 십대들에게는 반항적인 모습이 있어도 괜찮다는 문화적인 믿음에 물들어버렸다.

둘째, 자녀가 어렸을 때부터 그러한 기본적인 권위를 제대로 세우기 위해 노력하지 않았기 때문이다. 우리는 자녀들의 욕구를 충족시켜주고 잘못된 행동을 용납하는 일에 너무나 오래 익숙해져왔다. 우리는 그들의 반항적인 행동을 '자라는 과정'이라거나, '기죽이면 안 된다'거나, 그저 '나름대로의 의지가 있는 것'이라는 식으로 미화하면서 설명해왔다. 그리고 이제 십대가 된 그들은 더 이상 부모의 권위에 감사하는 마음을 갖지 않게 되었다. 전혀 그럴 필요도 느끼지 못하는 것이다. 왜 부모가 전에 했던 것처럼 더 이상 반항을 용납해주지 않고 그들의 길을 막는지 이해하지 못한다. 십대가 되어버린 그들에게 우리가 부모로서의 권위를 행사하고자 할 때, 이제 그들은 너무 자의지가 강해져서 그것을 받아들이지 못하는 것이다.

부모의 권위에 대항하는 불순종은 어떤 나이에서도 결코 용납되어서는 안 된다. 이러한 불순종은 하나님의 권위에 대한 불순종이다. 그리고 하나님의 권위에 대한 불순종은 사실은 자기 자신에 대한 권리를 주장하는 것이다. 그것은 스스로 하나님이 되려는 시도다. 자녀가 불순종이란 결국 스스로 하나님이 되려는 것임을 깨닫든 깨닫지 못하든 간에, 그 위험성은 너무나 크다.

악한 자에게서 멀리 떨어져 있음

그다음 자질을 긍정적인 측면에서 설명해보겠다. 하나님을 두려워하는 십대는 하나님을 두려워하는 다른 친구들과 어울리려고 할 것이다. 모름지기 사람은 함께 다니는 친구를 통해 알 수 있다는 말은 사실이다. 만약 그들이 영적인 전투에 참여하고자 하는 진정한 의지가 있다면, 진심으로 주님을 기쁘시게 하는 삶을 살려고 한다면 그리고 자신의 삶 속에서 권위에 기쁘게 복종하는 삶을 살려고 한다면, 그들은 자신의 이러한 목표를 함께 나눌 수 있는 친구들과 더 오랜 시간 함께하게 될 것이다. 반항적인 친구는 결코 그들 눈에 좋아 보이지 않을 것이다. 그들은 영적인 것에 관심이 없는 친구와는 결코 어울릴 수가 없는 것이다. 뿐만 아니라 그들은 어느 곳에서든지 본능적으로 하나님에 대해 선한 마음을 품고 있는 사람들을 찾는다. 신기하게도 그들은 하나님이 중요하다고 말씀하신 것에 무관심한 친구와 멀어지게 될 것이다. 이것이 바로 악한 자에게서 멀리 떨어져 있는 것이다. 이는 잠언이 강조하는 영적 전투를 하는 이의 자질이다.

성경에 대한 깊은 지식

만약 당신이 믿음으로 결정하고 그것을 생활 속에 적용하는 삶을 살려고 하지 않는다면 영적인 전투에 참여할 수 없다. 만약 십대 자녀가 하나님께 영광 돌리려는 삶을 살고 있다면, 그들에게 필요한 것은 매일의 삶에서 일어나는 갖가지 상황 속에 하나님의 명령과 원리와 가치관을 적용시키며 살게 하는 온전한 성경 말씀이다. 그들은 성경 지식을 많이 알고 있는 것 이상이 되어야 한다. 성경의 지혜로 삶을 살아갈 수 있는 사람들이 되어야 하는 것이다.

나는 분명히 많은 십대 청소년들이 아직도 영적 전투에 준비되어 있지 않다고 생각한다. 왜냐하면 그들은 성경적으로 생각하도록 배우지 못했기 때문이다. 그들은 주일학교에 다니기도 했고, 성경 이야기도 많이 알고 있으며, 심지어 자주 듣는 성경 이야기는 줄줄 외우기까지 한다. 그러나 그런 것들은 그들에게는 실생활과 전혀 관련이 없고 현실과는 동떨어진 이야기에 지나지 않는다. 아직도 일관적이고 구체적인 성경적인 인생관을 확립하지 못한 것이다. 이러한 십대들에게 성경은 생각하는 방법이 되지 못한다. 그것은 단지 도덕적인 책이며, 해야 할 일과 하지 말아야 할 일을 기록한 책에 불과하다. 그 결과 그들은 비록 많은 성경 지식을 알고는 있어도 성경적인 지혜를 전혀 갖지 못한다. 그들은 자신들이 어리석은 삶을 살지 않도록 해주는 구체적이고,

유용한 성경적인 인생관을 갖지 못하는 것이다.

우리는 자녀들이 성경적으로 생각하고 성경적인 관점으로 삶의 모든 일들을 해석하도록 훈련시켜야 한다. 우리는 그들에게 성경은 자신들이 생각하고 있는 것을 어떻게 판단하는지를 물어볼 수 있게 가르쳐야 한다. 자녀들은 삶에서 겪는 모든 일을 성경의 관점으로 바라볼 수 있도록 배워야 한다. 이와 같은 확고한 성경적 인생관을 통해 그들로 하여금 모든 상황에서 지혜로운 생각과 행동을 할 수 있도록 하게 만드는 것이 양육의 목표다.

우리는 그들에게 단순히 명령을 내리는 것만으로는 이런 일을 이룰 수 없다. 이 일은 시간과 인내와 사랑이 필요하다. 또한 이것은 우리 자신이 먼저 각 문제를 성경적으로 생각할 시간을 가져야 한다는 것을 뜻한다. 우리는 자신이 가지고 있지 않은 것을 자녀들에게 가르칠 수 없다.

성경적인 자기 인식

영적인 전투에 초점을 맞추는 십대의 마지막 자질은 성경적인 자기 인식이다. 당연한 말이겠지만, 십대는 자기 인식을 잘하지 못한다. 그들은 오직 다른 사람들이 자신을 어떻게 보느냐에 더 관심이 많다. 다른 사람들에게 자신이 어떻게 보이는지, 어떤 생각을 하는지에는 관심이 많지만, 가장 본질적인 성경적 자기 인식인 자기 마음을 깨닫는 것에 대해서는 아는 것이 별로 없다. 이것은 부모가 그들에게 잘못된 행동을 지적할 때 가장 분명하게 나타난다. 대개의 경우 십대들은 자신들이 애매하게 야단맞으며 공정치 못한 대우를 받는다고 생각하면서 거세게 반항한다.

우리는 하나님의 도구가 되어서 우리 자녀들이 근실히 자기 자신을 하나님의 말씀에 비추어 점검하고 거기서 나타나는 것을 겸손히 받아들이는 사람들이 되도록 키워야 한다. 자기 자신에 대한 정확한 시각을 가지고 있는 십대들은 부모의 지적을 잘 받아들일 뿐 아니라 때로는 그 지적을 더 해주기를 바란다. 그들은 자신의 영적인 연약함을 깨닫고 하나님이 자신의 삶에 주신 좋은 도움의 손길들을 감사하게 생각한다. 그리고 자기 잘못이 지적될 때 변명하거나 둘러대거나 항변하거나 책임을 전가하지 않는다. 그들은 "마땅히 생각할 그 이상의 생각을 품지"(롬 12:3) 않는다. 믿을 수 없는 이야기처럼 들릴지도 모르겠지만 모두 사실이다.

대부분의 십대들은 죄에 대해서 스스로를 보호하는 태도('청년의 정욕을 피하라')를 갖지 않는다. 왜냐하면 그들은 자신들이 실제 상태보다 더 강하고 더 성숙하다고 믿기 때문이다. 그들은 마치 자신들이 불에 가까이 가도 절대 타지 않을 것이라고 믿고 있다. 그들의 왜곡된 자아관은 그들이 자신들의 선택과 행동으로 인해 타들어갈 때조차 지금 자신에게 일어난 일은 다른 사람의 잘못이거나 환경 탓이라고 단정해버린다.

하나님이 우리에게 주신 기회를 잘 활용하여 자녀들에게 말씀의 거울을 비추어주는 것은 너무나 중요하다. 그렇게 해야 자녀는 자신의 실체를 있는 그대로 바라보기 시작할 수가 있다. 자녀의 마음이 드러나는 순간 부모는 분노와 좌절감에 휩싸여 그들에게 말로 상처 주고, 가혹한 벌을 내릴 때가 많다. 우리가 하나님의 도구로 사용되어야 함을 잊은 채 분노를 터트린다면, 자녀를 더욱 방어적이고 폐쇄적이며 자기 기만적인 사람으로 만들 것이다.

우리 각 사람이 죄를 짓기는 하지만 모두가 다 동일한 방식으로 죄를 짓는 것은 아니다. 성경적으로 자기 인식을 하는 십대는 연약함, 유혹, 죄라는 개인적인 주제에 대해 구체적인 지식을 갖고 있다. 영적인 자기 인식을 하는 십대 청소년은 유혹에 빠지기 쉬운 환경이 있음을 알고 있고, 그러한 지식은 죄를 짓지 않게끔 미리 대비할 수 있도록 돕는다.

어느 주일날 차를 타고 교회에 가다가 갑자기 군데군데 커다랗게 움푹 파인 도로를 지나가게 되었다. 그 움푹 파인 부분 때문에 차체가 심하게 요동쳤다. 그러자 아내는 참 이상하다고 말했다. 내가 무엇이 이상하냐고 물으니까, 아내는 왜 내가 매 주일 똑같이 움푹 파인 도로로 지나가는지 이해할 수가 없다고 대답했다. 정말 그랬다! 매 주일 똑같은 도로를 달리고 있었던 것이었다. 사실 다른 좋은 도로가 있기는 있었다. 그런데 왜 나는 미리 구덩이를 피해서 다른 도로로 가지 않았을까?

십대들은 종종 반복해서 동일한 영적 구덩이를 향해 돌진하곤 한다. 그 이유는 자신들의 마음 상태에 대해서 너무나 무지하기 때문이다. 우리가 영적으로 그들을 위해 할 수 있는 가장 효과적인 일 중 하나는 유혹이 그들에게 임하게 되는 상황을 미리 알게 하고 그것을 피할 방법을 가르쳐줌으로써 자신의 삶을 돌아보면서 살아가도록 돕는 것이다. 우리가 이러한 일을 하면, 십대 자녀들은 자기 인식을 하게 되며 도움이 필요할 때 자신들을 도와주셨던 주님의 은혜와 긍휼에 감사하며 자랄 수 있다. 또한 그들은 부모님을 재판장이나 간수로 생각하지 않고, 인생의 가장 중요한 싸움을 하는 데 있어서 자신들을 돕는 하나님이 주신 자원이라는 것을 깨닫기 시작할 것이다.

자녀가 고군분투하며 실패를 겪을 때, 부모는 잘못한 일을 정죄하고 그에 대해 처벌하는 것보다 더 중요한 일을 해야 한다. 우리는 말을 건네고, 대화하며, 질문하고, 평가하며, 이야기를 들어주고, 상호 작용을 해야 한다. 하나님이 주신 이 귀한 기회를 통해 자녀가 그리스도를 끊임없이 필요로 하며 자신이 실제로 누구인지를 아는 눈을 뜨게 해주시기를 소망해야 한다.

내 딸이 쓴 그 끔찍한 쪽지를 받아들었던 그날 밤, 내 마음 속에는 이러한 최우선적인 목표를 잊지 않는 것이 중요했다. 여기에 영적 싸움의 본질에 대해서 내 딸과 이야기할 아주 좋은 하나님이 주신 기회가 있었던 것이다. 내 딸이 쓴 쪽지는 나쁜 언어를 사용하는 불량스러움과 선생님에 대한 무례함 그 이상의 무엇인가를 말해주고 있었다. 그것은 그 아이의 삶 속에서 벌어지고 있는 영적 전쟁을 보여주고 있었다. 하나님의 은혜로 그 전쟁은 겉으로 드러나게 되었지만 그러나 아직도 그 아이는 전쟁이 있음을 알아차리지 못하고 있었다. 그보다도 딸아이는 자신이 학교와 집에서 '곤경에 빠졌다'는 사실을 더 심각하게 생각하고 있었고, 자신의 행동에 대한 처벌로 '어떤 벌을 받게 될까'를 걱정하고 있을 뿐이었다.

나는 딸에게 내가 얼마나 실망했는지, 이 일 때문에 얼마나 부끄러운지, 내가 어렸을 때는 그런 일은 꿈도 못 꿨다는 말을 할 필요가 없었다. 나는 하나님이 주신 귀한 기회를 놓친 채 딸에게 벌을 주겠다는 엄포를 놓고 방을 나와서는 안 됐다. 나와 아내는 딸에게 깊은 관심을 갖고 상황을 이해하도록 이끌어주어야 했다. 이 아이는 무슨 생각으로 그런 쪽지를 써 보낸 것일까? 그 행동은 어떤 욕구에서 나온 것일까? 모든 정황은 이 아이에게 정말로 중요한 것을 어떻게 나타내 보이고 있는가? 그 쪽지는 이 아이의 친구들과의 관계와 권위에 대한 태도에 대해서 무엇을 나타내고 있는가? 내 딸은 이 상황을 통해서 자신의 개인적인 유혹에 대한 취약성에 대해 무엇을 배우게 되었는가?

이러한 의문을 가지고 아이와 함께 고민하는 가운데 아내와 나는 딸아이가 영적인 싸움을 이해하고 그 싸움에 참여하도록 돕고 있었다. 그리고 이러한 대화는 우리 아이에게 하나님을 두려워함에 대해, 권위에 복종함에 대해 그리고 악한 자들로부터 구별되어야 함에 대해, 믿음으로 결단하고 그에 따라 살아가는 삶에 대해 그리고 성경적인 자기 인식에 대해 말해줄 수 있는 기회가 되었다. 또한 이 상황은 우리 딸이 자신을 좀 더 정확하게 알고, 하나님을 더욱 친밀하게 깨달으며, 대적의 간계를 좀 더 지혜롭게 알아차리도록 돕는 기회가 되었다. 완전한 절망 가운데 있던 우리 딸은 이로써 영적인 싸움에 적극적으로 뛰어드는 일에 한 걸음 더 나설 수 있게 되었다. 부모의 도움이 없었더라면 결코 그러한 단계로 나아갈 수 없었을 것이다.

7장. 성찰과 토론을 위한 질문

(1) 자녀의 잘못에 대해 무계획적이고 감정적으로 반응하여 관계가 틀어지지는 않았는가? 시간을 내서 자녀가 잘못을 저지를 때 성경적인 지혜와 너그러움으로 대응할 준비가 되어 있도록 기도하는 마음으로 구체적인 목표를 세워두라. 죄책감, 두려움, 조종을 이용한 행동 변화보다 더 깊이 있는 목표를 설정해야 한다.

(2) 부모로서 가장 두려운 일은 무엇인가? 구체적으로 말할 수 있는가? 자신의 과거를 돌아보고, 그런 두려움 때문에 하나님이 하실 일을 대신하거나 자녀를 통제하고 싶은 충동에 휩쓸렸던 경험을 떠올려보라. 하나님을 신뢰하며 십대 자녀의 마음에 하나님이 역사하심을 믿었다면, 당신의 상황과 자녀 양육에 어떤 변화가 생겼으리라 생각하는가?

(3) 목회자, 형사, 간수, 재판관이라는 자녀 양육 모델 중 가장 우선적으로 따르는 모델은 무엇인가? 부모로서 가장 중요한 목표가 십대 자녀의 행동 변화인가? 아니면 하나님을 향한 마음의 변화인가? 198쪽의 첫 문단에서 마음 상태를 확인하는 질문들을 주의 깊게 읽어보고, 자녀와 일상적인 대화를 나눌 때 이 질문을 적용해보라.

(4) 우리는 자녀가 '보이지 않는 것'을 위해 살기를 바란다. 그런데 당신은 가족에게 이에 대한 모범을 보여주고 있는가? 영원한 것에 마음을 두고 살아가는가?

(5) 영적 전쟁이라는 말을 들을 때 무슨 생각이 떠오르는가? 영적 전쟁이 우리 인생과 십대 자녀의 인생에서 어떤 식으로 전개된다고 생각하는가? 대적이 우리와 자녀를 기만하고, 이간질하며, 무너뜨리기 위해 어떤 방법을 동원하는지 주의 깊게 살펴보라.

(6) 영적 전쟁을 이해하고 거기에 참여하는 자녀의 다섯 가지 자질을 성찰해보라. 다섯 가지 자질은 하나님을 경외함, 권위에 순종함, 악한 자에게서 멀리 떨어져 있음, 성경에 대한 깊은 지식, 성경적인 자기 인식이다. 십대 자녀가 이 자질들을 갖추게 해달라고 기도하고, 자녀의 인생에 당신이 구속의 도구로 사용될 방법을 고민해보라.

8장.

신념과
지혜

아내와 나는 주말 세미나에 참석하기 위해 멀리 여행을 떠나게 되었다. 우리 아들은 그동안 같은 교회에 다니는 친구 집에 있어도 되는지를 물었다. 우리 부부는 허락해주었고, 아이를 그 집에 데려다 준 뒤 여행을 떠났다. 별다른 문제도 없고 아무 사고도 없는 평온한 한 주가 지나가는 것처럼 보였다. 우리 부부는 하나님이 우리 아들을 위해 무언가 특별한 것을 계획하셨으리라고는 꿈에도 생각하지 못했다. 사실 그 주말은 유혹과 선택과 결단과 값비싼 믿음의 훈련 시간이었다.

우리 아들이 친구 집에 도착하기 전에 그 집 아이들은 비디오 대여점에서 영화 몇 편을 빌려왔다. 우리 아들이 도착하고 나서 그 집 부모가 모임을 위해 외출하자 아이들은 첫 번째 비디오를 꺼냈다. 우리 아들은 그곳에 도착하고 얼마 지나지 않아 친구들이 보지 말아야 하는 음란 비디오를 빌려왔다는 것을 알게 되었다.

우리 아들은 그 상황에서 어떻게 했을까? 비디오를 같이 볼 수도 있었다. 아마 우리 부부도 모르고 그 친구의 부모님도 모를 것이었다. 하지만 우리 아들은 다른 아이들에게 그 비디오를 보지 말자고 설득하기로 결심했다. 그들은 그런 아들을 "바보 같은 녀석"이라고 쏘아붙이며 비디오를 보기 시작했다. 어린 십대 청소년으로서 그 외 달리 할 수 있는 방법을 알지 못하던 우리 아이는 그날 저녁 내내 부엌에 홀로 앉아 자신이 평생 먹었던 과자와 음료수보다도 더 많이 먹고 마셔야만 했다. 우리 아이는 하나의 선택을 했던 것이다. 그리고 자신의 신념을 실천했다. 자신의 믿음을 위해 고난을 감수했다.

 그 집 부모님이 집에 돌아왔을 때 부엌에 있던 우리 아이를 발견하고서 왜 다른 아이들과 같이 있지 않냐고 물었다. 아이가 자초지종을 설명했을 때 그 부모님은 두 가지 반응을 보였다. 하나는 자신의 아이들이 그런 음란 비디오를 빌려왔고 손님으로 온 우리 아들에게 무례하게 행동했다는 것에 크게 분노했다. 그리고 자신이 옳다고 생각하는 것을 실천하기로 선택한 우리 아들을 보고 놀랐다.

 내가 걱정스럽게 생각하는 것은 대부분의 부모가 자녀를 안전하게 지키기 위해 직접 여러 가지 결정을 내리느라 너무 바쁜 나머지, 자녀들이 그때까지 배운 성경적인 신념을 스스로 지키며 살아가도록 가르치지 않았다는 것이다. 자녀는 감시자가 있거나 처벌을 받을 것 같은 상황에서 옳은 일을 할 수 있다. 그런데 이것은 자신의 개인적인 신념을 독립적으로 진심으로 지키며 살아가는 것과는 완전히 다르다. 우리의 십대 자녀들을 이 어둡고 타락한 세상에서 경건한 삶을 살아가도록 양육할 때, 내면화된 성경적 신념을 발달시키는 것을 우리의 최우선적인 목표의 하나로 삼아야 한다.

<u>목표 2.</u>
신념과 지혜의 마음을 갖추기

십대 자녀들이 하나님을 기쁘시게 하는 삶을 살기 위해서는 신념을 더욱 확고하게 하는 것과 더불어 이 목표를 이루기 위해 그다음으로 중요한 요소인 지혜를 더 갖추어야 한다. 이것을 또 다른 이야기를 통해 설명해보겠다.

일하고 있던 내게 정오쯤에 전화가 걸려왔다. 그 전화는 아르바이트를 하고 있던 아들에게서 온 것이었다. 그 아이는 자기가 하기로 계약했던 일 이외에 좀 위험스러운 어떤 일을 명령받았는데, 이것을 해야 할지 말아야 할지를 물어보았다. 그것은 도덕적인 문제는 아니었고, 옳고 그름이 명확한 것도 아니었다. 그렇지만 어떤 식으로든 결정을 내려야 하는 문제였다. 그 아이는 내게 전화해서 자신이 하기로 한 일의 내용을 적어 보낼 테니 자기가 어떻게 해야 할지를 함께 이야기할 수 있겠느냐고 물었.

우리는 그 일에 관련된 사람들에 대해 이야기했다. 그 아이의 상급자가 누구인가? 그리고 왜 그 일을 시키려고 하는 것인가? 우리는 그 아이가 자신에게 주어진 문제를 어떻게 다루어야 하는지에 대해서 이야기했다. 어떤 의미에서 그 아이는 내가 자신을 대신해서 결정을 내려주기 원했다. 그렇지만 나는 그렇게 하지 않았다. 왜냐하면 그 상황은 아이를 더욱 성장시키기 위해서 하나님이 허락하신 상황이라고 생각했기 때문이었다. 이 문제와 관련된 많은 지혜의 말씀들이 있다. 내 아들은 간절한 마음으로 지혜를 찾으며 진지하게 고민했다. 그 상황에 대해서 대화를 나눈 다음에 나는 아이에게 기도해주겠다고 말했다. 나는 아이가 지혜로운 결정을 내리는 데 필요한 능력을 얻을 수 있으리라고 확신했다.

그다음에 무슨 일이 일어났는지 아는가? 아이는 해고당했다. 나는 도저히 믿을 수가 없었다. 그는 최선을 다해 할 일을 했다. 그러나 결국에는 일자리를 잃고 말았다. 나는 하나님께 감히 묻고 싶었다. '이번 한 번만 그 아이를 도와주실 수는 없었습니까?' 그렇지만 해고당한 일도 이 세대의 악함과 하나님이 하시는 일의 선하심과 그분의 주권에 의지한다는 것이 어떤 것인지를 말해 줄 수 있는 좋은 기회가 되었다. 그리고 나서 두 달 정도 후에 다시 복직되었다. 그 지역 총 책임자가 일이 그렇게 처리된 것을 알고서 대단히 화를 내었고, 담당자에게 우리 아들의 복직을 지시했던 것이다.

이 상황은 금요일 밤의 비디오 사건과는 아주 다르다는 것을 기억해야 한다. 하지만 그렇다고 해서 덜 중요한 것은 결코 아니다. 첫 번째 경우는 내가 선악의 경계가 분명한 문제라고 부를 것과 관계된 일이었다. 이러한 문제는 하나님이 늘 말씀하신 것이었고, 그 상황에서 무엇이 옳고 그르냐는 것은 너무나 분명했다. 여기에서 중요한 것은 개인적으로 분명히 갖고 있는 성경적인 신념을 따라 사는 것이었다. 두 번째 경우는 지혜의 문제에 대한 것이었다. 이것은 직접적으로 '하나님이 말씀하신' 것은 아니지만,

성경이 말한 균형 있는 성경적 원리와 관련이 있고, 이를 통해 이 타락한 세상에서 지혜롭게 살아갈 수 있게 되는 문제였다. 여기에서 중요한 것은 쉽게 적용할 수 있는 성경적인 지혜다.

당신의 자녀가 선악의 경계가 분명한 문제를 만날 때 지혜를 얻게 해달라고 기도할 필요가 없다. 예를 들면, 백화점에서 그 아이가 하나님께 물건을 훔쳐야 할지 말지를 아는 지혜를 달라고 기도할 필요는 없다. 그 상황에서 자녀에게 필요한 것은 하나님의 말씀에 나타난 그분의 뜻에 순종할 수 있는 마음이다. 자녀에게는 피조물보다 창조주를 향한 사랑이 지배하는 마음이 필요할 뿐이다.

그렇지만 십대 자녀가 지혜의 문제를 만날 때, 선악의 경계가 분명한 문제를 대할 때처럼 다루면 결코 문제를 해결할 수 없다. 그들이 애매한 문제를 그런 식으로 해결하려고 한다면 말씀에 대한 확신을 잃어버릴 것이고, 성경은 자신의 문제에 대해서 명확하게 말해주지 않는다고 오해할 것이다. 그러면 말씀에 대한 확신이 없는 가운데 두 가지 극단 중의 하나에 빠지게 될 것이다. 그것은 모든 것을 경직된 선과 악의 범주 안에 집어넣으려는 율법주의든지, 아니면 분명한 선악의 문제가 아닌 것은 별로 중요하지도 않고 성경에 나오지도 않는다고 생각하는 어리석음이다.

나는 자녀들에게 지혜가 필요한 문제를 잘 다루도록 준비시키는 일을 우리 대부분이 적절히 잘하지 못하는 것 같아서 걱정스럽다. 어떤 사람들의 경우에는 자신의 삶에서 세속적인 것과 영적인 것을 엄격히 분리하며 살아왔기 때문이다. 사실 우리 대부분은 자신의 삶이 두 세계로 이루어졌다고 생각한다. 한쪽에는 경건하게 살며, 교회 일을 하고, 공적인 예배를 드리는 영적인 세계가 있다. 이 세계에서는 경건하게 살고, 교회 일을 하며, 예배 드리는 것을 하나님이 우리에게 분명한 명령으로 주신 것들 속에 포함시킨다. 이러한 것에 대한 관심은 영적인 것을 정의하는 데 영향을 미친다.

우리가 살고 있는 세계가 두 개의 세계로 이루어졌다고 보는 관점에서 또 다른 하나의 세계는 바로 세속적인 세상이다. 그것은 성경에 나타난 하나님의 분명한 명령과 경건하며 예배를 드리고 교회의 일을 하는 삶의 바깥쪽에 있는 세계다. 두 개의 세계로 나누는 이분법적인 사고 속에서 성경은 이 세속 세상에서 사는 삶에 대해 거의 말하지 않는다. 뿐만 아니라 불행하게도 이 세계는 영적인 세계보다는 훨씬 더 큰 것처럼 보인다. 또한 우리가 매일 살아가고 있는 곳이자 생산적인 일의 대부분이 이루어지는 현장이 되기도 한다. 우리가 성경적인 지혜를 스스로 행하는 일에 익숙하지 않다면, 어떻게 그 지혜를 행하라고 우리 자녀들에게 가르칠 수 있겠는가? 우리가 삶 전체가 영적이고, 성경도 어떤 의미에서는 인간이 경험하는 모든 상황이 영적이라고 말한다는 것을 깨닫지 못한다면 어떻게 지혜를 가르칠 수가 있겠는가?

부모가 자녀에게 그들이 집을 떠나 만나게 되는 어떤 상황 속에서도 지혜로운 결정을 하도록 잘 준비시키지 못하는 또 다른 이유가 있다. 그것은 슬프게도 많은 부모가 유연하며 구체적이고 상황에 적용 가능한 성경 지식을 갖추고 있지 못하다는 것이다. 대부분은 성경에 대해 주일학교 때 배운 것 이외에는 별로 아는 바가 없다. 우리는 유명한 이야기는 잘 알고 있고, 중요한 교리에 대해서도 어느 정도 이해를 하고 있으며, 자주 언급되는 성경 구절들도 잘 알고 있다. 하지만 말씀을 깊이 묵상하거나 완전히 꿰뚫고 있지는 못하다. 우리는 매일의 삶의 문제에 있어서 인도함을 받기 위해 어떻게 성경을 사용해야 하는지 잘 알지 못한다. 많은 부모가 성경 지식이 부족하여 자녀에게 성경적인 지혜의 방법을 따라 살라고 가르치지 못한다.

당신은 부모로서 자신이 가지고 있지 않은 것을 결코 줄 수 없다. 우리가 자녀들에게 실생활에서 말씀에 순종하게 하며, 분명한 성경적 신념을 실천하며 살도록 가르치기 위해서는 우리가 먼저 그러한 삶을 살지 않으면 안 된다. 우리가 자녀들에게 삶의 여러 가지 문제들에 대해 말씀의 원리를 지혜롭게 적용하며 살도록 가르치고자 한다면, 그것이 바로 우리 자신에게도 삶의 목표가 되어야 한다. 말씀에 순종하는 사람들은 자녀들도 그와 동일하게 키우게 된다.

선악의 경계가
분명한 문제 이해하기

지혜가 필요한 문제와 달리 선악의 경계가 분명한 문제가 있다고 말한 것이 무슨 뜻인지를 좀 더 설명하도록 하겠다. 선악의 경계가 분명한 문제는 그것에 대한 분명한 명령이 성경에 나타나 있는 경우를 뜻한다. 참된 것을 말하라든지, 부모를 공경하라든지, 남의 것을 훔치지 말고 간음과 우상숭배를 하지 말라는 것이 모두 그런 예다. 이러한 상황 속에서 십대 청소년들이 하나님의 뜻대로 살기 위해서는 두 가지 중요한 것이 필요하다. 첫 번째는 성경의 명령을 알아야 한다. 그 명령이 무엇인지 모르면 하나님의 말씀 안에 거할 수가 없다. 두 번째로 그들에게는 개인적인 신념이 필요한데, 이는 다시 말하면 결과와 상관없이 하나님의 뜻을 행하겠다는 헌신된 마음이다.

나는 우리 십대 자녀들이 신념의 개념이 무엇인지를 정의하는 것이 매우 중요하다고 확신한다. 종종 우리가 신념이라고 말하는 것은 실제로는 우리의 선호일 때가 많다. 진정한 신념은 계시된 진리인 성경 말씀을 근거로 하지만, 선호는 개인적인 욕구에 근거한다. 신념은 변함이 없지만 선호는 욕구에 따라 달라진다. 신념은 믿음을 요구하지만, 선호는 순간순간의 감정에 의존한다. 우리 십대 자녀들은 신념과 선호의 차이를 이해해야 한다.

성경적인 신념에는 다음과 같은 여섯 가지 특징이 있다.

- **성경적인 신념은 항상 말씀의 연구와 순종과 적용에 근거한다.** 오직 순종하고자 하는 마음을 가지고 하나님의 뜻이 무엇인지를 알고 있어야 일상생활의 모든 상황에 말씀을 적용할 수 있다.
- **성경적인 신념은 항상 미리 준비해야 한다.** 일시적인 자극이나 특별한 상황의 열정 때문에 성경적인 신념을 갖게 되는 것은 아니다. 성경적인 신념은 하나님이 예비하신다. 그분은 우리를 위해 모든 것을 준비해놓으셨고 우리는 그저 순종하는 것뿐이다. 또한 성경적인 신념은 우리가 미리 준비하는 것이다. 우리가 어떤 상황이 닥치기 전에 말씀 속의 분명한 명령에 따라 살기로 결심하는 것이다. 그 다음 매번 맞이하게 되는 새로운 상황마다 이미 오래전에 준비했던

마음의 결심을 실천하게 된다.
- **성경적인 신념은 환경에 의해 변화되는 것이 아니다.** 이 신념은 외부적인 어떤 압력에 의해 변하는 것이 아니다. 우리는 이것을 그리스도와 사도들과 초기의 순교자들에게서 분명히 발견할 수 있다. 이 신념은 사람들이 부여하는 외부적인 압력이나 어떤 상황의 결과에 의해 좌우되는 것이 아니라 내적인 결심에 의해서 견지된다.
- **성경적인 신념은 확고부동한 것이다.** 진정한 신념은 결코 타협하지 않는 특징이 있다. 그것은 다른 유익을 얻기 위해 이용되거나 조작되거나 혹은 적절히 타협되지 않는다.
- **진정한 성경적인 신념은 담대하다.** 이 신념에는 어떤 근본적인 대담성이 있다. 왜냐하면 성경에 나타난 주님의 분명한 말씀에 근거하기 때문이다. 그러한 신념 속에서 세계를 창조하시고 다스리시는 하나님이 말씀하신 것을 깨닫는다. 그렇기 때문에 그분의 뜻을 적극적으로 행하는 것보다 더 안전한 일은 없다. 진정한 신념은 유약하거나 의심스러운 것이 아니다. 그것은 믿음의 용기 있는 결단으로 나타난다.
- **진정한 성경적인 신념은 항상 생동적이다.** 매일의 삶에 적용되지 않는 죽은 신념은 진정한 신념이 아니다. 만약 내 마음이 무엇이 옳은가를 알고, 이해하며, 깨닫고, 그것을 따르기로 결심한다면 그 신념은 매일 내리는 수많은 결정 속에서 분명하게 나타날 것이다.

성경적인 신념을 가지고 있지 않은 사람에게는 내면화된 자기 통제의 의지가 없다. 이런 사람은 누군가 쳐다보고 있거나 외부적인 감시나 압력이 있을 때는 올바른 삶을 살지만, 이러한 외부적 요인들이 사라지면 완전히 다르게 행동하게 된다. 내 딸아이의 문제는 성경 지식이 부족한 것이 아니었다. 하나님의 뜻대로 사는 것이 옳다는 것을 모르는 것도 아니었다. 그 아이에게는 어떤 희생을 치르더라도 하나님께 순종하겠다는 개인적인 결심이 없었다. 은혜로우신 하나님은 이러한 결핍을 매우 효과적으로 나타내주신 것이고 이로써 내 딸은 자신의 상황을 깨닫고 마음을 바꿀 기회를 갖게 되었다.

지혜의 문제
이해하기

성경적인 신념이 중요하고, 선악의 경계가 분명한 문제를 잘 해결하도록 노력하는 것이 중요한 것처럼, 역시 마찬가지로 그리스도인은 지혜의 문제에 잘 대처하기 위해서 많은 시간을 들여 준비해야 한다. 진정한 그리스도인은 이미 오래전에 자신이 주님의 주권에 따르며 살겠다고 결심했기 때문에, 기쁜 마음으로 하나님의 선을 행하는 경계 안에서 살게 된다. 그는 그 경계에 끊임없이 도전하며 살지 않는다. 기본적으로 순종적인 삶을 살기는 하지만, 그 삶 속에는 지혜가 필요한 상황이 너무나 많다. 다시 말해서 그는 성경의 원리와 관점과 주제들을 적용하며 살아야 하는 것이다. 그래야만 그가 삶에서 내리는 매일의 결정이 자신의 삶에 대한 하나님의 뜻과 합하게 된다.

내 아들이 직장에서 겪은 문제를 다시 생각해보고, 여러 가지 많은 성경의 원리들을 적용해서 그러한 상황에서 지혜롭게 대처하는 삶은 무엇인지 살펴보도록 하자.

권위의 원리

성경은 내 아들의 삶에 영향을 미치는 권위가(부모, 직장 상사, 정부 관료 등) 하나님이 허락하시고 임명하신 것이라고 말한다. 그런 권위들이 내 아들의 유익을 위해서 내려주신 하나님의 사신이라고 말하는 것이다. 내 아들이 이러한 권위자들에게 간청을 하거나 혹은 반대 의견을 낼 때에도 존경과 감사와 순종의 마음을 가지고 대해야 한다.

은혜의 원리

잠언은 "지혜 있는 자의 혀는 지식을 선히 베풀고 미련한 자의 입은 미련한 것을 쏟느니라"(15:2)고 말했다. 불만이 있고 논쟁이 있다 하더라도 아들이 말을 어떻게 하느냐는 아주 중요한 문제다.

진실의 원리

내 아들이 진실을 왜곡하거나 윤색하고자 하는 유혹을 피하는 것은 매우 중요하다. 또한 그와 함께 진실을 복수하는 무기로 사용하지 않아야 하는 것도 물론 중요하다. 그는 자신이 듣기에도 지나치지 않게 진실을 말해야 하는 것이다.

더 높은 계획에 대한 원리

그 아이는 그리스도인으로서 복음을 증거하는 모습으로 자신의 일에 성실하라고 부르심을 받았다. 우리는 일터에서도 주님의 대사이자 그분의 진리를 대변하는 자로서 성실하게 살아야 한다.

지혜로운 상담의 원리

나는 성경에서 감정에 흔들리며 다른 사람에게 의존하는 결정을 하지 말라고 경고를 받는다. 우리는 하나님이 편애하지 않으시고 구하는 자에게 지혜를 주신다고 배웠다(약 1:5). 그리고 모사가 많은 곳에 지혜가 있다는 말씀도 배웠다(잠 15:22). 중요한 것은 우리 아들이 급하게 대응하지 않고 하나님이 약속하신 지혜를 받기 위해 기다리는 것이었다.

정직과 성실의 원리

우리 아들이 자신의 직무 규칙을 다시 한번 점검하는 것은 중요한 일이었다. 왜냐하면 그 아이에게는 급료를 받는 대가로 하기로 약속한 일을 해야 하는 의무가 있었기 때문이다. 성경은 우리가 하게 되는 약속을 조심스럽게 여기고 약속한 것을 이루기 위해서 성실하라고 말한다.

하나님의 주권의 원리

우리 아들이 자신의 상황을 우연히 겪게 된 '재수 없는 일'로 여길 수 있는 여지는 충분히 있었다. 그러나 그는 이 일이 자신을 위해 모든 것을 주관하시는 하나님의 특별한 다스리심 가운데 일어난 일임을 알아야 했다. 그는 완전히 절망해버리거나 상황을 통제하려고 애쓸 필요가 없었다. 단지 지혜롭게 행동하고 그 결과는 모든 것을 공의로 판단하시는 하늘에 계신 아버지 하나님께 맡기면 되는 것이었다.

가치의 원리

이 같은 상황에서 우리는 자신에게 무엇이 중요한 것인가를 나타내게 된다. 아들에게는 보이는 것을 위해 살라는 유혹이 있었다. 당신이 학교에 다닌다면 아르바이트를 해서 돈을 버는 것은 매우 중요한 일이다. 성경은 우리에게 세상의 보화를 위해 살지 말고 또한 보이는 것, 만져지는 것, 맛볼 수 있는 것, 많이 얻는 것을 위해서 살지 말라고 한다. 그 반대로 우리는 영원한 가치를 지니는 것들을 위해 살라고 부르심을 받았다. 그래서 우리 아들은 이런 직장 상황 속에서도 하나님의 영광을 위해서 살고, 자신의 양심의 결백을 위해서 살며, 하나님나라와 그의 의를 위해서 살라는 부르심을 받고 있었던 것이다. 좀 더 간단히 말하자면 힘 주시는 하나님을 의지하면서 정직한 일을 행하라는 것이었다.

마음의 원리

우리가 앞에서 본 것처럼 성경은 우리가 '마음으로부터 나온 것을 행하게 된다'고 가르친다. 우리는 마음의 생각과 욕구를 표현하여 행하는 것이다. 우리 아들이 그 상황에서 자신의 마음을 깨닫는 것이 중요하다. 그는 특히 어떤 유혹에 더 취약한가? 그는 사람을 두려워하는 마음에 굴복하라는 유혹을 받지는 않았는가? 그는 화를 내고자 하는 유혹을 받지는 않았는가? 하나님께 대한 의심으로 인해 고심하지는 않았는가? 절망감으로 자포자기해버리지는 않았는가? 친구들의 압력이나 빨리 결정하라는 재촉에 굴복해버리지는 않았는가? 이와 같은 상황에서 십대 청소년들이 자신의 마음을 깨닫는 것이 중요하다. 그러면 그는 자신이 특별히 약하다고 생각하는 부분에 다가오는 유혹으로부터 자신을 보호할 수 있게 된다.

하나님의 영광의 원리

우리 아들은 자신의 유익이나 즐거움이나 성공이나 지위나 편안함보다 더 큰 무엇인가를 위해서 살라고 부르심을 받았다. 그 아이가 해야 하는 중요한 일은 하나님을 기쁘시게 하는 삶을 사는 것이다. 이는 문제를 해결하고, 상사에게 순종하며, 스스로 만족하고, 그 직장을 계속 유지하는 것보다 더욱 중요한 일이다. 하나님의 영광을 자신의 궁극적인 목표로 생각하지 않는다면, 실제 삶 속에서 매번 올바른 일을 하지는 못할 것이다. 우리가 하나님께 불순종할 때에는 언제나 우리 자신의 영광과 유익이 하나님의 영광보다 더 중요하게 생각되기 때문이다.

위와 같은 열 가지 원리가 우리 아들이 경험했던 직장의 문제에 적용된다. 각각의 원리가 그로 하여금 자신이 해야 하는 것이 무엇인지, 왜 그것을 해야 하는지, 어떻게 그리고 언제 그것을 해야 하는지를 더욱 분명하게 알게 해준다. 이렇게 각 상황에 적용되는 많은 원리들이 있고, 그것들은 우리가 가는 길의 빛이요 발의 등불이 된다.

성경의 진리는 엄청난 규모의 오케스트라가 연주하는 교향곡과 같다. 오케스트라에서 각 악기는 서로를 통해 더욱 아름다워진다. 그래서 바이올린이나 오보에 혹은 드럼 소리만 따로 떼어내서 듣는 것으로는 결코 전체 교향곡을 듣거나 이해할 수가 없다. 트럼펫과 베이스 바이올린과의 협연을 들었다고 해서 전체 악곡의 풍성함을 깨달았다고 말할 수 없다. 모든 악기가 함께 연주되는 것을 들을 때만 정말로 그 교향곡의 엄위로움과 아름다움을 이해할 수 있다. 각각의 음색이 다른 음색을 보충하기도 하고 균형을 잡기도 한다. 이와 마찬가지로 성경은 우리에게 진리의 교향곡을 연주해서 들려주고 있다. 단순히 하나의 선율이 아니라 많은 선율이 그 풍성함을 더하여서 진리의 조화로운 음악을 만드는 것이다.

우리는 부모로서 자녀들에게 경건한 삶을 가르칠 때 교향곡을 연주하는 사람의 마음을 가져야 한다. 우리는 한 음만을 크게 연주하고 끝낼 수 없다. 자녀들에게 성경적인 지혜의 교향곡을 모두 소개해주어야 하며, 그래서 그들이 성경적으로 올바른 판단을 할 수 있게 해야 한다. 이를 위해서 우리 자신이 교향곡을 잘 알아야 하고, 날마다 자녀들에게 시간과 정성을 들여서 그들 삶의 각 상황들에 적용되는 성경의 원리들을 가르쳐야 한다. 아무런 논의나 설명도 없이 간단하게 '해라, 하지 마라'는 식으로 빠르고 간편하게 지시하는 자세에서 벗어나야 한다. 우리는 자녀들이 직면한 어려움이나 문제들을 좋은 기회로, 즉 하나님의 진리의 교향곡을 더 잘 들을 수 있도록 돕고, 그 음들이 어떻게 삶에 의미를 주는지 이해할 수 있도록 돕는 순간으로 여기고 그들과 함께 고민하고 대화해야 한다. 그럴 때는 우리가 자녀들 대신 생각을 해주는 것이 아니라, 그들에게 하나님이 그분의 말씀 가운데 우리에게 주신 이 교향곡의 관점을 활용하면서 인생에 대해서 어떻게 생각할 것인가를 가르치는 것이 가장 중요하다.

지혜로운 마음을 성장시키기 위한 방법

우리가 자녀들을 신념과 지혜를 가진 사람들로 키우려고 한다면 그렇게 하기 위한 방법들을 알아야 한다. 우리가 할 수 있는 몇 가지 일들을 설명하려고 한다. 이 일들은 분명한 신념과 지혜로운 마음을 더욱 성장시키는 데 도움이 될 것이다.

문제 상황을 기회로 여기라

사실 이것이 이 책의 주제이기도 하다. 문제가 생긴 것은 우리를 사랑하시고 모든 것을 주관하시는 하나님이 자녀의 인생에 그분의 놀라운 계획을 성취하시기 위해 역사하고 계시기 때문이다.

몇 년 전, 한 부부가 절망적인 심정으로 찾아와서는 자신들이 아들 방에서 포르노 잡지를 발견하게 되었던 일을 털어놓은 적이 있었다. 그 어머니는 너무나 놀랐고 아버지는 화가 나 어찌할 줄을 몰라했다. 부인의 말에 의하면, 그들은 나를 찾아오기로 결정하기 전에 아들을 쫓아 나갈 준비를 하고 있었다고 한다. 그들이 나를 찾아온 것이 너무나 다행스러웠다. 그들에게는 새로운 관점이 필요했다. 나는 그들의 괴로운 마음을 함께 나누었다. 하지만 무엇인가 매우 놀라운 어떤 일이 일어나고 있음을 깨달았다. 나는 하나님의 구원의 손길을 느낄 수 있었다. 그 부부의 아들은 하나님의 손길에서 점점 더 멀어져서 은밀하게 삶을 파괴시키는 성적인 죄의 세계에 더욱 빠져들 수도 있었지만, 하나님은 그분의 영광과 선하심 가운데 새로운 계획을 가지고 계셨다.

나는 그 어머니에게 말했다. "부인께서는 아드님을 이미 빠져든 죄의 유혹으로부터 건져내시는 하나님의 구원 사역을 깨닫지 못하십니까? 하나님의 놀라운 사랑에 감사드리세요. 그리고 그분이 하시는 일에 동참하세요. 그렇지만 분노로 불타오르는 마음을 가지고 그 일을 하지는 마세요. 아들에게 그가 얼마나 하나님의 사랑을 받고 있는지를 말해주세요. 그리고 그날 그 사랑이 하나님이 계획하신 방법대로 나타나 그 포르노 잡지를 발견하게 되었다고 말해주세요. 그런 다음에는 그 아이가 자기 자신이 이러한 죄를 짓게 만들고 있는 마음의 생각과 동기를 이해할 수 있도록 도와주세요."

만약 당신이 아침이나 점심, 아니면 저녁 때 겪게 되는 자녀의 문제 상황들이 당신의 계획을 물거품으로 만드는 방해거리라고 본다면, 또는 그런 문제들을 대할 때 참을성 없이 짜증 내며 심한 말로 대한다면 그리고 성경적인 마음가짐을 보여주지 못한다면("이번만은 그냥 넘어가겠어. 하지만 분명히 말해두는데 한 번만 더 그러면 집에서 쫓아낼 줄 알아!") 자녀는 당신과 똑같은 일을 하는 사람으로 자라나게 될 것이다. 그러므로 그 모든 일을 중단하고, 부모로서 받은 자녀에 대한 신령한 부르심에 대해 하나님께 감사드리고, 인내를 가지고 자녀들과 마음을 터놓는 진실한 대화를 나누라.

자녀들을 대신해서 결정을 내리지 말라

기억하라. 우리는 자녀들의 행동을 규제함으로써 안전하게 보호하려는 것보다 더 근본적인 목표를 가져야 한다. 시간을 들여 그들에게 어떻게 하면 지혜로운 판단을 할 수 있는가를 가르치라. 각 상황에 적용되는 성경의 내용을 가르치고, 결정 과정에 있어서 성경적으로 판단할 수 있는 원리를 가르치라. 우리의 목표는 자녀들이 성숙함에 따라 그들의 손에 더 많은 결정권을 쥐어주는 것이다. 이 일을 위해 우리는 우리 자신의 분노와 지배하려는 욕구와 우리와 우리 자녀의 삶을 하나님의 역사하시는 손에 맡겨드리기 싫은 마음을 극복해야 한다.

우리는 또한 자녀들이 반항할 때에도 인내하며 침착해야 한다. 에베소서 4장 2절은 우리에게 좋은 모범을 보여준다. "모든 겸손과 온유로 하고 오래 참음으로 사랑 가운데서 서로 용납하고." 사랑 가운데서 용납한다는 것은 분노를 자극하는 순간에도 인내한다는 것이다. 십대 청소년들은 거친 말을 잘한다. 그들은 말도 안 되는 변명을 하고 앞뒤가 맞지 않는 주장을 펴기도 한다. 또 극단적인 말을 하기도 한다("아무도 날 도와주지 않아서…", "아빠와 엄마는 한 번도 내 뜻을 들어준 적이 없고…", "내겐 항상 이런 일이 일어나기 때문에…"). 그들은 우리가 그들을 이해하지 못한다고 쏘아붙일 것이다. 우리를 친구들의 부모님과도 비교하며 비난할 것이다. 그들은 자신들이 도움을 받아야 한다고 생각하지도 않는다. 우리의 애정 어린 관심과 훈계를 그저 달갑지 않은 간섭 정도로 여겨버린다. 하지만 그들이 주님의 길을 걷게 하는 것은 바로 우리가 할 일이다. 우리는 자녀들의 삶에 지혜의 도구가 되도록 부르심을 받았다. 그 일을 위해서 우리는 온유해야 하고, 겸손해야 하며, 인내해야 하고, 침착해야 한다.

자녀의 마음을 길어내라

그들이 정말로 생각하고 있는 것이 무엇인지, 정말로 바라는 것이 무엇인지를 이야기할 수 있도록 도와주는 개방형 질문을 많이 하라. 또한 그렇게 하면서 그들이 정직하게 말한 것에 대해 꾸짖지 말라. 우리는 마음을 열고, 자신의 의사를 드러내며, 가르침을 받을 수 있을 만한 아이를 심하게 다시 나무랄 필요는 없다. 자녀들에게 하고자 하는 것이 무엇이고, 왜 그 일을 하고 싶은지를 물어보라. 앞으로 일어날 일이 무엇일까 생각할 때 가장 두려운 것이 무엇인지를 물어보라. 그 상황에서 그들을 정말 행복하게 만드는 것이 무엇인지를 말해보게 하라. 하나님이 그 상황을 어떻게 생각하시리라 여기는지도 물어보라.

여기서 목표는 자녀들이 자기 자신을 들여다보게 하는 것이다. 우리는 그들이 그들 자신의 마음을 들여다보지 않고서는 대답할 수 없는 좋은 질문을 해야 한다. 문제 상황에서 그들이 무슨 일을 했는지, 그것을 왜 했는지, 그래서 결국 무엇을 얻으려고 했는지에 대해 단정적으로 말하지 말라. 상황을 파악하는 중에는 생각하고 말하는 것을 자제하라. 선택과 결심의 순간들에 대한 대화가 전혀 예기치 않던 방향으로 흘러가서, 손가락질을 하며 낯을 붉히고 큰소리로 고함을 지르고 또 다른 잔소리를 하는 시간이 되지 않게 하라. 그렇게 되면 자녀는 어떻게든 우리가 그만하고 갔으면 좋겠다고 기다릴 뿐이다. 만약 우리가 계속 이런 식으로 문제를 해결하려고 하면 얼마 되지 않아서 자녀들은 이런 식의 '대화'를 피하게 되고, 그들에게 가까이 가려고 하면 금방이라도 죽을 것 같은 괴로움을 느끼게 된다. 때로는 그런 식으로 스스로 의식하지 못하는 가운데 자신조차 싫어하는 무한한 침묵 속으로 자녀들을 밀어 넣을 때가 있다.

끈기를 가지라

투덜거림과 비아냥거리는 말과 눈을 맞추지 않고 침묵하는 것과 아무런 설명도 없이 무작정 "예, 아니오"로만 대답하는 자녀들의 모습을 그냥 넘어가거나 덮어두지 말라. 적극적이면서 친근하게 대하고 끊임없이 격려하되 끈기를 가지라. 그런 당신을 거부할 수 있는 자녀들은 없다. 어떤 때는 그들이 질문도 많이 하고 말도 많이 하는 것 같지만, 사실은 자신들을 정말로 도와줄 것 같은 사람이 아니라면 결코 마음을 열고 대화하지 않는다. 자녀들에게 다가가서 부지런히 그들과 대화하라. 그들의 반항하는 모습에도 개인적인 불쾌감을 갖지 말라. 대신 그들에게 당신의 사랑과 정성을 깨닫게 하라. 그들에게 당신과 나누는 대화는 잘못된 점과 처벌을 내릴 이유를 찾아내려는 것이 아니라, 그들이 무엇이 옳은 것인지 구별하고 그것을 행할 수 있도록 돕고자 하는 것임을 확실히 알도록 하라.

선악의 경계가 분명한 문제와
지혜가 필요한 문제를 잘 구별하도록 도우라

자녀가 둘 중 어떤 종류의 문제를 다루고 있는지 파악하라. 그리고 이 둘 사이의 차이가 무엇인지 이야기를 나누라. 만약 당신이 선악의 경계가 분명한 문제를 다루고 있다면, 진실하고 개인적인 성경적 신념이란 무엇인지에 대해 그들과 이야기를 나누라. 그리고 이러한 대화가 추상적인 상황에 대한 것이 아니라 그들이 당면한 구체적인 맥락 안에서 이루어지게 하라. 이와 함께 지혜의 문제도 함께 다루어야겠다고 생각한다면, 적용할 수 있는 성경 구절과 원리와 관점들에 대해서 자녀들을 일깨워주라. 당신이 어떻게 성경적인 지혜를 삶의 결정 기준으로 사용하였는지에 대한 당신 자신의 삶의 경험을 나누라.

당신이 평생 배운 모든 것을
한 번의 대화로 가르치려고 하지 말라

자녀와 대화를 나눌 때 당신이 어떻게 받아들여지고 있는지를 민감하게 살펴보라. 자녀들이 즐거이 적극적인 모습으로 대화에 참여하고 있는가? 아니면 대화를 빨리 끝내고 자리를 떠나고 싶어서 안달하는가? 당신이 너무 오래 이야기를 해서 자녀가 지쳐버리지는 않았는가? 기억하라. 당신은 자녀와 함께 살고 있고, 그 문제에 대해 다시 말할 기회를 갖게 될 것이다. 그러므로 지혜롭게 행동하라. 너무 길어지지 않게 아주 핵심적인 말만 골라서 중요한 요점을 드러내라. 기억하라. 당신의 목표는 당신의 지혜의 풍성함을 나타내 보이는 것이 아니라, 자녀에게 지혜롭게 생각하고 사는 법을 가르치는 것이다. 지금 이 순간의 기회는 당신에게 마지막으로 주어지는 기회가 아니다. 기회의 순간을 잘 활용하되 더 많은 기회가 찾아오리란 것을 기억하라.

8장. 성찰과 토론을 위한 질문

(1) 신앙생활과 관련 없는 세속적인 분야에서 성경적인 지혜를 발휘하는가? 말씀을 더 깊이 묵상하고, 그 말씀의 지혜를 사용하여 모든 일상적인 문제에 안내자가 되며, 자녀에게 그러한 행동으로 모범을 보여줄 수 있는 구체적인 방법을 생각해보라.

(2) 십대 자녀가 자신의 신념과 선호의 차이를 이해하고 있는가? 성경의 명령을 이해하고 하나님이 정해두신 경계를 벗어나지 않기를 간절히 원하는가? 이 부분에서 십대 자녀가 성장할 수 있도록 기도하라.

(3) 성경적 지혜의 원리 열 가지를 다시 확인해보라(213-216쪽). 십대 자녀의 삶에 긍정적으로 반영되어 있는 원리는 무엇인가? '경건한 삶의 교향곡'에서 자녀에게 부족한 부분은 무엇인가? 자녀와 함께 하나님의 진리가 인생을 이해하는 데 어떤 도움이 되는지 살펴보고 토론하기 위한 방법을 고민해보라.

(4) 자녀가 직접 하나님의 진리로 나아가며 마음의 동기를 깊이 이해하도록 돕지 않고, 십대 자녀 대신 생각하며 결정하고 싶은 유혹을 받지 않는가? 두려움과 통제하고 싶은 마음을 예수님의 전능하신 손에 내려놓을 용기를 달라고 기도하라.

9장.

현실
세계에서의 삶

지금 당신이 신고 있는 신발에서 그것을 볼 수 있다. 음악의 흥겨운 선율 속에서 그것을 듣고 있다. 십대 자녀가 간신히 이해할 수 있는 신조어로 말할 때 그것을 경험한다. 십대 청소년들이 서로 혹은 부모에게 말하는 태도에서도 그것을 발견한다. 그것은 인터넷, 텔레비전, 라디오 등을 통해 당신의 집 안방까지 전달된다. 그것은 당신에게 무엇을 생각해야 하고, 요구해야 하며, 행해야 하는지를 말해준다. 그것은 여러 관계를 형성하고 무엇이 중요한지를 결정한다. 그것은 결코 피할 수 없고 매우 강력하다. 때로는 잘 깨닫지도 못하지만 모든 곳에서 볼 수 있다. 항상 새롭지만 그 영향력은 매우 오래전부터 지속되어왔다. 가끔 우리의 행동을 지배하기 위해 그 능력을 나타내기도 하지만 사실 우리의 생각을 지배하는 능력이 더욱 중요하게 인식된다. 그것은 우리가 만든 것이기는 하지만, 날마다 우리를 만들어가고 있다.

'그것'은 무엇인가? 바로 인간의 문화다.

인간이 존재하고 있는 곳이라면 어디에나 문화가 있다. 타락한 죄성을 지닌 인간이 있는 곳에 타락한 문화가 존재한다. 이것이 현실 세상에서의 삶이다.

십대 자녀들이 배워야 하는 가장 중요한 기술 중 하나가 바로 이 문화에 대한 이해력이다. 고전 음악이나 오페라 등에 대한 이해력을 말하는 것이 아니다. 그것은 우리가 살아가는 이 문화 속에서 일어나고 있는 영적 싸움에 대한 이해다. 이 일을 위해 우리에게는 문화에 대항해서 그리스도인들이 싸우는 싸움의 본질이 무엇인지를 이해해야 한다.

문화에 대한
두 가지 대표적인 반응

토요일 저녁 교회에서 열린 저녁 식사 모임에서 스미스의 가정과 존스의 가정은 우연히 같은 테이블에 앉게 되었다. 두 가정은 저녁 식사할 때 함께 앉지 않기를 은근히 바라고 있었는데, 공교롭게도 그들은 마지막 남은 테이블에 어쩔 수 없이 함께 앉게 되었던 것이다. 함께 식사를 하게 된 이들 가정 사이에는 사실 아무런 문제가 없었다. 단지 그들이 서로를 너무나 이해하지 못하고 있다는 것뿐이었다.

그들이 저녁 식사하는 모습을 살펴보자. 스미스의 자녀들은 정장 차림으로 말쑥하게 차려입었고, 그들의 대화 내용은 요즈음 그들이 읽고 있는 책에 대한 것이다. 그들은 불신자들과는 거의 사귀지 않는다. 왜냐하면 나쁜 영향을 받지 않을까 하는 걱정 때문이다. 집에서도 최신 음악은 전혀 듣지 않는다. 심지어 영화

관에도 가지 않는다. 집에 텔레비전이 있기는 하지만 오직 교육 방송을 볼 때만 틀어놓는다.

스미스와 그 부인은 매우 한정된 삶의 환경 속에서 살고 있다. 스미스는 직장에서 두 명의 다른 기독교인들과 함께 일하고 있고, 스미스 부인도 기독교인 친구들과 작은 친목 모임을 만들어 거기에서 대부분의 시간을 보내고 있다. 겉으로 보기에 스미스의 자녀들은 또래의 아이들과는 매우 다르게 보이고 하는 행동도 완전히 다르다. 외부 세상을 대하는 스미스 가정의 모습은 한마디로 '그들 중에서 나와 따로 있는 것'(고후 6:17)이다.

이와 달리 존스의 가정은 문화에 대해 전혀 다른 입장을 취한다. 그 자녀들이 입은 옷은 스미스의 자녀들과는 완전히 다르다. 한 가지만 보자면, 존스의 자녀들은 많은 액세서리를 하고 있다. 심지어는 남자애들까지도 그렇게 하고 있다. 존스의 딸은 저녁 식사를 하는 동안 식탁에 핸드폰을 올려 둔다. 존스의 자녀들은 많은 학교 활동에 참여하고 있다. 그들은 온라인에서 많은 동영상을 시청한다. 그리고 첫째 아들은 록 밴드에서 연주자로 활동하고 있다. 겉으로 보기에 존스의 자녀들은 불신자 친구들과 동일한 모습과 행동을 하고 있다. 이러한 외부 세계에 대한 존스 가정의 반응은 한마디로 '세상 안에 있지만, 세상에 속하지는 않았다'(참고. 요 17:11-16)는 것이다.

거부

스미스의 가정은 문화에 대한 '거부-고립'이라는 태도를 보여준다. 이러한 태도의 기본적인 중심 생각은 이런 것이다. '악은 모든 문화 속에 들어 있다. 그러므로 모든 문화를 피해야 한다.' 이러한 생각은 대개 일련의 문화적인 활동들(영화, 음악, 춤 등)을 피해야 한다고 생각한다. 그리고 여기서 구별된다는 것은 기독교 가정이 가능한 모든 곳에서 세속적인 세계에 참여하는 것을 피해야 한다는 것을 의미한다고 해석된다. 겉으로 보기에 이러한 반응은 그렇게 나쁜 것 같지는 않다. 하지만 이는 오래전부터 이어져오는 문제점과 결함을 내포하고 있다.

첫째로, 이런 생각은 창조 교리를 미묘하게 부정한다. 창조 교리는 하나님이 만드신 모든 것이 선하다고 선포한다(창 1:31, 시 139:14). 악은 어떤 사물을 구성하는 존재가 아니다. 그것은 죄악된 인간의 욕구를 찬양하고, 그 생각을 표현하는 데 사용되는 사물이 나타난 결과다. 우리는 이러한 죄악의 문제를 생각하는 방식에 있어서 성경적으로 더욱 엄밀해야만 한다.

예를 들면, 현대 음악 속에 악이 실질적인 요소로 들어가 있는 것처럼 생각해서 현대 음악 그 자체를 악으로 보아서는 안 된다. 현대 음악은 하나님께 대항하여 반항적인 삶을 사는 각 개인의 세계관을 담는 강력한 도구이기 때문에 문제의 소지가 있는 것뿐이다. 이러한 사실 때문에, 우리 자녀들에게 단순히 어떤 것을 금하는 것만으로 죄와의 싸움을 이길 수 있다고 생각하지 않도록 해야 하며, 그런 음악들이 그들의 죄된 마음을 부추키지 않도록 거부하는 법을 가르치는 것이 중요하다.

둘째, 이러한 태도는 죄와의 싸움이라는 가장 본질적인 문제를 놓치게 된다. 우리의 싸움의 본질은 바깥에 있는 악과의 싸움이 아니라, 내부에 있는 악과의 싸움이다. 지금 현재에도 일어나고 있는 전쟁이 있다. 이것은 인간의 속사람, 즉 마음의 영역에서 일어나고 있는 전쟁이다.

베드로는 하나님이 당신의 자녀들이 "정욕 때문에 세상에서 썩어질 것을"(벧후 1:4) 피하기 위해서 필요한 모든 것을 다 주셨다고 말한다. 우리는 부모로서 자녀들에게 비록 어떤 상황이나 장소나 관계를 피하는 것이 죄의 멍에를 끊기 위한 주된 방법이 되기는 하지만, 단순히 어떤 것을 금한다고 해서 죄악과의 싸움을 이기는 것이 아님을 가르쳐야 한다. 그렇기 때문에 사도 바울은 그러한 금지가 "육체 따르는 것을 금하는 데는 조금도 유익이 없느니라"(골 2:23)고 했던 것이다. 외적인 유혹만을 피하는 것은 죄를 이기는 것이 아니다. 왜냐하면 그것은 이미 마음속에 있는 죄는 다루지 않기 때문이다. 우리는 우리 자녀들에게 단순히 피하는 것이 문제 해결이 아님을 가르쳐야 한다. 비록 하나님이 우리 삶 속에 있는 죄의 피해를 가능한 줄이기 위해 그러한 방법을 쓰신다 하더라도 말이다.

셋째, 이러한 고립적인 태도는 자기 의에 빠지는 위험을 더욱 강화시킬 수 있다. 자기 의는 자신만의 '선행 목록'을 가지고 다니는 것에 비견된다. 이것을 가지고 있는 사람은 의롭고 성숙한 사람으로 인정되고, 그렇지 못한 사람은 세속적이고 미성숙한 사람으로 여겨진다. 그리스도는 바리새인들의 영적인 우월감을 책망하실 때 이러한 자기 의를 철저히 부서뜨리셨다(참고. 마 5:20, 23:1-36, 눅 18:9-14, 또한 사 29:13). 하나님으로부터 멀리 떠나 철저히 자기 자신을 의지하는 마음을 가지면서, 동시에 이와 같은 목록을 완고하게 유지할 수 있다.

동화

존스의 가정은 자신들이 더 좋은 방법을 따라 살고 있다고 말할 것이다. 그들의 방법은 바로 '동화'다. 이 방법의 중심 생각은 이렇다. '모든 것은 가치 중립적이다. 그러므로 모든 일에 참여하는 것은 전혀 해롭지 않다.' 그러나 역시 이러한 태도에도 문제점이 있다.

성경은 우리에게 그 어떤 것도 가치 중립적인 것은 없다고 가르친다. 이 세상의 모든 것들은 항상 어떤 종류의 가치를 내포하고 있다. 예수님은 이를 매우 분명하게 말씀하셨다. "나와 함께 아니하는 자는 나를 반대하는 자요"(마 12:30). 예를 들면, 당신이 사용하는 언어 그 자체는 가치 중립적이라고 하자. 각각의 철자들이, 각각의 단어들이 그리고 거기서 나오는 소리가 중립적이라고 하자. 그러나 우리는 결코 언어를 그렇게 따로 따로 듣지 않는다. 언어는 항상 어떤 식으로든지 의미를 담고 사용된다. 그렇게 사용되는 그 순간, 언어는 더 이상 가치 중립적이지 않다.

이렇듯 두 가지 반응이 있음을 염두에 두고, 우리는 각종 단체, 관계, 매체, 주변의 문화적 산물을 생각할 때 다음의 사항을 반드시 기억해야 한다.

- 하나님이 만드신 모든 것은 선하다.
- 우리가 경험하는 모든 것은 의미를 전달하는 방법으로 간접적으로 사용되거나 혹은 직접적으로 의미를 전달한다.
- 모든 것은 선을 위해서 사용되든지, 아니면 악을 위해서 사용된다.

- 문화 속의 모든 것은 창조자이신 하나님의 시각을 나타내든지 아니면 사용자인 인간의 시각을 나타낸다.
- 우리 주위의 문화 속에는 결코 가치 중립적인 배경이나 설정을 가지고 있는 것은 없다.

문화에 대한 '거부-고립'의 태도가 취약점을 가지고 있는 것처럼, 역시 마찬가지로 복음주의적인 교회에서 일반적으로 받아들이는 동화의 태도도 취약점이 있다. 우리 자녀들은 주변의 문화에 대해 반응하기 위해 세 번째 태도인 '바람직한 성경적 사고방식'을 필요로 한다. 그들은 문화가 무엇이며 그 권세와 영향력의 본질이 무엇인지를 이해해야 한다. 그리고 그 속에서 어떻게 살아갈 것인가에 대한 성경적인 계획을 수립해야 한다.

문화란 무엇인가?

태초에 하나님은 사람들에게 자신들의 세계와 상호 작용할 수 있는 능력을 부여해주셨고, 그 일을 하나님 자신을 본받는 방법으로 하라는 책임을 내려주셨다. 하나님은 결코 자신이 만들어놓으신 세계에 대해서 사람들이 종속적인 관계로 얽매이도록 하지는 않으셨다. 그분은 사람들이 다른 어떤 피조물도 받지 못한 자신의 형상을 닮은 창조적인 능력을 갖도록 하셨고, 그들에게 그 능력을 사용하라고 명령하셨다(참고. 창 1:26-31, 2:15-20). 그래서 창조 이래로 사람들은 항상 자신들의 손으로 세상을 만들어나갔다. 사람들은 항상 본능적으로 세상과 상호 작용하면서 살아왔다. 그들은 항상 조직화했고 갱신했으며, 해석하고 다시 수정하였으며, 창조하고 재창조하였고, 건설하고 재건했다. 세상은 결코 손도 대지 않은 채로 내버려진 적이 없었다. 우리는 세상이 원래 그대로의 상태로 존재해 있는 것을 본 적이 없다.

하나님의 형상으로 만들어진 사람이 하나님이 만드신 세계와 상호 작용할 때, 그 결과물이 바로 문화다. 사람이 있는 곳에 문화가 있다. 만약 어떤 가정이 주변 모든 문화와의 관계를 단절한다고 해보자. 문화와의 갈등을 피할 것인가? 그렇지 않다. 그들은 문화와의 갈등에서 벗어나게 된 것이 아니다. 왜냐하면 하나님의 형상을 닮아 창조된 인간으로서 그들은 그들만의 가정 문화를 만드는 셈이기 때문이다. 그리고 만약 한 개인이 주변 문화와 가정으로부터 스스로를 고립시키려 한다 해도, 그 역시 문화적 갈등에서 완전히 벗어난 것이 아니다. 왜냐하면 그는 자기만의 문화를 만들고 있기 때문이다. 관계들과 관습들과 단체들과 구조들과 매체, 생산물 그리고 믿음 등 문화를 구성하는 이러한 모든 것들에서 완전히 자유로워질 수 있는 길은 없다. 우리는 항상 문화라는 환경 속에서 삶을 살아가고 있다.

여기서 좀 더 언급되어야 할 몇 가지가 있는데, 죄로 인한 타락이 바로 문화적 갈등의 원인이라는 것이다. 타락 이전에 아담과 하와는 하나님이 만드신 세계와 상호 작용했다. 그들은 자신들이 받은 하나님을 닮은 창조성을 유감없이 발휘하였고, 여기에는 아무런 문제도 일어나지 않았다. 왜냐하면 그들이 행하고 말한 모든 것들과 그들이 입고 창조했던 모든 것들과 그들의 관습과 관계의 성격 그 모든 것들은 하나님의 말씀에 근거하고 있기 때문이었다. 안타깝게도 또 다른 목소리인 사탄의 소리가 그 세계에 나타나서 하나님이 만드시고 말씀하신 것들에 대해 전혀 다른 해석을 내어놓았다. 그리고 그의 말에 따랐을 때, 아담과 하와는 문화적인 갈등을 만들고 말았다.

타락 이후에 사람들은 수없이 생성하고 소멸하는 다양한 권위들의 기반 위에 문화를 만들었다. 창세기 1, 2장의 단순 명료한 세계는 사라져버렸다. 이제 문화적인 바탕은 죄로 얼룩졌고, 영원토록 인간의 문화는 다시는 하나님의 뜻을 온전히 따를 수 없게 되었다. 이것이 문화에 반응하는 태도가 그토록 중요한 이유다. 그것은 우리의 일차적인 도덕적 갈등 중 하나다. 십대 청소년들은 자라면서 이를 이해해야 하고, 그것에 대비해야 한다.

문화와의 갈등은 도저히 피할 수 없는 것이며 항상 도덕적인 것이다. 사람들은 늘 하나님과 그분의 말씀에 순종하는 마음으로 세상과 상호 작용을 하든지, 아니면 자신의 마음에 근거하여 독립적이고 반항적이 되든지 둘 중 하나다. 문화적인 갈등은 항상 옳은 것과 그른 것, 진실과 거짓, 선과 악, 믿음과 불신앙, 인간의 욕구와 하나님의 뜻에 대한 것이다. 스스로를 고립시켜 안전지대에 이른다는 것은 불가능하다. 동화는 사실 문화에 대한 항복일 뿐이다. 앞에서 이야기한 것처럼 우리에게는 더 나은 길이 필요하다.

방어의 필요성

우리가 옷을 입는 방식에서 문화의 영향력을 볼 수 있다. 사실 10년 전이나 5년 전과 같은 스타일로 입고 다니는 사람은 거의 없다. 치마의 길이는 올라갔다 내려왔다 하고, 넥타이의 폭도 좁아졌다 넓어졌다 한다. 가족 사진 앨범을 들여다보면서 이렇게 말한 적이 있는가? "내가 이런 옷을 입었다니 믿을 수가 없어!" 패션이란 문화의 영향력을 그대로 보여주는 단적인 예다. 문화는 우리가 하는 일만을 지배하지 않는다. 우리의 생각하는 방식과 우리의 보는 방식을 지배한다.

나는 주변 문화의 은밀한 영향력을 우리 십대 자녀들에게 이해시키기 위해서 공기의 예를 사용한다. 우리가 끊임없이 들이마시는 공기처럼, 문화도 우리의 마음이 끊임없이 흡수하는 영적인 공기다. 이 실제 공기 속에는 보이지 않는 많은 오염 물질들이 있다. 동일한 원리가 문화에도 적용된다.

나는 우리가 부모로서 주변 문화라는 공기 속에 존재하는 좀 더 현혹적이면서 보이지 않는 오염 물질을 간과하면서, 오직 겉으로 드러나는 문제(성, 마약, 폭력, 낙태)만 강조하는 커다란 오류를 범했다고 생각한다. 결과적으로 비록 자녀들이 그러한 '큰 죄악'에는 참여하지 않았다 하더라도, 그들은 주변 문화의 우상을 섬기게 된다(이러한 우상의 예와 청소년에게 미치는 영향 그리고 성경적 대안은 옆의 표를 참고하라). 분명 이러한 우상들은 더욱더 주의해야 하는 것들이다. 왜냐하면 이 우상들은 별로 해로워 보이지도 않고 때로는 괜찮게 보이면서 은밀하게 우리의 마음속에 달

〈현대 문화의 우상〉

우상의 명칭	특징	십대에게 나타나는 결과	성경적인 대안
상대주의	• 삶에 대한 절대적 기준이 없다. • 각 개인은 자신을 기준으로 옳은 것을 결정한다. • 올바른 것에 대한 정의가 상황에 따라 달라진다.	• 일관성이 없는 생활 습관 혹은 신념 • 내면적 제약이 없다. • 다른 사람의 영향에 민감하다. • 규칙을 싫어한다.	진리: 성경의 명령과 원리들에 대한 자발적인 복종과 순종
개인주의	• 자신의 행복과 즐거움 이외에 더 높은 목표란 존재하지 않는다. • 자신의 필요, 요구, 권리, 소원을 충족시키는 것보다 더 높은 목적이란 없다.	• 이기심, 자기중심성, '자기 권리'에 집중 • 다른 사람들에 대한 헌신의 부족 • 게으름, 무책임 • 불평, 불만	두 가지 큰 계명: 삶은 하나님을 사랑하고 이웃을 사랑하려는 실제적인 헌신에 의해 형성된다.
감정주의	• 무엇이 옳고 바른가를 결정하는 데 감정이 가장 큰 영향력을 행사하며 가장 중요한 지표가 된다. • 감정이 개인적인 삶의 방향을 결정하는 지표가 된다.	• 좋은 감정에 초점을 맞춘다. • 감정에 반하는 행동은 하지 않는다. • 다른 사람들이 자신을 인정하는가, 인정하지 않는가에 대해 매우 민감하다.	성경적인 신앙: 성경의 진리에 의해 모든 것을 검토하고자 하는 헌신적인 삶을 살라.
현실주의	• 현재에만 초점을 맞춘다. 현재의 순간만을 위해 살아간다. • 현재의 개인적인 행복에 초점을 맞춘다. • 만족이나 투자에 무감각하다.	• '지금 당장 원하는 것을 가져야만 한다'는 의식이 팽배하다. • 장기적인 투자에 초점을 맞추지 않는다. • 결과에 대해서 무감각하다. • 충동적으로 결정한다.	영원: 영원의 실체에 대한 시각으로 자신이 하는 모든 일에 대한 개인적인 헌신
물질주의	• 영적인 세계에 대한 인식이 없다. • 삶의 목적은 육적인 쾌락을 누리며 물질적인 것들을 소유하는 것이다. • 보이는 것에 초점을 맞춘다.	• 주님의 것에 대한 독자적인 추구가 없다. • 인격과 태도에 초점을 맞추지 않는다. • 의복, 아름다움, 친구들, 물질에 초점을 맞춘다.	영성: 하나님과의 관계와 마음의 문제에 대해서 진지하게 묵상하는 삶
자율주의	• 자신보다 더 높은 권위에 대한 내재적이고 자연스러운 책임감에 대해 무감각하다. • 하나님의 존재에 대한 기능적 인식과 그분의 영광을 위해 살고자 하는 소명 의식이 없다.	• 권위에 반항하려는 경향이 있다. • 삶 속에서 하나님 중심적인 초점을 갖지 못한다. • 권위와 징계에 대한 부정적인 시각을 갖고 있다.	피조물로서의 인식: 창조주 하나님에 대해 인식하며 그분의 영광을 위해 살아가고자 하는 삶
피해주의	• 자신의 행동에 대한 개인적인 책임감을 의식하지 않는다. • 나의 경험이 나를 만들었다는 믿음을 갖고 있다. • 나의 약점은 다른 사람에 의한 결과이며 통제가 불가능한 상황이다.	• 책임 전가가 규칙적인 패턴으로 나타난다. • 나쁜 행동에 대한 변명, 합리화 – 방어 • 고백이 없다. • 개인적인 변화에 대한 필요성을 깨닫지 못한다.	죄: 내부의 죄 그리고 외부의 유혹과 싸우고 있음에 대한 겸손한 인식, 그리스도의 용서와 은혜에 감사

라붙기 때문이다(참고. 골 2:8). 또한 그것들은 죄악된 본성의 욕구를 더욱 강하게 자극한다. 즉 그것들은 하나님이 성령님을 통해 멸하고자 하시는 바로 그것을 오히려 더욱 부채질하는 것이다.

우리가 부모의 입장에 있을 때 하기 쉬운 또 다른 실수는 우상 자체에 초점을 맞추는 것이 아니라, 우상을 담고 있는 형식을 비판하는 일이다. 이러한 형식에는 다양한 종류가 있다. 인터넷, 소셜 미디어, 정부, 음악, 영화, 교육, 텔레비전 등과 같은 것들은 그 문화가 담고 있는 신념 체계를 전달하며 촉진시킨다. 이러한 수단 중에서 그 어떤 것도 자체적으로 나쁘거나 위험한 것은 없다. 위험은 그것들이 주장하고자 하는 바를 주장할 때 비로소 드러난다.

여기에서 요점은 단순히 그 전달 매체를 끊어버리라는 것이 아니라, 그것이 선과 악 양쪽의 목적을 위해서 사용된다는 것이다. 우리는 문화의 사상을 전달하는 매체의 능력이 얼마나 큰지를 인식해야 한다. 하지만 정말 위험하고 우리 관심의 초점이 되어야 하는 것은 매체가 담고 있는 바로 그 사상이다. 예를 들면, 많은 그리스도인 부모들은 자기 자녀들이 성인 영화를 보러 가지 못하게 한다. 하지만 주변 문화의 관점, 관계, 가치를 전달하는 매개체인 소셜 미디어를 몇 시간 동안 보는 것은 허락한다.

대기 오염에 관한 비유가 이해에 도움이 될 것이다. 우리가 숨을 쉬는 공기 속에 독성이 있을 때, 사람들은 그 독성을 걸러낼 수 있는 마스크나 방독면과 같은 보호 장구를 사용한다. 동일한 원리로 우리 십대 자녀들에게는 문화적인 공기 속에 포함된 보이지 않는 독성을 제거하기 위한 영적인 보호 장구가 필요하다. 우리 자녀들에게는 성경적인 세계관과 인생관이라는 보호막이 있어야 하고, 부모인 우리는 자녀들의 인생 초기에서부터 이와 같은 보호막을 전수해주어야 한다. 우리는 또한 그들의 삶에 있어서 모든 상황과 모든 관계와 모든 문제들이 성경적인 인생관을 재고하고 구체적인 삶의 환경에 주의 깊게 적용할 수 있는 기회라는 것을 볼 수 있는 믿음의 눈을 갖게 해주어야 한다.

문화에 대해서
자녀에게 말해주라

이러한 원리 속에서 자녀를 붙들어 놓고 말하는 일을 절대 뒤로 미루지 말라. 자녀들과의 관계가 점차 멀어지게 될 때에는 더욱 불가능하게 된다. 그 아이들이 더 어렸을 때에도 돌봐주어야 했던 것처럼 지금도 양육은 필요하다. 그러므로 우리는 계속 그들에게 다가가야 한다.

이러한 대화를 나눌 수 있는 몇 가지 방법을 알아보자.

- **자녀들이 당신에게 다가와 말할 때까지 기다리지 말라.** 따뜻하고, 친근하고, 긍정적인 마음을 가지고 그들에게 먼저 다가가라. 십대들은 한번 방어적이 되면 말을 잘 하지 않으려 하고 잘 들으려 하지도 않는다.
- **질문에 대해 구체적으로 대답하게 하라.** '예' 또는 '아니오'라고 대답한 것을 끝까지 물고 늘어져라. 예, 아니오로 대답할 수 없는 질문, 즉 그들의 생각과 감정과 행동을 드러내는 질문을 하라.

- **긍정적인 자세를 취하라.** 잘못된 것을 찾아내려는 형사 같은 모습이 되어서는 안 된다. 이러한 대화의 목적은 자녀를 '추궁하기' 위해서가 아니라, 그들이 옳은 것이 무엇인지 이해하고 그것을 바라게 되며 그대로 행할 수 있도록 돕기 위함이다. 자녀와 부모 사이에 오고가는 말의 대부분이 부정적이고 자녀들을 낙심시키고 있다는 것을 기억하라.

- **자녀들을 무시하거나 바보로 만들지 말고 사랑으로 대하면서 그들의 생각 속에서 실수들을 깨닫게 하라.** 그들이 오염된 문화 속에서 숨쉬고 있다는 것을 깨닫도록 분명한 확신을 가지고 그들에게 가르치라.

- **자녀들에게 세속적인 문화속에서 경건한 삶을 살아가기 위한 당신 자신의 체험담을 들려주면서 그들의 동반자가 되라.** 당신에게도 죄의 유혹으로 인해 흔들렸던 상황이 있었음을 솔직히 고백하라. 그리고 그들이 죄와 싸우고 있을 때 위해서 기도하겠다고 약속하면서 당신 자신을 위해서도 그들에게 기도를 부탁하라.

- **자녀들이 항상 그리스도를 바라보게 하라.** 그분은 날마다 우리가 도움이 필요할 때마다 긍휼과 은혜를 베푸신다. 그리고 그분의 사역이 완성될 때까지 끈기 있게 우리 속에서 계속 역사하신다.

- **항상 당신이 문화의 영향으로부터 자녀를 지킬 수는 없다는 것을 염두에 두라.** 오직 유일한 방법은 그들이 성경적인 사고 패턴 속에서 문화에 대응하도록 준비시키는 것뿐이다. 이것은 바로 당신이 오랜 시간 동안 사랑의 헌신을 해야만 한다는 뜻이다.

- **그리스도의 인격의 모범이 되라.** 부정적인 말싸움에 휩싸이지 말라. 분노와 부정적인 생각과 은근히 하게 되는 비난의 말을 잘 다스

려야 한다. 자녀를 말로써 때리지 말라. 오직 그리스도의 사랑으로 그들의 마음을 얻으라.

문화의 영향은 무엇인가?

자녀가 갖가지 액세서리를 치렁치렁 걸치고 있는 것을 보고 기겁한 적이 있는가? 자녀가 이해할 수 없는 신조어를 사용하는 것을 보고 마치 새로운 언어를 말하는 것 같다고 느껴본 적이 있는가? 훗날 정년 퇴임을 하게 될 것에 대해 고민해본 적이 있는가? 최신 운동 기구를 광고에 현혹되어 샀다가 쓰지도 않고 방 한쪽에 버려둔 적이 있는가? 이 모든 것은 우리 가정의 각 사람이 인생을 생각하는 방식에 대해 현대 문화가 끼치고 있는 분명한 영향력을 보여준다.

만약 우리가 문화에 영향받고 있다는 것을 이해한다면, 우리 자녀들에게 더욱 지혜롭고 더욱 조심스러우며 구속적으로 삶을 살아가도록 가르칠 수 있다. 여기서 '지혜롭게'라는 것은 그들의 문화적 배경 속에서 성경의 원리를 실제적인 판단 과정에 적용하는 능력을 의미한다. '조심스럽게'라는 것은 주변 문화의 "철학과 헛된 속임수"(골 2:8)를 간파하며 그들의 우상을 섬기라는 유혹에 넘어가지 않는 삶을 의미한다. 그리고 '구속적으로'라는 것은 고립되거나 스스로를 방어하려고만 하는 삶에 만족하지 않고, 이 타락하고 어두운 세상에서 빛과 소금이 되라는 그리스도의 가르침을 따르는 삶을 의미한다.

자녀들을 고통스럽게 바라보며 어떻게 해서든 버텨야겠다고 생각하지 말기를 간곡히 권한다. 그들이 성적으로 문란하지 않고 방탕한 삶을 살지 않는다면 하나님께 감사할 일이다. 그러나 당신의 목표를 더 높은 곳에 두라. 하나님의 뜻은 그들이 "정욕 때문에 세상에서 썩어질 것을 피하여 신성한 성품에 참여하는 자"(벧후 1:4)가 되는 것이다. 그리고 그들이 "흠이 없고 순전하여 어그러지고 거스르는 세대 가운데서 하나님의 흠 없는 자녀로 세상에서 그들 가운데 빛들로 나타내"(빌 2:15)기를 바라신다.

주변 문화의 영향력은 텔레비전이나 영화, 잡지, 음악에서 나타나는 매우 도발적인 영상들보다도 훨씬 더 널리 퍼져 있다. 하지만 우리는 이런 콘텐츠를 핵심 주제로 삼아 자녀들과 논쟁과 충돌을 겪곤 한다. 심지어는 간혹 자녀들이 집에 가지고 오는 문화적인 매체들에 대해 부정적으로 대하는 이유가 그것들이 도덕적으로 타락해서가 아니라 우리의 어린 시절 문화와 너무나 다르기 때문이기도 하다. 그럴 때 우리는 이렇게 말한다. "제발 그 시끄러운 음악 좀 안 들리게 할 수 없겠니!"(이 말은 우리의 부모가 우리가 듣는 음악에 대해 품었던 악감정을 그대로 표현한 것이다.) 그렇지만 우리가 생각하기에 도저히 들을 수 없는 음악을 자녀들이 즐기는 것이 도덕적으로 잘못된 일인가? 또 어떤 때에는 이렇게 말하기도 한다. "그렇게 입고 다녀서는 안 된다!"(이 말은 우리 눈에 좋아 보이는 옷차림에 대해서 우리의 부모가 느꼈던 당혹스러움을 표현하고 있다.) 그러나 우리 자녀들이 사람 두 명이 들어가고도 남을 만큼 통이 큰 바지를 입는 것이 도덕적으로 잘못이란 말인가?

우리가 도덕적인 문제를 다루는 것과 마찬가지로 이러한 취향의 문제를 다루면, 모든 문화에 대한 논의 전체의 진지함을 떨어뜨리고 자녀들에게 줄 수 있는 긍정적인 영향력을 약화시키게 된다. 우리는 많은 면에서 그들이 우리와는 다르다는 것을 인정해야 한다. 문제는 우리에게 좋아 보이는 것들을 그들도 행하느냐 행하지 않느냐 하는 것이 아니라, 하나님을 기쁘시게 하는 것들을 그들이 행하느냐 행하지 않느냐다. 이 일을 위해서는 그들이 겪고 있는 문화의 영향력이 얼마나 은밀하며 타락한 것인가를 깨달아야 한다.

문화가 끼치는 강력한 영향력은 다음과 같은 네 가지 영역으로 요약될 수 있다. 이러한 영역들을 모두 합하면 인생 전체가 된다. 주변 문화는 어떤 식으로든 당신 삶의 모든 영역에 영향을 미친다. 그렇기 때문에 우리 자신이 경계심을 늦추지 말고 살아야 하며, 자녀들에게도 동일하게 살 것을 가르쳐야 한다.

문화는 삶의 속도를 결정한다

당신은 인생이 너무나 바쁘고 빠르게 진행되는 것에 대해서 불평해본 적이 있는가? 경건 생활이나 개인적인 삶을 돌아보는 시간을 하루에 얼마나 갖고 있는가? 가족 모두가 동참하는 여가 시간이 얼마나 되는가? 적어도 하루에 한 번씩은 온 가족이 모여 식사하는 시간을 보내는가? 아니면 일주일에 한 번이라도 그런 시간을 보내는가? 아니면 한 달에 한 번이라도 되는가? 당신과 자녀들이 모든 교회 활동이나 학교 활동, 야구 시합이나 음악 레슨에 어떻게 함께 참여할 수 있을지를 고민해본 적이 있는가? 어떻게 이렇게 살게 되었는지를 의아하게 생각해본 적이 있는가?

지구를 멈추고 내리고 싶어 한 적이 있는가? 우리의 문화에서 삶의 속도는 이 문화가 중요하다고 생각하는 것에 직접적으로 연결되어 있다. 그 속에서 획득하고 성취하는 것이 가장 최고의 가치로서 받아들여지는 것은 문화가 남겨준 직접적인 결과다.

문화는 우리의 하루 일과에 영향을 미칠 뿐만 아니라 우리 인생에 있어서 일어나는 사건의 순서에도 큰 영향을 미친다. 서구 문화에서는 말로 표현하지는 않지만 인생에 있어서 필수적인 순서가 있다. 그 순서는 커다란 야망, 은퇴 그리고 개인적인 성공의 극치, 즉 일찍 은퇴하고 여생을 즐길 수 있는 큰 성공을 향해 나아간다. 그리고 좀 더 세부적인 순서는 고등학교 졸업, 대학교 입학, 결혼, 집 장만, 직업, 승진, 더 큰 집, 은퇴라는 순서로 진행된다. 약간의 예외는 있지만 대부분의 사람들의 삶 속에 일어나는 사건의 순서에는 두드러진 유사성이 존재한다.

누가 이러한 우선순위를 부여하였는가? 그 장점과 단점은 무엇인가? 그것이 어떻게 우리를 향한 하나님의 계획을 이루는가? 그것들은 우리를 위해 존재한다기보다는 우리를 얽매고 있는 것처럼 보이지는 않는가? 어떤 면에서 우리와 우리 자녀들이 맹목적으로 그것을 따라가고 있음을 깨달을 수 있는가?

내가 즐기는 일이 하나 있는데, 그것은 슈퍼마켓 계산대 줄에 서서 주변 사람들의 대화를 듣는 것이다. 듣는 티를 내지 않고 있느라 목이 아프기는 하지만, 이런 대화를 들으며 유용한 정보를 얻고 때로는 깨달음을 얻기도 한다.

몇 달 전에도 나는 나이 든 두 사람의 대화를 우연히 듣게 되었다. 한 사람이 말했다. "이봐, 조. 오래간만이야." 조라는 사람이 대답했다. "나 작년에 은퇴했어." 친구가 말했다. "그것 참 잘됐군." 조가 다시 말했다. "그런데 내가 왜 그랬는지 모르겠어. 좀 더 할 만했는데 말이야. 이젠 은퇴해서 쉬는 게 싫어. 나를 무기력하게 만든다고! 벌써 새 직장을 찾고 있다네." "예끼 이 사람! 남의 기분 좀 망쳐놓지 말게나." 그러고 나서 그 사람의 친구는 먼저 가버렸다.

이런 것이 문화의 영향력이다. 이 대화는 삶의 아주 평범한 한 모습을 보여주고 있다. 그리고 우리는 때로 우리가 내린 결정을 왜 했는지에 대해서 알지도 못한 채 무작정 거기에 따라가고 있는 것이다.

문화는 삶의 예정표를 결정한다

예정표는 하나의 계획이다. 그것은 우리가 하고 있는 일이며, 왜 그 일을 하는가에 대한 이유다. 계획은 항상 우선순위와 가치를 보여준다. 삶의 계획은 무엇이 가치 있으며 그것을 얻기 위해 어떤 계획을 세워야 하는가에 대한 결정에 따라 달라진다. 어떤 문화에서 사람들의 삶의 계획은 그 문화에서 중요한 것이 무엇인가를 보여준다. 만약 당신이 문화 속에서 우선순위를 매겨야 한다면, 어떻게 정하겠는가? 그러한 우선순위는 당신 자신의 우선순위와는 어떻게 다른가? 또 그것들은 성경에서의 우선순위와는 어떻게 다른가?

우리 문화는 항상 무엇이 중요하고, 무엇이 가치 있으며, 무엇이 '진리'인지에 대한 관점을 나타내고 있다. 예를 들면, 자녀가 일주일 동안 텔레비전 프로그램, 소셜 미디어, 팟캐스트, 온라인

동영상과 같이 하나님의 이름이 언급되지 않으며 성경의 원리가 나타나지 않는 콘텐츠를 접하고 있다면, 문화는 그 시간 동안 무엇이 중요하며, 무엇이 중요하지 않은지를 자녀에게 강력하게 주입하고 있는 것이다.

하루에 세 시간씩, 일주일이면 스물한 시간씩 텔레비전을 보는 십대 자녀에게 미치는 텔레비전의 영향력을 한번 상상해보라. 이는 십대 시절 동안 거의 7,700시간을 보내는 셈이다. 이와 같은 문화적 폭격이 이루어지는 동안, 그들은 대개 편안히 받아들이고 별로 민감하게 생각하지도 않는다. 그들은 자기를 방어해야 한다는 생각 없이 문화적으로 오염된 공기를 들이마시고 있는 것이다. 그런데도 그들이 전혀 영향을 받지 않을 것이라는 생각은 정말 순진하기 그지없다. 만약 그들이 아무런 비판적인 태도 없이 그 문화를 마시고 그 우선순위를 받아들인다면, 문화가 그들의 인생관과 삶의 계획에 지대한 영향을 미칠 것이다.

자신이 속해 있는 교회에서의 사역과 성도들 간의 교제와 사람들과의 관계와 가르침에 너무나 헌신되어서, 자신들이 헌신한 교회로부터 멀어지게 만드는 승진이나 새로운 직장 제의도 거부하려고 하는 그리스도인 가정들은 과연 얼마나 되는가? 대부분의 그리스도인 가정들은 얼른 그러한 직장에 뛰어들어갈 것이고, 자신들이 이사해 가는 곳에서 더 좋은 교회를 찾기를 소망할 것이다. 교회의 약점 중의 하나는 너무나 이동이 많다는 것인데, 그래서 하나님의 백성이 부르심을 받은 대로 행하기 위해 사람들과의 관계를 더욱 증진시키고 은사를 더욱 개발해나가는 일이 어렵다는 점이다. 그렇다면 이사하는 것이 나쁜 일인가? 물론 아니다.

그러나 우리는 성경적인 가치관이라는 우리에게 유익이 되는 입장에서 판단을 해야 하고 맹목적으로 주변 문화를 따라서는 안 된다. 먼저 우리가 영적인 눈을 뜨고 살아가지 않는다면 자녀들에게 맹목적으로 살지 않도록 가르칠 수는 없다.

문화는 우리의 삶의 관계들을 규정하고 형성한다

모든 권위와 정부 기관, 남자와 여자의 역할, 아이들과 그들의 사회적 위치, 남자와 여자의 관계, 성에 대한 생각, 가족과 그 역할, 문화적인 중요성 그리고 노인에 대한 관점은 문화가 우리의 인간관계를 형성하는 방식을 보여주는 구체적인 사례다.

우리의 인간관계에 대해 문화가 갖는 강력한 영향력을 보여주는 또 다른 하나의 예는 최근에 일어나고 있는 가족의 정의를 급진적으로 재고하려는 흐름이다. 이전에 '가족'이란 말은 오직 결혼한 남편(남성)과 아내(여성)와 그들의 자녀를 지칭하는 데만 쓰였다. 이제는 그 경계가 사라지고 그 의미도 혼란스러울 정도로 다양해졌다. 어쩌면 이러한 가족이라는 용어에 대한 급진적인 재정의가 우리에게 아무런 영향을 미치지 않을 것이라고 생각하기 쉽다. 하지만 우리는 복잡하게 생각하지 않더라도 오늘날 교회에 존재하는 수많은 이혼자와 편부모 가정을 통해서 우리가 영향받고 있음을 겸허하게 인정해야 한다.

특히 십대에게 문화의 영향력은 정말 강력하다. 우리 문화에서는 남학생과 여학생이 커플을 이루는 것이 무슨 필수적인 일인 것처럼 되어버렸다("나는 …와 사귈 거야"). 이러한 인간관계 속에서 육체적인 관심이 크게 강조된다. 그리고 이것은 상대가 매력적이라고 여겨지는 이유에서 분명하게 드러난다. 그리고 그러한 강조점 속에는 성적인 표현이 있다. 어느새인가 '섹시하다'는 말이 '성숙하다'는 말보다 더 가치 있게 여겨지게 되었다. 그리고 이렇게 육체적인 부분에 초점을 맞추는 문화 속에서 '매우 인격적인 사람'이라는 말은 앞뒤가 꽉 막혀서 곧 실패할 사람이라는 뜻이 되었다.

우리는 자녀들에게 말로써 혹은 모범으로써 가르치는 인간 관계의 성격과 법칙이 성경적인 기준에 합치하는가를 확인해야 한다(참고. 마 5-7장, 롬 12장, 엡 4장, 골 3:12-14).

문화는 영적 생활에 강력하게 영향을 미친다

문화는 항상 인간의 종교적이거나 영적인 생활에 영향을 미친다. 여기에 중립 지대란 없다. 한 사람의 영적 생활이 그가 생각하는 방식과 문화에 대응하는 태도를 결정짓든지, 아니면 그 사람의 종교적이거나 영적인 생활이 문화로부터 영향을 받든지 둘 중 하나인 것이다.

다시 한번 말하지만, 우리 문화가 이러한 일들에서 차지하는 위치에 대해 분명히 깨닫는 데서부터 출발해야 한다. 첫 번째로 알아야 할 것은, 종교는 사실상 문화적 논쟁에 대해서 소외되어 있다는 것이다. 그래서 대표적인 종교 기관들이 중요한 문화적 주제에 대한 논의에 뛰어드는 것은 별로 환영받지 못한다. 두 번째는 종교는 때로 대중적인 매체에 의해 미묘하게 부정적인 모습으로 그려진다는 것이다. 세 번째는 심리학이 우리 문화에서 지배적인 '종교'의 의미로서 그 위치를 차지하고 있다는 것이다. 심리학은 인간이 누구인가를 규정한다. 그리고 우리 존재의 의미와 목적을 규정한다. 무엇이 정상적인 것이며 무엇이 비정상적인 것인지를 결정한다. 왜 사람들이 자신이 하고 있는 일을 하며 어떻게 변화가 일어나는지를 설명한다. 그리고 그 모든 규정들이 교회와 우리의 개인적인 영적 생활에 영향을 미치고 있다는 것은 암묵적인 사실이다.

우리 자녀들은 아무런 영향력을 받지 않는 마치 무중력 상태의 삶을 사는 것이 아니다. 그들은 삶의 모든 영역에서 영향력을 미치고 있는 문화 속에서 살고 있다. 중요한 것은 그들이 문화의 오염원으로부터 자신을 보호하는 법을 배우는 것뿐만 아니라, 예수 그리스도의 진리로 자신들의 문화를 어떻게 주도적으로 이끌어가며 살 것인가를 배우는 것이다. 이러한 목적을 위해서 그들을 준비시킬 때, 우리는 겸손하게 우리 자신의 삶의 방식이 성경적인 원리보다는 문화적인 규범들에 의해 더 많은 영향을 받고 있었음을 인정해야 한다. 우리가 우리 자신의 삶의 모순들을 기꺼이 직시하겠다는 자세를 가질 때 비로소 자녀들에게 확고한 성경적인 삶의 모습을 가르칠 수 있다.

문화에 대한 태도:
십대 자녀들을 위한 계획

스미스와 존스 가정의 이야기를 기억하는가? 두 가정은 각각 문화를 다루는 방법에 대해 완전히 다른 태도를 보였다.

스미스 가정은 '고립'되는 것이 올바른 방법이라고 굳게 믿고 있었다. 하지만 그들은 사람이 있는 곳에 문화가 있기 때문에, 문화와 갈등을 완전히 피한다는 것이 불가능하는 것을 깨닫지 못했다. 또한 그들은 문화가 마음으로부터 시작된다는 것을 알지 못했다. 여러 기관들, 대중 매체, 관계들 그리고 각종 문화의 산물들은 그 사회가 바라고 추구하는 것의 결과물이다. 문화적 갈등은 사실 마음의 악한 욕망과 벌이는 싸움이다. 때때로 구별되는 것이 올바른 선택이기는 해도, 단순히 한 가정이 주변 문화의 특정한 장소나 환경이나 관계나 기관들을 피한다고 해서 그 자녀들이 안전한 것은 아니다. 더군다나 스미스의 가정은 자녀들이 이 타락하고 어두운 세상 속에서 빛과 소금이 되라는 그리스도의 부르심에 순종하도록 자녀들을 준비시키지도 못했다.

존스 가정은 스미스 가정을 보면서 자신들은 세상 문화에 대응하는 더 좋은 방법을 실천하고 있다고 확신했다. 그들은 '동화'되는 것이 더 합리적이라고 생각했다. 그들은 대부분의 세상 문화를 가치 중립적인 것이라고 생각하고, 자녀들이 그 속에서 적극적으로 참여하도록 하는 것은 전혀 해롭지 않다고 생각했다. 가치 중립성에 대한 잘못된 관점은 그들로 하여금 분석이나 평가가 전혀 이루어지지 않은 문화에 거리낌 없이 참여하도록 만들었다. 스미스 가족과 같이 존스의 가족 역시 자녀들이 빛과 소금으로 살아가도록 가르치는 데 실패했던 것이다.

부모들에게는 자녀들에게 고립이나 동화의 약점에 빠지지 않도록 지도할 세 번째 방법이 필요하다. 나는 이 세 번째 방법을 '구속적 상호 작용'이라고 부른다.

목표 3.
문화를 이해하고 구속적으로 상호 작용하도록 가르치기

이것의 목적은 자신들의 문화가 제시하는 우상에 얽매이지 않고 그 문화와 상호 작용할 수 있는 십대 자녀들을 양육하는 것이다. 그리고 그러한 상호 작용의 목적은 개인적인 즐거움이나 만족이 아니라 그리스도를 위해 자신들의 문화를 회복하는 것이다. 마태복음 5장 13-16절은 이러한 일을 이루기 위한 구체적인 방법에 대해 성경적인 근거를 제공하고 있다.

"너희는 세상의 소금이니 소금이 만일 그 맛을 잃으면 무엇으로 짜게 하리요 후에는 아무 쓸데없어 다만 밖에 버려져 사람에게 밟힐 뿐이니라 너희는 세상의 빛이라 산 위에 있는 동네가 숨겨지지 못할 것이요 사람이 등불을 켜서 말 아래 두지 아니하고 등경 위에 두나니 이러므로 집안 모든 사람에게 비치느니라 이같이 너희 빛이 사람 앞에 비치게 하여 그들로 너희 착한 행실을 보고 하늘에 계신 너희 아버지께 영광을 돌리게 하라."

존스의 가족은 동화되면서 자신들의 소금 됨을 잃어버렸고, 스미스의 가족은 고립되면서 자신들의 빛을 잃어버렸다. 우리는 자녀들을 세상으로부터 멀어지거나 혹은 깊숙이 빠져들지 않고, 진리로 보호받고 구속의 은혜를 누릴 준비를 갖추도록 가르쳐야 한다. '구속적 상호 작용' 방법은 두 개의 근본적인 목적을 가지고 있다. 첫 번째는 문화에 흡수되는 것에 대한 보호 차원에서 십대 자녀들이 하나님의 진리를 철저하게 알고 이해하게 만드는 것이다. 두 번째는 하나님 아버지께로 나아가는 길을 따르기 위해 매일의 삶에서 진리를 따라 산다는 것이 어떤 것인지를 가르치는 것이다.

이러한 두 가지 목표는 우리에게 이 타락한 세상에서 그리스도인으로서 사는 삶의 내적인 측면과 외적인 측면 그리고 영적인 측면을 보여주고 있다. 내적인 측면은 우리 자녀를 주변 문화의 온갖 거짓과 속이는 우상들로부터 보호해줄 진리에 대한 개인적인 헌신이다. 외적인 측면은 그들이 단지 문화와의 상호 작용만을 하며 사는 것이 아니라, 자신들이 사는 방식을 통해서 예수 그리스도의 살아 계심에 대해 증거하는 삶을 사는 것이다. 그리고 영적인 측면은 사람들이 하나님께 마땅히 받으실 영광을 돌리기 위해서 모든 일이 행해지는 것을 의미한다. 우리는 높은 목표를 세우는 것을 두려워하지 않기를 원한다. 그리고 그 계획이 십대 자녀들의 제한된 사고에 의해 세워지기를 원하지도 않는다. 이러한 목표는 어떤 특별한 상황 속에서만 이루어지는 것이 아니다. 이 일은 오직 성령이 당신의 신앙을 강하게 하시고, 하나님이 자녀들을 그분의 자녀로 준비시키기 위해서 주신 기회들을 이용할 수 있도록 날마다 헌신으로 충만하게 하실 때 가능하다.

당신의 십대 자녀를 문화와 구속적으로 상호 작용하게 준비시키는 다섯 가지 방법을 살펴보자.

준비

첫 번째 단계는 우리 자녀들의 마음속에 성경적인 인생관을 불어넣는 것이다. 많은 그리스도인 가정은 아무런 목적 없이 가정 예배를 드리고 있다. 그러는 동안 자녀들은 가정 예배는 전혀 즐겁지 않은 시간이라는 것만 느낄 뿐이다. 그렇지만 부모가 성경적인 세계관을 자녀들에게 불어넣는 것을 목적으로 한다면 상황은 완전히 달라질 수 있다. 이러한 목적이 없다면 자녀들은 그저 일반적인 성경 이야기와 뒤죽박죽된 교리 지식에만 어느 정도 친숙해질 뿐이다. 그러면 그 어떤 지식도 인생을 하나님의 방법대로 살아가게 만드는 진리의 유익한 체계를 형성하지 못한다.

모든 가정 예배가 세워야 할 성경 교육의 목표는 우리 자녀들이 "모든 선한 일을 행할 능력을 갖추게"(딤후 3:17) 하는 것이어야 한다. 우리가 성경으로부터 배우는 모든 것들은 성경적인 사고 체계를 형성하는 것이 되어야 한다. 이 일은 성경 본문을 살펴볼 때 매번 다음과 같은 몇 가지 질문들을 해봄으로써 이루어질 수 있다.

- 이 본문이 하나님과 그분의 인격과 그분의 계획에 대해서 우리에게 말하는 것은 무엇인가?
- 우리가 우리 자신에 대해서, 우리의 본성에 대해서, 우리의 싸움에 대해서 그리고 우리 삶의 목적에 대해서 새롭게 알게 된 것이 무엇인가?
- 이 본문이 옳고 그름, 선과 악 그리고 진리와 거짓에 대해서 우리에게 가르치는 것은 무엇인가?
- 이 본문에서는 인간관계에 대해서, 사랑에 대해서, 권위 등에 대해서 무엇을 가르치고 있는가?

- 이 본문은 인생과 그 의미와 목적에 대해서 무엇을 가르치고 있는가?
- 이 구절은 속사람과 마음과 그 기능에 대해서 우리에게 무엇을 가르치고 있는가?
- 우리가 살아가는 방식과 판단을 내리는 방식을 지도해주는 성경 본문으로부터 무엇을 배울 수 있는가?
- 이 구절이 우리가 문화를 이해하고 비판할 수 있도록 어떻게 돕고 있는가?

우리는 자녀들에게 이러한 질문을 하고 대답하도록 가르치면서, 실제 삶의 각 상황들에 대해 성경에서 읽었던 것을 어떻게 사용하는지를 보여주게 된다. 우리 자녀들은 진리를 앎으로써 '세상에 있으나 세상에 속하지 않게' 된다는 것이 무엇인지를 배울 것이다(참고. 요 17:15-18).

연습

이 단계에서는 자녀들에게 성경적인 관점을 가지고 주변 문화를 비판하고 평가하며 해석하고 분석하는 법을 가르친다. 이것은 그들이 먼저 성경적인 진리의 지식 위에 든든한 토대를 가져야 하는 이유다.

여기에서 많은 그리스도인 부모들이 겉으로는 올바르게 보이는 결정을 내려주지만, 자녀가 문화적인 갈등 속에서 하나님 말씀의 도우심을 받도록 준비시키려고 한다면 나는 그 모든 부모의 결정들이 사실은 잘못된 것이라고 생각한다. 많은 부모들이 스미스와 마찬가지로 가정에서 주변 문화를 차단하기 위해 최선을 다한다. 그렇게 하면서, 자녀에게 성경적인 인생관을 사용하여 자신의 문화를 이해하고 비판하는 방법을 가르칠 가장 좋은 기회를 놓쳐버린다.

중요한 것은 항상 자녀들의 요구에 안 된다고 말하는 것이 아니다. 자녀와 함께 앉아 그가 좋아하는 음악을 듣고 콘텐츠를 시청하면서 그 내용에 대해 대화하고 당신의 견해를 들려주어야 한다. 무엇이 그런 매체들을 접하도록 그렇게 유혹하는지를(가수인지, 가사인지, 음악인지, 영상인지, 어떤 행동인지, 또래들의 압력인지, 아니면 다른 어떤 것인지) 그들 스스로가 이해하도록 도우라. 그다음에 매체를 비판할 수 있는 가장 쉬운 방법은 당신이 가정 예배 시간에 성경을 공부하면서 사용했던 질문들과 동일한 내용을 그러한 매체에 적용시켜서 물어보는 것이다.

부모는 사실 비판의 대상으로 삼아서는 안 되는 자녀들의 기호의 문제에 과잉 반응하고 싶은 커다란 유혹을 받는다. 예를 들어, 이것이 왜 좋은 음악이 아닌지 혹은 부모 세대가 들었던 노래와 어떻게 다른지와 같은 소모적인 논쟁에 휘말려서는 안 된다. 옷이나 머리 모양 혹은 액세서리 등에 대한 논쟁에 휩쓸리지 말라. 당신은 문제의 본질로 들어가야 한다. 즉 아이가 접하는 매체가 조장하는 인생관이 무엇인지를 살펴봐야 한다. 사실 모든 외적인 것들은 그것을 만든 예술가와 제작자와 감독의 마음이 표현된 것이다. 당신은 바로 그것을 들여다보는 데 시간을 쏟아야 한다.

자녀들과 영화를 보고 콘서트에 갈 기회가 생길 때마다, 혹은 그들과 함께 집에서 음악을 듣거나 영화를 볼 때마다, 당신은 무엇이 성경적이고, 무엇이 세상적인지를 뚜렷하게 구별하는 법을 가르칠 절호의 기회를 얻게 된다. 우리의 목표는 그들이 이 모든 것에 민감하게 되어 세상 문화에 대해 경계하며 깨어 경성하는 삶을 살게 하는 것이다. 우리는 자녀들이 더욱 통찰력 있고 지혜롭기를 원한다. 그래서 우리는 그렇게 만들 수 있는 기회들을 찾아야 한다. 우리는 그들을 보호하는 것보다 그들이 하고 있는 일이 무엇인가에 더 관심을 기울여야 한다. 왜냐하면 그들이 하나님의 구속사적인 관점으로 문화에 영향을 미쳐서 하나님께 영광을 돌리게 되기를 원하기 때문이다.

동일화

이 단계에서 우리는 자녀들에게 우리가 처해 있는 상황을 깨닫도록 가르친다. 이 타락한 세상에서의 삶 속에 존재하는 갈등은 모든 인간의 공통적인 경험이다. 최신 음악에서 우리는 분노와 두려움과 좌절과 외로움의 절규를 듣는다. 환멸과 불신을 듣는다. 진정한 사랑을 향한 갈구, 파괴된 신뢰, 깨어진 우정, 가족과 국가의 붕괴에 대한 부르짖음 그리고 음욕과 탐욕, 이기심과 위선을 듣는다. 래퍼와 로커의 외침은 우리의 외침이기도 하다. 그들과 우리의 차이점은 고난을 해석하고 그에 대응하는 방식이다.

우리는 우리를 가장 불쾌하게 하는 연주자, 즉 자녀들에게 영향을 미치지 않도록 노력하는 대상을 대표하는 이들과도 공통점이 있다. 우리의 가정 역시 깨어졌고, 우리의 약속들도 무너졌으며, 우리도 역시 욕심으로 행하고, 국가와 교회의 타락을 목도

하고 있다. 우리가 가진 믿음이 도전받고 있으며 소망은 흐려지고 있다. 이 세상이나 우리 그리스도인들이나 동일한 죄로 인해 깨어졌으며, 동일하게 그 모든 고통을 겪고 있다. 사실, 이것이 모든 소재가 우리 자녀들에게 그토록 매력적으로 보이는 이유다. 우리가 순순히 인정하든 인정하지 않든 간에, 이러한 연기자, 작가, 감독, 미디어 인플루언서는 이 타락한 세상에서 가혹한 삶의 현실들을 뼈저리게 경험하고 있는 자녀들의 목소리를 대변한다.

바로 이 점이 중요하다. 많은 그리스도인들이 자신들은 세상 문화와 공통적인 것이 하나도 없다는 거짓말로 스스로를 속이고 있다. 그렇지만 만약 우리가 자신의 죄와 다른 사람의 죄로 인한 피해의 경험들을 직시한다면, 겸허하게 우리가 동일한 경험과 동일한 슬픔을 가지고 있음을 깨닫게 될 것이다. 우리로 하여금 문화에 대해 하나님의 사역을 하게 만드는 것은 바로 이러한 세상과 동일한 인생을 살고 있다는 깨달음이다. 그리고 우리는 이러한 동일한 상황 속에서 세상 사람들처럼 살지 말고 복음의 가르침을 실천하며 살라는 부르심을 받은 것이다.

그래서 우리는 십대 자녀들이 자신들의 문화를 깨닫되, 그 해석과 반응에는 따르지 않는 법을 배우게 되기를 원한다. 그러면서 문화와의 갈등을 이해하고 왜 이러한 거친 반응들이 그리스도와 그분의 세계를 알지 못하는 사람들에게 그렇게 설득력이 있는지를 겸허한 마음으로 깨닫기를 원한다("이 세상은 타락했어, 그러니 분노할 수밖에!" "세상이 이 모양이니 그저 하루하루 놀고 먹고 지내자!" "네 자신을 사랑하고, 할 수 있는 한 많은 물질을 가져!"). 자신의 존재를 깨닫는다는 것은 현재 처한 상황을 깨닫는 것이다.

우리가 자녀들에게 이 타락한 세상에서 살기 위해 그들이 경험하게 되는 싸움을 겸허한 마음으로 인정하라고 가르치면, 비로소 그들은 자기들의 문화에 대해 어떻게 대응할 것인가를 나름대로 설정하게 된다.

결정

우리는 자녀들에게 언제 그들이 문화 속에 구속사적으로 참여해야 하는지 그리고 언제 그들이 그 문화로부터 구별되어야 하는지를 아는 법을 가르쳐야 한다. 성경은 우리에게 이 두 가지를 다 행하라고 가르치지만, 그와 함께 하나님의 사람들이 어떻게 이러한 참여와 구별의 문제와 씨름했는지를 보여주고 있다(참고. 롬 14장, 고전 8, 10장, 고후 6:14-18).

그리스도인 부모로서 우리는 자녀들이 이러한 문제를 잘 해결하도록 도와줄 수 있는 많은 방법을 알고 있다. 무조건 안 된다고 말하고서 문제를 해결하려고 하지 말라. "내가 그렇게 하지 말라고 했으니까 절대로 해선 안 돼!"라고 막무가내로 대하지도 말라. 금요일 저녁 예정된 친구들과의 파티에 가야 하느니 가지 말아야 하느니 옥신각신할 필요도 없다. 그저 조용한 가운데 자녀들이 여러 가지 상황에서 어떻게 생각해야 하는가를 배우도록 도와주면 된다. 그들이 부모와 대화하고 함께 심사숙고할 수 있도록 하라. 많은 부모들은 자기 자녀들을 세상으로부터 보호할 뿐만 아니라 모든 결정 과정으로부터도 배제시켜버린다. 그러면서 자녀들이 성인이 되면 해야만 하는 무수한 판단의 상황들에 제대로 준비되지 못하게 한다. 갈등의 순간들은 자녀들이 앞으로 당면하게 될 많은 선택 상황에서 성경적인 지혜를 적용하며 살도록 준비시키는 절호의 기회임을 잊지 말아야 한다.

구속

여기서는 우리 자녀들에게 예수 그리스도의 복음에 증인이 되는 삶을 통해 세상에 빼앗겼던 것들을 다시 되찾아야 함을 가르친다. 문화 속에서 우리가 주장하는 목소리는 단순히 항상 부정적이고, 항상 무엇인가를 비판하는 것이 되라고 하나님으로부터 받은 것이 아니다. 목표는 하나님이 태초에 계획하신 대로 뜻하시는 바를 긍정적으로 선포하는 것이며, 그분의 방법으로 문화를 재형성하는데 참여하는 것이고, 이러한 재형성은 예수 그리스도를 통해 하나님과 온전한 관계를 유지하며 사는 사람들에 의해서만 이루어질 수 있음을 나타내는 것이다.

예수 그리스도의 교회인 그리스도인 가정은 결코 어둡고 타락한 세상의 한가운데서 주변과 고립된 그들만의 공동체로서 존재하는 것이 아니다. 우리는 그리스도에 의해 구속 사역의 일원으로 세상에 참여하는 자가 되라고 부르심을 받은 사람들이다.

그러므로 우리는 우리 자녀들을 준비시켜야 한다. 우리는 그들을 진리로 가르치고 새롭게 평가되고 분석된 기술들을 가르쳐야 한다. 우리는 인생을 어떻게 성경적으로 생각하며 해석할 것인가에 대한 모범이 되어야 한다. 자녀가 결정 과정에 참여하게 하고, 일반적인 상황을 깨닫게 가르치며, 문화의 절규에 대해 이해할 수 있는 말로 설명해주어야 한다. 문화가 만들어낸 것의 이면에 있는 우상을 어떻게 구별해내는지를 가르쳐야 하고, 문화적인 논쟁에 참여하는 법을 가르치며, 영향력 있는 사람이 되도록 가르치고, 새롭게 문화를 만들어나가는 사람들이 되게 해야 한다. 그리고 우리는 그들에게 자기 의로움에 빠진 고립주의나 개인적인 타협일 뿐인 동화에 빠지지 않고 이 모든 일을 잘해나갈 수 있도록 가르쳐야 한다.

무엇보다 놀라운 사실은 우리가 이 일을 두려움 없이 해나갈 수 있다는 것이다. 하나님은 우리에게 말씀을 주셨고, 성령으로 충만하게 하시며, 교회의 모든 자원을 우리에게 허락해주셨다. 그분은 날마다 우리에게 지혜롭고 유익한 대화로 자녀들을 이끌 수 있는 기회를 주신다. 그 대화를 통해서 세상의 본질과 그 속의 싸움에 대해서 그리고 그들의 마음속에서 일어나고 있는 전쟁의 본질에 대해서 함께 이야기를 나눌 수 있다. 정말 감사하게도 우리는 혼자가 아니다. 그분이 바로 우리와 함께 계시다. 그리고 우리가 해야 할 일과 하지 말아야 할 일의 목록 이상의 것을 가지고 세상을 살아가는 자녀들을 키울 수 있기 위해 우리에게 필요한 모든 것을 허락해주신다.

우리는 소망을 가지고 우리의 목표를 굳게 견지할 수 있다. 그 목표는 성경적으로 사고하며, 자신의 문화를 이해하고, 성경적인 관점을 가지고 눈앞의 모든 상황을 다룰 수 있는 십대 청소년들을 키우고자 하는 것이다. 그렇게 되면 십대 청소년들은 언제 문화로부터 스스로를 구별하며, 언제 그 문화 속에 동참하는지를 아는 성년으로 자라게 될 것이다. 그리고 그들은 언제 문화로부터 떨어져나오고, 어떻게 문화를 재형성을 하는지를 알게 될 것이다. 마침내 그들은 영향력 있는 사람들이 될 것이다. 그리스도의 빛과 소금이 될 것이다.

9장. 성찰과 토론을 위한 질문

(1) 당신과 자녀와 가족 전체가 주변 문화에 어떻게 참여하는지 생각해보라. 세상과 자신을 완전히 분리하는가? 아니면 그 결과와 상관없이 무분별하게 세상의 일부로 살아가는가? 이렇게 양극단 중 한쪽을 고집하지는 않는가? 당신의 가족이 '세상 안에서 살아가지만 세상에 속하지 않는' 삶을 산다는 것은 어떤 모습인가?

(2) 주변 문화가 당신의 인생에 미친 긍정적인 영향과 부정적인 영향을 생각해보라. 십대 자녀에게는 어떤 영향을 미치는가? 문화 밖에 있든 안에 있든 죄와 악의 존재를 볼 수 있는가? 악이 자신의 외부에 있다고 보는가? 아니면 내부에 있는 악도 볼 수 있는가?

(3) 주변 문화가 가정생활에 어떤 영향을 미치는가? 당신의 일정을 결정하는 데는 어떤 영향을 미치는가? 주변 문화가 어떻게 십대 자녀와의 관계를 규정하고 형성했는가? 당신의 신앙생활에는 어떤 영향을 미쳤는가? 자녀의 신앙생활에는 어떤 영향을 미쳤는가?

(4) 십대 자녀에게 영향을 미치는 문화의 해로운 측면에 더 관심을 두는 편인가? 자녀와 함께 문화를 즐기고 참여하는 구체적인 방법을 생각해보라. 자녀가 좋아하는 노래, 영화, 유명인 등과 같이 부정적이든 긍정적이든, 이런 주제들로 자녀에게 성경적인 시각을 정립하도록 도울 방법을 고민해보라. 어떻게 하면 주변 문화에 구속적으로 영향을 미치고 하나님께 영광을 돌리도록 자녀를 인도할 수 있는가?

(5) 당신의 가족이 "어그러지고 거스르는 세대 가운데서…세상에서 그들 가운데 빛들로 나타[나도록]"(빌 2:15) 문화 안에서 지혜롭게 살고, 깨어 있어 사람들을 구원하는 삶을 살기 위해 갖추어야 할 성경적 지혜의 원리는 무엇인가?

(6) 자녀가 타락한 세상에서 살아야 하는 어려움을 이해하는가? 주변 문화와 그 유혹을 잘 인식하고, 다른 사람의 잘못된 해석과 반응이 그리스도와 그분의 말씀을 모르는 누군가에게는 그럴듯하게 보일 수 있음을 인정하는가?

10장.

하나님을
향한 마음

우리 부부에게는 우리 아이들이 아직 세상에 태어나기 전에 그들에 대한 꿈이 있었다. 결혼하기 전부터 아이를 갖게 되는 것에 대해 이야기를 하곤 했었다. 얼마나 많이 낳을지, 어떻게 키울지, 그들에게 무엇을 해줄지를 이야기했다. 나는 아내의 배 속에 첫아이가 자라고 있다는 것을 알았을 때 느꼈던 그 흥분을 아직도 생생하게 기억한다. 아내의 배 위에 손을 얹어보았던 때의 설레임도 기억한다. 왜냐하면 내가 아들과 유일하게 연결되는 길이 바로 내 손으로 그 아이의 움직임을 느끼는 순간이었기 때문이다. 나는 차를 타고 직장에 가면서 태어날 아들에 대해 상상하던 것도 생생히 기억한다. 누구를 닮았을까? 신체적으로는 아무런 이상이 없을까? 나중에 커서 어떤 직업을 갖게 될까? 교수? 목사? 운동 선수? 아니면 기술자? 선교사? 좋은 아내를 만날까? 아이의 인생은 어떻게 흘러갈까?

첫아들이 태어났을 때 내 손으로 그 아이를 안아보았던 때가 생각난다. 그땐 정말 내 속에서 뭔가 충만한 기쁨과 강한 두려움 같은 것이 한데 엉켜 뭐라 형용할 수 없는 기분이었다. 마침내 그렇게 기다리던 아이가 건강하고 생기 넘치며 따뜻한 감촉으로 바로 그곳에 있었던 것이었다. 우리가 아이를 갖게 되다니! 그러나 그 순간은 내가 길고도 험한, 중요하면서 때로는 버거운 의무감을 갖게 되는 순간이었다. 나는 그 아이의 아버지였던 것이다. 어느 누구도 이러한 엄마와 아빠의 위치를 대신할 수는 없었다. 하나님은 우리를 선택하셔서 그 아이를 가장 우선적으로 사랑하며, 돌보고, 교육시키며, 훈련시키는 대리자가 되게 하셨다.

아이가 어렸을 때 우리는 아이에 대해서 꿈을 꾸었고, 토론하였으며, 책을 샀고 그리고 기도를 드렸다. 그 아이와 함께 우리는 사랑했고, 함께 뒹굴었으며, 먹이고, 가르치고, 놀았으며, 훈육하였고, 기도했다. 오랫동안 우리는 열심히 그리고 정성을 다해 아이를 길렀다. 아이가 학교에 갔다 오면 "오늘은 어떻게 지냈니?"라는 질문과 대답을 지금까지 수천 번도 넘게 함께 나누었다. 그리고 수천 번 훈계했고, 수천 번 위로하고 격려했다. 그동안 우리는 헤아릴 수 없이 많은 해야 할 것과 하지 말아야 할 것을 말했다. 옷과 각종 장난감과 책 그리고 가구도 사주었다. 학교에 입학시켰고, 등하교도 시켰다. 아이의 친구들을 만났고 또 집으로 초대하기도 했다. 여자 친구를 소개받기도 했고, 무서운 선생님들에 대한 이야기도 들었다. 우리는 아이의 학교 생활과 대학 입학 시험 준비 기간을 함께 보냈다. 아이의 방에 앉아 중요한 일에 대해 토론했다. 우리 부부는 밤중에 아이가 자고 있을 때 아이에 관한 이야기를 자주 나누었다. 우리는 아들을 위해 끊임없이 기도했고, 아이와 손을 맞잡고 함께 기도하기도 했다. 아이를 매일 말씀으로 가르치고, 교회 주일 학교에도 열심히 보냈다.

우리는 내내 정말 부단히 노력했다. 아이를 위해 기도하고 또 기도했고, 잠든 아이에게 손을 얹고 하나님께 맡겨드리는 기도를 올리기도 했다. 우리는 이 모든 일을 아이와 함께 했다.

하지만 우리는 우리가 되기를 바라던 부모가 되지 못했다. 아이들에게 짜증스러운 표정을 지어 보이기도 했고, 불친절한 말을 했으며, 불편한 침묵으로 일관하기도 했다. 우리 부부는 아이들을 위해 많은 일을 했지만 아무것도 완벽하게 해내지 못했다. 이 모든 일을 겪으면서 우리는 자신의 연약함을 뼈저리게 깨달았고, 그와 더불어 항상 함께하시는 하나님의 능력을 체험했다.

우리가 했던 일들은 무엇인가? 우리는 단순히 가족이 있다면 당연히 하는 일을 했던 것인가? 우리의 목표는 무엇이었는가? 우리의 초점은 어디에 있었는가? 우리가 얻고자 했던 결과는 무엇이었는가?

최고의 목표

우리 모두는 자녀들에 대해서 무엇인가를 원한다. 훌륭한 교육을 받기 원하고, 적성에 맞는 만족스러운 직장을 원하며, 행복한 결혼 생활, 건강한 자녀를 낳게 되는 것, 화목한 집안 그리고 불행한 일이 생기지 않는 인생이 되기를 원한다. 그렇지만 모든 수고와 소망 가운데 나타나는 가장 핵심적인 바람은 무엇인가?

다윗이 자신의 간구를 표현한 시편을 보면, 우리가 자녀 양육에서 행하게 되는 모든 노력의 궁극적인 초점은 무엇이 되어야 하는가가 잘 나타나 있다.

> 시 27:4 "내가 여호와께 바라는 한 가지 일 그것을 구하리니
> 곧 내가 내 평생에 여호와의 집에 살면서
> 여호와의 아름다움을 바라보며
> 그의 성전에서 사모하는 그것이라."
>
> 시 84:1-4, 10 "만군의 여호와여 주의 장막이
> 어찌 그리 사랑스러운지요
> 내 영혼이 여호와의 궁정을 사모하여 쇠약함이여
> 내 마음과 육체가 살아 계시는 하나님께 부르짖나이다
> 나의 왕, 나의 하나님, 만군의 여호와여
> 주의 제단에서 참새도 제 집을 얻고 제비도 새끼 둘
> 보금자리를 얻었나이다
> 주의 집에 사는 자들은 복이 있나니
> 그들이 항상 주를 찬송하리이다…
> 주의 궁정에서의 한 날이 다른 곳에서의 천 날보다 나은즉
> 악인의 장막에 사는 것보다
> 내 하나님의 성전 문지기로 있는 것이 좋사오니."

다윗이 구약의 이 아름다운 언어로 묘사한 것은 하나님을 향한 마음이다. 다른 모든 것보다도 바로 이것이 우리가 자녀를 양육하는 노력의 목표다. 그리고 그들이 집에서 떠날 준비를 할 때 우리가 그들 가운데 나타나기를 바라는 자질이다. 이 자질은

그들의 다른 성품뿐만 아니라, 그들의 삶에서 하나님 중심으로 초점을 맞추도록 할 것이다. 우리는 이것 외에 다른 자질들을 중요하게 여기도록 만들어서는 안 된다. 이 자질이 나타나도록 투자하는 시간을 결코 아까워해서도 안 된다. 또한 다른 모든 것들보다 특별히 학력과 출세만을 중시하는 세상 문화의 기준들을 따라서도 안 된다. 이는 성경이 오직 이러한 것들에서 성공하기만을 바라며 살아가는 자는 어리석은 자라고 말하고 있기 때문이다. 하나님을 향한 마음이라는 이러한 목표는 우리가 인간으로 창조된 목적이 무엇인지를 밝혀준다. 웨스트민스터 소요리 문답은 이를 잘 설명하고 있다. 즉 인간의 제일 되는 목적은 "하나님을 영화롭게 하는 것과 그를 영원히 즐거워하는 것"뿐이다.

아마도 우리 대부분에게 이러한 목표는 비현실적으로 높은 것처럼 보일지 모른다. 우리는 그저 자녀들이 아무런 저항 없이 교회에 잘 나가고, 그런 대로 고분고분한 모습을 보여주는 것을 고맙게 느끼는 삶에 적응되어가고 있다. 하지만 하나님을 영화롭게 하는 것과 그분을 즐거워한다는 것은 우리 각 사람을 위한 하나님의 분명한 목표다. 어떻게 우리가 이러한 목표에서 자녀들만 제외시킬 수 있겠는가? 어쩌면 우리가 자녀들에게서 이 목표를 갖지 않았기 때문에 비현실적으로 보이는지도 모른다. 우리 스스로가 이것을 가능하다고 보지 않았기 때문에 그들에게서 이 목표를 추구할 수 있다는 믿음도 사라져버렸던 것이다.

목표 4.

십대들이 하나님을 향한 마음을 갖게 하기

취직과 유학 등으로 집을 떠나는 많은 그리스도인 가정의 자녀들이 하나님을 향한 마음을 가지고 있지 않다는 것은 매우 슬픈 현실이다. 그들은 아마 자신이 그리스도인이라고 고백할 것이고, 무신론자가 아니라고 확실히 말할 것이다. 하지만 그들은 세상을 살아가는 방식에서는 세상적이다. 하나님을 향한 간절함으로 하루하루를 살아가려는 마음이 없다. 이러한 자녀들은 의식적으로 하나님을 부인하지는 않지만 그 삶 속의 실제적인 지배권은 하나님이 아닌 다른 것이 차지하고 있다. 하나님을 사랑하는 마음은 다른 것들을 사랑하는 마음으로 바뀌어버렸다. 그들은 겉으로는 하나님을 거부하지 않을지라도 마음속 깊은 곳에서는 '하나님 아버지'에 대한 사랑보다는 '세상'에 대한 더 큰 사랑이 존재하고 있다(요일 2:15). 그들은 창조주보다 피조물을 더 사랑하고 섬기고 있는 것이다(롬 1:25).

무엇이 잘못되었는가?

왜 이러한 현상이 일반적인 것으로 되어버렸는가? 만약 주님이 우리 삶의 주된 관심사가 되신다면, 왜 자녀들에게 이러한 가치가 전해지지 않았을까? 자녀 양육으로 인해 절망한 많은 그리스도인 부모들이 이러한 의문을 가졌다. 그러나 나는 이것이 우리 모두가 반드시 자문해보아야 하는 문제라고 생각한다. 우리 각 사람이 자신의 마음을 살펴보고, 주님이 우리의 모든 초점이라고 생각하는 대로 가정생활을 하고 있는지를 점검해야 한다.

무엇이 잘못되었는가 하는 질문에 다음과 같이 몇 가지로 답할 수 있다.

익숙함

영어 속담 중에는 '익숙함이 경멸을 키운다(Familiarity breeds contempt)'는 말이 있다. 타락한 인간 본성을 가진 우리는 삶에서 너무 익숙한 부분을 그냥 당연하게 여기는 경향이 있다. 실제로 우리는 우리가 즐기는 풍요로운 음식, 옷, 집 그리고 건강 등에 대해서 별다른 감사의 마음을 갖지 못하면서 산다. 우리는 세상의 다른 사람들의 가치 기준에 의하면 믿을 수 없을 정도로 부요한 자들이다. 그렇지만 우리가 특권을 누리며 살고 있다고 생각하지는 않는다. 사실 우리는 종종 투덜대고 불평했다. 왜냐하면 우리가 충분하게 소유했다고 생각하지 않기 때문이었다. 어떤 십대 아이들은 먹을 것들로 가득 차 있는 냉장고 문을 열고는 먹을 만한 것이 없다고 투덜거린다.

이러한 원리들은 분명 영적인 영역에 대해서도 마찬가지로 나타난다. 때로 우리는 십대 자녀들의 신앙의 성격을 나타내주는 형식적인 신앙 생활에 대해서 다시금 생각해보아야 한다. 우리는 그들이 신앙의 가정에서 태어난 것이 얼마나 은혜로운 특권인지를 깨달을 수 있도록 도와주어야 한다. 그들이 예수님을 믿는 가정에서 태어난 것이 지극히 당연한 것처럼 보이지만, 이 세상에서 전혀 당연한 일이 아니라는 것을 깨닫게 해줘야 한다. 이것은 자연의 힘과 인간 역사의 흐름을 말 그대로 좌지우지하시는 분이신 세상의 주권자이시자 사랑이 풍성하신 하나님이 행하신 일이다. 이로써 우리는 그분에 대해 알게 되고 그분의 진리에 대해 깨닫게 된다.

뿐만 아니라 십대들은 그분이 계속 존재하시며 날마다 우리 가운데 역사하셔서 우리가 그분으로부터 벗어나지 않고, 우리의 최고 목표인 그분의 영광을 위해 살아갈 수 있다는 것을 깨달아야 한다. 우리는 성실하게 그분의 존재와 능력과 그 사역하시는 손의 증거를 가리켜 보여주어야 한다. 우리는 자신이나 십대 자녀가 우리 존재의 가장 영광스러운 사실을 잊어버리게 해서는 안 된다. 그것은 하나님은 실제로 살아 계시며, 능력과 선하심으로 말미암아 가장 영광스러우시고, 그분이 우리를 자녀로 삼으셨다는 사실이다. 이보다 더 중요하고 놀라운 것은 지금까지 없었고 앞으로도 없을 것이다.

우리가 만약 자녀들이 하나님을 향한 경외심과 그분의 은혜에 영광을 돌리려는 마음을 가지고 집을 떠나도록 모든 노력을 기울이지 않는다면, 자녀 교육에서 실패한 것이다. 만약 우리 자녀들이 하나님을 알고 그분의 사랑을 받으며 그분의 영광을 위해 살도록 선택받은 것을 감사하지 않는다면, 우리는 결코 마음을 놓을 수 없다. 그리고 그들에게 이 일을 경험하도록 돕지 못했던 이유는 우리 스스로 그러한 감사가 없기 때문이었다는 것을 우리는 겸손히 인정해야 한다. 대부분의 사람이 "맹인이라 멀리 보지 못하고 그의 옛 죄가 깨끗하게 된 것을 잊었느니라"(벧후 1:9)는 말씀에 해당된다. 만약 우리가 구원받은 것을 선물이자 특권으로 감사하게 여기지 않는다면, 우리 십대 자녀들도 그것이 감사한 일이라는 것을 이해하지 못할 것이다.

우리 모두는 이러한 말씀을 겸손과 회개하는 마음으로 들어야 하며, 그리스도가 우리의 죗값을 갚아주심으로 죄를 용서받게 된 것에 감사함을 느껴야 한다. 우리의 구원자이신 예수 그리스도는 죄를 깨닫게 하시지만, 또한 용서해주신다. 용서해주실 뿐만 아니라 죄의 올무에서 해방해주신다. 해방해주실 뿐만 아니라 회복시키신다. 이 모든 것이 그리스도인 부모인 우리에게 주어졌다. 우리를 위해 일하신 그리스도의 사역은 우리가 후회로 가득 찬 무기력한 삶을 살 필요가 없다는 것을 뜻한다. 우리는 죄를 고백한다. 그러면 그분이 용서해주시고 자유롭게 하신다. 우리가 믿음으로 나아갈 때 그분은 우리 안에 거하시는 성령의 능력으로 말미암아 우리가 간구하는 것이나 생각하는 것보다 더 큰 일을 이루어주신다. 복음은 우리에게 과거를 돌아보게 하면서, 그다음에는 소망을 가지고 앞을 바라보게 만든다.

삶의 방식

신명기 6장은 우리가 자녀에게 행하는 자녀 양육의 삶이 어떠해야 하는지 보여준다. "네 자녀에게 부지런히 가르치며 집에 앉았을 때에든지 길을 갈 때에든지 누워 있을 때에든지 일어날 때에든지 이 말씀을 강론할 것이며"(신 6:7). 고대 농경 사회에서 가족은 항상 함께 모여 있었다. 부모들은 자녀에게 실제적인 기술과 인생관과 신앙 문제에 대한 정신적 스승이었다. 한 가족의 집과 소유물들은 그 가족원들의 삶과 활동의 중심이었다. 가내 수공업 시대에도 가족 구성원 사이에 어떤 요구 사항이나 위기가 닥쳤을 때에는 모든 생산 활동이 개인적인 긴급한 일들로 인해 잠시 중단되기도 하였다. 실제로 가족 개개인은 많은 시간을 함께 보낼 수 있었다. 그러한 문화 속에서 부모들은 아침에 눈을 뜨고 일어나서 밤에 잠들 때까지, 그 시간 내내 자녀들과 이야기할 수 있었다.

여기서 오늘날 일반적인 가족 생활이 신명기가 쓰였던 때와는 얼마나 획기적으로 달라졌는지 이해하는 것이 중요하다. 산업 혁명과 현대 교육의 부흥으로 인해 한 가족의 집과 거처는 더 이상 가족의 삶의 중심이 되지 않는다. 가족이 다 함께 있는 시간은 거의 없다. 집은 밤에 잠을 자기 위해 잠깐 머무는 여관처럼 되어버렸고, 그다음 날 아침이면 온 가족이 뿔뿔이 흩어진다. 시장이나 대형 할인점 같은 곳에서 함께 다니는 가족이 얼마나 드문지 살펴보라. 교회에서 예배드릴 때에도 함께 자리에 앉아 있는 가족이 몇이나 되는지 살펴보라. 그런데 여기서 말하는 요점은 우리가 자녀들에게 늘 같이 있어야 한다고 요구한다거나, 우리가 150년 전의 삶의 방식으로 다시 돌아가야 한다는 것이 아니다. 정반대로 현대의 가족 생활을 묘사하는 말이 '함께'가 아니라 '따로따로'라는 것을 깨달아야 한다는 것이다.

현대 대부분의 가족 구성원들이 각각 따로따로의 삶을 살고 있다는 이 심각한 상황은, 분명 자녀들에게 구원받은 기쁨과 감격을 가르치는 데 장애물이다. 이미 5, 6살 때부터 대부분의 우리 자녀들은 집 밖에서 하루 종일 시간을 보낸다. 그들이 점차 커 가고, 친구들도 사귀기 시작하며, 외부 활동에 참여하고, 수험 생활을 하게 되면 집 밖에서 보내는 시간은(그리고 부모의 영향권에서 멀어지는 시간은) 더더욱 늘어난다. 우리 문화에서 십대 자녀들이 자기 부모님과 함께 시간을 보내는 것은 오히려 이상한 일로 여겨진다. 가족이 모두 함께 있는 것을 본다면 대개 어린 자녀들을 둔 가정뿐이다. 그래서 우리 문화에서는 대개 18세(이 정도 되면 대부분의 자녀들이 거의 다 자란 셈이다)가 된 십대들은 멀리 떨어진 대학에 가기 위해서 집을 떠나고, 다시는 엄마 아빠와는 함께 살지 않게 된다.

다시 한번 내가 지금 우리 모두가 자녀들을 홈스쿨링하고, 직업도 갖지 못하게 하며, 외부 활동에도 참여하지 못하게 하고, 멀리 대학에도 보내서는 안 된다고 말하는 것이 아니라는 것을 기억해주기 바란다. 우리는 그저 분리된 삶의 방식이 하나님이 우리에게 주신 자녀들을 영적으로 양육하도록 하는 일에 영향을 미치고 있다는 것을 깨달아야 하는 것뿐이다. 자녀들을 성인이 되도록 준비시키고 있는 부모라면, 이 일에 관심을 갖고 훈련받아야 한다. 우리는 자녀들과 중요한 영적인 것들에 대해 경직되지 않고 편안하게 말할 기회를 만들어야 한다. 그리고 자신의 가족들을 위해 마련하는 계획들과 우리가 당연하다고 받아들이는 분주함이 과연 적절한지를 평가해야 한다. 너무 바빠 거의 만나지도 못하는 자녀에게 영적인 스승이 되거나, 교사가 되거나, 그들을 교육하거나 혹은 성숙한 인격을 갖도록 할 수 있는 부모는 없기 때문이다.

이는 우리의 주의를 잡아 끄는 스크린에서 눈을 돌리는 것을 의미하기도 한다. 또 자녀와 하루를 어떻게 보냈고 어떤 것을 느꼈는지 좀 더 많이 이야기하며 나누는 것을 의미하기도 한다.

혹은 삶의 방식을 단순하게 정리하고, 자녀 한 사람 한 사람과 그 날 하루 있었던 일을 이야기하려는 노력을 더 많이 기울이는 것을 뜻한다. 자녀의 방에 들어가서 그의 삶에 관심을 가지며 이야기를 들어주는 것이다. 출장 가는 횟수를 줄이고, 경력 개발에 덜 집중하는 것을 뜻한다. 또한 너무 바쁘다는 핑계로 폐쇄적이고 고립된 삶을 살았던 자신의 이기적인 죄를 고백하는 것이기도 하다. 결국 우리 모두에게 이것은 하나님의 사랑과 그분의 영광을 위해 살고자 하는 결심을 우리 자녀들에게 물려주고 있느냐 아니냐의 질문이 된다. 만약 이러한 삶을 살고 있지 않다면, 그 이유가 지나치게 바쁘거나 가족과 단절되었기 때문은 아닌지 자문해보아야 한다.

위선

우리가 하나님께 대한 감사의 마음을 자녀들에게 물려주지 못하는 마지막 이유는, 선뜻 받아들이기는 어렵겠지만 반드시 알아야 하는 것이다. 그것은 위선이다. 자신의 신앙에 대해서 말로는 확고하게 장담하지만, 그에 맞게 살지 못하고 있는 부모를 둔 자녀들은 부모의 신앙 자체를 우습게 여기게 된다. 신앙에 맞게 살아가는 것은 완벽하게 산다는 것을 뜻하지 않는다. 그것은 하나님과 그분의 말씀이 가장 중요하다는 생각을 겉으로 나타내는 삶을 사는 것이다. 그러한 부모는 자신이 실패할 때에라도 겸손하게 죄를 고백하고 변화를 결심하는 모습으로 하나님께 영광을 돌릴 수 있다.

그렇지만 죄를 짓지 말라고 말하면서 자신은 자기 의로움에 빠져 살아가는 부모들은("매일 힘들게 일하면서도 나는 한 번도 하나님께 불평하며 살아본 적이 없어!") 사실상 복음을 부인하고 있는 것이다. 그리스도의 희생적인 사랑에 대해서 말하면서 자신은 이기적으로 살아가는 부모는("그 지긋지긋한 음악 좀 꺼버려라. 엄마가 아주 미치겠다!") 사실은 복음을 부인하고 있는 것이다. 그리스도의 은혜에 대해서 이야기하면서 자녀를 훈계할 때에는 가장 심한 말로 정죄하는 부모는("도대체 넌 오늘 또 무슨 바보 같은 짓을 하고 있니?") 실제로는 복음을 부인하는 것이다. 그리스도의 용서에 대해서 이야기하지만 늘 자녀에게 화를 내고 용서하지 않는 마음을 가지고 살아가는 부모는("다음에 네가 나한테 무엇인가를 원할 때, 오늘 네가 나한테 어떻게 했는지 반드시 기억해라!") 실제로는 복음을 부인하는 것이다. 하나님의 나라를 말하면서 세상 문화의 물질주의에 빠져 있는 부모는(돈으로 살 수 있는 물질을 추구하는 삶) 사실 복음을 부인하는 것이다.

하나님은 우리가 받은 복음에 합당한 삶을 살도록 부르셨다고 말씀하신다(엡 4:1). 만약 우리가 부모로서 이러한 모습을 보이지 못한다면, 우리 자녀들은 우리가 말한 복음의 궁극적인 중요성을 알지 못하거나 혹은 업신여기게 될 것이다. 자녀들은 우리가 그렇게 허술하게 보여주었던 하나님을 거부할 것이고, 그들 역시 주변 문화의 우상들을 섬기게 되고 말 것이다(삿 2:6-15).

당신의 마음을 살피라

지금까지 내가 말한 것에 대해서 당

신의 생각은 어떠한가? 변명하게 되는가? 부끄러운가? 낙심이 되는가? 절대 그러지 말라. 그것 역시 사실은 복음을 부인하는 것이다. 만약 당신이 자신의 죄와 실패들을 깨닫는다면, 당신은 자신을 나에게나 당신 자녀들에게나 혹은 하나님 앞에서 정당화할 필요가 없다. 당신은 후회의 무거운 짐을 지고 살거나 그것을 잊어버리라는 유혹을 받을 필요가 없다. 복음은 당신 자녀에 대해서뿐만 아니라, 당신 자신에 대해서도 소망을 준다. 그리스도는 인자하심으로 당신을 회개로 인도하신다. 그러므로 그분이 당신의 인생에 새로운 일을 행하시도록 모든 것을 맡기라.

우리는 부모로서 자신의 마음을 살피고 자신의 삶을 점검하려는 의지를 가져야 한다. 우리는 기꺼이 자신의 죄를 고백하고, 우리가 인생에서 가장 중요한 것에 대해 했던 말과 모순되게 살았음을 회개하려는 의지를 가져야 한다. 그리고 우리는 죄를 고백하되 패배감과 절망감의 쓰라린 마음이 아니라, 그리스도 안에 용서와 구원이 있다는 것을 깨닫는 기쁜 마음으로 해야 한다. 죄를 용서해주시는 그분은 또한 새로운 방식대로 삶을 살아갈 수 있도록 힘을 공급해주실 것이다.

당신이 자신을 돌아보면서 이렇게 말한다고 해보자. "그래 맞아, 내가 아이들 앞에서 보여주었던 삶은 정말 여러 가지 면에서 복음에 합당한 삶이 아니었어." 그렇다면 결코 희망이 사라졌다고 생각하지 말라. 자녀들에게 가라. 그리고 이렇게 고백하라. "얘들아, 아빠(엄마)의 사는 방식과 너희에게 반응했던 모습이 어떤 때에는 너희에게 가르쳤던 것이나 하나님이 우리에게 주셨던 복음에 합당하지 않은 모습이었던 때가 있었구나. 아빠(엄마)는 이제서야 그런 모습이 너희를 실망시키고 화나게 만들었다는 것을 깨달았단다. 그리고 얼마나 자기 의에 빠져 있고, 사랑 없고, 화만 내고, 용서해주지 못했는지 알게 되었단다. 그래서 이제 너희에게 용서를 빌려고 한단다. 부모로서 얼마나 하나님의 모습을 잘 나타내지 못했는지 깨달았어. 이제 아빠(엄마)를 위해서 기도해주었으면 좋겠다. 그리고 내가 다시 위선적이거나 사랑이 없는 모습을 보인다고 생각될 때면 언제든지 와서 얘기해주렴. 나는 하나님 앞에서 너희들에게 그분을 알려주고 너희들이 그분의 말씀의 귀함을 깨달으며 살도록 헌신하기로 결심했단다. 나를 위해 기도해다오."

나는 이러한 말이 하나님을 향한 자녀의 인식을 근본적으로 바꾸기 위해 하나님이 사용하시는 치료의 말씀이라고 확신한다. 죄를 고백하고 회개하는 일이 결코 늦어져서는 안 된다. 패배주의에도 빠지지 말라. 하나님은 메뚜기들이 먹은 것을 다 보상해주실 수 있다는 것을 기억하라(욜 2:25). 그분은 회복의 하나님이시며, 찢기도 하시고, 싸매시기도 하시는 창조자이시다. 겸손하게 그분의 구원과 회복의 사역에 동참하라.

하나님을 향한
마음의 표시

십대들의 삶에서 하나님을 향한 마음을 갖는다는 것은 어떻게 나타날까? 하나님을 향한 마음의 가장 큰 특징은 하나님을 알고자 하고, 그분께 영광을 돌리고자 하는 내면의 깊고 진실한 열정이다. 이것은 기독교 신앙의 외적인 의무를 바리새적으로 수행하는 것이나, 그 신앙의 일시적인 유익을 위해 사는 것과 확연히 대조된다. 하나님은 가장 강한 어조로써 이스라엘의 너무나 성의 없는 '겉으로만 순종하는 모습'을 싫어하신다는 것을 보여주셨다. 그분은 이렇게 말씀하셨다.

> **사 1:11-17** "여호와께서 말씀하시되 너희의 무수한 제물이 내게 무엇이 유익하뇨 나는 숫양의 번제와 살진 짐승의 기름에 배불렀고 나는 숫송아지나 어린 양이나 수염소의 피를 기뻐하지 아니하노라 너희가 내 앞에 보이러 오니 그것을 누가 너희에게 요구하였느냐 내 마당만 밟을 뿐이니라 헛된 제물을 다시 가져오지 말라 분향은 내가 가증히 여기는 바요 월삭과 안식일과 대회로 모이는 것도 그러하니 성회와 아울러 악을 행하는 것을 내가 견디지 못하겠노라 내 마음이 너희의 월삭과 정한 절기를 싫어하나니 그것이 내게 무거운 짐이라 내가 지기에 곤비하였느니라 너희가 손을 펼 때에 내가 내 눈을 너희에게서 가리고 너희가 많이 기도할지라도 내가 듣지 아니하리니 이는 너희의 손에 피가 가득함이라 너희는 스스로 씻으며 스스로 깨끗하게 하여 내 목전에서 너희 악한 행실을 버리며 행악을 그치고 선행을 배우며 공의를 구하며 학대 받는 자를 도와주며 고아를 위하여 신원하며 과부를 위하여 변호하라 하셨느니라."
>
> **사 29:13** "주께서 이르시되 이 백성이 입으로는 나를 가까이하며 입술로는 나를 공경하나 그들의 마음은 내게서 멀리 떠났나니 그들이 나를 경외함은 사람의 계명으로 가르침을 받았을 뿐이라."

그리스도도 하나님으로부터 마음이 떠나 있고 자기 의로움으로 가득한 의무만을 행하는 바리새인들에게 동일하게 표현하셨다.

> 마 23:25-28 "화 있을진저 외식하는 서기관들과 바리새인들이여 잔과 대접의 겉은 깨끗이 하되 그 안에는 탐욕과 방탕으로 가득하게 하는도다 눈 먼 바리새인이여 너는 먼저 안을 깨끗이 하라 그리하면 겉도 깨끗하리라 화 있을진저 외식하는 서기관들과 바리새인들이여 회칠한 무덤 같으니 겉으로는 아름답게 보이나 그 안에는 죽은 사람의 뼈와 모든 더러운 것이 가득하도다 이와 같이 너희도 겉으로는 사람에게 옳게 보이되 안으로는 외식과 불법이 가득하도다."
>
> 마 5:20 "내가 너희에게 이르노니 너희 의가 서기관과 바리새인보다 더 낫지 못하면 결코 천국에 들어가지 못하리라."

이 구절에 나타난 경고는 우리 자신과 자녀들을 정직하게 바라보도록 도와준다. 경건함이란 단지 일련의 행동 규칙들(해야 하는 것과 하지 말아야 하는 것에 관해 모든 그리스도인들이 가지고 있는 목록. 이것은 성경의 명령과 인간이 만든 행동 규범의 금지 사항을 오랜 전통 안에서 혼합한 것이다)을 지키는 것 이상의 어떤 의미를 갖는다. 진정한 경건함이란 마음속에서부터 흘러나와서 그 사람의 삶 속에 좋은 열매들을 풍성하게 맺는다. 이것이 바로 우리가 자녀들 가운데서 나타나기를 원하는 것이다.

당신이 하나님을 향한 마음을 가지고 있는 십대 자녀들에게서 보게 될 것은, 하나님을 인격적으로 추구하는 마음을 나타내는 행동과 자세와 인간관계와 여러 활동이다. 이것은 마지못해 의무를 수행하는 것이 아니다. 이것은 위협이나 죄의식이나 경고나 부모의 힘겨운 설득 때문에 하는 것도 아니다. 그러한 부모의 간섭은 모두 하나님만이 하실 수 있는 결과를 부모 자신이 만들고자 하는 시도일 뿐이다. 그러한 간섭들은 지속적인 경건함의 열매를 맺지 못할 것이다. 오직 압박과 감시가 사라지는 순간 없어져버릴 일시적인 흉내만을 내게 할 것이다.

내가 사용했던 용어에 주목해주기를 바란다. 우리는 하나님이 십대 자녀들이 하나님을 '인격적으로' 추구하는 마음이 생기도록 하시는 데 부모인 우리를 사용해주시기 원한다. 그러한 추구는 다른 말로 하면 하나님과의 관계에 대해 내적인 동기가 유발되는 진지함을 갖는 것이다. 그들은 영적인 자아에 눈을 뜬 사람들이 될 것이다. 그들은 억압되거나 억지로 설득될 필요가 없다. 그들 스스로가 영적인 것에 몰두하게 된다. 왜냐하면 그들은 진정으로 그것을 원하고 있고, 그것은 그들에게 중요한 의미를 갖기 때문이다.

그다음으로 우리가 지금 말하고 있는 것이 하나님을 향한 인격적인 '추구'라는 것에 주목하기 바란다. 하나님을 인격적으로 추구하는 십대들은 구도자다. 그들은 목말라하고 있다. 그들은 자신에게 가장 중요한 일을 할 수 있도록 도와주는 상황과 장소와 인간관계가 무엇인지를 찾고 있다. 그 중요한 일이란 바로 하나님을 아는 것이다. 그들은 그 일을 할 시간을 찾는다. 그것을 위해 길을 떠날 것이다. 결단력이 있고 믿음에 확신이 넘친다. 열린 마음을 가지고 배우려 한다. 그들은 예배나 성경 공부에 빠질 핑계거리를 찾지 않는다. 그들은 읽고, 공부하고, 숙고하고, 암기

한다. 그들은 독립적으로 자신의 의지로 하나님을 향해서 달려 나간다.

마지막으로 우리는 자녀들에게 '하나님'을 향한 인격적인 추구를 가르치기 원한다. 하나님을 향한 마음이 있는 십대는 교회에 뭔가 '마음에 드는' 인간관계가 있기 때문에 교회에 다니지 않는다. 또한 교회 활동에 참여하는 모습을 보여줌으로써 부모님을 안심시키려는 것도 아니다. 완전히 그 반대로 이들은 하나님을 알고자 하고 사랑하는 자들이다. 그리고 그분을 더 깊이 알려고 한다. 그들의 마음속에는 하나님과의 친밀한 관계를 진심으로 바라는 마음이 있다. 자신의 삶이 그분을 기쁘시게 하기를 원하는 진정한 소원이 있다. 이것이 바로 하나님을 참으로 사랑하는 자이고, 그의 삶의 방식은 그러한 사랑을 나타낸다.

하나님을 추구하는 마음의 표지

앞에서 말했듯이, 하나님을 향한 인격적인 추구는 이를 마음에 품고 있는 십대들의 삶 속에서 행동으로, 활동으로 그리고 인간관계에서 분명히 나타난다. 만약 당신의 자녀가 하나님을 향한 마음을 가지고 있다면, 다음과 같은 모습을 볼 수 있다.

인격적인 경배와 헌신이 있는 독립적인 삶

하나님을 향한 마음을 품은 십대들은 주님과 인격적인 시간을 많이 보낸다. 그는 스스로 성경을 읽으려 하고 기도 시간을 갖는다. 그렇지만 그들이 새벽 5시에 일어나서 2시간 동안 성경을 읽고 기도한다는 것은 아니다. 개인적인 경건의 삶을 끊임없이 살아간다는 것이다.

예전에 아들 방에 들어가 무언가를 찾다가 아이 침대 곁에 놓여 있는 신약 성경을 보게 되었다. 그 아이는 날마다 나름대로 성경을 읽고 있었던 것이다. 그렇다고 그러한 경건 생활에 대해서 떠벌리거나 자랑했던 적은 없었다. 하지만 분명 그 아이가 자신의 분주한 삶 속에서 성경을 읽을 시간을 갖게 만든 것은 바로 하나님께 대한 열정이었다.

함께 드리는 예배와 가르침에 대한 갈망

교회에 가라고 잔소리할 필요 없이 교회에서 예배드리는 것을 기뻐하는 십대 자녀들은 두 가지 주된 이유 때문에 교회에 간다. 첫 번째는 그들이 예배를 즐거워하기 때문이다. 그들에게 예배란 자신의 마음속에 있는 하나님과 그분이 하신 일에 대한 사랑과 감사를 표현하는 것이다. 또한 그들에게 예배는 자신의 소망의 근거가 무엇인지를 나타내는 것이다. 두 번째 이유는 하나님을 찬양하고자 하는 마음을 동일하게 가지고 있는 사람들과 함께 모이는 것을 좋아하기 때문이다. 그들은 함께 드리는 예배가 자신의 삶 속에 가장 중요한 요소인 하나님의 존재와 그분의 영광에 더욱 집중할 수 있도록 돕기 때문에 바로 그곳에 모인다. 그들은 어쩌면 이러한 것들을 말로 표현하거나 드러내지 않을지도 모른다. 하지만 그들은 예배드리는 장소에 있고 싶기 때문에 그곳에 모이는 것이다.

내가 오랫동안 해외 여행을 마치고 돌아온 바로 다음 주에 있었던 일이다. 우리 가족은 각자 너무나 바쁜 삶을 보내고 있었기 때문에, 나는 그 주말에 주일까지 포함해서 집에 틀어박혀서 나오지 않는 가족만의 휴식을 갖기로 결정했다. 그리고 주일에는 다 함께 가정 예배를 드리고 나서 점심을 먹으러 나갈 계획이었다. 그런데 큰아들이 내게 오더니 자기는 교회 오전 예배에 가고 싶다고 말했다. 그러면서 아빠만 괜찮다면 자기는 예배를 드리고 나서 점심 식사 때 돌아오겠다는 것이었다. 아빠만 괜찮다면이라니? 나는 오히려 기뻤다. 나는 교회에서 온 성도가 함께 모여 드리는 예배에 참여하고 싶어 하는 아이의 열망을 결코 꺾고 싶지 않았다. 사실 그 아이가 예배를 드리고 싶어 하는 마음은 내가 세웠던 가족 휴식 계획을 다시 한번 생각하게 만들었다.

말씀으로 채워지기 원하는 갈급한 심령

교회에서 드리는 예배에 참석하고 싶어 하는 마음은 그들의 마음속에 있는 또 다른 긍정적인 표지를 보여준다. 바로 그들이 말씀으로 채워지기 원하는 갈급한 심령을 가졌다는 것이다. 십대들은 대개 자신이 말씀을 더 배워야 한다는 필요성을 알지 못한다. 당신이 그들에게 조언을 하거나 가르칠 때 그들은 방어적이 되기 쉽다. 때로는 자신들이 많은 것을 알고 있다고 생각하기도 하지만 실제로는 그렇지 못하다. 그들은 자신들이 삶을 잘 준비하고 있다고 단정해버리지만 실제로는 그렇지 않은 것이다.

그들이 가르침을 받고자 한다면 그것은 하나님의 은혜가 역사하고 있다는 표지다. 그들이 배우고자 하는 마음이 있다면 그것은 영적인 갈급함이 있다는 표지다. 하나님을 향한 마음을 가지고 있는 십대들은 말씀을 배우고 듣는 시간을 피하지 않는다. 오히려 더 그 시간을 기다릴 것이다. 그리고 그들은 교회 맨 뒷자리에 앉아서 의자에 몸을 구부리고 지겨움을 도저히 참을 수 없다는 듯한 표정을 짓지 않을 것이다. 결코 그렇지 않다. 어떤 식으로든지 그들은 하나님과 그분의 뜻과 그분의 길에 대해 더 많이 배우고자 하는 열정을 나타내 보일 것이다. 하나님이 교회에 세우신 선생님에 대해서 더 감사하는 마음을 갖고, 성경의 진리가 전해지는 바로 그 가르침의 자리에 자신도 나중에 서기를 원할 것이다.

그리스도의 몸과 나누는 교제에 참여함

그들은 동일한 마음을 갖고 있는 다른 사람들과 함께하기를 원할 것이다. 그들은 같은 신앙과 같은 영적인 소원을 나누는 또래들을 찾으며 기독교 공동체에 소속되고자 할 것이다. 그들은 대학에 오자마자 즉시 그 대학에 있는 기독교 학생 모임을 찾아 나선다. 그들은 그렇게 돌아다니다가 같은 신앙인을 만나면 너무나 좋아한다. 또한 그들은 교회 어른들의 도움과 기도와 격려와 경험과 통찰과 지혜를 귀중하게 여긴다.

나는 내 상담실에서 의자를 까딱거리면서 '좋아요, 이제 날 좀 재미있게 해보세요'라는 태도로 앉아 있던 한 십대 소년을 기억한다. 그 아이는 분명 그곳에 앉아 있는 것조차 싫다는 태도였다. 내가 한참 심혈을 기울여 그 아이의 방어적인 태도 이면에 있는 마음을 드러내려 하고 있었을 때, 그 아이는 이렇게 말했다. "전 이제 여기서 나가고 싶어요. 앉아 있는 것조차 절 미치게 만든다고요! 우리 엄마는 말끝마다 하나님 얘기를 늘어놓는 것으로도 모자라서 이젠 날 이곳에 억지로 데려다놓았는데, 목사님은 문까지 걸어 잠가놓고 우리 엄마가 했던 것보다 더 심하게 하고 있어요. 제발 제가 어떻게 해야 할지를 알려 주세요. 그러면 제가 그대로 할게요. 그리고 절 좀 내보내주세요!" 주님을 한 번도 경험해보지 못한 데다가 여러 가지로 화난 어린 학생의 그 말은 정말 슬픈 것이었다. 게다가 더욱 슬픈 것은 그 아이의 반응이 보여주고 있었는데, 하나님의 말씀이 그 학생의 집에서 사용되는 방식은 너무나 잘못되었다는 점이었다.

영적인 것에 대한 대화에 마음이 열려 있음

우리는 십대들이 하나님의 말씀을 잘 들으려 하지 않고 마음을 닫거나 방어적이 되는 모습을 용인하거나 방치해서는 안 된다. 우리는 젊은 세대들이 주님과 그분의 말씀을 사랑하고, 삶의 모든 상황에 대해서 말씀하시는 교훈을 이해하며, 그 말씀에 의해 지도받고 인도받고자 하는 열정을 갖는 사람들이 되도록 노력해야 한다. 우리는 십대들이 영적으로 방어적인 태도를 갖지 않도록 해야 한다. 그 반대로 겸손하며 열린 마음을 가지고 자신들이 하나님의 도우심을 필요로 하는 사람임을 깨닫고, 그 도우심을 간구하는 사람들이 되도록 해야 한다.

이를 위해서 당신의 자녀를 평가하라. 성경이나 하나님의 뜻이라는 말이 대화 중에 나타날 때 그들의 반응은 어떠한가? 그들은 어떤 식으로든 말씀의 진리에 대해서 말하고 있는가? 그들이 어떤 판단이나 결정의 순간에서 기도하려 하거나 성경의 교훈을 따르고자 하는 말을 하는가? 그들이 아침에 집을 나서기 전에 당신의 어떤 도움을 받으려고 한 적이 있는가? 오후에 어떤 중요한 문제에 대한 당신의 생각을 묻기 위해서 전화를 한 적이 있는가? 늦은 밤에 그들이 마음을 터놓고 당신과 깊은 대화를 나눈 적이 있는가? 아니면 어떤 일이 생겨서 그 일에 대해 자신을 위해 기도해달라고 당신에게 요청한 적이 있는가? 그들은 점점 더 주님의 일들을 사모하고, 열정을 가지며, 그분의 도움을 필요로 하고 구하는 헌신된 사람들인가? 그들은 하나님의 진리를 따를 때에나 그 진리를 따르는 사람들과 함께 있을 때 편안한 마음을 갖는가?

    내 딸은 매우 시기심이 많고 때로는 험담하기 좋아하는 친구들 때문에 어려운 상황에 놓여 있었다. 분노와 적개심과 험담과 악을 악으로 갚는 일에 대한 강력한 유혹이 그 가운데 있었다. 어느 날 저녁 식사를 하면서 딸아이는 그 친구들과 지금 하고 있는 은밀한 일에 대해서 털어 놓았다. 그리고는 이렇게 말했다. "이 일에 대해서 오래 생각해보았는데요, 이젠 어떻게 하는게 옳은 일인지 알 것 같아요." 어쩌면 이 말은 당신에게 별로 특이하게 들리지 않을지도 모른다. 그러나 내겐 너무나 고무적인 말이었다. 그 아이는 지금 자신이 또래들의 결정에 그냥 따라가지 않고, 좀 더 심사숙고하기 위해 한 걸음 물러섰다는 것이며, 무엇을 생각하고 말하고 행하는 것이 옳은지를 결정하고자 스스로 노력했다고 말한 것이었다.

모든 일을 성경적인 관점으로 결정함

그들은 옳은 일을 하고자 하는 마음을 가지고 있다. 우리 부부에게 고무적이었던 것은 우리 딸이 옳은 일을 하고자 했으며, 하나님의 뜻이 무엇인지를 오랫동안 고심했다는 것이었다. 우리는 자녀들이 충동적이고 감정에 치우치며 자기중심적인 결정을 내리는 십대가 되도록 내버려두어서는 안 된다. 그들 앞에 더 높은 기준을 세워주어야 한다. 우리는 그들이 하는 모든 일에서 늘 하나님의 뜻을 따르려는 마음을 갖게 되도록 하기 위해, 그리고 정말로 하나님의 영광을 위해서 살아가는 사람들이 되도록 하기 위해 하나님께 쓰임을 받는 사람들이 되게 해야 한다. 그들이 정말로 어떤 상황에서든지 가장 중요한 질문으로 '하나님은 내가 무엇을 생각하고, 무엇을 바라며, 무엇을 말하고, 무엇을 행하기를 원하실까?'라고 생각할 수 있도록 해야 한다. 그리고 그들이 중요하고 실제적인 삶의 결정을 내릴 때 성경이 가장 중요한 도구로 사용되도록 해야 한다.

우리의 가장 중요한 목표는 십대들이 하나님을 향한 마음을 갖는 것이다. 이것은 그들의 삶 속에 모든 다른 경건함의 열매를 맺게 하는 뿌리다. 우리는 이 일이 우리 자녀들에게 불가능하다는 생각에 굴복하지 않아야 한다. 복음은 십대 자녀들을 위한 것이며, 성령님은 다른 사람들의 마음에서 역사하셨던 것처럼 십대 자녀들의 마음속에서도 그 신실함을 보여주신다. 만약 우리가 이러한 일들을 정말 믿는다면, 우리는 그들의 삶 속에 경건함을 이루는 하나님의 도구로써 역할을 감당하게 될 것이다.

하나님을 향한 마음을
더욱 격려하는 방법

십대 자녀가 하나님을 향한 마음을 갖도록 격려하기 위해 우리가 실천할 수 있는 실제적인 방법은 무엇이 있을까? 도착지까지 무사히 가고자 한다면 우리는 목적지가 어디이며, 그곳에 어떻게 가는지를 알아야만 한다. 이와 같이 자녀의 마음속에 하나님을 향한 열정이 생기도록 더욱 격려할 수 있는 몇 가지 일들을 설명하려고 한다. 특별히 염두에 두어야 할 것은 이 모든 것들이 어린 자녀들에게 전부 다 적용될 수 있지만, 특히 십대 시기에는 더욱 필수적이라는 것이다.

가정 예배를 최우선으로 삼고 지키라

무엇보다도 자녀들이 가정 예배를 드릴 수 있도록 한다는 것은 그들의 관심을 끌어야 한다는 의미다. 그들을 끌어들여서 함께 참여하게 해야 한다. 이는 또한 그들에게 하나님의 뜻과 그 방법이 좋아 보이게 만들어서 그것을 따르게 한다는 뜻이기도 하다. 이를 위해서 우리의 가정 예배 시간은 즐겁고, 현실에 관련되며, 변화무쌍하고, 상호 작용하는 것이 될 필요가 있다. 가정 예배는 우리 자녀들에게 지루하고 따분한 하기 싫은 일이 되어서는 안 된다. 그 반대로 성경이 중심이 된 매우 즐거운 가족 모임 시간이 되어야 한다. 여기서 잠깐 우리 부부가 아이들을 어떻게 이 시간으로 이끌고 있는지 살펴보자.

먼저 우리는 가르침과 대화의 한 도구로써 좋은 기독교 서적을 사용하여 그들의 흥미를 이끌고 도전을 주기 위해 노력해왔다. 지금까지 나는 십대를 위주로 한 많은 기독교 경건 서적들이 너무나 가볍고 때로는 너무나 심리학적이라고 생각해왔다(예를 들면, 이런 류의 서적들 대부분은 자존감이라는, 즉 성경에서 비중 있게 다룬 곳을 찾아볼 수 없는 범주를 다루고 있다). 그래서 우리 가족은 오히려 성인을 대상으로 한 훌륭한 내용의 실용적이며 읽기 편한 책들을 찾았다. 이 책들은 하나님의 지혜와 일상을 연결하는 다리를 놓아주었다. 어린 막내를 위해 그 눈높이에 맞춰 어휘를 쉽게 바꾸어 읽어주기도 했다. 그래서 막내는 책들을 쉽게 이해했지만, 첫째는 오히려 개념적으로 이해하기 어려워했다.

또한 우리는 잠언과 복음서를 읽는 데 많은 시간을 들이는 것이 자녀들을 가정 예배로 불러들이는 데 매우 효과적이라는 것을 깨달았다. 잠언서만큼 더 쉽고 실제적인 말씀을 찾을 수는 없다. 각 장은 모두 우리 각 사람이 경험하는 일들에 직접적으로 해당하는 말씀들이다. 잠언서는 때때로 좋은 토의 자료가 된다. 복음서도 실제적인 삶으로 가득하다. 하나님이 육신을 입고 오셔서, 인간들과 함께 거니시고 그들이 하나님나라의 진리를 깨닫는 일에 참여하게 하셨다. 당신이 그리스도가 말씀하신 중요한 진리들을 자녀들이 이해하도록 도울 때, 그분은 모든 질문에 대해 위대한 스승으로서, 성경 말씀의 완벽한 해석자로서, 성경의 완전한 그림을 보여주시는 자로서 그들의 관심을 사로잡으신다.

마지막으로, 우리 부부는 가정 예배가 엄격한 표현들이나 경직된 시간으로 채워지지 않는 것이 중요하다는 것을 깨달았다. 십대 자녀들이 스스럼 없이 질문을 던지고, 의심을 표현하고, 어떻게 삶에 적용할 것인가에 대해 토론하고, 그 원리를 추론하고 적용점을 찾아내며, 누구도 말하기를 꺼려하는 주저함 없이, 때로는 잘못을 지적하기도 하고, 때로는 농담도 하는 그런 자유로운 분위기가 되기를 바란다. 우리가 성경의 진리를 삶에 연결시키고, 잘못을 지적하고, 그들을 깨우치기를 원한다. 그러면서 조바심을 내지 않아야 한다. 그들에게 이해할 시간을 주고 성령이 일하실 시간을 드려야 한다. 이 시간은 바로 그들을 위한 시간이다. 우리는 우리가 사용하는 교재의 진도가 얼마나 진행되었는가에 별 관심이 없다. 우리의 목표가 자녀들이 우리에게 동의하게 만들려는 것도 아니다. 진정한 목표는 그들이 하나님께 대한 갈급함이 있도록 동기를 부여하는 것이다. 이를 위해서 우리는 마음을 편하게 하고, 인내하며, 창조적이 되어야 한다. 자녀들이 잘 이해하고 있는지, 의문이나 혼란은 없는지, 논의하는 내용을 삶에 적용할 수 있는지 확인하기 위해 더 깊이 대화하라.

자녀들이 하나님께 주목할 수 있는 기회를 찾으라

그들이 실제 삶 속에서 하나님은 계시지 않다고 하는 기능적 무신론을 갖고 살게 내버려두지 말라. 주님의 존재와 능력과 계획에 주목하게 하는 여러 자연스러운 방법들을 찾아보라. 우리는 그분이 그곳에 거하심을 알고 있다. 그분은 항상 능동적으로 역사하시며, 그분이 하시는 모든 일은 선하다. 자녀들에게 그분에 대해서 주목할 수 있게 하는 많은 기회가 있어야 한다. 하나님은 멀리 계시고 수동적일 뿐이라는 신학으로부터 자녀들을 보호해야 한다. 많은 십대 청소년들이 하나님을 그저 아무런 일도 하시지 않는 분이라고 믿고 있다. 그래서 그들의 신앙과 삶은 두 개의 완전히 격리된 영역 속에만 머무르게 된다.

　　기도에 분명한 응답이 있음을 깨닫게 하라. 주님이 주시는 능력과 지혜가 나타나는 삶에 대해서 말하라. 자녀들이 주님의 보호하심과 인도하심의 실제를 깨닫도록 도우라. 십대들이 직면하는 문제에 대해서 그들에게 주어지는 성경의 말씀이 무엇인지 잘 기억해두라. 결정의 고비 때에 성경이 보여주는 인도하심과 방향이 나타나는 상황들에 대해서 토론하라. 하나님이 은혜롭게 공급해주신 좋은 은사들을 깨닫게 하라. 자녀들이 하나님이 존재하시지 않는 것처럼 이 세상을 살지 않게 하라.

성경을 사용할 때에는 긍정적이 되고 그리스도 중심이 돼라

　　성경에 대해서 부정적인 태도를 더욱 키워나가는 많은 십대 청소년들이 있다. 그렇게 된 이유는 그들의 부모가 성경을 부정적으로 사용했기 때문이다. 성경을 죄의식을 가중시키는 도구로 사용하지 말라. 자녀들을 절망시키고, 정죄하는 데 사용하지 말라. 자녀들이 성경 말씀으로 인해 부끄러워하게 하지 말라. 성경으로 때리지도 말라. 진리는 항상 사랑 가운데서 전해져야 함을 잊지 말라. 자녀의 삶에 주어지는 말씀의 목표는 그들을 때려 눕혀서 절망하게 만드는 것이 아니고, 그들이 "하나님의 사람으로 온전하게 하며 모든 선한 일을 행할 능력을 갖추게"(딤후 3:17) 하기 위해 준비하는 것이다.

　　자녀들에게 성경을 가르치는 방법은 소망으로 풍성한 것이어야만 한다. 왜냐하면 성경은 항상 인간의 실패와 죄에서 떠나 그리스도 안의 용서와 구원함으로 향하도록 하기 때문이다. 성경을 자녀들이 하나님으로부터 떠나 피하도록 만드는 방법으로 사용하지 말라. 오직 그리스도만이 주실 수 있는 도우심을 얻기 위해 그분께 나아가도록 그들을 격려하는 방법으로 성경을 사용하라.

부모가 먼저 그리스도의 은혜를 보여주는 모범이 돼라

부모로서 우리의 이야기는 하나님의 사역의 이야기다. 그러므로 우리가 그 공로를 가로채지 않는 것이 매우 중요하다. 모든 사람들이 흔히 하는 "나 때는…" "내가 너만 했을 때에는…"이라는 말은 하지 말아야 한다. 자녀들이 주목해야 하는 대상이 우리 자신이 되도록 해서는 안 된다. 오히려 우리 자신이 그리스도의 영광을 바라볼 수 있는 창문이 되어야 한다. 우리가 자녀들에게 겸손하게 우리도 주님의 도우심을 필요로 했었고, 지금도 필요로 하는 사람임을 고백하면, 그리스도를 강력하게 나타내 보일 것이다.

자녀들에게 용서를 구하고 책임감을 기대하며 기도를 부탁하라

당신이 부모로서 잘못한 일이 있을지라도 그 일은 십대 자녀들의 마음을 부드럽게 하시는 하나님의 사역에 쓰여질 수 있다. 복음 안에는 놀라운 소망이 있다. 오직 그 순간을 이기심이나 짜증이나 거친 언어나 조급함이나 분노로 날려버리지 않도록 하라. 자녀에게 가서 당신의 잘못을 고백하라. 자녀에게 기도해달라고 요청하고, 앞으로도 당신이 말하거나 행한 일로 인해서 마음에 상처를 받는다면, 언제든지 다가와서 말해달라고 하라. 그럼으로써 겸손한 모습, 그리스도께만 의지하는 모습 그리고 소망의 모습을 보여주라.

어느 날 저녁 나는 아들이 학교에서 가져온 성적표를 받아 보게 되었다. 나는 아이의 성적을 보고는 즉시 화를 내었다. 그 성적은 형편없는 것은 아니었지만 더 잘 할 수 있었으리라고 생각했다. 아이에게 한바탕 훈계를 하면서 그를 학교에 데려다주느라고 얼마나 엄마, 아빠가 애쓰는지 아느냐고 했다(죄의식의 조장). 그리고 언제쯤 제대로 공부를 할 수 있을지 도대체 모르겠다고 했다(정죄). 그다음에 아빠가 너 나이만 했을 때에는 학교 생활에 아주 열심이었다고 했다(자기 의로움). 아이는 고개를 푹 숙이고는 가만히 앉아서 듣고만 있었다. 아무런 말이 없었다. 내가 말을 다 끝냈을 때 아이는 자기 방으로 돌아갔다.

그 즉시, 나는 내 행동에 대해서 괴로워하기 시작했다. 나는 하나님께 기도하면서 용서해달라고 간구했다. 그날 밤 늦게, 나는 아들에게 잠깐 얘기할 수 있겠느냐고 물었다. 그리고 이 집에서 잘못한 사람은 너뿐만이 아니라는 것을 깨닫게 되었다고 말했다. 아이는 빙그레 미소를 지었다. 나는 용서해달라고 했다. 하나님의 도우심이 내게 필요함을 고백했고, 아들에게 나를 위해 기도해달라고 했다. 나는 그 아이의 아버지이지만, 동시에 진실한 친구가 되기를 원한다고 말했다. 나는 매번 훈계를 하고 난 다음에는 아이가 소망을 가질 수 있게 되기를 원한다고 말했다. 그러자 아이는 자기에게 그렇게 얘기해주셔서 감사하다고 했다. 그리고 자기 방으로 가서 잠들었다.

다음 날 오후 아들이 학교에서 돌아왔을 때, 아이는 내 팔을 붙들고 말했다. "저도 아빠의 친구가 되고 싶어요." 참으로 귀중한 말이었다. 그 말은 내 아들의 마음속의 부드러움을 보여주었다. 그리고 오히려 내 잘못을 통해서도 구속적으로 역사하시는 하나님의 일하심을 보여주었다. 기억하라. 당신을 통해 일하시는 하나님의 역사하심을 방해하는 것은 당신의 연약함이 아니다. 바로 자신은 강하다는 착각이다. 그분의 강하심이 우리의 연약함 속에서 완전해지신다. 당신의 연약함을 기꺼이 인정함으로써 그분의 강하심을 더욱 강조하라.

쉬지 않고 기도하는 모범이 돼라

정기적으로 기도하고, 그러한 기도 생활이 가정생활의 중요한 부분이 되게 하라. 끊임없이 당신의 자녀들을 위해 기도하라. 만약 자녀들이 당신에게 지금 어려운 시험을 앞에 놓고 있다고 말한다면, 그들을 위해 다음에 기도하겠다고 약속하지 말고 바로 그 시간, 그곳에서 기도하라. 만약 그들이 인간관계 때문에 어려움을 겪고 있다고 토로한다면, 단순히 그 문제를 어떻게 해결하라고 말하지 말고 그들과 함께 기도하라. 당신이 이제 막 가족 여행이나 휴가를 떠나려고 한다면, 온 가족이 함께 모여서 기도하라. 자녀가 다른 형제, 자매와 싸웠을 때 고함을 지르지 말고 앉아서 자녀와 함께 기도하라. 자녀에게 언제 의심이나 두려움이나 분노나 실망이나 어떤 다른 유혹을 경험하게 되는지를 물어보고 아이와 함께 기도하라. 나중에 다시 아이에게 가서 당신이 계속 기도하고 있으며, 지금은 그 일이 어떻게 되어가는지를 물어보라. 기도하고 기도하며 기도하고 기도하라! 가정생활을 하다보면 자녀를 위해서 혹은 자녀와 함께 대략 수천 번 기도할 일이 생긴다.

하나님을 향한 갈급함을 갖는 모범이 돼라

    십대 자녀들에게 개인적인 경건 시간이나 가족 성경 공부 시간, 교회에서 하나님의 말씀을 정기적으로 가르치는 것 그리고 그리스도의 지체들과의 건전한 교제와 사역 속에서 당신의 헌신하는 모습을 보게 하라. 스스로에게 이렇게 물어보라. "나는 하나님을 향한 갈급함을 가지고 있는가? 내 자녀들이 그것을 발견하고 있는가?" 당신은 자녀들에게 심어주기를 원하는 모습들에 대한 모범이 되고 있는가?

    내 아버지는 매일의 가정 예배로 우리 형제를 모이게 하시는데 아주 열정적이셨다. 아버지는 교사는 아니셨지만 우리에게 말씀을 읽어주셨고 그다음에 우리 모두는 함께 기도 드렸다. 나는 형 테드가 공장에서 오전 근무로 일할 때 일어났던 한 사건을 기억한다. 그때 형은 새벽 6시에서 6시 반 사이에는 공장에 도착해야만 했다. 아버지는 우리 모두를 새벽 5시에 깨우셨고, 우리는 성경을 읽고 다 같이 기도를 드렸다. 그런 다음에 온 가족은 다시 잠자리에 들었고 형은 일하러 나갔다. 그때 우리가 어떤 성경 말씀을 읽었는지 기억나지 않는다. 하지만 가정 예배를 드린다는 그 변함 없는 약속의 실천만은 내게 깊은 추억으로 남아 있다. 내 기억으로 그때의 가정 예배는 매우 중요한 의미를 가졌다. 왜냐하면 우리 가족이 성경을 읽고 기도를 드리는 그 시간을 방해하는 것은 아무것도 없었기 때문이었다.

    우리 부모님은 주일날에도 마찬가지로 가정 예배를 드리셨다. 그것은 우리 가정생활에 있어서 도저히 타협할 수 없는 부분이었다. 우리가 주일 아침에 했던 유일한 일은 교회에 시간 맞추어 나가서 예배를 드리는 것이었다. 심지어 우리가 휴가를 떠났을 때도 부모님은 우리 가족이 주일날 아침에 예배드릴 곳을 찾곤 하셨다. 나의 부모님은 그러한 영적인 우선순위의 중요성을 몸소 보여주는 삶을 사셨다. 우리도 그렇게 해야만 한다.

하나님은 그분의 자녀가 되도록 우리를 선택하셨다. 그분은 우리의 눈을 열어 진리를 보게 하신다. 우리를 용서하시고 우리를 자녀로 받아주시고, 성령으로 강하게 하신다. 우리가 불순종하고 믿음이 없을 때에라도 그분은 인내하시며 사랑으로 우리를 돌이키신다. 우리는 그분의 놀라운 은혜를 경험한다.

만약 당신이 지금까지 한 일이 아무것도 없었다면, 이제부터 당신 자녀들이 하나님을 알고 그분의 사랑을 귀히 여기며, 그 은혜에 감격하고, 그분의 영광을 위해 살아가도록 가르치기 바란다. 그들이 하나님의 구속의 사랑을 경험하며 자신들의 마음을 그분께 드리게 되기를 바란다. 이를 위해서 우리는 공적인 예배를 드리며, 말씀을 공부하고, 개별적인 성경 공부와, 성도의 교제와, 가정 예배와 하나님의 일을 최우선으로 삼아야 한다. '하나님의 나라를 가장 먼저 추구하는' 삶을 날마다 살려고 하며, 그리스도를 최우선으로 따르는 부모들이 되기 위해 노력하라. 그렇게 하면 하나님이 우리를 통해 역사하시고, 자녀들의 마음속에 그분을 향한 갈급함을 갖도록 해주실 것이다.

10장. 성찰과 토론을 위한 질문

(1) 당신의 약점과 단점 중 부모로서 당신을 가장 괴롭히는 부분은 무엇인가? 이런 문제로 괴로울 때 그리스도의 완벽한 능력과 충분하심은 어떤 역할을 하는가?

(2) 자녀를 향해 품은 가장 높은 목표는 무엇인가? 자녀가 어떤 사람이 되길 원하는가? 이 기대는 매일 당신의 행동에 어떤 영향을 미치는가? 자녀가 하나님을 사랑하기를 원하는 당신의 마음이 자신의 삶을 대하는 태도에도 영향을 미치는가?

(3) 자녀가 '하나님을 영화롭게 하고 영원히 즐거워하도록' 돕는다는 목표는 이루기 쉽지 않다. 이것을 달성하기 위해 더 구체적인 목표를 세워보라. 목표를 이루는 방향으로 이끄는 실제적인 실천 사항은 무엇이 있는가?

(4) 주님이 당신을 그분의 소유로 택해주신 것에 진정으로 감사하고 경이로워하는 마음이 있는가? 당신의 자녀는 믿음의 가정에 태어난 것이 감격스러운 특권임을 알고 있는가?

(5) 자녀를 위해 할 수 있는 가장 중요한 일은 사랑의 하나님의 임재를 누리고 일상생활에서 그분과 동행하도록 계속 이끌어주는 것이다. 당신의 십대 자녀는 하나님을 알고, 그분께 사랑받으며, 그분의 영광을 위해 살도록 선택받은 것을 감사하게 생각하는가? 당신은 어떤가?

(6) 당신 가족의 생활 리듬은 신명기 6장에 나오는 가족의 모습과 어떻게 다른가? 유사한 점이 있는가? 십대 자녀가 하나님을 바라보지 않는다면 바쁘거나 말씀과의 단절이 이유일 수 있는가?

(7) 당신의 신앙 상태를 점검해보라. 말과 행동이 불일치하지는 않는가? 그리스도로 말미암아 용서받았다고 말은 하지만, 자녀 앞에서 자신의 잘못은 고백하지 않음으로 실상 복음을 부정하고 있지는 않는가? 십대 자녀를 너그럽게 품어주는 대신 정죄하고 비난하지는 않는가?

(8) 자녀 앞에서 하나님과 복음을 제대로 대변하지 못한다면 구체적으로 어떤 부분에서 그러한가? 예수님 안에서 용서받고 구원받았음을 알고 이런 자신의 연약함을 진솔하게 고백하라.

(9) 하나님을 향한 십대 자녀의 마음을 솔직하게 평가하라. 하나님을 따른다는 것을 보여주는 행동이나 태도나 관계와 활동을 볼 수 있는가? 십대 자녀는 하나님을 구하고 찾는가? 아니면 스스로 의롭다고 말하는 바리새인의 마음으로 살지는 않는가?

(10) 가족의 예배 시간을 점검해보라. 즐겁고 신학적으로 설득력이 있는가? 자녀가 질문하고, 의심스러운 부분을 표현하며, 혼란스러운 감정을 드러내고, 적용과 관련해 토론하도록 자연스러운 분위기를 조성하는가? 변화나 개선이 필요하다면 어떤 부분인가?

(11) 가정에서 성경을 사용하는 실태를 확인해보라. 십대 자녀의 잘못을 지적하거나 나무랄 때 말씀을 이용하는가? 아니면 희망과 용서하는 마음이 일어나도록 말씀을 활용하고, 십대 자녀가 오직 주님만이 주실 도움을 구하며 예수님께 달려가도록 격려하는가?

(12) 기꺼이 자녀와 함께 신앙생활을 하고 있는지 돌아보라. 자녀에게 용서와 도움과 기도를 요청하는가?

11장.

집을 떠남

그 어머니는 현관에 서서 자기 아들이 차에 짐을 싣고 있는 것을 하염없이 바라보고 있었다. 눈물이 나오는 것을 억지로 참으면서 너무나 커버린 자기 아들을 그렇게 바라보고 있었다. 보고 있는 동안 내내 그녀의 머릿속에는 더럽혀진 청바지를 입고, 입가에는 먹다 흘린 우유 자국이 있으며, 초콜릿 과자를 한 개만 더 달라고 애원하던 귀여운 꼬마 아이의 모습으로 가득했다. 그런데 그 아들이 어느새 훌쩍 커버린 것이었다. 그리고 지금 수천 킬로미터 떨어진 대학으로 멀리 떠나려 하고 있다. 그 아들은 가족들과 함께 지내며 모든 성장기를 거친 뒤에 이제는 혼자서 집을 떠나려 하고 있다. 전부터 아들은 집을 떠나서 멀리 공부하러 가고 싶어 했다. 그래서 어머니는 마지못해 승낙을 했던 것이다. 어머니는 아들이 왜 그렇게 멀리 가서 공부를 하려고 하는지 알 수가 없었다. 그녀가 아는 것은 단지 자신이 아들을 멀리 보낼 준비가 되지 않았다는 것뿐이었다.

    그녀는 모든 것을 처음부터 다시 하고 싶었다. 더 잘하고 싶었다. 그래서 아들을 붙잡고 그동안 엄마 노릇을 제대로 하지 못했던 모든 시간들을 용서해달라고 말하고 싶었다. 도와달라고 부탁할 때마다 귀찮아하고 짜증 냈던 모든 시간에 대해 후회한다고 말하고 싶었다. 그녀는 분노로 내뱉었던 모든 말들을 다시 주워담고 싶었다. 그들 사이에 심각한 갈등을 일으켜서 커다란 불행이 되고 말았던 과학 탐구 숙제를 다시 할 수 있는 기회도 얻게 되기를 바랐다. 그때는 별로 중요해 보이지 않던 어린이 야구 대회에도 만사 제쳐놓고 다시 아들과 함께 나갈 수 있기를 바랐다.

그녀는 주님의 역사하심에 대해 말할 때에도 더 성의 있게 해야 했다고 후회했다. 좀 덜 가르치려 하고 더 많이 기도해주었어야 했다. 그때로 돌아가서 아들의 친구들에게 더 잘 대접해야 했다. 더 많이 아들의 방에 들어가보았어야 했다. 하루가 어땠는지라도 물어보아야 했다. 엄마의 사랑을 표현할 어떤 다른 방법이 있는지를 찾아야야 했다. 그녀의 마음속에는 그리스도인 가정의 다른 자녀들이 대개 그렇듯이 대학에 가서 아들의 신앙이 '날아가버리지는 않을까'라는 말 못 할 두려움이 있었다.

그녀의 끊임없는 걱정과 고요한 기도는 아들의 목소리 때문에 끊겼다. "엄마, 저 짐 다 실었고 이제 갈 거예요. 엄마와 아빠가 그동안 해주신 일에 대해서 얼마나 감사하는지 몰라요. 저에 대해서는 걱정하지 마세요. 엄마, 아빠는 아들을 잘 키우셨잖아요. 전 뭐가 옳고 그른지 다 알아요. 괜찮을 거예요." 마지막 말과 함께 그들은 끌어안았다. 눈물이 어머니의 뺨을 타고 흘러내렸다. 그녀는 눈물이 앞을 가려 제대로 볼 수 없었고, 남편 또한 울고 있었다. 남편은 말했다. "출발하기 전에 함께 기도하자." 그 기도가 끝나고 마지막으로 한 번 더 안은 다음, 아들은 현관문을 나섰고 차에 탔다.

그녀는 아들이 탄 차가 사라진 후에도 남편의 팔에 의지해서 오랫동안 그 자리에 서 있었다. 그녀는 왜 자기가 거기에 그렇게 오래 서 있었는지 그리고 무엇을 보고 있었는지 분명히 알 수가 없었다. 마치 그것이 떠나간 아들을 조금이라도 오래 붙들 수 있는 방법이었던 것 같았다. 어느 정도 시간이 흐른 후에 남편이 아내의 이러한 고통스러운 생각을 중단시키며 이렇게 말했다. "여보, 이것이 우리가 그 오랜 시간 동안 해온 일이라오. 봐요. 그 아이는 이제 훌륭한 청년이 되었고 세상에 나갈 준비가 다 되었지 않소. 그 아이는 주님을 믿고 있어. 괜찮을 거야. 게다가 몇 달 뒤 성탄절 때에는 다시 돌아올 거요. 난 우리가 그 아이를 무척이나 그리워할 거라고 생각하오. 하지만 우리는 기뻐해야만 하오. 우리가 그동안 노력한 모든 일의 결과를 보게 되었잖소. 분명 그 일은 가치 있는 일이었소. 그것만으로도 우리는 하나님께 더 많이 감사해야만 한다오."

아내는 아무런 대꾸를 하지 않았다. 그녀에게는 아들과 함께 차를 타고 가서 마지막 몇 분이라도 더 여러 가지를 당부해야 했는데, 그러지 못했다는 것이 너무나 견디기 힘들었다. 그리고 또한 마음속으로 '만약 이렇게 했더라면 어떻게 되었을까?'라는 무수한 생각에 휩싸이게 되는 것도 너무나 힘들었다. 그녀는 남편 말이 옳다는 것을 알았다. 자녀 양육의 목표는 결국 자녀를 떠나보내는 것이다. 이 타락하고 부패한 세상에서 하나님의 자녀로 빛이 되고 소금이 되는 삶을 살도록 지금까지 준비된 자녀를 정말로 그 세상에 떠나 보내는 것이다. 그녀는 아들이 자신의 소유물이 아니고, 하나님께 속해 있으며, 자신과 남편은 단지 하나님의 손에 의해 도구로써 쓰일 뿐이라는 것을 깨달았다. 그리고 자식을 떠나보내는 것은 너무나 좋은 순간이고, 일종의 졸업이자 해방이라는 것을 알게 되었다. 그렇지만 행복해지기 힘들었고, 그리고 조금이라도 더 양육하기 위해서 아들을 다시 데려오고만 싶었다. 하지만 그녀는 이제 아들의 삶 속에서 자신이 할 일은 끝났으며, 이제 더 좋으신 아버지의 손에 아들을 맡겨야만 한다는 것을 깨달았다.

목표 5.
십대 자녀들이 집에서 떠나는 것을 미리 준비하기

수천, 수만 명의 부모들이 언젠가 자녀들이 집에서 떠나게 되리라는 것을 알면서도, 그 일이 실제로 일어날 때를 대비하지 못하고 그냥 하루하루 살아가고 있다. 그러므로 이 목표는 마땅히 가져야 하는 최종적인 목표다. 우리는 부모로서 자녀들이 가정의 모든 양육에서 해방되는 것을 하나님이 주신 중요한 목표로 보아야 한다. 하나님이 우리에게 말씀하신 것은 우리 자녀들이 하나님나라의 사역에서 중요한 역할을 감당하는 자가 되도록 하고, 또 그 일을 할 수 있도록 미리 준비시키라는 것이다. 그래서 우리는 수십 년을 준비하는 데 시간을 보낸다. 그러고 나서 그들을 세상으로 내보낸다.

그들은 결코 우리에게 속해 있는 사람들이 아니다. 그들 자신들이 그렇게 하려고 하지 않는다. 그들은 항상 성장하고 성숙되고 준비된 하나님의 종으로, 우리를 부르시는 그분께 속해 있다. 우리는 그들이 의존적이고 다른 사람에게 기대려고만 하는 사람이 되기를 바라지 않는다. 그들이 굳게 서서 큰 일을 해내기 원한다. 우리는 자녀들에게 "이제 가라!"고 행복한 마음으로 말해줄 수 있기를 바란다. 그들이 하나님이 그들에게 행하기를 원하시는 일들을 하기에 필요한 모든 것들을 받아 누리고 있음을 깨닫게 되기를 바란다. 이것은 부모로서 수고하는 모든 시간들의 최종 목표다.

너무나 빨리 집을 떠나게 됨

우리 문화 속에서 그리고 교회에서 대부분의 십대 청소년들이 전혀 준비되지 않은 상태로 너무나 빨리 집을 떠나는 것을 발견한다. 그들이 떠나는 모습은 내가 설명한 그런 따뜻한 가족의 장면은 아니다. 자녀들은 벌써 13, 14, 15세 때에 가능한 빨리 집으로부터 벗어나고 싶다고 스스로 말하기 시작한다. 18세가 되면 고등학교를 졸업하게 되고 비로소 자신의 자유로움을 만끽하고자 한다. 그들은 집을 떠날 때 따뜻한 감사의 말을 하지 않는다. 분노의 말을 하거나 혹은 아무런 말도 없이 집을 떠나는 경우가 많다. 왜냐하면 부모와의 관계는 이미 오래전에 끊어졌기 때문이다.

많은 십대 청소년들과 그들의 부모들을 상담하는 가운데, 부모가 부과한 규칙들 때문에 집을 떠나는 자녀들은 거의 없다는 것이 너무나 분명하게 나타났다. 결코 그렇지 않다. 그들은 부모와의 관계 때문에 집을 떠나는 것이다. 그들은 부모와의 관계가 너무나 나빠지고, 너무나 화가 나고, 너무나 대립적이고, 너무나 원수같이 되어버려서 도저히 부모님과 한 지붕 밑에서 살 수 없게 되었기 때문에 떠나는 것이다. 슬프게도 이러한 일들은 그리스도인 가정에서도 빈번하게 일어나고 있다. 이것은 십대 아이들이 반항적이지 않다는 뜻이 아니다. 그들은 원래부터 반항적이다. 그러나 그들을 막바지로 몰고 가서 이 타락한 세상에서 경건하고 보람된 삶을 살 수 있도록 준비하지 못하게 만드는 것은 바로 깨어진 관계 때문이다.

그렇게 관계가 깨어지기까지, 부모는 자기 자녀들이 올바른 일을 하게 만들고자 하는 의지에 가득 차 거친 분노와 증오와 결코 용서하지 않는 마음을 가지고 그 모든 과정을 뒤틀어버리고 왜곡시켜버렸다. 그렇게 되면 오래지 않아 그 부모는 분노의 감정 없이 자녀들과 이야기를 나눌 수가 없게 된다. 그들의 말은 점점 더 경멸하는 것이 되고, 비난하게 되며, 정죄하는 말이 된다. 말로 인한 갈등에 더욱 휘말리게 되고, 다른 사람들이 실패했던 방법들을 사용해서라도 어떻게 해서든지 그 싸움에서 이기려고 하게 된다. 이 과정에서 그들은 그리스도가 보여주신 한없는 부모로서의 사랑을 자신이 경험했던 사실을 잊어버린다. 그 사랑은 그들이 아직 죄인이었을 때 그들을 위해 죽으신 사랑이었다. 그들이 회개하게 된 것도 바로 그분의 선하심 때문이다. 그들의 죄의 깊이와 넓이를 압도해버리는 것은 바로 그분의 은혜였다. 그렇다고 해서 그분의 은혜가 결코 올바르지 않은 것을 올바르다고 해주셨다는 것이 아니다. 그분은 결코 죄를 괜찮다고 말씀하지 않으신다. 그러나 그 은혜로 말미암아 그들의 의로서는 도저히 얻을 수 없는 강하고 요동치 않는 사랑을 나타내주셨다.

그리스도의 모범을 따르는 부모들은 자녀를 교육시킬 때 반드시 이 은혜의 복음을 가지고 훈계한다. 그런 부모들은 그리스도의 실제적인 사랑을 바라봄 없이는 훈계하지 않는다. 그들은 자녀들의 모든 말썽과 실패와 죄 문제가 생겼을 때에 이를 그리스도께 더욱 의지해야 함을 가르치는 또 다른 기회로 생각한다. 결코 잘못된 것을 옳다고 말하지 않는다. 그러나 항상 복음의 영광스러운 모습을 보여주는 방식으로 그 잘못된 일을 다룬다. 그리고 자신의 말로 억지로 순종하게 만들거나, 오직 그리스도만이 그분의 은혜로 자녀들의 마음에서 역사하실 때 나타나는 자질들을 강요하지 않는다. 그들 가정에 있어서 가장 두드러진 주제는 십대 자녀들의 실패에 대한 그들의 실망이나 분노가 아니다. 가장 두드러진 주제는 그리스도가 될 것이다. 그분은 용서하시고 구원하시는 분으로서 실패의 시간을 지배하실 것이다. 그리고 인도하시고 강하게 하시는 분으로서 순종의 시간을 지배하실 것이다. 각각의 실패와 성공의 경험 속에서 주님은 우리가 따라야 하고 영광을 받으시는 분이 되신다. 이러한 가정에서 자라는 자녀들은 늘 부모님의 사랑과 그리스도의 은혜에 대해서 놀라게 된다. 그리스도는 그분의 대속적 사랑이 온전히 다스리는 가정에서 살도록 그들을 택해주셨던 것이다.

부모가 해야 할
네 가지 행동

자녀들에게 그리스도의 모범을 보여주기 원하는 부모를 위한 삶의 방향은 다음과 같은 네 가지 행동으로 설명할 수 있다.

용납하기

우리는 그리스도의 용납해주시는 은혜를 힘입어 자녀들의 죄를 다루어야 한다. 이러한 용납은 하나님의 높은 도덕적 기준이나 고백과 회개로 부르시는 그분의 부르심을 포기하는 것이 아니라, 변화로 나아가게 하는 용납이다. 이러한 용납은 하나님의 기준을 오히려 더욱 높이는 것이며, 그러면서 동시에 그리스도의 십자가 안에서 발견되는 소망을 붙드는 것이다. 부모인 우리가 해야 하는 일은 힐난하거나 판단하거나 거부하거나 관계를 끊어버리는 것이 아니다. 우리의 일은 변화를 위한 하나님의 도구로 사용되는 것이며, 우리가 가진 가장 강력한 도구는 바로 자녀들과의 관계성이다. 우리는 하나님의 사역이 그 모든 것 가운데 분명히 나타나도록 하는 방법으로 이러한 관계를 형성해야 한다.

성육신화하기

그리스도가 육체의 모습으로써 하나님을 나타내시도록 부르심을 받으셨던 것처럼, 우리도 그리스도를 나타내라고 부르심을 받았다. 부모인 우리는 자녀들과의 모든 상호 관계에서 그리스도의 사랑을 성육신화하라고 부르심을 받았다. 우리는 자녀들을 대할 때 그분의 사랑, 인내, 온유함, 친밀함, 죄 사함의 모습을 나타내야 하는 것이다(골 3:12-14). 이것은 우리가 세워야 할 최고의 목표 가운데 하나가 되어야 한다. 그리스도와 그분의 인격과 그분의 복음 사역은 우리가 십대 자녀들에게 대하는 태도 속에서 그려지게 될 것이다.

동일시하기

히브리서 2장 11절은 그리스도가 우리를 "형제라 부르시기를 부끄러워하지 아니하시고"라고 말한다. 그 이유는 그분이 우리가 겪는 동일한 괴로움을 겪으셨기 때문이었다. 그분은 이 타락한 세상에서 겪게 되는 거친 현실과 삶의 유혹들을 통해 완전히 우리와 동일하게 되셨다. 그분은 우리가 지금 겪고 있는 그 삶의 과정들을 이미 겪으신 것이다. 만약 그리스도가 우리와 동일시하실 수 있다면, 우리가 십대 자녀들과 동일시되는 것은 얼마나 더욱 가능한 일이겠는가!

때로 십대 자녀를 둔 부모들은 자신들도 자기 자녀들과 너무나 비슷하다고 말하면서, 실제로는 자녀들과 그들의 어려움을 이해하는 것을 무척 힘들어한다. 그렇지만 우리는 모두 동일하다. 우리 자녀들이 겪는 문제 중에 우리가 겪어보지 않거나 지금도 겪고 있지 않은 문제는 없다. 우리도 역시 책임을 벗어버리고 싶어 하고, 하기 싫은 일을 깜박 잊어버리는 때가 있다. 우리도 역시 우리 자신의 인간적인 방법대로 하고 싶어 하고 제멋대로 살기를 원하는 때가 있다. 방어적이 되고 폐쇄적이 되는 때가 있다. 되지도 않는 것을 상상하고 바랄 때가 있다.

우리는 자녀들과 함께 이 타락한 본성을 공유하고 있다. 그리고 그들과 함께 성숙함을 향해 자라가고 있다. 우리는 마치 다른 종류의 사람이거나 그들보다 월등한 의로움을 가진 자인 것처럼 행동해서는 안 된다. 큰오빠나 큰형처럼 그들과 함께 변화의 과정 위에 서 있어야 하며, 그들에게 우리의 유일한 소망은 오직 그리스도임을 보여주어야 한다. 그리고 그리스도는 그들에게 필요한 해답이 되시며 마찬가지로 우리 자신의 삶에서도 필요한 해답이시라는 사실을 말해주어야만 한다.

들어가기

그리스도가 우리 세계로 들어오시고 우리가 겪는 삶의 경험을 다 하시면서 33년의 생애를 보내셨던 것같이 우리도 자녀들의 세계에 들어가서 시간을 보내야 한다(히 4:14-15). 그것은 단지 그들에게 말할 뿐만 아니라, 그들의 이야기를 듣고, 또 마음을 여는 좋은 대답이 나오도록 여러 가지를 질문하는 데 시간을 보내라는 뜻이다. 사실, 우리가 그들이 매일 맞닥뜨리는 사람들과 여러 가지 부담들과 책임감과 기회들과 유혹들을 알고자 하는 데 시간을 보낸다면, 그들에게 하는 우리의 말은 훨씬 더 애정이 깃들고 유익한 통찰을 보여주는 것이 될 것이다. 부모와 자녀 사이에 일어나는 비극 중의 하나는 그들이 더 이상 진심 어리고 솔직하고 자신의 마음을 여는 대화를 하지 않게 되는 것이다. 모든 훈계와 가르침과 대화와 논쟁과 교육은 서로를 알지 못하는 가운데 이루어지고 있다.

시간을 들여서 자녀들의 세계 속으로 들어가보라. 그들이 매일 접하는 것이 무엇이고, 그러한 경험들에 감정적으로나 영적으로 어떻게 영향을 받으며, 죄의 유혹을 받는 곳이 어디이고, 그 유혹에 굴복하게 되는 곳이 어디인지를 알아보라. 가정과 학교와 공부와 여가 활동의 세계가 그들에게 어떻게 비춰지는지 이해하라. 당신이 그들에게 관심을 가지고 있으며, 그들을 이해하고, 그들을 돌보고 있다는 것을 알게 할 방법이 무엇인지 찾아보라. 그들이 부모님은 자신에 대해서 아무것도 이해하지 못한다고 말할 때, 그들에게 당신이 그들을 사랑하고 있으며 이해하기를 원한다는 것을 말해주라. 엄마와 아빠가 무엇을 이해하지 못하고 있는지 말해달라고 하라. 엄마와 아빠가 이해하지 못한다고 생각할 때 자포자기하지 말고 이해할 수 있도록 도와달라고 말하라.

그리스도의 은혜로운 마음을 가지고 자녀를 용납하고, 그리스도의 사랑을 가지고 성육신화하며, 그리스도처럼 자신을 자녀들과 동일시하고, 그리스도의 모범을 따라 자녀의 세계로 들어가는 부모의 자녀들은 할 수 있는 한 빨리 집에서 나오려고 발버둥치지는 않을 것이다. 오히려 그들은 날마다 경험하게 되는 강력한 사랑과 은혜에 이끌릴 것이다. 자신들이 사랑받을 자격이 전혀 없는데도 끊임없이 사랑을 받게 되는 그 유일한 관계를 매우 귀중하게 생각할 것이다. 이를 통해 부모는 자녀들이 하나님을 의지하면서 스스로 감당해야 하는 세상으로 들어가는 발걸음을 더 잘 준비할 수 있는 시간과 자유로움을 얻을 것이다.

성숙이란
어떤 모습인가

많은 부모들이 내게 어떻게 자기 자녀들이 집을 떠날 준비가 되어 있다는 것을 알 수 있는지를 물었다. 좋은 질문이다. 준비라는 것은 실제적인 목표가 되기 위해서 좀 더 구체적으로 정의되어야 할 필요가 있다. 당신이 이해하지 못하는 것을 만들어낼 수는 없기 때문이다.

우리가 정말로 질문해야 하는 것은 성경적인 관점에서 성숙함이란 무엇인가 하는 것이다. 바울은 이에 대해 골로새서 1장 9-14절에서 우리에게 구체적인 설명을 해주고 있다.

"이로써 우리도 듣던 날부터 너희를 위하여 기도하기를 그치지 아니하고 구하노니 너희로 하여금 모든 신령한 지혜와 총명에 하나님의 뜻을 아는 것으로 채우게 하시고 주께 합당히 행하여 범사에 기쁘시게 하고 모든 선한 일에 열매를 맺게 하시며 하나님을 아는 것에 자라게 하시고 그의 영광의 힘을 따라 모든 능력으로 능하게 하시며 기쁨으로 모든 견딤과 오래 참음에 이르게 하시고 우리로 하여금 빛 가운데서 성도의 기업의 부분을 얻기에 합당하게 하신 아버지께 감사하게 하시기를 원하노라 그가 우리를 흑암의 권세에서 건져내사 그의 사랑의 아들의 나라로 옮기셨으니 그 아들 안에서 우리가 속량 곧 죄 사함을 얻었도다."

골로새 교회의 성숙함을 구하는 위와 같은 바울의 기도 속에는 여섯 가지 특성이 나타난다. 이러한 특성은 우리가 자녀의 현재 상태와 집을 떠나도 될 만큼 성숙했는지를 평가하고자 할 때 우리에게 놀랍고 구체적인 정의들을 제시해준다. 이러한 정의들은 일시적인 목표가 아니라 평생 추구하는 목표임을 기억하라. 우리가 이것들을 살펴볼 때 이것은 시작이지 끝이 아니라는 것을 염두에 두라.

하나님의 구체적인 뜻에 대한 민감성

우리 자녀들에게 다양한 삶의 환경 속에서 하나님의 뜻을 깨닫게 하는 지혜보다 더 중요한 것은 없다. 십대 자녀들은 환상 속에서 살아갈 때가 많다. 그들이 경험하는 것처럼 보이는 모든 것은 사실 자신들이 생각하는 것이고 바라는 것일 뿐이다. 그들에게는 자기 자신의 행복보다 더 중요한 목표를 갖는 것이 매우 중요하다. 그것은 바로 하나님의 영광을 위해 사는 것이다. 이러한 삶은 성경의 원리들을 매일의 삶에 어떻게 적용시킬 것인가를 알고자 하는 열심으로 나타난다.

구체적인 경건 생활

바울은 골로새 교인들이 "주께 합당히 행하여 범사에 기쁘시게 하고 모든 선한 일에 열매를 맺게" 되기를 기도하였다. 이 얼마나 십대들에게(그리고 우리에게) 꼭 필요한 목표인가! 그 아이들이 부모인 우리와 함께 교회를 다니는 것이 우리의 목표가 아니다. 또한 마약 문제나 성 문제가 없는 것도 아니다. 학교에서 열심히 공부하며 성실하게 사는 것도 아니다. 이러한 목표들은 바울에게는 별로 고상한 목표가 아니었고, 우리에게도 역시 평생 추구해야 하는 목표가 아니다. 우리는 하나님이 성령님을 통해 자녀들의 모든 삶 가운데에 주님을 기쁘시게 하려는 열망을 갖게 하실 수 있다는 것을 믿어야만 한다. 우리는 이러한 목표에서 타협하거나 뒤로 물러나서는 안 된다.

점진적인 영적 성장

우리는 자녀들이 주님을 아는 지식에서 날마다 자라나는 것을 보아야 한다. 우리는 그들에게 삶의 모든 상황들이 하나님과 그분의 말씀을 더 잘 알 수 있는 기회라는 것을 보여주어야 한다. 다음과 같이 스스로에게 물어보라. "우리 자녀들이 가르침을 순순히 듣는가? 말씀을 사모하는가? 영적인 갈급함이 있는가? 영적인 것들에 대해 배우고 있는가?" 만약 그렇다면, 우리는 자녀의 삶 속에서 성장의 열매를 볼 수 있을 것이다. 연약함이 아닌 강함을 볼 수 있을 것이다. 어리석음이 아닌 지혜를 볼 수 있을 것이다. 의심이나 두려움이 아닌 믿음의 담대함을 볼 수 있을 것이다. 이기심과 불평이 아닌 감사하는 태도를 볼 수 있을 것이다. 친구들의 의견이나 자신을 용납해주는지의 여부에 좌우되는 것이 아니라 주님만을 두려워하는 모습을 볼 수 있을 것이다.

인내

인내는 매우 중요한 성숙의 표지이며 십대 청소년 양육의 핵심적인 목표다. 우리는 자신의 약함을 깨닫는 십대 청소년들이 아닌, 하나님의 강하심이 자신의 약함 속에서 완전해진다는 사실을 깨닫는 십대 아이들로 키우기를 원한다. 그러한 십대들은 그분의 강함에 의존하며, 하나님이 힘을 주실 때 결코 포기하지 않으며 도피하지도 않고 문제가 생겼을 때 뒤로 물러나지도 않는다. 그들은 자신들로 하여금 기권하게 만드는 일들을 인내로 이겨내게 된다. 더 이상 또래 친구들의 압박에 굴복하지 않으며, 의연히 서서 자신의 신념이 꺾이지 않게 된다. 그들은 자신들이 져야 할 책임의 압박이 너무 무거울 때에도 물러서지 않으며, 자신의 실패를 다른 사람에게 돌리지 않는다. 심지어 분노나 자기 연민이나 변명으로 말문이 막혀버릴 때에라도 의연히 자신에게 쏟아질 어떠한 말도 감수한다. 그들은 말 그대로 '주 안에서와 그 힘의 능력으로 강건하여지는'(엡 6:10) 것을 배우고 있는 것이다.

하나님의 은혜에 대한 감사

얼마나 많은 십대 청소년들이 신앙적인 가정에서 태어난 것이 커다란 특권임을 깊이 깨닫지 못하거나 아예 알지도 못하고 있는지 모른다. 얼마나 많은 청소년들이 자신에게 내려온 귀한 신앙의 유산들을 너무나 당연하게 생각하고 있는지 모른다. 뿐만 아니라 자신들이 자랄 때 주변에서 보고 들은 경건한 모습들이 얼마나 귀한 것이었는지도 전혀 모르고 있다. 대부분의 십대들은 이러한 성장 환경들을 하나님의 은혜로 깨닫기는커녕 더욱 '자유로운' 가정 환경에서 자라게 되기를 동경하기도 한다.

바울은 이를 정확하게 지적하고 있다. "너희는 하나님이 하신 일을 깨닫지 못하느냐? 그분은 너희에게 자신의 유업을 물려주셨다! 너희는 그분의 자녀가 된 것이다! 그리고 그 은혜의 풍성함을 물려받는 상속자가 되었다!" 바울은 골로새에 사는 그리스도인들이 그들의 삶 속에서 받은 너무나 놀라운 은혜를 놓치지 않게 되기를 바랐다. 우리는 열심히 노력해서 우리의 십대 자녀들도 그것을 놓치지 않도록 해야 한다. 성숙이란 진심으로 감사해야 할 만한 것들을 당연하게 받아들이지 않는 인격적인 자질을 의미하는 것이다.

하나님나라에 대한 의식

바울은 다음과 같은 매우 중요한 원리를 끝으로 성숙에 대한 자신의 설명을 맺고 있다. 그리스도는 어둠의 나라에서 우리를 자유롭게 하셔서 이제 우리가 스스로를 섬기며 자기 자신을 위해 살아갈 수 있게 만들어주신 것이 아니다. 그분은 우리를 어둠의 나라에서부터 그분의 나라로 옮겨주셨다. 우리는 죄에 얽매여 종으로 살아갈 운명에서 바뀌어 그리스도의 종으로 살아가게 된 것이다. 우리의 삶은 결코 우리 자신에게 속한 것이 아니라, 그분께 속해 있다. 그분의 뜻이 우리가 할 일이다. 그분의 영광이 우리의 목적이다. 그분의 목적이 우리의 삶의 지표가 된다. 우리는 그분을 통해 살며 그분을 위해서 산다. 우리가 하는 모든 일 속에서 가장 지고한 지표가 있는데, 그것은 하나님나라와 그의 의다.

늘 자기중심적이고 근시안적이며 본능적이고 감정에 움직이는 십대 청소년들이 더 넓은 시야를 갖게 하며 높은 인생의 목표를 소유하도록 하는 일은 얼마나 중요한 일인가! 만약 그들이 하나님의 존재를 늘 의식하며 하나님나라의 사역을 생각하며 산다면, 그 삶이 얼마나 바뀌게 될지를 한번 생각해보라. 당신의 십대 자녀가 만약 자기의 욕심과 환상을 이루기 위해 살아가는 것이 아니라, 이 세상에서 이루어지는 하나님의 일에 동참하기 위해 산다면 그 삶이 얼마나 다를지 한번 생각해보라(그럴 때 우리 자신의 삶도 어떻게 바뀌게 될지를 상상해보라). 우리는 우리 자녀들보다 하나님나라를 먼저 염두에 두어야 한다. 그러면 그들이 하나님나라를 건설하는 사람들로, 그 나라의 일꾼으로, 시민으로 자신을 깨달으며 자라게 된다. 우리의 목적은 이러한 분명한 초점이 그들의 구체적인 삶의 현장에서 열매를 맺게 하는 것이다. 그래서 친구 관계에서, 공부할 때, 학교에서, 집에서, 여행을 할 때나, 생각할 때나, 물질관 등에 대해서 분명한 가치관을 세우게 해주어야 한다.

이러한 목적을 이루는 것이 불가능해 보이는가? 분명 그들은 제어하기 힘들고, 우리 또한 아직 너무나 부족한 것이 사실이다. 하지만 나는 당신에게 결코 목표를 낮춰 잡으라고 말하고 싶지 않다. 복음의 약속과 그 목표가 당신의 자녀가 도달하기에는 너무나 높이 있다고 생각하게 만드는 어떠한 양육의 관점이 있다 하더라도 거기에 휩쓸리지 말라. 하나님은 당신이 바라거나 생각하는 것 이상으로 당신과 그들의 마음을 통해 역사하실 수 있음을 믿으라. 자녀들에게 이러한 목적을 향해 나아가도록 매 순간마다 격려하라. 그리고 성숙이라는 성경적인 관점을 더욱 견지하라. 이는 당신이 자녀들을 독립시켜 내보내게 될 때까지 해야 할 모든 일을 지도해줄 것이다.

일상생활에서 성숙의 열매

"엄마, 뭐 좀 물어봐도 돼요?"

이른 아침, 모두가 출근하고 등교하기에 바쁜 시간에 딸이 엄마에게 물었다. 엄마는 너무 바빴지만 자상하게 대답해주었다. "그러렴, 무슨 고민이 있니?" 딸은 주저하며 말했다. "저기요, 제가 엄마한테 말했던 그 주말 여행 있잖아요. 사실 거기에 남자애들도 몇 명 가기로 했어요. 전 정말 엄마를 속이기는 싫거든요. 그래서 제가 어떻게 하면 좋을지 여쭤보려고요. 진짜 가고 싶은데, 안 된다면 할 수 없고요."

만약 당신의 십대 자녀가 하나님의 분명하신 뜻에 더욱 민감해지면서 경건한 삶을 사는 데 더욱 익숙해지고 있다면, 그리고 당신이 아이 내면에서 인내와 감사하는 마음과 하나님나라에 대한 인식을 발견한다면, 점차 깊어지고 있는 성숙도가 비로소 매일의 의무와 결정과 관계와 삶의 유혹 속에서 열매를 맺고 있는 것이다. 당신은 실제적인 성숙의 열매가 무엇인지 알아야 한다. 그러면 자녀가 가정에서 독립할 준비가 되었는지를 가늠할 수 있다.

이러한 실제적인 성경적 성숙의 열매의 기준이 무엇인지 살펴보도록 하자.

자신의 책임을 인식하는가?

성숙한 십대는 "삶은 항상 재미있고 즐거워야만 하는 거야. 그러니 제발 날 즐겁게 해주고 지루하게 하지 말아 줘"라는 인생관을 점차 버리기 시작한다(지루함은 청소년에게 일상생활에서의 두려움이 되기도 함을 잊지 말라). 그들은 성숙해짐에 따라서 하나님이 부여해주신 자신의 책임감을 받아들이고 그 속에서 만족을 얻게 된다. 누군가 위협하거나, 교묘히 조정하거나, 강제로 시키지 않아도 자신이 해야 할 일을 성실하게 한다. 그들은 "아, 미안해요, 깜빡했어요"나 "정말 하려고 했는데…" 혹은 "제가 잘못 이해했나 봐요" 같은 말로써 자신의 무책임을 변명하지 않는다. 감시받거나 점검받을 필요도 없다. 그들은 다른 사람들에게 신뢰할 만하다든지 믿음직스럽다는 평판을 듣기 위해 더욱 노력하게 된다.

자신의 책임을 인식하게 되는 몇 가지 영역이 있다. 먼저 십대들은 날마다 주님과의 영적 교통을 유지하는 데 책임감을 갖게 된다. 그리스도인 부모는 대개 자녀가 어렸을 때에는 자녀의 신앙 생활을 거의 완전하게 조절하였다. 하지만 어느 정도 성숙한 수준에서 십대 자녀는 하나님과 자신의 관계에서 진정한 가치를 깨닫고 책임감을 가져야만 한다. 자신으로 하여금 교회 생활을 하고, 성경을 공부하며, 예배 생활과 기타 사역을 할 수 있게 하시는 하나님께 대한 열정을 가져야만 하는 것이다.

또한 그들은 삶에서 다른 사람들과 건강하고 생산적이며 하나님께 영광을 돌리는 관계를 맺고 유지하기 위한 책임감을 갖게 된다. 이것은 부모와 형제자매와 친구들과 이웃들과 집 밖에서 만나는 모든 존중해야 할 사람들에 대한 것이다. 어린아이들은 다른 사람들과의 관계를 유지하는 데 어른들의 간섭을 끊임없이 요구한다. 그들은 다른 사람들과의 관계에서 왜 문제가 생기게 되는지를 이해하지 못한다. 그러니 자연히 그 문제를 어떻게 해결하는지도 알지 못한다. 당신의 십대 자녀는 다른 사람들의 개입

없이도 건강하며 지속적인 관계를 맺고 있는가?

그리고 자신의 일과 그 결과에 대해서 책임 있는 자세를 갖는지를 보아야 한다. 쾌락 위주의 물질주의적 사회에서 일은 삶은 즐겁게 누리기 위해 반드시 해야 하는 필요악이며 귀찮은 것이다. 그 문화는 또한 일을 즐거움의 추구에 방해가 되는 것으로 보는 경향이 있다. 그래서 많은 그리스도인 가정의 십대 자녀가 (아마 그 부모 또한) 이 세대 문화의 향락주의적 가치관에 빠져 들어가고 있다. 그 결과, 일하기를 꺼려하며 가능한 일을 하지 않으려고 한다.

일에 대한 성경적인 관점은 이와는 본질적으로 다르다. 의미 있고, 필수적이며, 생산적이고, 창의적인 노동에 대한 부르심은 하나님의 형상대로 지음을 받은 피조물로서 우리 존재의 본질인 것이다. 일은 아담과 하와에게 주신 하나님의 최초의 명령 속에서 중요한 부분을 차지한다. 그것은 완벽한 세상에서 완벽한 삶의 한 부분이었던 것이다. 인간이 죄로 타락한 것이 일하도록 만든 것이 아니다. 단지 일을 원래의 의미와는 전혀 다른 고통스러운 것으로 만들어버렸을 뿐이다. 여기서 우리가 일할 때 하나님의 형상을 나타낸다는 것은 타락 이전이나 이후나 변함없는 사실이다. 우리는 그분의 세계에서 피조물일 뿐이라는 사실을 받아들인다. 그리고 피조물인 우리는 일할 때 그분이 우리에게 살라고 명하신 대로의 삶을 살면서 기쁨과 의미를 찾게 된다. 자신의 세계를 다스리며 자신의 피조물에게 필요한 것을 공급하시는 그분께 도구로 쓰임받게 된다.

우리가 십대 자녀들을 평가할 때, 그들이 집에서나 밖에서 노동에 대해 긍정적이고 책임 있는 자세를 갖고 있는가를 살펴보아야 한다. 일하는 것에 대해 투덜대며 불평하고 피하려고만 하지는 않는지 주의 깊게 그들의 반응에 귀 기울여야 한다. 그래서 우리의 십대 자녀들에게 일에 대해 잘 준비된 긍정적인 모습이 있는지를 살펴야 한다(윗사람에 대한 마땅한 존경, 자신들을 지도하시는 선생님들에 대한 감사, 가정의 자질구레한 일들에 대한 참여와 같은 긍정적인 자세가 있는가가 포함된다).

성경적인 신념들을 따라 사는가?

우리가 앞에서 살펴본 대로 성숙한 십대는 자기 자신의 도덕적 범주를 세운다. 그들에게는 벌칙이라는 행위의 동기 부여를 통해 올바른 일을 하게 만드는 교육이 필요하지 않다. 하나님 앞에서 올바른 일을 하고자 하는 마음이 그들의 삶 속에서 신중함이라는 열매를 맺게 만든다. 그래서 부모들이 항상 벼랑 끝에 위태하게 서 있는 것 같은 불안한 마음이나 항상 그들이 무슨 일인가를 터트릴 것만 같은 두려움이 들지 않게 한다.

신념을 갖고 사는 십대 청소년들은 자신들이 신뢰받을 만하다는 것을 증명하는 셈이다. 그들은 부모들이 없을 때나 상황을 잘 모를 때도 어려운 결정을 지혜롭게 내린다. 그리고 동일한 지혜로운 일을 하는 친구들과 함께 어울린다. 이러한 십대들은 때로 부모인 당신이 했을 결정과는 전혀 다른 선택을 하기도 한다. 하지만 그렇다고 해서 그들이 하나님의 품 안에서 떨어진 것은 아니다. 결국 목표는 당신의 자녀들이 매사에 당신과 의견을 같이하게 되는 것이 아니라, 그들의 삶이 하나님께 순종하는 실제적인 모습이 되도록 하는 것이다.

결론적으로 말하자면, 하나님의 품 안에서 살아가는 십대 청소년은 하나님으로부터 숨으려고 하지 않는다. 사실 숨을 이유가 전혀 없다. 그들이 원하고 판단하고 행하는 일들은 공개적으로 내보일 수 있다. 왜냐하면 그것이 하나님의 뜻에 어긋나지 않는 것이기 때문이다. 나는 우리 십대 아이들에게 자주 이런 질문을 하곤 했다. "너희들, 밖에서 아빠 앞에서 하기 부끄럽거나 두려운 일을 하는 것이 있니?" 이 질문은 그들이 하나님의 품 안에서 살고 있는지의 여부를 생각하게 만드는 구체적인 방법이 될 수 있다.

가르침을 받아들이고, 배우려는 의지가 있으며, 도움을 요청하는가?

가정의 양육으로부터 독립할 준비가 되어 있는 성숙한 십대 청소년들은 그들 앞에 놓인 커다란 과제가 무엇인지를 제대로 알고 있다. 그래서 자신들이 받을 수 있는 모든 도움과 협력을 기꺼이 받아들이고자 한다. 자신들이 하고 있는 일에 대한 논의에도 기쁘게 참여한다. 자신들의 선택에 이의가 제기되더라도 마냥 항변만 하려고 하지 않는다. 그럴 때 묵묵부답하거나 대화 중에 튀어나오는 비판에도 못 참는다든지, 거칠게 논쟁한다든지 해서 부모와 소원해지지도 않는다. 또한 대화의 주제가 자신의 행동이나 선택에 대한 민감한 부분을 건드린다고 해서 즉각적으로 매우 공격적인 논쟁이나 싸움으로 변하게 하지도 않을 것이다. 물론 이러한 모든 결과는 먼저 우리의 태도와 반응이 그들에게 다가갈 때 하나님이 원하시는 모습으로 나아간다는 것을 전제로 한다.

만약 우리가 하나님이 원하시는 모습으로 십대들에게 다가가면, 그들과 함께 있을 때 살얼음판을 걷는 듯한 긴장과 불편함을 항상 품는 것은 무언가 잘못된 것임을 이해하게 된다. 성숙한 십대는 틀림없이 다른 사람들이 자기에게 다가오는 것을 거부하지 않는다. 그들은 싸우지 않고도 가르칠 수 있다. 그럴 때 우리는 결코 환영받지 않는 침입자로 여겨지지 않으면서 그들에게 다가가 말할 수 있게 된다. 그들의 생각과 선택과 행동을 사랑으로 부드럽게 교화시킬 수 있으며, 그들도 별 다른 거부감 없이 그러한 것들에 대해 말하고 들을 수 있을 것이다. 그들은 자신에게 다가오는 것을 받아들일 뿐만 아니라, 오히려 조언과 지혜를 더 구하게 될 것이다.

자기 자신을 정확하게 바라보고 있는가?

성숙한 십대는 자기 자신에 대해서 점점 더 정확한 시각을 가지게 된다. 그들에게는 자신의 강점과 약점에 대한 분명한 개념이 있다. 그 개념은 여러 사람들과의 관계와 그 안에서의 책임감 속에서 자신이 무엇을 선택할 것인가를 지도해준다. 그들은 자신들이 특히 유혹에 취약하다는 것을 점점 더 솔직하게 느끼게 될 것이다. 당신이 주의가 필요한 약점에 대해서 자상하게 지적해줄 때 부인하면서 펄쩍 뛰지 않을 것이다. "뭐라고 말하든지 전 따르지 않을 거예요"라는 일방적인 거부 반응을 보이지도 않을 것이다. 이미 자신의 약점과 도움이 필요한 존재임을 깨닫고 있기 때문에 기꺼이 도움을 받아들이려 할 것이다.

나는 어느 날 밤 할 말이 있어서 아들의 방을 찾았다. 문을 두드리면서 나는 이렇게 물었다. "애야, 잠깐 이야기 좀 할까?" "그러세요." 나는 이야기를 꺼냈다. "난 우리 관계에 대해서 좀 이야기를 하려고 한단다. 아빠는 조금 전 잠깐 동안 네게 말해야 할 것에 대해서 생각했단다. 그리고 지금이 그것을 말할 좋은 때인 것 같아. 최근에 너는 별로 아빠와 대화하려고 하지 않는 것 같더라. 엄마와 아빠는 너와 말다툼을 하려거나 네 일을 방해하려는 게 아니야. 널 사랑하고 있고 단지 네가 하나님이 네게 대해 원하시는 모습이 되어주기를 바란단다."

나는 아이의 대답을 기다렸다. 이윽고 아들이 대답했다. "아빠가 옳다는 것 알아요. 저에게 말씀하시기 어려웠던 것도 잘 알겠어요. 저는 그냥 제 자신의 삶을 가지고 제가 내린 결정들을 지켜야만 한다는 생각을 했어요. 때로 엄마와 아빠는 제가 얼마나 컸는지 잘 모르시는 것 같아요. 그렇지만 저에게는 여전히 도움이 필요하다는 것을 알고 있고, 제가 그 도움을 원하지 않을 때에도 억지로라도 받아야 한다는 것도 잘 알고 있어요. 죄송해요. 요 며칠 사이에 두 분을 제가 너무 힘들게 해드렸나봐요."

나는 말했다. "괜찮단다, 얘야. 엄마와 아빠는 네 대신 결정을 내려주려는 게 아니야. 너를 꼬마로 취급하려는 것도 아니고. 그렇지만 네가 여전히 엄마와 아빠의 도움을 필요로 하고 있다는 것을 알고 있단다. 그래서 우리는 네게 하나님이 주라고 명하시는 도움을 주려는 거야. 우리는 널 사랑하기 때문에 어떻게 해서든지 도와주려고 하는 거란다. 사랑한다, 얘야." 아들이 대답했다. "저도요, 두 분을 사랑해요." 그리고 나서 나는 아이의 방을 나왔다.

이것이 바로 당신에게 필요한 것이다. 완전해서 항상 올바른 때에 올바른 결정을 내리는 십대는 존재하지 않는다. 전혀 그렇지 않다. 당신은 자신들이 아직 완성되지 않은 인격체임을 충분히 깨닫는 성숙한 자녀들이 되기를 바라야 한다. 왜냐하면 그들은 자기 자신에 대한 정확한 관점이 있을 때 당신이 부모로서 제공하는 도움을 받아들이게 되기 때문이다.

물질적인 것에 대해 올바른 관점을 가지고 있는가?
우리는 앞에서 창조주보다 피조물을 경배하고 섬기는 고도의 물질주의적인 문화에서 우리가 살고 있다는 것을 살펴보았다. 우리는 집 크기와 타고 다니는 차의 브랜드와 호화로움의 정도로 한 사람의 성공을 판단한다. 옷 안쪽에 부착되었던 라벨은 이제 큼지막한 크기로 바깥에 붙어 있어서 그 사람의 기호와 부유함을 나타내는 데 사용된다. 극단적으로는 우리 십대 자녀들은 물질주의적인 문화의 풍토를 전혀 거스르지 못한 채 그것을 들이마시며 살아가고 있는 것이다.

부모로서 당신은 물질주의적인 것들로 인해 자녀들의 가치관이 혼란스러워진 징후를 깨달아야 한다. 아래와 같은 질문이 그 징후들을 깨닫는 데 도움이 될 것이다.

- 자녀들이 "난 저걸 꼭 가지고 말 거야"라는 집착을 보이지는 않는가?
- 가지고 있던 것을 금세 싫증 내고 다른 것을 탐내지는 않는가?
- 다른 사람을 보이는 대로 그리고 외모로 판단하지는 않는가? 자신의 외모적 기준에 사람들을 끌어다 맞추려고 하지는 않는가?

- 미래의 목표를 물질주의적인 금전적 기준으로 세우지는 않는가?
- 자신이 원하는 것들에 둘러싸여 있을 때 가장 행복해하지는 않는가?
- 항상 최신 유행을 따르려고 하지는 않는가?
- 당신이 주는 돈이나 또는 자신들이 벌기도 하는 돈을 어떻게 소비하는가?
- 자신의 돈을 다른 사람을 돕는 데 쓰거나 주님을 위해 쓰려는 마음을 가지고 있는가?

성숙해지고 있는 십대라면 자신이 가진 것에 감사하게 될 것이다. 또한 삶에는 풍성하게 갖지 못할 때가 있다는 것도 배우게 될 것이다. 그와 함께 그들은 하나님이 자신에게 주신 것들에 대한 성실한 관리자가 될 것이다. 또한 다른 사람의 소유에 대해서도 믿을 만한 사람이 될 것이다. 그들은 하나님이 공급하신 모든 것들을 받아들이고 사용하는 데 있어서 올바른 관점을 갖게 될 것이다.

오래지 않아 청소년 자녀를 둔 모든 부모는 자녀를 떠나보내게 될 것이다. 아마 그 모습은 문을 박차고 뛰쳐나가는 그들에게 가지 말라고 애원하는 모습일 수 있고, 아니면 준비가 다 된 의연한 모습으로 나가는 자녀에게 애정 어린 작별을 고하는 모습일 수도 있을 것이다. 우리 모두는 자녀들이 우리와 영원히 함께 살지 못하리라는 것을 잘 알고 있다. 분명한 것은 우리의 자녀 양육에 대한 하나님의 목적은 우리가 최선을 다하여 수고하는 것이다. 그분의 계획은 우리가 성경적으로 성숙한 자녀들을 길러내는 그분의 도구가 되는 것이다. 그러면 우리의 성숙한 자녀들은 타락한 세상 속에서 삶에 의연히 대처하고, 세상의 빛과 소금이 되며, 하나님나라의 사역에 공헌하는 사람이 될 준비가 되어서, 그 오랜 시간 동안 우리가 그들에게 주었던 날마다의 가르침과 지도를 더 이상 필요로 하지 않는 사람이 되는 것이다.

결국, 우리는 우리가 가지고 있지 않은 것을 자녀들에게 줄 수 없다는 진리를 한 번 더 되새겨야 한다. 부모들은 그리스도인으로서 자신들이 성경적으로 성숙하다고 자신 있게 주장할 수가 없다. 우리도 역시 하나님 말씀의 거울 앞에 스스로를 비추어보아야 한다. 우리는 성경적인 성숙의 기준에 합당하게 살고 있는가? 우리는 성장할 필요가 없는 사람들인가? 우리는 자녀들 앞에서 완벽하고 성숙한 경건을 모범적으로 보여줄 수 있는가? 우리는 책임감 있는 삶을 살고 있는가? 우리는 스스로 다른 사람들의 조언과 충고를 받아들이며 그로부터 배우려고 하는가? 우리는 우리의 판단과 행동을 결정할 도덕적 기준들을 가지고 살고 있는가? 언제 우리가 약해지며 언제 강해지는지를 잘 알고 있는가? 그리고 다른 사람의 도움을 기꺼이 받으려고 하는가? 우리는 물질적인 것들에 대해 균형 잡힌 시각을 가지고 있는가? 아니면 세상 문화가 주는 가치관에 몰입되어서 지나치게 소유하려 하거나 지나치게 일에 집착하려고 하는 부모의 모습은 아닌가?

하나님 앞에 서서 우리가 스스로도 지키지 못하는 기준을 우리 자녀들에게 억지로 맞추려고 하지는 않는지 살펴보아야 한다. 마태복음 23장 1-4절에서 예수님이 바리새인들을 향해 하신 질책을 기억하라. 우리의 삶은 우리의 가르침과 일치하는가? 우리 아이들이 부모를 거역하고 하나님을 거역하는 이유가 우리 자신의 이중적인 기준 때문은 아니었는가? 우리는 겸손히 자녀들과 대화하면서 우리 부모도 부족한 인간이라는 것을 말하고 있는가? 처음 믿었을 때 필요로 했던 만큼의 하나님의 은혜를 오늘도 여전히 구하고 있는가? 우리의 마음이 창조주 하나님으로부터 멀어져서 피조물을 섬기고 있지는 않은가? 신실한 삶을 살기 위해 여전히 하나님의 도움이 필요하며, 자녀들이 자라는 것처럼 부모인 우리도 자라야 한다는 것을 깨닫고 있는가? 우리가 실패했을 때에도 기꺼이 자녀들에게 다가가서 용서를 구하고 그리스도의 용서하심과 구원하시는 은혜에 온전히 의지하겠다는 말을 하는가?

우리의 십대 자녀들이 우리가 이루고자 하는 삶의 모습을 좋게 생각하는가? 그들이 나름대로 성공적인 삶이라는 정의를 내릴 때 우리와 같은 생각을 하고 있는가? 그들은 마음속으로 이렇게 말하고 있는가? '나는 온갖 부정과 허영으로 가득한 세상에 살고 있다. 그렇지만 우리 부모님은 정말 순수하시다. 내게 말씀하시는 것들이나 하라고 하시는 것들이 항상 다 마음에 드는 것은 아니지만, 정말 난 우리 부모님처럼 되고 싶다.' 우리의 십대 자녀들이 부모인 우리를 볼 때 진실과 은혜와 성실과 소망을 발견하는가? 그들이 우리를 보면서 그리스도를 발견하는가?

성공적인 자녀 양육은 우리가 비록 부모이지만, 여전히 우리 아버지 하나님의 도움을 필요로 하는 그분의 자녀임을 인정하는 것을 의미한다. 그리고 그분께 나아가 이렇게 기도하는 것을 뜻한다.

"주님이 풍성히 은혜를 공급해주시지 않는다면 저희는 주님이 명하신 일들을 다 행할 수가 없습니다. 믿는다고는 하지만, 때로 믿지 못하게 될 때 우리를 도와주옵소서. 순종한다고는 하지만 여전히 불순종함으로 유혹될 때에 우리를 강하게 하여 주옵소서. 사랑한다고는 하지만 주님께 대한 사랑보다 우리 자신에 대한 사랑에 더 흔들릴 때 우리를 도와주옵소서. 우리 안에서 역사하시는 주님, 주님의 은혜로써 우리로 말미암아 주께서 우리 자녀의 인생을 붙드시고 역사하시기를 간구합니다. 그래서 우리 자녀들의 삶과 우리의 삶이 하나님께 영광을 돌리는 찬송이 되기를 간구하나이다."

11장. 성찰과 토론을 위한 질문

(1) 자녀가 저지른 최악의 잘못은 무엇인가? 이런 잘못을 다룰 때 주로 징계하고 혼내는 방법을 사용하는가? 아니면 자녀가 그리스도께 자신을 의탁하도록 이끄는 기회로 사용하는가? 자녀를 훈육하거나 혼낼 때마다 은혜의 복음을 전하는가?

(2) 질문 (1)의 잘못과 관련해 자녀의 잘못을 어떤 식으로 다루었는지 생각해보라. 말과 행동으로 성육신하신 그리스도를 대변했는가? 당신 역시 자녀와 같은 죄인임을 말로 표현할 수 있었는가? 자녀가 매일 겪는 어려움과 유혹을 더 깊이 이해하기 위해 자녀의 입장에서 생각해본 적이 있는가?

(3) 십대 자녀가 아직 독립하지 않았다면, 자녀가 앞으로 성숙할 수 있는 부분이 어디인지 생각해보고 하나님이 이 일을 온전히 완수해주실 수 있음을 믿으라. 이번 장에서 살펴본 성숙함의 씨앗을 깊이 묵상하라. 그것은 하나님의 구체적인 뜻에 대한 민감성, 구체적인 경건 생활, 점진적인 영적 성장, 인내, 하나님의 은혜에 대한 감사, 하나님 나라에 대한 의식이 자라나는 것이다. 십대 자녀가 이런 자질들을 기르도록 어떻게 격려할 수 있는가?

(4) 어떻게 하면 당신과 배우자가 더 일관성 있게 일과 직장 생활의 신학적 원리의 모범을 보일 수 있는가?

(5) 십대 자녀가 하나님의 경계 안에서 살고 있는지 꾸준히 살펴보고 있는가? "엄마, 아빠 앞에서는 꺼려지고 부끄러워할 일을 밖에서 하고 있지는 않니?"라고 물어보라.

(6) 십대 자녀가 잘 배우고 수용적이며 주님께 도움을 구하는 태도를 지니고 있는가? 자녀가 완악해지지 않고 부드러운 마음을 갖게 해달라고 하나님께 기도하라.

(7) 자녀에게 성경적 기준과 성숙을 요구하면서 정작 자신에게는 적용하지 않는 것은 아닌지 정직하게 자신을 돌아보라. 말과 삶이 서로 모순되지는 않는가? 성숙한 태도와 겸손과 책임감과 배우고자 하는 마음과 신앙과 관련해 성장이 필요한 부분은 어디인가? 오늘 이 영역에 풍성한 은혜를 베풀어 달라고 기도하라.

3부.

십대 양육을 위한
실용적인 전략

12장.

십대 양육을 위한
세 가지 전략

빌과 진은 완전히 기진맥진하고 낙심한 모습으로 상담실에 앉아 있었다. 그들은 새로운 가정을 세워나가는 일에 지금까지 매달려왔고, 아이들이 어렸을 때에는 많은 즐거움도 누렸다고 했다. 너무나 즐거웠던 휴가 기간과 정말 보람 있던 휴일에 대해서도 이야기했다. 아이들에게 잠들 때까지 책을 읽어주던 그 달콤한 시간들과 아침에 맛있는 음식으로 놀래켜주던 때와 주말에 함께했던 그 즐거운 시간 하며, 때로는 전혀 기대하지 못했던 장난감 선물을 사주었던 것까지 기억했다. 그러나 어찌된 영문인지 그들은 자신들이 해왔던 일의 의미와 목적을 잊어버렸다. 여전히 자녀들과 함께 살고는 있지만, 그 모든 일에는 보람과 목적이 존재하는 것 같지 않아 보였다.

  그들은 자녀 양육에 관계된 기독교 서적은 거의 다 읽어보았고, 부모 세미나에도 많이 참석했다. 그러나 십대가 된 자녀들과의 관계는 이상하게 점점 더 멀어지는 것 같았다. 그들은 자녀를 훈계하는 시간의 대부분을 성경적인 목적이 아닌, 짜증과 분노로 했다는 것을 깨달았다. 그리고 그럴수록 자녀와의 모든 관계가 마치 움켜쥔 손에서 모래가 빠져나가듯이 점차 절망적이 되어 감을 느꼈다.

진은 이렇게 말했다. "우리에게 무엇을 하라고 말해준 사람은 많았어요. 하지만 우리는 그것을 어떻게 해야 하는지 몰랐어요. 책을 읽을 때나 교육을 받을 때에는 다시 한번 의욕에 불타오르지만, 실생활은 보고 들은 대로 되지 않았고, 아이들은 우리가 기대했던 대로 움직여지지 않았어요." 빌이 끼어들었다. "저는 아내가 말한 것이 우리에게 초점이나 목적이 없기 때문이라고 생각해요. 우리가 여기 온 이유도 우리 아이들이 어렸을 때 그 아이들과 함께 가졌던 그 일체감을 다시 얻기 위해서예요. 우리 집에는 현재 십대인 아이 한 명 하고도 곧 십대가 될 아이들이 둘이나 있어요. 나머지 두 아이들은 진짜 똑바로 키우고 싶어요." 진이 말했다. "그런데 우리는 완전히 지쳤어요. 전 이렇게 된 이유가 문제를 해결하려고 하기보다는 더 복잡하게 만들었기 때문이라고 생각해요. 아무리 치워도 항상 쌓여 있는 쓰레기더미 같아요."

그 후에 나는 얼마나 많은 다른 부모들이 빌과 진의 이러한 경험을 똑같이 경험하고 있는지 깨닫고 놀라움을 금할 수 없었다. 그들은 아이들을 키우는 데 있어서 황금과 같은 시기가 있었다는 것을 깊은 슬픔의 추억처럼 되뇌이곤 한다. 그때는 자녀들이 당신이 집에 오기만을 기다리고 있었고, 책을 읽어달라고 한 아름 책을 가지고 와서는 당신에게 매달려 조르곤 했다. 또한 그때는 집에서 잠깐이라도 함께 놀아주는 것만으로도 아이들을 기쁘게 할 수 있었다. 얼마나 많은 부모들이 속으로 아이들의 이러한 어린 시절로 되돌아가고 싶어 하는지 아는가? 그들은 십대가 된 자녀들과의 관계가 어렸을 때와 같지 않고, 지금은 완전히 변해버렸다는 것을 알고 있다. 그들은 과거의 경험을 잃어버린 슬픔에서 헤어나오지 못하고 있다.

앞의 몇 장에 걸쳐 우리는 십대 자녀의 양육을 위한 다섯 가지 기본적인 목표를 살펴보았다. 이제 우리는 그러한 목표를 실현하기 위해 전략을 세워야 한다. 이 세상에서 빛과 소금의 역할을 감당하며 살도록 준비된 신실한 십대 자녀를 키우고자 하는 부모가 반드시 해야 할 세 가지 일을 제시하고자 한다. 이러한 일들은 십대 자녀들을 키우는 당신의 삶에 분명한 목적과 초점을 제시할 것이다.

이 모든 일을 하면서 기억해야 하는 기본적인 진리가 있다. 그것은 우리가 자녀를 바라보는 관점이 역시 우리 자신에게도 적용되어야 한다는 것이다. 모든 성경적인 통찰과 원리와 방법들이 우리 자녀들에게 적용되는 이유는 그것들이 일반적으로 모든 사람에게 적용되기 때문이다. 이 점은 이 책의 핵심적인 진리를 드러낸다. 우리의 십대 자녀들은 우리를 닮지 않은 것이 아니라, 너무나 우리를 닮아 있다. 그들은 여러 가지 압박과 유혹과 기회들에 직면한다. 그리고 우리를 본받는 방법으로 그러한 일들에 대처해나간다. 그들은 너무나 우리와 동일하게 아직 완성되지 않은 피조물인 것이다.

우리가 자녀들에게서 깨닫는 모든 영적인 필요들은 어떤 의미에서 우리들의 영적인 필요와 동일하다. 그래서 다음과 같은 각각의 방법들은 십대들의 마음에서 일어나고 있는 갈등을 겸손히 깨닫고자 하는 의지와, 여전히 우리를 변화시키고 계시는 하나님을 겸손히 고백하는 마음과, 하나님이 우리에게 주신 것과 동일한 은혜를 우리 자녀들에게도 내려주시기를 겸손히 바라는 간구를 가지고 적용시켜야 한다.

전략 1.
계획이 있는 자녀 양육

계획성 있게 자녀를 양육하는 것은 우리가 이루고자 하는 것이 무엇이며 왜 그것을 이루려고 하는지를 아는 것이다. 계획성 없는 자녀 양육은 마치 건축 자재 상점에 가서 나무를 사고, 아교를 사고, 건축 재료를 사고, 연장을 산 다음 이것들을 가지고 재단하고 톱으로 썰고 망치질하고 아교로 붙이면 뭔가가 만들어질 것이라고 생각하는 것이다. 아무도 그렇게 일을 하는 사람은 없다. 그렇게 하면 일이 안 되기 때문이다. 우리는 짓고자 하는 것이 무엇이고, 무슨 재료가 필요하며, 그 과정은 어떻게 될지를 알아야 한다. 하지만 많은 부모가 계획 없이 자녀를 양육하는 실수를 저지르고 있다.

계획이 있는 자녀 양육이란 초점이 있고, 목적을 추구하며, 자녀들과 매일매일 만나는 가운데 목적 지향적이 되는 것이다. 아이들과 그들의 인생 속에서 이 특별한 시간 동안 도대체 무슨 일을 해야 하는가? 그 일을 어떻게 해야 하는가? 아이와 대화할 때 어떤 주제를 강조해야 하는가?

계획이 있는 자녀 양육은 그 모든 일을 자발적으로 하려는 준비된 마음을 가지고 자녀를 대하는 것을 의미한다. 그러면 전혀 예상치 못하고 우연히 일어나는 모든 양육의 순간에 즉흥적으로 방법을 떠올리거나, 한꺼번에 모든 일을 처리하려 하지 않을 수 있다. 그보다는 자녀를 살피고 기도하며, 우리의 초점을 다잡을 수 있다. 자녀가 어느 부분에 약하고, 어떤 유혹에 잘 넘어가며, 늘 씨름하는 문제가 무엇이고, 반항하며 저항하게 되는 때가 언제인지 주의 깊게 점검한다. 그리고 부모가 관찰한 취약한 부분들이 자녀 양육에 있어서 계획된 목표가 된다. 모든 권세를 가지신 하나님이 우리에게 이러한 문제들을 다룰 수 있는 날마다의 기회를 주신다는 사실을 깨달아야 한다. 십대들과의 삶 속에서 이러한 순간들이 매우 중요하다는 것을 깨달아야 한다. 그러면 비로소 그 순간들을 잘 이용할 수 있는 기회를 얻을 수 있게 된다.

계획이 있는 자녀 양육의 성경적인 모범

다윗은 시편 36편 1-4절은 계획이 있는 자녀 양육에 대한 놀라운 모범을 보여준다. 다윗은 여기서 "악인의 죄"를 묘사하면서 우리에게 십대 자녀들이 겪는 갈등을 어떻게 이해하고, 그 가운데서 하나님의 사역을 어떻게 실천할 것인가에 대한 모범을 보여준다. 이 구절은 부모와 십대 자녀를 향한 하나님의 목적을 잘 설명한다. 다윗은 이것을 부정적인 표현으로 서술하지만, 분명한 메시지를 전달한다. 함께 살펴보자.

"악인의 죄가 그의 마음속으로 이르기를 그의 눈에는 하나님을 두려워하는 빛이 없다 하니 그가 스스로 자랑하기를 자기의 죄악은 드러나지 아니하고 미워함을 받지도 아니하리라 함이로다 그의 입에서 나오는 말은 죄악과 속임이라 그는 지혜와 선행을 그쳤도다 그는 그의 침상에서 죄악을 꾀하며 스스로 악한 길에 서고 악을 싫어하지 아니하는도다."

다윗은 악인의 마음을 살피면서 대부분의 십대 마음속에 존재하는 결핍을 설명한다. 이는 우리 자녀가 어떤 사람이 되어야 하는지에 대해 세 가지 목표를 제시한다.

첫째, 하나님을 경외하는 십대가 되어야 한다. 다윗은 악인의 "눈에는 하나님을 두려워하는 빛이 없다"라고 말한다. 악인은 하나님의 존재하심과 그 영광스러우심을 깨닫지 못한다. 그리고 자신의 삶을 진실 앞에 복종시키지 못한다.

마찬가지로 대부분의 십대 자녀들은 하나님을 경외하는 마음 없이 살아간다. 그들의 개인적인 세계는 그들이 필요하다고 확신하는 것에 대한 갈망, 또래의 인정을 받고 싶은 욕구, 또래 사이에서 배척당하는 것에 대한 두려움, 정체성 문제 등에 의해 지배된다. 그리고 하나님은 그러한 상황에서 어떤 도움도 되시지 않을 뿐만 아니라, 전혀 함께 계시지도 않는다. 그들의 믿음의 고백이 무엇이든지 간에 하나님은 그들이 매일 살고 있는 실제의 삶 속에는 존재하시지 않는다. 그들은 하나님과 그분의 영광을 인정하는 데서 흘러나오는 경외심, 찬양, 순종의 삶을 살지 않는다. 그들은 하나님을 자신이 원하고, 생각하며, 행동하고, 말하는 모든 것의 기준으로 삼지 않는다.

하나님에 대한 경외심은 모든 이의 삶의 중심이 되어야 마땅

하지만, 많은 십대에게는 이 마음이 없다.

둘째, 자신을 정확하게 바라보는 십대가 되어야 한다. 악인들은 "스스로 자랑"(2절)한다. 이는 대부분의 십대 청소년들에게 해당한다. 그들은 스스로를 정확한 시각으로 바라보며 살지 않는다. 그들은 실제보다 자신들을 더 과대평가한다. 그들은 자신들이 실제보다 더 성숙하다고 생각한다. 영적으로도 실제보다 더 강하고 지혜롭다고 단정해버린다. 그리고 실제로 부모로부터 받아온 양육보다 너무 지나치게 많이 받았다고 지레짐작해버린다. 그들은 스스로를 바라볼 때 하나님 말씀이라는 완벽한 거울을 사용하지 않고, 친구들의 의견, 개인적인 평가 그리고 문화적인 기준이라는 왜곡된 거울을 사용한다. 십대 청소년들의 전형적인 자기 평가는 거의 동일하게 다 왜곡되어 있다. 그들은 자신을 정확하게 혹은 분명하게 바라보지 못한다. "마땅히 생각할 그 이상의 생각"(롬 12:3)을 품게 되는 것이다.

셋째, 지혜롭게 행동하고 선을 행하는 십대가 되어야 한다. 다윗은 악인에게 하나님을 경외하는 마음이 없고 올바르게 정체성을 인식하지 못하기 때문에 그들이 "지혜와 선행을 그쳤도다"(3절)라고 말한다. 이를 통해 다윗은 십대가 추구해야 할 자질이 무엇인지 알려준다. 부모는 자녀가 지혜롭게 행동하고 선을 행하도록 도와주어야 한다. 자녀가 실제적이고 구체적으로 경건하게 살도록 하는 것이 우리의 궁극적인 목표다.

지혜로운 사람이란 어떤 사람인가? 지혜로운 사람이란 주님을 두려워하고, 그분의 존재와 나타난 뜻에 의해 좌우되는 사람이다. 그런 사람은 하나님의 존재와 그 뜻으로부터 얻을 수 있는 지혜를 매일의 삶에 적용하며 살아간다. 모든 상황, 결정, 관계에 그 지혜를 적용하려고 노력한다. 그렇다면 선을 행하는 사람은 누구인가? 주님을 기쁘시게 하는 방법을 따라 모든 일을 행하기 위해 스스로 서약하며 성경 말씀과 그 원리에 따라 살아가는 사람이다. 그는 하나님의 허락하심 안에서만 행하기 위해 모든 노력을 기울이며 결코 그것을 넘지 않는다.

요약하자면, 지혜롭게 행동하고 선을 행하는 사람은 항상 자신에게 이렇게 묻는다. '어떤 결정과 태도와 행동이 이 상황에서 하나님의 뜻을 가장 잘 표현할 수 있을까?'

경건의 구체성

시편 36편에서 배운 이 교훈들은 자녀를 기를 때 우리 마음 속에 반드시 간직해야만 한다. 우리는 그 순간의 잘못을 교정하는 것으로 그쳐서는 안 되고 더욱 근본적인 것을 깨닫도록 해야 한다. 우리는 자녀들이 자기 자신에 대한 정확한 지식과 하나님을 알고 순종하는 마음을 갖고 자라가도록 해야 한다. 우리는 각각의 상황들과 각각의 대화들과 각각의 문제들과 각각의 경험들과 각각의 자녀들과의 상호 작용을 모두 이러한 근본적인 결핍의 문제를 해결하려는 기회로 보아야 한다.

이 과정에서 우리는 하나님이 주권적인 계획에 따라 각 자녀를 특정한 삶의 맥락에 배치하셨다는 사실을 기억해야 한다. 각 자녀의 상황은 다르다. 우리는 자녀들의 상황 속에 하나님이 어떠한 일들을 허락하셨는지 알아야만 한다. 그래야 그들에게 눈을 들어 그들이 경험하는 특별한 압력들과 기회들과 책임감들과 유혹들에 어떻게 대응하며 살아야 하는지를 가르쳐줄 수 있다. 그들이 극복해야 하는 중요한 인간관계는 무엇인가? 그들이 따라야 하는 권위를 가진 자는 누구인가? 그들에게 영향을 미치는 말을 하는 사람은 누구이며, 그 내용은 무엇인가? 그들의 세계 속에서는 어떤 가치가 가장 큰 것인가? 날마다 어떤 영역에서 갈등을 일으키는가?

경건하게 사는 삶이란 누구에게나 다 동일한 것이 아니기 때문에, 우리는 자녀들의 특별한 삶의 환경에 대해 정확하게 알기 위해서 이러한 질문들을 해야만 한다. 경건한 삶은 항상 구체적이다. 경건하게 산다는 것은 하나님이 우리에게 주신 삶의 특별한 환경 속에서 지혜롭게 그리고 선을 행하며 사는 것을 의미한다. 십대 청소년은 자신의 상황을 정확히 이해해야 하고, 그들을 돕기 위해서는 우리 또한 제대로 알아야 한다.

십대 청소년들이 경건해지려면 그리고 그들이 세상에서 경건하게 살아가려면, 준비가 필요하다. 그들은 자기 자신에 대한 정확한 이해와 그들이 살고 있는 세계에 대한 정확한 이해를 가지고 자신들의 상황에 들어가야 한다. 만약 자녀들이 이러한 개인적인 상황에 대한 통찰이 부족하다면, 그들은 자기 통제력도 부족할 것이다. 자기 통제력은 마음의 내적 억제 체계, 즉 하나님이 우리에게 주신 권리와 자신에 대한 지식에 대해 반응하는 양심이다. 또한 우리를 겸손하고 순종하게 만드시는 성령님의 사역에 반응하는 마음이다.

이러한 개인적 통찰에는 두 가지 중요한 요소가 있다.

첫째로, 우리의 자녀는 자신의 죄를 발견해야 한다. 우리는 이미 십대들이 이 일에 능숙하지 못하다는 것을 알고 있다. 우리는 그래서 이렇게 스스로에게 물어보아야 한다. "그들 자신에 대해서 하나님이 보여주고자 하시지만 보지 못하는 것은 무엇인가?" 그들이 보아야 하지만 보지 못하는 연약함, 실패, 죄, 태도, 가치관, 욕구, 우상, 생각이나 마음의 동기는 무엇인가? 그리고 우리는 이러한 문제들을 깨닫도록 돕기 위해서 그들의 삶 속에 있는 평범한 상황들을 어떻게 이용할 수 있는가?

둘째로, 우리의 자녀는 자신의 죄를 미워해야 한다. 죄를 발견하는 것만으로는 충분하지 않다. 죄를 미워하기까지 해야 한다. 사탄이 가장 좋아하는 수법은 죄를 그리 나빠 보이지 않게 포장하는 것이다. 이런 계략은 에덴 동산 이후로 사탄이 가장 많이 사용해온 방법이며, 모든 사람은 이에 매우 취약하다.

그들은 나쁜 것이 무엇인지를 깨달았을 때에도 실제 그 본질적인 악함보다 좀 더 미화해서 생각하는 경향이 있다. 그들은 약속을 어겼을 때, 잠깐 잊어버렸었다고 아무렇지도 않게 둘러댄다. 지시받은 대로 하지 않았을 때, 잘 이해하지 못했다고 둘러댄다. 불순종했을 때에는 오해라고 둘러댄다. 그들에게 잘못된 점을 지적할 때에는 다른 형제나 자매가 저질렀던 동일한 잘못된 행동을 들먹인다. 하나님에 대해 교만하게 반항하고, 죽을 수도 있는 위험하고 파괴적인 행동들에 대한 죄를 인정하려 들지 않는다. 그들은 그런 일들을 아주 나쁜 것이라고 생각하지도 않는다. 사실 어떤 때에는 그런 일들이 더 멋있어 보이고, 하고 싶은 마음이 들기도 한다.

만약 우리 자녀들이 죄를 미워하지 않는다면, 그들은 그 죄로부터 돌아서지 않을 것이다. 우리가 할 일은 그들이 죄를 하나님이 바라보시는 것처럼 볼 수 있도록 돕기 위해 매일의 삶의 상황 속에서 그들과 함께 부대끼는 것이다. 그러한 가운데 우리의 목적과 기도는 그들이 죄를 미워하고 그리스도께 자신을 드리면서 이렇게 말하게 되는 것이다. "오호라 나는 곤고한 사람이로다 이 사망의 몸에서 누가 나를 건져내랴 우리 주 예수 그리스도로 말미암아 하나님께 감사하리로다 그런즉 내 자신이 마음으로는 하나님의 법을 육신으로는 죄의 법을 섬기노라"(롬 7:24-25).

우리 십대 자녀들이 이러한 종류의 개인적인 통찰을 하게 되면, 그들은 자신의 약한 부분이 어디고, 죄와 씨름하는 것의 본질이 무엇인지를 깨닫게 된다. 그들은 유혹에 대해서 민감하게 될 것이다. 또한 조심하며 살게 될 것이고, 그렇게 되면 반복해서 동일한 죄에 빠지기보다는 자기 절제력과 하나님의 도우심을 통해 대처하게 되면서 지혜로운 삶을 살고 선을 행하게 될 것이다.

계획이 있는 자녀 양육 실천하기

십대들의 마음속에서는 매일 영적 전쟁이 벌어지고 있다. 십대 청소년들이 하나님의 부르심을 받은 사람이 되어 그분의 일을 하려면 전쟁을 치를 준비가 되어 있어야 한다.

따라서 우리는 하나님께 쓰임받는 부모로서 세 가지 목표에 집중해야 한다. 지혜롭게 행동하고 선을 행하는 십대가 되게 하고, 자녀가 삶의 상황들에 대해 정확한 깨달음을 얻도록 도우며, 자신의 죄를 깨닫고 그것을 미워하도록 도움으로써 그들이 경건함을 추구하도록 준비시키는 것이다. 이 모든 일을 겸손한 마음으로 행해야 한다. 우리 삶에서도 이러한 목표가 동일하게 적용되어야 함을 인식해야 한다는 것이다. 우리는 계획이 있는 자녀 양육을 실천할 때, 자신의 모든 문제를 해결한 재판관처럼 접근해서는 안 된다. 자신이 죄인임을 알고, 여전히 그리스도가 필요한 존재임을 아는 사람으로서 양육해야 한다.

아내와 나는 우리 아이들 한 명 한 명에게서 이러한 선한 모습이 나타나도록 하기 위해, 몇 번이고 머리를 맞대고 앉아서 어떻게 양육할 것인가를 의논하곤 했다. 다음은 우리가 아이들의 새로운 학기가 시작될 때 늘 하던 방법이다. 우리는 특별히 시간을 내서 아이들 각각에 대해 어떤 '계획'을 세워야 할지 세세하게 고민한다. 우리는 스스로에게 이렇게 묻는다. "그 아이의 삶에서 우리가 돌보아야 하는 어떤 중요한 갈등이 있는가? 우리 아이들은 현재 이러한 문제를 어떻게 바라보고 있는가?" 우리는 그들이 매일의 삶 속에서 언제 유혹을 경험하는지 알기 원한다. 그들이 이러한 일들을 간과해버리거나 합리화하려는 태도가 무엇인지 구체적으로 드러내기 위해 노력한다. 어떤 면에서 그들이 죄와 싸우고 있다는 것을 나타낼 수 있는지를 살펴보고, 언제나 함께 하시는 그리스도의 도우심을 통해 격려한다. 결국 이것은 우리가 우리 자녀들의 영적인 무지, 자기 합리화 그리고 저항 등을 다루게 될 때, 죄와 싸우고 있는 우리 자신의 싸움에 대해서 좀 더 정직해질 수 있는 기회를 우리에게 만들어준다.

계획이 있는 자녀 양육을 할 때, 한 번에 모든 것을 다 다룰 수는 없다. 우리는 단지 자녀 양육이 어떤 면에서는 어느 정도 유익할 것이라고 바라기만 하는 것도 아니다. 우리는 목적을 가지고, 초점을 맞추며, 우선순위를 가지고 한 걸음씩 나아가고 있는 것이다. 아내와 나는 우리 자녀들에게서 계획이 있는 자녀 양육이 얼마나 유익했는지를 보아 왔다. 그리고 또한 그것이 우리 자신에게도 유익했음을 깨달았다. 계획이 있는 자녀 양육은 부모와 십대 자녀 간에 그토록 많은 갈등을 일으키는 개인적인 분노나 차이에 초점을 맞추지 않고, 오직 하나님의 우선순위에만 계속적으로 초점을 맞출 수 있게 한다.

전략 2.
지속적인 대화

여러 해 동안 나는 집에 들어오면 네 아이들의 방을 하나씩 '방문'하는 것이 습관이 되어버렸다. 그 중에서 어느 날 밤 한 아이의 방에 들렸던 때가 기억이 난다. 나는 아이에게 어떻게 지냈으며 오늘 하루는 어땠느냐고 물어보았다. 아이는 "좋아요"라고 대답했지만, 왠지 자신이 없어 보였다. "네 모습은 별로 좋아보이질 않는데?" 내가 물었다. "무슨 일이 있니?" "아뇨." 아이가 대답했다. "늘 똑같지요 뭐." "뭔가 문제가 있는 것 같구나. 아주 힘이 빠져 보이는데?" 그러자 아이가 중얼거리며 말했다. "좀 설명드리기 복잡해요. 아시잖아요. 인생은… 원래 힘든 법이죠." 내가 말했다. "그렇지. 인생이란 정말 힘들 때가 있단다. 그런데 난 아직도 우리가 무엇에 대해서 말하고 있는지 잘 모르겠구나." "지금 우리가 그것에 대해서 이야기를 해야만 하나요?" 아이가 더 이상 숨기기 힘들다는 듯이 말했다. "얘야, 아빤 너를 사랑한단다. 매일 아빠가 너한테 오는 이유도 너에게 관심이 있기 때문이야. 널 괴롭히려는 게 아니란다. 만약 네가 지금 말하고 싶지 않다면 말 안 해도 좋아."

아이가 말했다. "그냥 어떤 때는 좀 뜻대로 되지 않는 것 같아요. 모든 일이 다 바르게 되어지는 것 같지가 않아요. 아빠도 하시는 일에 대해서 분명한 결과를 확신하지 못하실 때가 있잖아요. 옳은 일을 해도 아무도 알아주지 않아요. 그런데 잠깐이라도 방심할 때면 꼭 주변에서 그때를 기다렸다는 듯이 그 약점을 잡는 애들이 있어요. 지금이라도 전 그 아이들이 학교 생활을 엉망으로 만들고 제 일을 방해하고 뒤통수를 칠 것만 같아요. 전 그런 싸움에 지쳤어요. 어떤 때에는 '난 겁쟁이다. 날 좀 괴롭혀 줘'라고 쓰인 종이를 붙이고 다니는 것 같아요. 정말 이렇게 살아야 하는 건지, 왜 제가 이런 고통을 받으며 사는지 모르겠어요. 전 앞으로도 계속 이렇게 옳은 일만 하면서 살 수 있을지 모르겠어요… 뭔가 좀 변화가 필요한 것 같아요."

이런 대화는 하루아침에 저절로 이루어지지 않는다. 부모는 자녀를 매일같이 살펴보고 이러한 대화를 나누도록 할 수 있다. 이렇게 날마다 돌아보는 일은 부정적인 것이 되어서는 안 된다. 그러면 십대 자녀는 이런 대화를 하기 전부터 두려워할 것이고, 부모와 대화 나누는 것을 견디기 어려워할 것이다. 정반대로 이러한 순간은 사랑이 넘치고 격려하는 시간이 되어야 한다. 그리고 그것은 당신과 자녀 모두 나중에는 감사히 여기는 습관이 되어야 한다.

왜 우리 십대 자녀들에게는 지속적인(혹은 날마다의) 대화가 필요할까? 왜 자녀들과 개별적이거나 마음을 털어놓는 대화가 일어나지 않고서 하루를, 한 주를, 때로는 한 달을 보내는 것이 위험한 일인가? 히브리서 3장 12-13절은 우리에게 이러한 질문에 답해주고 있으며, 자녀들과 우리가 날마다 어떻게 상호 작용을 할 것인가에 대한 모범을 보여주고 있다.

"형제들아 너희가 삼가 혹 너희 중에 누가 믿지 아니하는 악한 마음을 품고 살아 계신 하나님에게서 떨어질까 조심할 것이요 오직 오늘이라 일컫는 동안에 매일 피차 권면하여 너희 중에 누구든지 죄의 유혹으로 완고하게 되지 않도록 하라."

이 구절은 우리에게 십대 자녀들과 지속적인 대화를 해야 하는 이유를 보여주고 있다. 그 이유는 하나님으로부터 돌이켜 떨어지지 않도록 경고하는 형식으로 나타나고 있다. 그 떨어짐이 마음의 떠남을 의미한다는 것에 유의하라. 마음은 항상 눈과 입과 귀와 손과 발이 떠나기 전에 먼저 떨어진다.

그리스도인 가정의 많은 십대 자녀들은 교회에 나가 예배를 드리고, 가정 예배도 드리며, 학생회 활동에도 열심이다. 하지만 그들의 마음은 살아 계신 하나님으로부터 떠난 지 오래다. 그래서 그들이 대학에 가서 신앙을 버리게 된다면, 그것은 전혀 예상치 못한 좋지 않은 변화가 일어난 것이 아니다. 이미 수개월 전 혹은 수년 전에 그들의 마음속에서 일어났던 일, 곧 하나님으로부터 떨어진 일이 겉으로 드러난 것뿐이다.

히브리서의 이 구절은 하나님께로부터 떨어짐을 네 가지 모

습으로 나타낸다. 각각의 측면은 이 경고의 본질을 이해할 수 있
도록 돕고 있다.

- 우리는 "악한 마음"과 싸워야 한다고 경고받는다. 악한 마음은 더이상 하나님을 기쁘시게 하려거나, 성경 말씀에 순종하려고 하지 않는 마음이다.
- 우리는 "믿지 아니하는" 마음을 갖지 말라고 경고받는다. 이것은 하나님과 그분의 말씀에 대한 믿음과 확신과 감사와 신뢰가 사라지는 것을 뜻한다.
- 우리는 살아 계신 하나님에게서 "떨어질까" 조심하라고 경고받는다. 떨어진다는 것은 단지 도덕적인 법을 어긴다는 것이 아니다. 그것은 하나님과의 교제와 친교를 잃어버리는 것을 의미한다.
- 우리는 "완고하게 되지 않도록 하라"고 경고받는다. 이것은 양심이 마비되는 것과 관련이 있다. 죄를 깨닫게 하시는 성령님의 사역에 무덤덤해지는 것이다. 마음이 완고해지면 더 이상 양심에 가책을 받지도 않고, 죄가 되는 일을 하는 데 전혀 거리낌을 갖지 않는다.

우리는 부모로서 자녀들이 이러한 떨어짐에 빠지지 않도록 할 수 있는 모든 일을 해야 한다. 우리는 하나님께 대한 반항, 불신앙, 거부 그리고 그들의 마음이 완고하게 되지 않도록 그들을 보호해야 한다. 이것을 위해서 히브리서 저자는 우리에게 '지속적인 대화'가 필요하다고 말한다. 즉 우리는 매일같이 그들을 격려해주어야 하는 것이다. 우리 자녀들은(우리도 마찬가지이지만) 매일매일의 접촉과 도움이 필요하다. 그들에게는 날마다 격려와 매

일매일의 응원이 있어야 한다. 그리고 날마다 신앙을 새롭게 되새기는 일이 필요하다. 지속적인 대화가 필요한 것이다.

 이 말씀이 날마다 사역이 필요한 이유를 말해주고 있다는 것에 유의하라. 그것은 "죄의 유혹" 때문이다. 죄는 속이는 것인데 누가 여기에 제일 잘 속아 넘어가겠는가? 바로 우리의 자녀들이다. 자녀들은 그 주변에서 다른 사람들의 죄를 쉽게 목격할 것이다. 하지만 그들 자신도 같은 죄를 짓고 있다는 것에 대해 당혹스러워할 것이다. 우리가 여기서 다루고자 하는 것은 영적인 소경이 되는 것이다. 그것은 매우 보편적인 문제다. 죄가 우리 속에 여전히 거하는 한, 언제나 우리 모두의 마음속에는 어느 정도의 영적인 소경이라는 문제가 존재하고 있다.

 자녀들에게 필요한 것이 무엇인가를 생각할 때, 우리는 영적인 소경 됨의 문제를 가장 중요한 것으로 생각해야 한다. 그것은 분명 타락이 불러오는 가장 심각한 결과 중 하나다. 기억하라. 육체로 소경 된 자들은 자신들이 소경 되었음을 알고 있고, 그들의 삶을 그에 맞추어 생활하고 있다. 그러나 영적으로 소경된 사람들은 자신들이 눈 멀었다는 것을 알지 못하고, 앞을 볼 수 있으며 그것도 아주 잘 볼 수 있다고 착각한다. 분명 이것은 우리가 자녀들에게 실패한 일에 대해 말할 때, 그들이 왜 자주 마음이 상하고 정죄받는 것처럼 생각하고 더욱 방어적이 되는지 그 이유를 보여준다.

 여기서 일어나고 있는 영적인 역동성을 이해하는 것이 중요하다. 우리가 날마다 자녀들과 접촉하도록 권유받고 있는 이유는 자녀들이 죄에 빠졌기 때문에 그들의 죄를 추궁하기 위해서가 아니다. 이 구절은 죄를 추궁하는 데 그 초점이 있는 것이 아니라, 관계를 회복하고 더욱 세워나가는 데 그 초점이 있다. 이는 예방적 차원인 것이다. 우리가 자녀들과 날마다 접촉해야 하는 이유는 자녀들 속에 숨어 있는 죄성이 있는 한 어느 정도의 영적인 소경 됨이 존재하게 될 것이기 때문이다. 그래서 영적으로 보지 못하는 사람들이 이것을 깨닫지 못하게 되면 그들은 자연히 어떠한 도움도 요청하지 않게 된다. 우리의 자녀들은 도움이 필요하다고 생각하지 않기 때문에 우리에게 도움을 요청하지 않는 것이다.

이것이 바로 우리가 이와 같은 예방적인 의미의 지속적 대화를 하기로 서약해야만 하는 이유다. 우리는 항상 대화가 지속되는 가정 환경을 조성해야 한다. 자녀들이 집에 들어오거나 나갈 때, 중얼거리면서 인사를 하거나 식탁에 앉았을 때 침묵으로 일관할 수 없는 가정 환경을 만들어야 한다. 자기 방에서 혼자 대부분의 시간을 보내지 않도록 하는 가정 환경을 만들어야 한다. 그러기 위해서 우리는 그들에게 말을 걸고, 그들이 대답을 하게 하며, 매일같이 이렇게 하겠다는 확고한 결심을 해야만 한다. 그렇게 하면서 우리는 우리 자신의 영적인 소경 됨에 대해서 깨달아야 한다. 우리에게 존재하지 않는 것을 여기서 발견하게 된다는 것은 불가능하다. 자녀들과의 대화 속에서 하나님은 그들의 눈을 열어주실 뿐만 아니라, 우리들의 눈도 열어주시기 위해서 역사하신다.

영적인 소경 됨은 우리 자신과 하나님과 다른 사람들과 과거와 현재와 미래와 그리고 언제 어떻게 변화가 일어나야 한다는 것에 대한 우리의 생각을 왜곡해버리기도 한다. 만약 이러한 것들이 왜곡되게 보여지거나 혹은 전혀 깨달아지지 않을 때, 십대 자녀들이 성경적이고 하나님께 영광을 돌리는 삶을 살아가는 것은 불가능하다.

지속적인 대화를 해야 한다는 것은 십대 자녀들에게 다가가고자 하는 의지다. 그것은 그들이 부모와의 관계 속에서 만들어 낸 거리감을 용납하면서 살아가는 것을 의미하지 않는다. 그것은 그들이 당신을 정말 원하지 않고, 정말 감사하지도 않는 불편한 순간들에서도 견뎌내는 것이며, 그리고 십대 자녀가 잘못을 했을 때만 의미 있는 대화를 하는 부정적인 관계를 버리는 것을 의미한다.

자녀들이 죄에 빠지지 않도록 예방하겠다고 결심하라. 대답이 없는 자녀를 그냥 내버려두지 말라. 그들이 마음을 열지 않고서는 도저히 대답할 수 없는 좋은 질문들을 건네라(생각이나 동기, 목적, 목표, 욕구, 믿음, 가치관 등). 끝으로 항상 모든 대화 속에 복음을 적용하라. 구원하는 분이 계시다. 그분은 죄와 사망을 이기셨다. 그분은 우리의 모든 어려움 속에서 항상 도움을 주시는 분으로 함께하신다. 거기에 소망이 있다. 그 커다란 골리앗도 넘어졌다. 근본적인 마음과 삶의 변화는 가능하다.

복음 안에서 소망을 가지고 있는 부모라면 자녀를 돌아볼 것이고, 그들이 장성하여 집을 떠나기 전까지는 결코 멈추지 않을 것이다. 우리는 그들이 우리의 도움을 구하러 나오기까지 기다릴 수 없다. 우리는 우리가 필요한지 혹은 필요하지 않은지에 대해 그들과 씨름하지 않을 것이다. 하나님의 말씀이 요구하시는 바는 명확하다. 우리는 복음의 소망으로 가득 찬 마음을 가지고 질문하고 드러내야 하며, 이야기를 듣고 고심해야 하며, 약속하게 하고 용기를 주어야 하며, 훈계하고 경계해야 하며, 가르치고 기도해야 한다. 우리는 하나님이 우리에게 거룩한 부르심을 주셨다는 것을 기억하며 사명감을 가지고 날마다 하루를 시작해야 한다. 부모는 하나님이 자녀들 주위에 사랑으로 쳐놓으신 보호벽이다. 또한 부모는 자녀들이 볼 수 있도록 하나님이 허락하신 그들의 눈이다. 그러므로 부모는 대화하고 대화하며 또 대화해야 한다.

전략 3.
십대들을 회개로 이끌기

십대 자녀를 둔 많은 부모들은 은밀하게(때로는 은밀하지도 않지만) 자녀들에 대한 어떤 통제 수단을 갖기 원한다. 그들은 자신이 자녀들에 대해 어떤 권능을 가지고 있어서 무엇을 하라고 하기만 하면 척척 해내주기를 원한다. 자녀들이 십대에 들어섰을 때 많은 부모는 그런 능력을 잃어버렸다는 것을 애통해한다. 그래서 거친 말과 심한 질책, 조롱이나 죄의식을 줌으로써 그들은 자기 자녀의 생각과 행동을 통제하려고 한다.

그런데 그 결과 무슨 일이 벌어지는가? 부모가 통제력을 갖기 위해서 자녀와 점점 더 격한 싸움을 벌이게 된다. 그들이 더 붙잡고자 하면 할수록, 자녀들은 점점 더 숨어버린다. 그들이 말로 때리면 때릴수록, 자녀들은 점점 더 똑같은 말로 대든다. 체벌을 하면 할수록 더욱 더 넘지 말아야 할 경계선을 넘어버린다. 죄를 추궁하면 할수록, 그들은 더욱 말수가 없어진다. 부모가 원하는 것을 더 요구하면 할수록, 십대 자녀들은 더욱 더 반대로 해야 겠다고 결심한다. 부모나 자식이나 양자가 다 상대편의 결심을 무너뜨려야겠다고 더욱 더 굳게 결심한다. 상황은 더욱 불편한 긴장과 부정적인 분위기와 서로를 쇠약하게 하고 파괴적인 삶이 되도록 한다. 그 속에서 분노는 점차 커져가고, 나타나는 유일한 변화란 악화되는 상황뿐이다.

이것은 분명 하나님께 영광을 돌리는 보람된 삶을 살도록 자녀들을 준비시키시는 하나님의 방법이 아니다. 우리는 자녀들에 대한 통제력을 갖고자 하는 노력을 버리고, 그들이 즐거이 주님께 순종할 수 있도록 하나님께 쓰임을 받고자 노력해야 한다. 스스로를 자녀에 대해 통제력을 가져야 하는 자로 보지 말고, 관계를 회복하는 주님의 대사로 보아야 한다. 우리가 바라는 것은 자녀들이 회개하는 심령을 가지고 주님께 나아가게 하는 것이다. 바울은 고린도후서 5장 17-21절에서 이것을 잘 설명하고 있다.

"그런즉 누구든지 그리스도 안에 있으면 새로운 피조물이라 이전 것은 지나갔으니 보라 새것이 되었도다 모든 것이 하나님께로서 났으며 그가 그리스도로 말미암아 우리를 자기와 화목하게 하시고 또 우리에게 화목하게 하는 직분을 주셨으니 곧 하나님께서 그리스도 안에 계시사 세상을 자기와 화목하게 하시며 그들의 죄를 그들에게 돌리지 아니하시고 화목하게 하는 말씀을 우리에게 부탁하셨느니라 그러므로 우리가 그리스도를 대신하여 사신이 되어 하나님이 우리를 통하여 너희를 권면하시는 것같이 그리스도를 대신하여 간청하노니 너희는 하나님과 화목하라 하나님이 죄를 알지도 못하신 이를 우리를 대신하여 죄를 삼으신 것은 우리로 하여금 그 안에서 하나님의 의가 되게 하려 하심이라."

하나님은 우리를 하나님과 화목하게 하셨다. 그래서 우리는 그분의 화목케 하는 대사가 되어야 한다. 그것은 하나님이 우리를 통해서 우리 자녀들에게 원하시는 뜻을 실현하시는 방법이다. 그러므로 우리는 고백의 말과 회개로의 서약과 그리스도가 십자가에서 행하신 구원 사역에 대한 소망을 가지고 자녀들을 주님께로 인도해야 한다. 우리는 그저 한 번 그들을 주님께로 인도해서는 안 된다. 계속 반복하고 반복해서 그분의 죄 사하심과 도우심을 받도록 해야 한다.

자녀를 회개와 회복으로 이끄는 네 단계가 있다. 각 단계들은 하나님의 대사로서 우리가 감당해야 하는 일을 구체적으로 보여준다.

심사숙고

하나님의 종으로서 우리는 스스로에게 이렇게 물어야 한다. "하나님이 우리 자녀들이 그 자신에 대해서 지금은 보고 있지 않지만 앞으로 보게 되기를 원하시는 것은 무엇인가? 그것을 볼 수 있도록 나는 어떻게 그들을 도울 수 있는가?" 이것은 우리가 앞에서 보았던 영적 소경 됨의 문제와 관련이 있다. 그렇지만 많은 부모들은 바로 여기에서부터 잘못된 길로 들어서기 시작한다. 그들은 자녀들과 혼자 힘으로는 결코 깨달을 수 없는 것을 깨닫도록 돕는 대화를 하는 것이 아니라, 무엇이 잘못되었으며 그 결과 어떤 나쁜 일이 일어나게 되는지를 일방적으로 선포한다. 그 모든 과정 중에 자녀들의 마음은 수동적이 되든지 방어적이 되든지 둘 중 하나가 된다. 모든 해석과 결론이 전부 부모에 의해 만들어진다. 이러한 성격의 대화는 결코 자녀들의 마음을 돌아서게 할 수 없다.

이러한 경우를 나단이 다윗에게 그의 간음과 살인에 대해서 깨닫게 했던 방식과 비교해보라. 나단은 다윗의 왕궁에 쳐들어가지도 않았고(십대 자녀를 둔 부모들은 이렇게 하고 싶을 때가 많을 것이다), "다윗 왕이여. 당신은 살인자요 간음한 사람이요. 이제는 끝장이오!"라고 말하지도 않았다. 오히려 나단은 다윗에게 그의 상황을 암시하고 있는 이야기 하나를 들려주었다. 그 목적은 다윗으로 하여금 그가 한 일을 깨닫게 하고, 양심이 거리끼게 하고, 영적인 눈을 뜨도록 하기 위함이었다.

나는 우리 아이들이 그들 자신을 바라보게 하고자 할 때에, 구체적인 상황에 초점을 맞추려고 노력하면서 대개 다음과 같은 다섯 가지 질문을 한다.

- 무슨 일이 일어났는가? → 그 상황에 대한 설명
- 너의 생각과 감정은 어떠한가? → 상황에 대한 마음의 반응
- 네가 한 일은 무엇인가? → 상황에 대한 능동적이며 구체적인 반응
- 왜 그 일을 했는가? → 구체적인 반응을 하게 된 동기와 목표와 욕구
- 그 결과는 무엇인가? → 반응이 그 상황에 미친 영향

이러한 질문들은 다른 사람들과 그 상황의 소소한 일들로부

터 우리 아이에게로 초점이 옮겨지게 한다. 이 질문들은 하나님이 그들에게 깨닫기 원하시는 것들을 알게 할 때에도 역시 유익하다.

고백

나는 우리가 자녀들에게 죄를 깨닫게 할 때 가장 많이 저지르는 실수 중의 하나가 그들을 대신해서 고백하려 한다는 것이라고 확신한다. 우리는 자녀의 방문을 열어젖히고 들어가서 그들이 무슨 짓을 했으며 왜 그러한 일을 했는지를 신랄하게 캐묻는다. 하지만 그렇게 하는 것은 자녀들이 자신의 죄를 고백하도록 인도하는 것이 아니다. 우리가 그들을 대신해서 고백해주고 있는 것이다. 그것은 정말 좋지 않다. 우리가 그들의 영적인 눈을 뜨게 해주지 않는다면, 영적 소경인 그들은 우리가 잘못되었다고 생각한다. 자신들이 부당한 벌을 받는다고 느낀다. 그래서 자신의 죄에 대해서 후회하거나 슬퍼하기는커녕 우리에게 화를 낸다. 영적인 소경 됨은 깨어지지 않고, 대신 그러한 대화는 눈을 더욱 멀게 만든다. 그리고 그들의 마음이 부드러워지기는커녕 실제로는 더욱 완고해진다.

우리는 십대 자녀들에 대한 우리의 평가와 태도가 틀릴 수 있다는 자신의 소경 됨을 인식하면서, 십대 자녀들의 방에 들어갈 필요가 있다. 우리가 그들을 훈계하려고 할 때에, 하나님이 역시 우리를 훈계하시게 해야 한다.

그럴 때 사용하고 싶은 충동이 드는 과격하고 또 금방이라도 폭발할 것 같은 말은 자녀들을 회개하게 하지 못한다. 오히려 그 반대의 결과를 가져올 것이다. 그것들은 분노로 인해 자녀들이 우리와 하나님에게서 더욱 더 멀어지도록 만든다. 기억하라. 하나님은 우리를 통해서 자녀들의 마음속에서 하고자 하시는 일을 이루고 계신다. 우리는 그분의 사역에 협력하는 모습으로 행동할 것인가, 아니면 방해가 되는 모습으로 행동할 것인가? 우리의 목표는 자녀들을 회개의 고백으로 이끄는 것이 되어야 한다.

서약

이 단계는 결코 생략되거나 축소되어서는 안 된다. 이것은 새로운 방식대로 살며 새로운 방식대로 말하며 새로운 방식대로 모든 문제에 대처하겠다는 십대들의 약속을 포함한다. 이러한 서약은 하나님께 하고, 또한 적절한 사람들에게 하는 것이 되어야 한다. 이 서약은 행동의 변화와 함께 마음의 변화를 포함해야 한다. 마음의 변화란 회개하는 마음이다. 회개는 지금까지 가던 길을 돌아서서 반대편 방향으로 향해 가겠다는 결심이다. 우리는 이러한 새로운 서약이 그들이 매일 경험하는 특별한 관계와 상황에서 어떻게 나타나야 하는지를 논의해야 한다. 또한 그들이 자신의 서약을 잊어버리고 다시 옛 생활로 돌아가고 싶은 유혹을 받을 때 그들을 도와주어야 한다.

변화

진정한 회개는 항상 그들의 삶에서 구체적인 변화로 나타나기 마련이다. 다시 한번 말하지만 우리는 구체적이 되어야 한다. 우리 자녀들이 특별한 상황과 관계에 대해서 미리 생각하도록 도와야 하고, 어떻게 해야 하나님께 영광을 돌리는 새로운 방법으로 삶을 살아갈 수 있을지 생각하도록 도와야 한다. 우리는 그리스도 안에서 하나님이 행하라고 부르신 모든 일을 행하기 위해 필요한 모든 것을 받았다는 것을 끊임없이 상기시켜주어야 한다. 주님은 분부하신 모든 것을 행할 수 있는 길을 열어주실 것이다.

부모로서 우리가 할 일은 자녀에 대한 우리의 통제력을 강화하는 것이 아니라, 그들이 주님의 다스리심에 진심으로 순종하게 인도하는 것이다. 그래서 우리는 날마다 그들이 심사숙고하고, 고백하고, 서약하고, 변화되도록 애쓰고 노력해야 한다. 하나님은 우리 자녀들에게 이러한 뜻을 이루시기 위해 우리들을 사용하려고 택하셨다. 우리는 부모로서 부엌에서, 거실에서, 침실에서와 같은 모든 삶의 현장에서 하나님의 대사라는 마음을 가지고 자녀들을 섬김으로써 그분의 주권에 복종해야 한다.

이 장에서 우리는 십대 자녀 양육을 위한 세 가지 근본적인 방법론을 살펴보았다. 그것은 계획이 있는 양육(순간순간 우리가 노력해야 하는 것에 초점을 맞추는 것), 지속적인 대화(영적인 소경 됨으로부터 벗어나기 위한 매일의 접촉과 격려), 그리고 자녀를 회개로 이끄는 것이다(심사숙고하고, 고백하고, 서약하고, 변화하도록 만드는 것). 이러한 방법 중 하나만 선택해서는 안 된다.

이 모든 것은 우리가 자녀들과 날마다 상호 작용하는 일에 대해 초점과 방향을 제시해준다. 이것들은 우리에게 지금 하고 있는 일이 무엇이고, 왜 그 일을 하고 있으며, 어떻게 해야 하는지에 대한 깨달음을 준다. 또한 하나님은 우리가 아들과 딸을 대할 때 우리 자신의 죄성을 억제하도록 하기 위해 이 방법들을 사용하실 것이다. 그래서 먼저 우리가 분노와 참지 못함과 모욕으로 하나님이 우리에게 행하라고 부르시는 일을 얼마나 방해하고 있는지 우리 마음을 드러낼 것이다.

기억하라. 우리를 이 일로 부르신 하나님은 우리를 기르는 분이시다. 그분은 우리와 함께 모든 상황에서, 모든 인간관계 중에 함께 계신다. 우리 하나님 아버지는 우리를 지도하시고, 방향을 보이시며, 보호하시고, 용서하시며, 구원하시고, 사랑하신다. 그분은 결코 우리를 홀로 버려두지 않으실 것이다. 우리가 나약하고 무거운 짐으로 인하여 곤할 때 그분은 우리에게 휴식을 주실 것이다. 우리 속에 거하시는 그분의 능력이 우리가 간구하는 것이나 상상하는 것들보다 더 많은 일을 이루실 것이다. 부모로서 우리가 할 일은 우리 자녀를 죄에서 구원해내는 것이 아니라, 오직 그 일을 이루실 주님의 대리자가 되는 것이다. 그분이 우리에게 맡겨두신 자녀를 양육할 때 우리가 그분 안에 거하며 쉴 수 있다는 것은 정말 멋진 일 아닌가!

12장. 성찰과 토론을 위한 질문

(1) 최근에 자녀와의 관계에서 예상하지 못한 갑작스러운 순간은 없었는지 생각해보라. 십대 자녀의 말이나 행동에 대해 전혀 준비되지 못했던 이유는 무엇인가? 그때 어떻게 반응했는가?

(2) 자녀들을 한 명 한 명 떠올리며 각자 가진 고민과 약점이 무엇인지 생각해보라. 각자 처한 구체적인 인생 주기에 대해서도 생각해보라. 서로 어떤 점이 다른가? 어떻게 해야 자녀를 대할 때 본질적 목적과 핵심과 우선순위를 견지할 수 있는가?

(3) 십대 자녀와 얼마나 자주 대화하려고 하는가? 자녀가 관심을 보이지 않으면 쉽게 대화를 포기하지는 않는가? 자녀와 더 깊이 대화하기 위해 어떤 방법을 사용하는가?

(4) 자신이 그리스도의 대사임을 얼마나 자주 상기하는가? 이번 주에 말과 행동으로 왕 되신 주님을 대변했는가? 말과 행동으로 화해를 시도하는 편인가? 아니면 거친 말로 자녀의 마음에 분노가 일어나게 하지는 않는가?

(5) 361쪽에 소개한 다섯 가지 질문을 기억해두고 십대 자녀와 대화할 때 활용해보라. 이전 대화에서 질문했던 문제들과 비교해보고, 자녀가 이 질문에는 다르게 반응하는지 주의 깊게 살펴보라. 어떤 반응을 보이더라도 대화를 포기해서는 안 된다는 원칙을 끝까지 견지하라.

(6) 자녀가 솔직하게 자신을 드러내는 것을 양육의 목표로 삼고 있는가? 자녀가 그렇게 하도록 돕기 위해 어떤 모범을 보여주고 있는가? 자녀에게 자신의 잘못을 솔직히 표현하기를 두려워하는가? 오늘 자녀에게 용서를 구하기 전에 솔직하게 인정할 수 있는 잘못이 있다면 무엇인가? 어떻게 회개의 모범을 보일 것인가?

13장.

큰 변화를 향한
첫걸음

어떤 교회에서 열렸던 일주일간의 세미나 중 금요일 저녁 시간이었다. 나는 십대를 양육하기 위한 성경적인 목표에 대해서 설명하고 있었다. 내가 한참 두 번째 목표를 설명하고 있을 때 청중석에서 약간 뒤쪽에 앉아 있던 한 남자가 손을 들며 이렇게 말했다. "목사님! 그것은 완전히 비현실적입니다. 아무도 청소년 자녀들에게 그런 일을 해본 사람이 없어요! 목사님도 자녀들에게는 정말 그런 식으로 가르치지는 않았겠지요? 정말 그런 목표에 도달할 수 있다고 생각하시는 겁니까? 우리 아이들은 정말 절 닮지 않았어요. 완전 포기 상태입니다. 그래서 전 이곳에 어느 정도의 현실성 있는 도움을 받으러 왔습니다. 그런데 목사님 말씀은 완전히 비현실적이에요!"

갑작스러운 상황에 미안하고 부끄러운 마음으로 얼굴이 벌개져서 안절부절하지 못하고 있는 그 교회 담임 목사님의 모습이 눈에 띄었다. 담임 목사님은 내가 큰 곤경에 처했다고 생각하고서 나를 빨리 어디론가 숨겨주고 싶어 하는 것처럼 보였다. 그렇지만 난 그 아버지의 마음을 이해했다. 그리고 그 말은 정말 솔직한 표현이라고 생각했다. 그곳에 참석한 부모들이 자기 자녀와의 관계 속에서 자신들이 얼마나 실망했는가를 솔직하게 말한다는 것은 아주 좋은 기회였다. 그 말은 사실이었다. 내가 그들에게 설명한 것들은 너무나 거창해 보이고 도저히 오를 수 없는 산처럼 보였던 것이다. 그들은 어떻게 해야 자신들이 있는 계곡에서 빠져 나와서 그저 산등성이라도 오를 수 있을지 전혀 알지 못했다. 그것이 이 내용을 처음 접하게 되는 많은 부모들이 느끼게 되는 반응이다. 아마 당신도 이 책을 읽으면서 같은 감정을 느꼈을지 모르겠다. 만약 그렇다 하더라도 아직 절망하기는 이르다.

그 말을 했던 아버지가 다음 날 아침 내 손을 잡으며 이렇게 말했다. "어제 목사님을 공격했던 것에 대해 죄송합니다. 그렇게 목사님께 무례하게 굴었던 제 행동이 부끄럽네요. 목사님이 우리에게 말했던 모든 내용들은 성경적인 것이었고 옳았습니다. 목사님이 우리 자녀들과의 관계가 어떻게 변하리라고 말씀하셨던 것들은 너무나 아름다웠어요. 전 그냥 제 아들과의 관계가 그런 아름다움에 비해 너무 형편없었기 때문에 절망스러웠습니다. 제 아들 녀석과 저는 늘 서로에게 화가 나 있었지요. 그 아이는 꼭 말해야 할 때에만 말하고, 저도 그 아이에게 무슨 문제가 생길 때에만 말하곤 했어요. 어젯밤 저는 우리의 현재 상태에서 목사님이 설명하신 모습으로 어떻게 변화될 수 있을지를 알지 못했던 겁니다."

높은 산은 한 걸음에 정복되지 않는다. 관계는 하룻밤 사이에 변화되지 않는다. 변화는 사건이 아니라 과정이다. 하나님은 우리가 보잘것없지만 믿음으로 내딛는 한 걸음 한 걸음을 통해서 그분만의 기적적인 변화의 사역을 이루신다. 이것이 바로 이 장이 다루고 있는 내용이다. 지금까지 우리는 그 목표들을 이루기 위한 세 가지 기본적인 방법들을 살펴보았다. 이 장은 십대 자녀들과의 관계를 변화시킬 수 있는 작은 실천들에 대한 내용을 담고 있다. 그리고 하나님은 우리 안에서의 변화들을 가지고 자녀들의 삶을 변화시키는 데 사용하신다. 이러한 작은 실천들은 어떤 특별한 우선순위로 나열되지 않는다. 전부 기억해둘 만한 가치가 있다. 당신에게 가장 잘 적용되는 것을 중요하게 생각하고 그것을 최우선으로 삼으라.

너무 늦었다는 생각에 그냥 포기하지 말라

대부분의 사람이 자책감을 느끼면서 이 책을 읽을 것이다. 당신도 이것을 왜 좀 더 빨리 깨닫지 못했던가 후회할 것이다. 어쩌면 주사위는 던져졌고 자녀와의 관계를 뒤집을 소망이란 없다고 생각하게 되는 유혹에 빠질지 모른다. 이제서야 이러한 내용을 알게 되다니 하나님은 시기도 참 못 맞추신다고 생각하고 싶을지 모른다. 그러나 사실은 정반대다. 하나님은 우리를 가르치실 가장 정확한 시간이 언제인지를 알고 계신다. 그분은 이르거나 늦지 않으시다.

자녀가 여전히 살아 있고 당신과 여전히 함께 살고 있는 한, 소망은 있다. 그들에게 가서 새롭게 시작하라. 그들에게 용서를 구하는 것으로부터 시작하라. 당신이 그동안 인내하지 못했고,

자비롭지 못했고, 이기적이었고, 자기 의로움에 빠졌던 모습이 하나님이 마련하신 그들과 당신의 관계에 장애물이 되었다는 것을 고백하라. 이 모든 고백을 구체적이고 세밀하게 하라. 그다음에 그들에게 당신이 그들과 사랑의 관계를 맺기로 결심했고, 그들에게 늘 말을 걸기로 서약했으며, 그들의 삶이 당신에게 너무나 중요하고, 당신이 할 수 있는 한 그들에게 도움이 되기를 원한다고 말해주라. 그런 다음 실천해야 할 일들을 시작하라.

나는 부모가 낙심하고 포기하지 않기로 결심한 후에, 자녀와의 관계가 극적으로 변하게 되어서 그들의 관계가 크게 개선된 것을 종종 목격하곤 한다. 그들은 겸손과 사랑으로 스스로를 더욱 낮추었으며, 자녀들에 대해서 새롭고 더욱 성경적인 방법으로 대하기 시작했다. 오래지 않아 자녀들은 오랫동안 가지고 있던 폐쇄적인 모습을 버리기 시작했고, 더욱 개방적이게 되었으며, 대화를 많이 하게 되었다.

잠자코
기다리라

하나님은 살아 계신다. 그분은 모든 것을 주관하신다. 그분이 하시는 모든 일이 선하다. 그분은 우리가 아무런 일도 할 수 없을 때도 하고자 하시는 일을 이루신다. 십대 자녀들의 부모로서 우리가 제정신을 잃어버리고, 감정적인 판단을 하며, 힘든 상황을 더욱 악하게 만들어 버리는 일을 하지 않을 수 있는 세 가지 방법이 있다.

잘 들으라

모든 사실을 명확히 이해할 수 있도록 충분히 잘 들었는지를 확인하라(그리고 좀 더 많은 사실을 알 수 있는 질문을 하라). 우리가 다루고 있는 일에 대해서 정확한 정보를 가지고 있는가를 확인하라. 예전에 우리 부모님이 저녁 모임에 참석하셨다가 들어오셨을 때, 동생이 임시변통으로 침대 시트를 이용해 만든 붕대를 머리에 칭칭 감고 있는 것을 보셨다. 그 아이는 전기 난로에 머리를 찧었던 것이다. 어머니는 즉시 비명을 지르시고는 정신을 잃을 정도가 되셔서 허둥지둥 구급차를 부르려고 하셨다. 하지만 아버지가 조심스럽게 동생 머리에 있는 천을 벗겨내셨을 때, 꽤 깊긴 하지만 그래도 상처 부위가 작다는 것을 발견하셨다. 다행히 내 동생은 지금도 살아 있다. 사실을 알기 위해서는 충분한 시간을 들여야 한다.

감정적으로 지나치게 흥분하지 말라

분노의 감정에 휩쓸리지 말라. 두려움에 위축되지 말라. 절망감에 사로잡히지도 말라. 자녀들과 이야기하기 전에 배우자와 그 일에 대해서 함께 생각하고 기도하며 의논할 시간을 가지라. 자녀들에 대해 사역할 하나님이 주신 기회인 어려움의 시간들에 대해 스스로 대비하지 못했던 부모들이 너무나 많은 관계 손상과 영적 손상을 일으킨다.

자녀의 실수를 과장 해석하지 말라

자녀의 실패를 과장 해석하면, 그 실패를 부모 자신에 대한 개인적인 공격으로 받아들이게 된다. 상담실을 찾아온 한 아버지가 자기 아들에 대해서 크게 화를 냈다. 아들이 두 번이나 낙제점을 받았던 것이다. "내가 네게 해준 게 얼마나 많은데 어떻게 이럴 수가 있니?" 그는 아들의 실패를 아들의 어려운 형편과 아들에게 필요한 것을 하나님이 보여주시는 현실로 보지 않고, 그저 자신에게 거역하는 행동으로 여겼다. 이 때문에 그는 아들에게 하나님의 사역을 행할 수가 없었다. 그는 자신의 분노와 상처난 마음을 도저히 이겨낼 수가 없었다. 자녀가 행한 일에 대해 우리가 화가 나 있을 때, 그들을 자상하게 대한다는 것은 어려운 일이다. 하지만 이 말씀을 기억하라. "사람이 성내는 것이 하나님의 의를 이루지 못함이라"(약 1:20).

대화가
단절되지 않게 하라

딸아이가 뭔가 살 것이 있다고 해서 좀 멀리 있는 상점에 함께 차를 타고 가고 있었다. 그러다가 전혀 예기치 않게 차 안에서 매우 중요한 대화를 하게 되었다. 아이가 그동안 닫아놓았던 마음을 열고 전에 내가 한 번도 들어보지 못한 학교에서 자신이 저질렀던 잘못들에 대해서 털어놓았던 것이다. 도착해서 딸아이를 내려줄 때 내게 이런 생각이 떠올랐다. '지금 내가 해야 하는 가장 중요한 일은 이제 다시는 그것에 대해서 이야기하지 말자고 말하는 것이 아닐까?' 많은 부모들이 이전에 잘 마음을 열지 않던 자녀가 한 번 마음의 문을 열었을 때에 그

문을 다시 닫아버리는 실수를 저지른다. 그들은 그 대화가 지속되게 하지 못한다. 그리고 자녀들에 대해 관심을 표현하거나, 기도하기로 약속하거나, 그 일이 어떻게 되었느냐는 간단한 질문이라도 함으로써 자녀들과 계속 관계를 유지할 수 있는 일을 그냥 묻어버리고 만다.

어떤 문제나 주제, 유혹이나 절망, 두려움, 죄 문제, 실패 등이 드러났을 때 정기적으로 그것에 관해서 점검하는 습관을 들이는 것은 매우 유익하다. 자녀가 습관적으로 계속되고 있는 어떤 죄의 유혹을 받지는 않는가? 혹은 그 속에 빠져든 것은 아닌가? 아이에게 당신과 상의해야 하는 새로운 상황들이 있는가? 아이는 자신이 그런 죄를 이길 만큼 이미 성숙했다고 생각하고 있는가?

나는 집에 돌아온 후 그날 오후에 딸아이가 말했던 그 주제에 대해서 다시 한번 더 아이와 대화를 나누었다. 이 일을 통해 나는 아이의 세계에 대해서 더 많이 알게 되었고, 아이는 좀 더 적극적으로 말하게 되었다. 아이는 내가 자신을 돌보고 있다는 것을 알게 되었고, 그래서 하나님도 자신을 돌보고 계시다는 것을 믿게 되었다.

성경이 삶을 어떻게 해석하고 설명하고 형성하고 있는지를 보여주라

"그 문제에 대해서 잘은 모르겠지만 난 이렇게 생각해"라든지 "내가 일단 말했으니까 그냥 그런 줄 알아"라는 말로 대충 얼버무리려고 하지 말라. 자녀들에게는 삶에 대한 이해와 지혜의 하나님이 주신 근원으로써 성경 말씀에 대한 확신이 있어야 한다. 그들은 성경 말씀이라는 놀라울 정도로 완벽한 근원을 사용하는 능력에 있어서 성장해야 하는 것이다. 각각의 상황들은 그들에게 자신들이 단순히 경험에 의해 반응하는 자들이 아니라, 그 경험에 대한 해석에 의해 반응한다는 것을 깨닫게 될 기회를 제공한다. 또한 자녀들이 매일 경험하는 문제들에 대해 성경이 어떤 의미를 갖는지 보여줄 기회를 제공한다. 중요한 목표는 그들이 진정으로 성경을 "내 발에 등이요 내 길에 빛"(시 119:105)이라고 받아들이는 것이다.

당신이 싸우고 있는
죄와의 싸움을 드러내라

많은 부모들은 자녀들에게 "그냥 해라"는 인생관을 제시하는 실수를 저지르고 있다. 그들은 그들 자신의 싸움을 드러내지 못함으로써, 순수하고 생산적이며 책임 있는 삶을 살아야 하는 싸움의 실체와 그 격렬함을 축소시키고 있다. 마치 삶이 그들에게는 매우 쉬운 일처럼 보이도록 만드는 것이다. 그들은 다음과 같은 메시지를 교묘하게 전달한다. 즉 '네가 옳은 것을 배워라 그리고 무조건 그렇게 하라'는 것이다. 그리고 십대 자녀들에 대한 조급함과 좌절은 종종 '나는 잘할 수 있는데, 너는 왜 그렇지 못하니?'라는 태도를 암시하고 있다. 당신이 삶 속에서 골리앗과 어떻게 싸웠는지를 십대 자녀들과 함께 나눈다면,

얼마나 큰 위로와 교훈과 지혜와 소망이 생거나게 될시를 생각해 보라(바울은 고린도후서 1장 3-11절에서 우리에게 이와 같은 좋은 모범을 보여주었다).

그리스도와 그분의 사역을
가장 중심에 두라

십대들의 삶 속에서 가장 중요한 관계는 당신과의 관계가 아니라 그리스도와의 관계다. 당신의 최우선적인 일은 자녀들을 경배와 신뢰와 순종의 마음을 가지고 그리스도께 나아가도록 인도하는 것이다. 그분 안에서만 나타나는 죄 사함과 구원과 능력에 초점을 맞출 수 있는 기회들을 민감하게 잘 살피라. 당신이 하는 모든 훈계와 양육이 그리스도께 향하고 있는지 확인하라.

기억하라. 죄인들은 자꾸만 숨고 싶어 한다. 죄인들은 자신들의 행위가 악하기 때문에(요 3:19) 빛보다는 어둠을 더 사랑하기 마련이다. 부끄러움과 죄의식으로 인해 그들은 더욱 숨고자 하는 것이다. 그리스도는 당신의 자녀들에게 숨은 데서 빛으로 나아올 수 있는 근거를 제공하신다. 일단 그들이 그리스도의 은혜의 깊이와 위대함을 깨닫기 시작하면, 숨고 싶고 부인하고 싶고 거부하고 싶고 책임 전가하고 싶은 생각들이 다 무의미해진다. 그래서 예수 그리스도의 은혜의 말씀이 모든 대화에 덧붙여져야 하는 것이다.

그리고 이것도 기억하라. 당신은 자녀의 삶 속에서 그리스도가 성육신하시도록 돕는 일에 부르심을 받았다. 이것은 당신이 그분의 은혜를 말로만 전하는 것으로는 부족하다는 뜻이다. 거기에 더하여 당신은 자녀들이 그들의 죄를 다룰 수 있도록 돕기 위해 먼저 모범이 되어야 한다. 수없이 많은 훈계의 시간들이 그저 큰소리로 손가락질하며 분노를 터트리는 말로써 결국에는 부모를 싫어하게 만드는 모습들이 되게 해서는 안 된다. 당신은 은혜로운 분위기 속에서 효과적이고 핵심적으로 자녀들을 훈계할 수 있다. 만약 당신이 사랑으로 진리를 말하는 일을 행하지 못한다면, 그 내용의 순수성이 당신의 절망과 인내하지 못함과 분노로 인해 오염되면서 진리의 말은 더 이상 진리가 되지 못할 것이다.

자녀가 죄와 싸우는 것에 대해서 새삼스럽게 놀라지 말라

당신은 자녀들이 타락한 세상에서 살고 있다는 것을 잘 알 것이다. 그리고 그들도 역시 본성상 죄인인 것을 잘 알 것이다. 그리고 사탄은 거짓말하는 자요, 악한 계교를 내는 자요, 유혹하는 자라는 것도 잘 알 것이다. 당신은 십대 자녀를 둔 부모로서 그들의 삶 속에 있는 죄의 존재와 능력에 대해서 충격을 받거나 놀라서는 안 된다. 전쟁을 머릿속에 떠올리라. 그 전쟁을 대비하기 위해 자녀와의 관계가 무장되어야 한다. 이 전쟁은 자녀들과 싸우는 것이 아니다. 진짜 원수는 따로 있다 (엡 6장). 만약 당신이 스스로의 경험에 대해서 솔직해진다면, 죄와의 싸움은 여전히 당신 안에서 벌어지고 있다는 것을 깨달을 것이다(로마서 7장에서 이 전쟁에 대한 바울의 설명을 읽어보라). 당신은 느슨한 마음으로 평화의 시대를 살고 있다는 정신 상태로 사는 것이 얼마나 위험한 일인지를 깨달아야 한다. 그리고 이 전쟁은 그리스도가 오실 때까지 당신의 삶과 자녀의 인생 속에서 끊임없이 일어나고 있다는 것을 깨달을 것이다.

이것은 우리가 죄를 아무렇지도 않게 생각한다는 의미가 아니다. 결코 그렇지 않다. 오히려 정반대다. 우리가 죄가 드러나는 것으로 충격을 받을 때는 사실 숨어 있던 죄의 실체와 능력을 과소 평가했던 때다. 이러한 반응은 죄를 우리 삶의 모든 상황과 행동과 생각과 욕구와 말에서 항상 존재하는 요소로 보는 것이 아니라, 극히 비정상적이고 일탈적인 어떤 것으로 본다. 하지만 우리 자녀들의 경험 속에 있는 가장 본질적인 문제는 그들의 고통이나 자존감의 부재가 아니라, 순간순간의 반항과 불신앙과의 싸움인 것이다. 지혜로운 부모는 그러한 싸움을 미리 깨닫고, 그들이 미리 대비할 수 있게 해주며, 오직 그리스도만이 주실 수 있는 효과적인 영적 무기를 사용하는 방법을 가르친다.

자녀들의 삶 속에 존재하는 '음성'들을 분별하라

자녀들이 귀를 기울이고 존경하는 사람들은 누구인가? 그들의 삶에 영향을 미치는 사람들은 누구인가? 그 사람들이 말하는 것은 무엇인가? 자녀들이 어릴 때 부모는 그들의 삶에 유일한 영향력을 갖는 '음성'이었다. 그러나 자녀들이 학교에 다니게 되면서 많은 다른 음성들이 그들의 세계 속에 들어온다. 그래서 우리가 자녀들과 대화할 때 우리가 그들의 삶 속에 존재하는 다른 음성들과 논쟁을 벌인다는 느낌을 받게 된다. 그들의 친구와 좋아하는 락 밴드, 영상 크리에이터, 선배나 교사, 소셜 미디어 인플루언서, 청소년 리더들이 자녀에게 전하는 인생관은 무엇인가?

당신은 이러한 음성들이 어떤 것인지를 알아야 한다. 가사를 읽으면서 자녀가 듣는 노래에 귀 기울여보라. 함께 앉아서 TV 프로그램을 보라. 시간을 들여서 교내 운동부의 감독이나 담당 교사에 대해서 알아보라. 당신이 십대 자녀들과 자연스러우면서도 우연한, 그러나 매우 중요한 대화를 하게 될 때, 당신이 지금 무엇을 다루고 있는지를 기억하라. 그들의 머릿속 세계에 존재하는 영향력 있는 음성들에 익숙해지도록 노력하라. 당신의 목적은 그들이 기꺼이 뒤로 물러설 수 있도록 격려하고, 그 음성들과 그들이 생각하고 말하고 행동하는 방식에 있어 그 영향의 열매들을 성경적으로 평가하는 것이다.

당신이 자녀들의 삶에서 그 영향력 있는 음성들과 대결하려고 할 때 당신이 말하고 있는 것이 무엇인지를 반드시 알고 있어야 한다. 가끔 부모들은 잘 알지 못하기 때문에, 자녀들의 신뢰를 잃어버리는 경우가 있다. 이 과제를 제대로 수행하지 않으면, 당신은 상투적인 말과 일반화의 오류와 근거 없는 소문과 그저 신뢰할 수 없는 사람이라는 인신 공격에만 의존하게 될 것이다. 이러한 모습은 당신이 보여주어야 하는 중요한 것들을 자녀들이 시시하게 여기도록 만들어버린다. 그들은 당신이 지금 무엇을 말하려고 하는지도 제대로 알지 못한다고 생각하면서 더욱 그러한 음성들에 빠져들 것이다. 만약 당신이 자녀들에게 좀 더 효과적으로 가르치며 그들의 삶에 들려오는 음성들을 스스로 걸러낼 수 있도록 하고자 한다면, 좀 더 시간을 들여서라도 그 내용을 자세히 연구하라.

유혹에 대비하는 계획을 세우라

당신은 매일같이 특정한 유혹들을 받으면서 살고 있다. 그리고 그 가운데 어떤 것들에 대해서는 대단히 취약하다. 이 점은 당신의 자녀들도 마찬가지다. 그들은 죄의 유혹이 일상생활이 되어버린 세상 속에서 살고 있다. 유혹에 대처하기 위해서 죄에 빠진 다음에 '그럴 땐 이렇게 해야만 했어'라고 말하면서 유혹의 존재를 인정하는 것으로는 충분하지 않다. 우리 모두는 미리 우리 자녀들에게 앞으로 나타나게 될 구덩이를 주의하도록 가르쳐야만 한다. 그러면 그들은 반복해서 그 구덩이에 빠지지 않게 될 것이다.

우리는 자녀들과 유혹에 대비하는 계획을 세워야 한다. 먼저 그들이 현재 싸우고 있는 유혹이 무엇인가 살펴보라. 그런 다음 각각의 유혹에 대해서 '이럴 땐 이렇게 한다'는 식으로 유혹에서 피할 구체적인 계획을 고안하라. 그럴 때 항상 그들이 주 예수 그리스도 안에 있는 자원들에 주목할 수 있도록 유의하라. 맨 마지막에는 정기적으로 그 계획을 검토해보고 다시 손질하라. 그 유혹을 피할 방법들은 실생활에서 충분히 실현 가능한 것인가? 자녀들이 주님이 주신 피할 방법들을 따르고 있는가? 기존의 계획에 보강이 필요한 새로운 유혹이 나타나지는 않았는가? 이 모든 노력의 결과는 자녀들이 유혹에 대해서 지혜롭게 대처하고 당신의 실제적인 도움에 더 크게 감사하며 주님의 구원하심을 더욱 확신하게 되는 것이다.

자녀들의 책임감을 더욱 강화하라

만약 자녀들이 자신들은 완전하지 않다는 것을 인정한다면, 날마다의 삶과 말에서, 또 생각이나 행동에서 해서는 안 되는 일을 한다면, 그들이 모든 일을 아직도 잘 알지 못한다고 고백하거나, 자기 주위에 온통 죄를 짓게 하는 유혹들이 가득한 세상에서 살고 있다는 것을 깨닫는다면, 자신의 약함과 죄에 대해 스스로 깨닫지 못하는 때가 있음을 인정한다면, 그들은 지금 자신들이 도움이 필요한 사람이라고 말하고 있는 것이다.

도움이 필요하다는 것을 깨닫고 있는 자녀들은 그 도움이 제공되는 것을 거부하지 않는다. 그 도움으로부터 더 멀리 달아나지도 않는다. 오히려 그 도움을 더욱 찾는다. 몸의 이상을 깨달은 후에도 의사를 피하려고 하거나 혹은 의사에게 갔지만 그의 치료 방법을 거부하는 일이란 있을 수 없다. 이와 마찬가지로, 자신이 죄와 싸우고 있다는 것을 깨닫기 시작한 십대들은 도움을 구할 것이다. 그들은 자신의 삶 속에서 대화하고 질문하며 자신을 책임감 있는 사람으로 붙들어줄 수 있을 정도로 자신을 사랑하는 사람들을 간절히 원할 것이다.

여기에 개인적 사역의 중요한 원리가 있다. 책임감이란 항상 책임을 맡고 있는 사람이 도움을 구하고, 그 일에 책임지고자 노력할 때 발휘된다. 하나님의 세계는 거대하다. 그래서 항상 숨을 곳이 있다. 수많은 사람이 도움을 필요로 하지 않는 사람을 책임감 있게 세우는 일이 결코 가능하지 않다는 것을 경험했다. 우리는 자녀들에 대해서 만약 그들이 우리의 도움을 원하지 않는다면, 그들의 삶의 은밀한 부분까지 쫓아갈 수 없다는 것을 깨달아야 한다. 그들은 원하기만 한다면 어떻게 해서든지 우리에게서 피해 숨을 수 있다. 우리는 그들에게 성숙함이란 자신에게 도움이 필요하다는 것을 인정하는 것이고, 그 도움을 찾아나서는 것임을 가르쳐야 한다. 성숙한 십대들은 자신에게 부족한 것을 깨달으며, 도움이 주어질 때 그 도움을 물리치거나 도망가지 않으며, 도움을 얻기 위해서 더 많이 노력한다.

자녀의 말을 잘 들어주고
그들의 삶을 관찰하라

자녀 양육은 가정을 기반으로 하여 목회 사역을 하는 것과 같다. 목회자처럼 부모들은 자신들의 책임 하에 자녀들의 영혼을 돌보도록 부르심을 받았다. 영혼을 돌보는 일을 잘하는 사람들은 단지 성경만을 잘 아는 사람들이 아니다.

그들은 자신의 '성도'들에 대해서도 잘 알고 있다. 모든 사람들의 아버지로서 하나님은 우리의 책임 아래 '성도'들을 붙여주셨다. 그렇지만 대부분의 사람들이 자녀 양육을 영혼을 돌보는 일이나 목회적 양육이라고 보지 않는다. 우리가 지향하는 자녀 양육은 단지 '행동을 조절하고 결과를 향상시키는' 그런 것이 아니다. 십대 자녀를 양육하고 있는 많은 부모들은 성경 말씀이 마음에 대해 말하고 있는 강력한 교훈들을 잊어버리는 경향이 있다.

만약 당신이 자녀 양육의 목표가 마음을 다스리는 것이며 영혼을 돌보는 것이라는 사실을 이해한다면, 하나님이 당신이 돌보도록 허락하신 자녀들에 대해서 잘 알아야 할 필요가 있다. 당신은 위대한 상담자이신 주님을 본받아야 한다. 그분은 우리의 약함에 대해 공감하시며, 도움이 필요할 때에는 긍휼과 은혜를 베푸신다. 왜냐하면 그분은 우리와 우리의 세계를 잘 알기 위해서 많은 시간을 들이셨기 때문이다(히 4:14-16). 그리스도를 닮기 위해서 우리는 삶의 분주함을 줄이고, 자녀들의 말에 귀를 기울이며, 그들이 한 일이 무엇인가를 알 수 있는 시간을 가져야 한다. 많은 부모들이 자녀들과의 시간을 거의 갖지 않으며, 그런 시간을 갖는다 하더라도 서로 대화하는 것이 아니라 일방적인 의사전달만 하고 있다. 자녀들과 오직 훈계하는 시간에만 옆에 있기 때문에 그런 일이 일어나는 것이다.

자녀들의 말은 당신에게 중요한 의미를 가져야만 한다. 인생에 대한 그들의 평범한 언급들이 그들의 마음에 대해서 무엇을 말해주고 있는가? 그들은 더 어린 형제자매들에게 어떤 조언들을 해주고 있는가? 그들의 친구 관계는 그 마음속에서 일어나고 있는 일에 대해서 무엇을 이야기해주고 있는가? 당신은 그들이 자신의 삶을 해석하는 말들을 통해서 그들의 영혼을 돌보는 일에 대해 무엇을 배울 수 있는가? 어떤 상황에서 당신은 그들이 하는 분노와 절망과 후회와 두려움과 냉소주의와 패배의 말을 듣게 되는가? 반대로 그들에게서 믿음과 진리와 소망의 말을 들을 수 있는가? 그들이 하나님에 대해서 하는 말의 내용은 무엇인가? 그들이 자기 자신에 대해서 하는 말의 내용은 또 무엇인가? 우리는 십대 자녀들의 내면 세계에 대해 연구해야 한다.

자녀들의 행동 또한 중요하게 여겨야 한다. 그들이 당신에게 어떻게 대하고 있는가? 다른 가족에게는 어떻게 대하고 있는가? 그들의 친구에게는 또 어떻게 대하고 있는가? 그들은 가정과 학업과 학교에서 자신의 책임을 어떻게 수행하고 있는가? 자신의 물건이나 다른 사람들의 물건을 어떻게 대하고 있는가? 그들의 삶 속에 있는 권위에 대해서는 어떻게 대하고 있는가? 무엇인가 결정을 내려야 할 때에는 어떻게 하는가? 부딪히는 문제들에 대해서 어떻게 대처하고 있는가? 갈등에 대해서는 어떻게 해결하고 있는가? 그 속에 옳은 일을 행하고자 하는 마음이 있다는 증거를 발견한 적이 있는가? 겸손이나 사랑이나 인내를 발견하는가? 베푸는 모습과 섬기는 삶이 있는가? 그들의 인생이 자기 몰입적이거나 자기중심적이지는 않은가? 당신의 자녀가 마음속에 있는 것을 말과 행동으로 나타낸다는 것을 기억하고, 이 모든 것을 유의하여 살펴보라. 우리가 그러한 것들을 살펴볼 때 하나님은 그 마음속에 있는 뿌리와 그로부터 나오는 열매의 문제를 우리들에게 깨닫게 해주실 것이다.

'문제에 대한 과민 반응'에
빠지지 말라

많은 부모들이 자녀들의 문제에 대해서 과민 반응을 보인다. 문제들에 대해 부모들이 보이는 태도는 보통 완전히 절망하든지, 극도로 분노하는 것이 되곤 한다. 그들은 자녀들의 문제에 대해서 더 이상 알려고 하지 않거나(묻지도 않고 말하지도 않는다), 그저 하루하루가 조용히 지나가기만을 간절히 바란다(논쟁도 없고 소란도 없는 상태). 우리가 이런 식으로 살면 하나님이 우리 자녀들의 삶 가운데 행하고 계시는 일들과 우리를 통해서 행하기를 원하시는 일들에 대한 감각을 잃어버리게 된다.

두 가지 성경적인 원리를 늘 중요하게 여겨야 한다. 첫 번째 원리는 하나님은 구속적으로 선한 일을 이루시기 위해서 모든 상황에서 역사하신다는 사실이다. 그분에게 통제 불가능한 순간이란 존재하지 않는다. 그분은 선하시고 항상 선한 일을 위해서 주권적으로 역사하고 계시다(롬 8:28). 두 번째 원리는 시험이란 우리를 성숙시키고 온전케 하기 위해 하나님이 사용하시는 주된 도구라는 것이다. 우리는 하나님이 계시지 않거나 무능하셔서 어려움이 온다는 생각에 휘말려서는 안 된다. 그분은 어려움조차도 성숙의 도구로 사용하신다(약 1:2-8).

이러한 두 가지 원리를 통해 우리는 십대 자녀들과 겪게 되는 문제 상황들에 대한 인식과 태도를 완전히 바꾸어야만 한다. 우리는 그 일들이 끔찍한 재앙이라는 생각에 대해 끊임없이 저항해야 한다. 그러한 어두운 날들이 하나님이 성숙과 회개의 시간이 되게 하시려고 마련하신 것임을 알아야 한다. 그 시간은 하나님이 당신의 자녀들을 어둠의 세계에서 구원하셔서 사랑하는 아들의 나라로 옮기시려는 목적으로 그들의 마음을 드러내시는 시간이다(골 1:13-14). 자신의 삶을 망가뜨렸다고 소리 지르면서 그들에게 길길이 날뛰며 분노하고 절망하기보다는, 이 어려운 시간들을 통해 하나님의 거대하고 구속적인 기회들이 있음을 깨달아야만 한다. 우리가 말하고 행동하는 모든 부분에서 우리는 우리 자신을 하나님이 하시는 일에 동참시킬 것을 서약해야만 한다. 이 시간들은 하나님의 시간이다. 우리는 그들을 포기하거나 분노와 두려움과 절망에 빠져서는 안 된다.

끝으로 우리는 '문제에 대한 과민 반응'에 빠질 수 있음을 겸손하게 고백해야 한다. 왜냐하면 우리는 구속적으로 살기보다는 이기적으로 살고자 할 때가 많기 때문이다. 우리는 말썽 없는 삶과 평안, 위로 그리고 형통함을 간절히 원한다. 우리 삶이 예측 가능하고 방해가 없는 삶이 되기를 원한다. 자녀들이 일으키는 문제들은 우리 자신의 삶에 대해 가지고 있는 욕구와 계획을 방해하는 것이 된다. 우리가 화를 내는 것은 그들이 그들의 삶을 엉망으로 만들어놓았기 때문이 아니라, 우리들의 삶을 엉망으로 만들어놓았기 때문이다. 우리는 우리 자신의 계획에 의해 사로잡혀 있다. 그래서 하나님의 시각으로 바라보지 못한다. 우리는 자녀들을 우리 자신의 행복을 이루기 위한 도구로 생각하기 시작한다. 그러면서 우리는 그들이 경건한 삶을 살아갈 수 있도록 돕기 위해 하나님의 종으로 부름받았다는 사실을 기억하지 못하는 것이다. 그러므로 문제가 생길 때 우리는 기쁨으로 하나님의 회복의 사역을 행하는 것이 아니라, 분노하면서 우리의 꿈을 성취하기 위해 싸운다. 만약 우리가 앞으로 문제를 문제로서가 아니라 기회로 보려고 한다면, 먼저 주님께 자신의 이기심에 대해 겸손하게 회개해야 한다.

항상 마음에 초점을 맞추라

극도로 분노하면서 강연식의 일방적인 훈계가 주어지는 양육 방식을 피하라. 자녀에게 당신이 원하는 행동만을 하도록 억지로 강요하지 말라. 나는 다른 사람들 앞에서 자기 자녀에게 부끄러움을 주거나, 어떤 물질적인 보상을 가지고 통제하려고 하거나, 최후 통첩 식으로 협박하거나, 죄의식을 가중시키거나, 심지어는 복음을 가지고 자기 마음대로 지배하려고 하는 부모들을 많이 보았다. 이 모든 것은 그 어떤 순간에 부모 자신이 원하는 행동을 하게 하려고 사용되는 방법들이다. 우리가 해야 할 일은 십대 자녀들이 지닌 마음의 근본 목적들을 밖으로 끌어내는 것이다(잠 20:5). 모든 상황에서 우리는 하나님이 드러내고자 하시는 마음의 문제가 무엇이며, 그 과정 속에서 우리가 어떻게 그분의 도구가 될 수 있는지를 구해야만 한다.

우리는 부드러운 대답과, 자기를 드러내지 않고서는 대답할 수 없는 마음속을 꿰뚫는 질문과, 시간을 투자해서 듣고 관찰하고 대화하고자 하는 의지를 가지고서 모든 상황 속에 들어가야 한다. 은혜와 소망의 복음으로 무장하고 들어가야 하는 것이다.

마음을 드러내고 양심을 자극하는 이야기를 해야 한다. 그리고 우리는 우리 자신의 싸움을 기꺼이 드러내야 한다. 자녀들이 방어적인 모습에서 탈피하고 스스로를 하나님 말씀의 완전한 거울로 바라볼 수 있도록 해야 한다. 그리고 이 모든 일을 할 때 우리가 다루는 말과 행동들은 그들의 마음속에 뿌리를 두고 있는 생각들과 동기들의 열매라는 것을 기억해야 한다. 우리는 뿌리를 파헤칠 수 있는 상황에서 그저 열매만 건드리는 것으로 만족해서는 안 된다. 십대 자녀들에게서 나타나는 지속적인 변화는 항상 그 마음의 본질적인 수준에서 시작된다.

**먼저 당신의 성경적인
과제를 수행하라**

부모로서 우리가 할 일은 자녀들을 우리 자신과 똑같은 모습으로 만드는 것이 아니며, 우리의 삶의 방식과 욕구와 기호에 그들을 맞추는 것이 아니다. 우리의 목표는 그들이 하나님의 말씀 가운데 나타난 그 뜻에 순종하는 삶을 살아가게 하는 것이다. 우리가 해야 하는 일은 자녀들 속에서 우리 자신의 모습이 나타나게 만드는 것이 아니라, 그리스도의 모습이 나타나게 만드는 것이다. 그러므로 우리 자신을 위해서라도 스스로를 성경적으로 준비하는 것이 필요하다. 그러면 우리의 태도도 감정에 휘말리지 않고 성경적인 목적에 의해 주도될 수 있다. 각 상황에서 성경적으로 중요한 것은 무엇이며, 우리는 어떻게 그러한 주제들을 추구할 수 있는가?

우리는 우리 자녀들을 위해서 성경적인 과제를 수행하는 것이 필요하다. 자녀들에게 우리가 요구하는 것들이 성경적이라는 것을 보여줄 수 있어야만 한다. 그리고 각 상황이 성경의 명령들과 원리들과 약속들과 주제들에 의해 해석되고 의미를 갖게 되는 방식을 보여줄 수 있어야만 한다. 우리는 우리 행동에 대해 성경을 모범으로 삼아야 하고, 자녀들에게는 말씀의 틀을 가지고 세상을 바라볼 수 있도록 가르쳐야 한다. 그들이 말씀에 순종하는 사람들이 되도록 가르쳐야 한다. 우리의 소망은 자녀들이 말씀에 대한 이해가 깊어지는 것이고, 성경에 나타난 하나님에 대한 사랑이 더욱 커져가는 것이다. 궁극적으로 우리가 기도하는 것은 그들이 말씀의 사람들로 살아가는 것이다.

나는 많은 사람들이 자신의 삶으로 너무나 분주해서 이러한 목표에 미치지 못하는 것을 볼 때 안타까운 마음이 든다. 우리는 충동적인 반응에 휘말려서 감정이 모든 것을 지배하게 두는 것이다. 너무나 빨리 반응하고 빨리 변화가 나타나기를 기대한다. 성경적으로 생각하고 반응할 준비가 되어 있지 않은 채로 상황에 뛰어들고 나서, 나중에는 후회의 말과 실제로 행하지도 못하는 여러 가지 자기 정죄로 끝이 나고 만다. 그 가운데 하나님의 목적과 그리스도의 좋은 자원들을 완전히 잃어버리게 된다. 미리 성경적으로 준비할 때 이 일들을 피할 수 있다.

자녀들에게 사랑하는 마음으로
건설적으로 말하라

유혹을 인정하기

우리에게 성경적이지 않은 방법으로 자녀들에게 말하고 싶은 유혹이 있다는 것을 깨달아야만 한다. 우리가 그러한 유혹을 받는 데는 몇 가지 이유가 있다.

첫째, 십대 자녀들과 함께 산다는 것은 전혀 예측 불가능한 사람들과 함께 산다는 것을 의미한다. 그 삶은 때로 규칙적이기보다 불규칙적일 때가 많다. 이 시기에 우리는 전혀 준비하지 않았던 상황이나 전혀 예상하지 못했던 사건들에 마주칠 것이다. 때로는 전혀 준비 없이 말하게 되는 때도 있을 것이다.

둘째, 더 많은 활동들과 더 많은 책임감들과 더 넓어진 인간관계로 인해 자녀들의 세계가 크게 확장되는 가운데, 그들과 예전처럼 그렇게 오랜 시간 함께 있지 못하게 된다. 가족들의 이미 바쁜 삶이 십대 자녀들의 정신없는 삶과 뒤섞이게 되면, 온 가족의 여유 있는 시간은 더욱 줄어들게 된다. 그래서 중요한 대화를 잠깐 마주쳐서 간단하게 끝마치려고 할 때 문제가 생기게 된다. 우리는 자녀가 황급히 밖으로 뛰어나갈 때나, 그들이 아침 식사를 허겁지겁 먹을 때, 혹은 함께 차를 타고 갈 때 잠깐 대화를 나누려고 할 뿐이다. 그들이 말을 잘 들으려고 하지 않으면 우리는 화를 내거나 분노로 인해 전혀 엉뚱한 방향으로 대화를 하게 된다.

셋째, 십대들은 자신들이 성장하고 있다는 것을 알고 있다. 그리고 그 생각으로부터 독립적이 되고자 하는 마음이 생겨난다.

독립하고자 하는 마음 그 자체로나 그 마음을 가졌다는 것이 나쁜 것은 아니다. 그러나 토론을 하는 동안에 그것은 긴장을 유발할 수 있다. 십대 자녀들은 부모의 간섭을 자신들이 얼마나 성숙했음을 깨닫지 못하는 것이라고 보고 더욱 방어적으로 반응하려 한다. 그들은 부모가 주는 도움은 필요 없다는 생각에서부터 출발한다(우리는 십대들만 이러한 갈등을 갖고 있는 것을 아님을 겸손히 인정해야만 한다. 우리들도 마찬가지다). 그들이 우리의 도움을 감사함으로 받아들이지 않을 때, 부모들은 마음의 상처를 입거나 좌절하거나 화를 내거나 조롱하는 말로 감정적인 대응을 하게 된다. 자녀도 같은 식으로 반응하게 되면 이제 대화는 아주 부정적인 모습이 되어버린다.

한 가지 마지막 요점이 남아 있는데, 이것은 지금까지 말한 모든 것 중에서 가장 중요한 내용이다. 십대들은 본능적으로 우리의 우상을 찾아내고 그것을 파괴할 것이다(정말이지 이것은 그들이 본능적으로 하는 것이라기보다는 하나님이 행하시는 일이다). 내 아들과 딸들은 엄마와 아빠의 '자극 버튼'를 찾아내서 정기적으로 누르는 경향이 있다. 만약 우리가 물건들에 대하여 지나친 애착을 가지고 있다면, 그들은 차를 혼자 처음 몰고 나간 날 그것을 찌그러뜨려 올 것이다. 그리고 학교에서 일어난 일을 설명하다가 새로 산 오디오 위에 무심코 앉아서 깨뜨려버릴 것이다. 동시에 들고 있던 음료수를 새 양탄자 위에 쏟을 것이다. 그때는 이렇게 말해주고 싶은 생각이 굴뚝같다. "너 이 집 안에 있는 귀중한 물건들은 다 망가뜨려 놓지 그러니? 네가 잘하는 것은 집안 살림 거덜내는 일밖에 없구나!"

그러나 이런 말은 우리가 머릿속에 기억해야 하는 가장 중요한 원리들을 나타내는 적절한 모범이 아니다. 우리가 겪는 자녀들과의 대화의 문제는 단지 자녀들의 성격 때문이 아니라, 우리가 가지고 있는 우상들 때문이다. 어떤 물질에 대한 욕구(재물, 사회적 위치, 사랑, 존경, 감사, 평화, 편안함 등)가 주님께만 속한 마음에 대한 실제적인 지배권을 행사하고 있을 때, 그 결과는 우리와 주님과의 관계에 피할 수 없는 갈등을 불러일으킨다(약 4:1-10).

더 잘 대화하기 위해 연습하기

자녀와 성경적이지 않은 방법으로 대화하고자 하는 유혹이 생길 때, 우리는 스스로를 점검해야 한다. 바울은 에베소서 4장에서 우리에게 세 가지 중요한 것을 깨닫게 한다. "모든 겸손과 온유로 하고 오래 참음으로 사랑 가운데서 서로 용납하고", "오직 사랑 안에서 참된 것을 하여 범사에 그에게까지 자랄지라 그는 머리니 곧 그리스도라", "무릇 더러운 말은 너희 입 밖에도 내지 말고 오직 덕을 세우는 데 소용되는 대로 선한 말을 하여 듣는 자들에게 은혜를 끼치게 하라"(엡 4:2, 15, 29). 이러한 명령들은 우리가 자녀들과 대화를 나눌 때 따라야 하는 것들이다. 그러면 그것들은 실제로 어떠한 모습으로 나타나는가?

이러한 대화는 '부모 대 자녀'라는 대결적인 구도를 피할 수 있게 한다. 뿐만 아니라, 자녀들의 싸움을 온전히 이해하는 자들로서 그들 옆에 설 수 있게 된다. 우리는 그들의 실패에 아랑곳하지 않거나 혹은 그로 인해서 분노하는 모습으로서 그들 위에 군림하는 자들이 아니다. 그 속에는 결코 '그럴 줄 알았다'든지 '그럴 땐 어떻게 해야 하는지 나는 다 알고 있고, 그런 일은 식은 죽 먹기다' 식의 사고방식이 존재하지 않는다. 우리는 여전히 주님께 배우고 있는 자요, 여전히 그분의 진리를 삶에 올바르게 적용하며 살아가는 방법을 배우고 있는 자로서 자녀들 옆에 서 있어야 한다.

뿐만 아니라, 성경적으로 대화를 나눈다는 것은 상대를 존중하는 법과 서로의 차이를 인정하는 법을 배운다는 것을 의미한다. 자녀들은 우리가 삶을 바라보는 것과는 다르게 삶을 바라볼 것이다. 그러므로 우리의 목표는 모든 면에서 그들이 우리와 완벽하게 일치하도록 하는 것이 아니라, 주님과 그분의 진리에 충실하게 복종하도록 하는 것이다. 그리고 성경적으로 대화를 한다는 것은 충분한 시간을 들여서 자녀가 말하는 모든 말 속에서 나타나는 내용과 감정과 의도를 파악한다는 뜻이다. 또한 자녀들을 정죄하고자 하는 마음으로 대화를 하는 것이 아니라 마음을 알 수 있는 좋은 질문들을 던진다는 뜻이고, 자녀들을 대신해서 고백해주는 것이 아니라 그들이 직접 자신의 잘못을 고백하도록 이끄는 법을 배운다는 뜻이다.

자녀들에게 말할 때 무시하는 태도로 징계하지 않도록 주의해야 한다. 변화란 한 번에 이루어지지 않는다는 것을 기억하면서 인내해야 한다. 성령님께 자녀들의 마음속에서 역사하실 시간을 드리면서, 우리는 항상 반복해서 노력하고자 하는 의지가 있어야 한다. 만족스럽지 않을 때에도, 어떻게 그들을 받아들이며 사랑해야 하는지를 배워야 한다. 우리의 아들딸들이 생각하는 것들을 중요한 것으로 존중해서 받아들이는 법을 알아야만 한다. 상투적인 말을 피하고, 대화의 중요성을 떨어뜨리며 자녀들을 신경 쇠약에 걸리게 만드는 예전부터 수없이 반복했던 이야기는 더 이상 하지 말아야 한다. 개인적인 경험담을 들려주는 것도 줄여야 한다. 그런 말은 우리가 어떠한 어려움도 없이 십대 시절을 보냈다는 식으로 들리거나, 아니면 지금도 완벽하게 의롭고 고민 없는 삶을 살고 있다는 식으로 들리기 쉽다. 그리고 우리는 자신의 십대 시절에 경험했던 문제들을 지나치게 미화하거나 과장하지 않도록 노력해야 한다.

우리가 이러한 일들을 할 수 있는 것은 오직 그리스도의 능력에 의해서만 가능하기 때문에 다음과 같은 기도로 하루하루를 맞이해야 한다. "하나님 아버지, 우리는 자녀들을 양육할 때 주님의 모범을 따르기 원합니다. 그러나 날마다 우리는 많은 부분에 있어서 너무나 부족한 저희 자신을 깨닫습니다. 오늘도 주님이 우리에게 능력을 베풀어주셔서 저희가 모든 상황에서 주님을 나타내고 하나님께서 우리를 위해 예수님을 통해 하신 일들을 나타내는 방법으로 생각하고 말하고 행동하게 하옵소서."

작은 잘못들은 눈감아주라

자녀들의 삶에서 일어나는 모든 일들이 전부 동일한 중요성을 가지고 있지는 않다. 당신은 모든 실수에 대해서 항상 똑같은 압력과 심각한 태도로 추궁하지 말아야 한다. 특이한 머리 모양은 권위를 존중하지 않는 것과 동일하게 중요한 문제는 아니다. 산만한 식탁 예절은 그들의 마음을 계속해서 좀먹어 들어가고 있는 물질주의만큼 중요한 것은 아니다. 잘 정리되어 있지 않은 방은 정욕에 대한 유혹이나 성적인 죄만큼 중요한 잘못은 아니다. 여기서 말하고자 하는 요점은 반듯한 머리 모양이나 바른 예절이나 깨끗한 방 정리가 전혀 중요하지 않다는 것이 아니라, 그런 것들이 다른 더 심각한 문제들과 비교해볼때 그 중요도에 있어서 떨어진다는 것이다.

사랑은 작은 잘못들을 눈감아주는 것이다. 지혜는 성경적인 관점의 계획을 가지고 무엇이 더 우선적으로 중요한가를 생각하는 것이다. 우리는 자녀들과의 관계를 마치 '인생은 마지막 시험과 같은 것'이라는 긴장 관계로 몰아가서는 안 된다. 그렇게 되면 그들은 끊임없이 평가되고 쉴새 없이 비난받게 된다. 우리는 그들이 결코 마음을 놓지 못하고 항상 초긴장 상태로 살아가야 한다는 생각이 들게 해서는 안 된다. 그 반대로, 자녀들과의 삶은 끊임 없는 은혜와, 한량없는 사랑 그리고 꾸준한 인내로 채워져야 한다. 간단히 말하자면 자녀들과 함께하는 우리의 삶은 그리스도에 의해 이루어져야 한다. 그분의 은혜로 말미암아 우리가 그들 앞에서 성육신하신 그분의 모습을 나타내 보일 때, 우리는 그들이 실패할 때에도 친밀하게 대할 수 있고, 그들은 솔직하고 열린 마음을 가지고 살 수 있도록 격려받게 된다.

항상 정직한 태도를 보여주라

기억하라. 당신의 자녀들은 당신의 집안에서 유일하게 죄를 지은 사람이 아니다. 하나님은 우리가 그분의 아들의 형상을 닮도록 하시기 위해서 여전히 일하신다. 십대 자녀를 둔 모든 부모들에게는 계속해서 죄가 존재한다. 이 때문에 우리가 그분을 바라보아야 할 뿐만 아니라, 우리 자신도 바라보아야 한다. 우리는 겸손하게 자신의 이기심과 자기 의로움과 분노와 인내하지 못함을 인정해야 한다. 그리고 그에 대한 용서를 구하기 위해 하나님과 우리 자녀들에게 꾸준히 나아가야 한다.

당신의 배우자가 이 부분에서 당신을 도울 수 있다. 죄는 속이는 것임을 기억하라. 그래서 당신은 다른 사람의 눈에 있는 티는 보지만 자기 눈에 있는 들보는 보지 못하기 마련이다. 자녀들에 대한 당신의 태도와 행동을 점검할 수 있도록 도와달라고 요청하라. 그리고 당신이 그러한 도움을 요청하지 않았을 때에도 그 도움을 받는 것을 달갑게 받아들이라.

자녀들을 양육할 때 우리가 개인적인 목표로 삼아야 하는 많은 성경적인 태도가 있다. 첫째로 우리는 하나님의 영광을 위해서 살기로 서약했기 때문에 항상 우리의 책임을 다해야만 한다. 이것은 모든 다른 것들을 압도해버리는 최고의 소망이 되어야 한다. 원한을 품으려 했던 마음이나 괴로움들을 다 잊어버릴 수 있어야 한다. 자꾸 반복되더라도 자녀들을 다시 용서할 수 있어야 한다. 단지 명령을 내리는 사람이나 잘못을 캐내는 사람이나 심판을 하는 사람만이 되어서는 안 된다. 우리는 사랑과 긍휼과 은혜의 인내하는 마음으로 자녀들에게 하나님의 숭고한 기준을 제시해야 한다. 그리고 주의 깊게 말하고, 조심스럽게 약속하며, 항상 진리의 말을 하는 사람이 되어야 한다. 그래서 우리 자녀들에게 완전히 신뢰받을 수 있는 사람들이 되어야 한다. 말한 것은 항상 행하고, 약속한 것은 무엇이든 지키는 사람들이 되어야 한다.

앞에서 말했던 것과 같이 자녀들과의 관계에서 겸손의 마음을 갖는 것은 대단히 중요하다. 우리는 자녀들이 우리에게 다가설 수 있게 하겠다고 결심해야 한다. 항상 기꺼이 잘못을 인정하고, 고백하며, 용서를 구할 수 있어야 한다. 결국, 우리는 자녀들과의 관계가 그들의 영적인 유익을 위하는 진정한 마음으로부터 우러나오는 정성으로 이루어지고 있느냐, 아니면 우리 자신의 이기심이나 개인적인 유익에 의해서 이루어지고 있느냐를 항상 주의 깊게 점검해야 한다(빌 2:1-11).

자신과 다르다는 것을 예상하고 환영하며 존중하라

하나님의 창조하심은 정말 놀랍다. 사람들의 얼굴을 보라. 똑같은 코를 가진 사람들은 하나도 없다. 어쩌면 당신은 머지않아 하나님이 만드시는 모양에도 창작의 한계가 와서 아마 옛 모양을 다시 사용하셔야 할 것이라고 생각할지 모르겠다. 그러나 그렇지 않다. 하나님이 창조하시는 다양함이란 그것들을 만드시는 능력만큼이나 끝이 없으시다. 당신의 자녀들은 결코 당신과 똑같지 않을 것이다. 그들이 그렇게 달라지게 된 데에는 무슨 이유가 있을 것이다. 그러나 그것을 어떤 개인적인 결함이라고 생각하지 말라. 그것을 하나님의 영광과 권능의 증거라고 생각하라. 한 걸음 뒤로 물러서서, 그저 당신의 가족 안의 유전자 체계 속에서도 그토록 많은 다양함과 차이가 존재한다는 것에 대해 놀라워하고 경탄하라. 그렇게 다르다는 것으로 인해 경악하지 말고, 그로 인해 하나님을 경배하고 찬양하라.

우리 둘째 아들은 예술가다. 그 아이가 나와 완전히 다르다는 것을 알게 되는 데에는 그렇게 오랜 세월이 걸리지 않았다. 그 아이는 정말 내가 세계를 바라보는 방식으로 이 세계를 보지 않는다. 나는 그 아이가 초등학교 2학년 때 미국 독립 전쟁에 대한 짤막한 글짓기 숙제를 했던 일이 기억난다. 그 숙제는 부모와 함께 하는 것이었다. 아이는 집에 돌아와 우리가 함께 해야 할 숙제가 있다고 말했다. 숙제가 무엇인지 내게 설명해주었을 때, 나는 별로 어려운 것이 아니라고 생각했다.

나는 아들에게 다루고 싶은 주제를 선택하라고 했다. 아이는 이렇게 말했다. "독립 전쟁 당시의 건축 양식이요." 나는 내 귀를 의심했다. 그리고 이 개구쟁이에, 잘 웃는, 조그마한 녀석을 바라보면서 어떻게 이 아이가 그런 주제를 다루려고 하는지 너무나 놀라웠다. 그래서 나는 그 이유가 무엇이냐고 물었고, 아이는 이렇게 대답했다. "아빠, 오늘 선생님께서 그 전투에 대해서 우리에게 글을 읽어주셨거든요. 들으면서 전 계속 이런 생각을 했어요. '그때 건물들은 어떤 모습이었을까'라고요." 그 말을 듣자 나는 이런 생각이 들었다. '그때 건물들이 어떤 모습이었겠느냐고? 그

건물이 어떻든 그게 도대체 무슨 상관이지? 조지 워싱턴이나 벨리 포지(Valley Forge, 독립 전쟁 당시 워싱턴이 승전한 곳, 역주)나 벤 프랭클린이나 아니면 독립 선언문 같은 주제가 더 좋지 않겠니?'

그 작은 아이가 지금은 예술 대학에 다니는 젊은 청년이 되었다. 나는 하나님이 그 아이에게 주신 은사에 경탄을 금치 못한다. 나는 그 아이가 나를 닮지 않은 것이 얼마나 기쁜지 모르겠다. 그 아이는 내가 한 번도 보지 못했던 세계의 각 부분을 볼 수 있도록 내 눈을 열어주었다. 그 아이는 뭐라 말할 수 없는 방식으로 내 삶과 우리 가족들의 인생에 많은 도움을 주었다. 나는 그 모습 그대로 내 아들을 만드시고 또한 우리를 서로 다른 모습으로 만드신 하나님께 경배를 드린다. 그렇지만 나는 여전히 그렇게 서로 다르다는 사실이 만들어내는 짜증과 '그 아이가 나와 같았으면 얼마나 좋을까'라고 바라는 마음이 여전히 있음을 느낀다.

우리는 다르다는 것과 죄와의 차이를 구별하는 데 주의해야 한다. 이러한 차이는 보는 관점이 다양한 것과 권위에 대해 반항하는 것 사이의 차이이기도 하다. 우리는 어느 것이든 괜찮은 선택의 문제와 불순종 사이의 차이를 이해해야 한다. 죄는 사랑으로 지적하되, 죄가 아닌 우리와 다르다는 점은 지혜롭게 받아들이고 격려해주어야 한다.

자녀가 스스로 결정할 수 있는
기회를 만들어주라

성경은 우리에게 성숙함은 부단한 연습의 결과로 얻게 된다는 것을 가르치고 있다(히 5:11-14). 만약 우리가 지혜롭고 의로운 결정을 내릴 준비가 된 성년이 된 자녀들을 세상으로 내보내고자 한다면, 그들에게 그러한 준비를 실제로 실행해볼 수 있는 기회를 주는 것이 필요하다. 우리는 마치 회사 사장이 부하 직원에게 권한을 위임해주는 일에 대해 고심하는 것처럼, 역시 자녀들에게 결정권을 준다는 일에 대해 고심하게 된다. 어떠한 일에 대해서 실패한 다음에 수습해야 하는 것을 원하지 않기 때문에, 우리는 자녀들을 아예 위험이 따르는 상황에는 내보내지 않기로 작정하는 것이다.

우리는 자녀들에게 스스로 결정을 내리는 법(생각하고, 결정하고, 행동하고, 그 결과에 책임을 지고, 평가하는 것)을 가르쳐야 한다. 이 일을 위해서 지혜롭게 행하고 성숙한 결정을 내릴수 있는 능력을 키워주는 것보다, 그냥 주어진 명령에 따라 순종하는 것이 더 중요하다고 생각하게 만들고 싶은 유혹을 거부해야 한다. 우리 자녀들이 실패했을 때 시간을 되돌리고 싶은 충동을 억누르고, 다시 한번 더 그들에게 결정권을 넘겨주어야 한다. 우리 자녀들에게는 성경이 허락하고 있는 시행착오를 용납한다는 자유로움이 있어야 한다. 그러면 그들은 지혜롭게 사는 법을 터득할 수 있다.

당신의 한계를
겸손하게 인정하라

당신이 하나님이 아니라는 것을 항상 기억하라. 하나님과 달리 당신과 나는 능력과 지혜에 있어서 한계를 가지고 있다. 우리가 만들 수 있는 변화에는 한계가 있다. 십대 자녀들의 마음과 삶의 변화는 항상 하나님의 은혜로우신 사역의 결과다. 우리는 인간의 힘으로 하나님만이 하실 수 있는 일을 하려 해서는 안 된다. 우리는 자녀들을 결코 억지로 복종하게 만들 수는 없다. 왜냐하면 복종이란 그 사전적 의미로도 하나님께 소속되고자 하는 마음의 자발적인 행동이기 때문이다. 우리는 변화를 만드는 사람들이 아니다. 그리고 결코 변화를 만들어내시는 유일하신 주님의 손에 의해 도구로 사용되는 것 이상의 일도 할 수 없다. 우리는 그분의 사역을 대신하려 해서는 안 된다. 그보다는 끊임없이 기도한다는 것이 무슨 뜻인지를 이해하는 사람이 되어야 한다.

이 모든 일에 있어서 우리는 먼저 말씀의 진리를 기억해야 한다. 우리는 혼자가 아니다(수 1:1-9). 하나님은 환난 중에 만나는 커다란 도움이시다(시 46편). 그분은 선을 이루시기 위해 모든 상황과 장소와 관계 속에서 역사하신다(롬 8:28). 우리가 구하거나 생각하는 것보다 더욱 큰 것을 이루시기 위해서 우리 안에서 능력으로 역사하신다(엡 3:14-21).

우리는 우리의 연약함을 두려워해서는 안 된다. 왜냐하면 그분의 은혜가 모든 일을 이루기 위해 충분하고, 그분의 능력은 우리가 약할 때 완전해지기 때문이다(고후 12:7-10). 우리는 이미 그리스도 안에서 우리가 하나님의 뜻을 행하기 위해 필요한 모든 것을 다 받았다(벧후 1:3-4). 하나님은 결코 편애하지 않으시고 우리에게 모든 지혜를 주신다고 약속하셨다(약 1:5). 그분은 은혜로우시며 우리를 용서하실 뿐만 아니라 우리를 모든 불의에서 깨끗하게 하신다(요일 1:9). 그리스도의 영광스러운 승리의 사역으로 인해 그분의 이름으로 행하는 우리의 모든 수고는 결코 헛되지 않다(고전 15:58). 뿐만 아니라 이 모든 싸움이 끝나고 더 이상 죄도 슬픔도 없는 날이 가까이 오고 있다(고전 15:50-57).

이러한 약속들이 우리들에게 하는 일은 무엇인가? 그 약속들은 자녀를 양육하는 일에 대한 우리의 사고방식을 완전히 변화시킨다. 우리의 목표는 그저 무사히 지나가기만 하는 것이 아니다. 그런 목표는 하나님이 우리 가운데서 행하시고 또 우리를 통해 하시기로 약속하신 그 영광스러운 일들을 기억하지 않기 때문에 너무나 낮은 목표다. 진정한 목표는 놀라운 기회를 얻는 것이다. 그 기회란 하나님의 영광스러운 구속 사역에 날마다 동참하게 되는 기회다. 이보다 더 숭고한 부르심은 없다. 우리는 자녀 양육의 임무를 하나의 책임 이상의 사명으로 보아야 한다. 그것은 거대한 특권이다. 하나님이 어떻게 그렇게 중요한 임무를 우리를 믿고 맡겨주실 수가 있단 말인가. 우리는 소망을 가지고 우리가 받은 부르심을 따라야 한다. 그분이 바로 이곳에 계시다. 그분은 지금도 역사하고 계시다. 그것이 바로 우리의 인생이 영원한 의미와 목적을 가지고 있다는 것을 기억하면서 아침마다 눈을 뜨는 이유다. 우리는 믿음으로 한 걸음씩 나아가서 우리 자녀들을 양육할 때 하나님이 우리가 행하도록 부르신 일들을 용기 있게 할 수 있는 분명한 이유를 가지고 있다.

하나님이 내려주신 자녀들을 양육하며 그분을 섬길 때, 그분의 영광을 깨달음으로 당신이 더욱 충만하게 되기를 축원한다.

13장. 성찰과 토론을 위한 질문

(1) 십대 자녀와의 관계가 마치 넘을 수 없는 산처럼 느껴지는가? 자녀와의 관계를 변화시키기에 너무 늦어버렸다는 생각이 드는가?

(2) 십대 시절 큰 영향을 미쳤던 '음성'이 무엇이었는지 떠올려보라. 당신의 자녀가 귀 기울여 듣고 존경하는 사람은 누구인가? 긍정적이든 부정적이든 당신의 자녀에게 말을 거는 모든 '음성'에 익숙해지라.

(3) 십대 자녀가 가장 많이 흔들리는 유혹이 무엇인지 확인하라. 그리고 함께 '유혹 극복 계획'(실제로 자녀에게 도움을 줄 확실한 도피 수단)을 고민해보고 기도하라.

(4) 자녀가 자신의 죄성을 충분히 이해하고 있는가? 예수님의 도우심이 얼마나 필요한지, 같은 성도들의 도움이 얼마나 필요한지 알고 있는가? 도무지 얼굴을 들지 못할 잘못을 저질렀을 때, 자녀가 예수님의 은혜와 그리스도인 친구들과 멘토의 도움을 구하도록 어떻게 가르칠 수 있는가?

(5) 십대 자녀의 문제를 회피하려고 하지는 않는가? 이런 문제들을 하나님이 주신 구속의 기회로 보기 위해 어떤 변화가 필요한가?

(6) 당신의 자녀에게서 당신과 비슷한 부분과 다른 점을 찾아보고 그에 대해 생각해보라. 당신과 다른 점을 예상하고 환영하며 존중하라.

(7) 십대 자녀와 소통하는 방식을 정직하게 되돌아보라. 말하는 내용의 핵심이 은혜의 메시지인가? 사랑의 마음을 품고 건설적인 방향으로 대화하려고 하는가? 집안에서 자녀가 유일한 죄인이 아님을 기억하라! 자녀의 말에 바로 반응하는 편인가? 아니면 침착하게 기도하는 가운데 어떤 말이든 들을 준비가 된 마음으로 십대 자녀와 대화하는가?

폴 트립의

부모 상담소

질문1 ── 요즘 들어 십대 자녀가 스마트폰에서 앱이나 콘텐츠, 메시지를 숨깁니다. 아이가 이런 기기를 사용하는 것을 제한해야 할까요? 십대가 사생활 보호에 대한 권리가 있을까요? 아니면 아이를 보호하기 위해 몰래 감시해야 할까요?

답 ── 스티브 잡스가 아이폰을 개발한 이후 온 세상 문화에 일대 변화가 일어났습니다. 스마트폰은 유용하게 쓸 수 있는 훌륭한 도구지만, 이런 기기를 통해 많은 부정적인 영향도 받을 수 있습니다. 십대 자녀의 주머니에 스마트폰이 있다면, 이 기기로 온 세상, 즉 세상의 아름다운 부분은 물론이고 어두운 부분까지 다 접할 수 있습니다. 그래서 스마트폰이 자녀에게 미치는 영향력을 통제하기가 그 어느 때보다 어렵습니다. 이 점을 우려해야 하지만, 너무 걱정할 필요는 없다고 생각합니다. 먼저 대비해야 하고 준비되어 있어야 합니다.

부모는 자녀에게 모바일 기기를 사주어야 한다는 상당한 압박을 받습니다. 다른 부모의 압박, 자녀의 압박, 친구들의 압박은 물론이고 유명 인사와 미디어와 광고도 그 압박에 가세합니다. 이런 기기들 덕분에 생활이 편리해지고, 자녀의 행적을 찾아보기도 수월합니다. 그러나 인터넷이나 소셜 미디어나 메시지를 통해서는 지혜가 담긴 유익한 내용보다는 어리석고 저속한 내용을 접하기가 더 쉽습니다. 이것은 매우 매력적이고 강력하며 위험합니다. 그러므로 부모는 이런 영향력을 조심해야 하고, 자녀의 세계에서 이런 부분을 잘 살펴보아야 합니다. 자녀를 키운다는 게 그렇습니다!

자녀가 항상 부모를 좋아하거나 부모의 선택을 받아들이리라 바랄 수는 없습니다. 자녀가 사랑으로 인식하지 않을 인기 없는 선택도 기꺼이 내려야 합니다. 자녀를 실제로 사랑하고 보호하고 싶고, 마음과 생각을 지켜주고 싶다면 어쩔 수 없습니다. 통화 기능만 있는 모바일 기기도 있습니다. 자녀와 연락만 하는 경우를 원한다면 그런 기기를 활용하십시오. 그러나 어떤 선택을 내리든지 자녀의 스마트폰 속 세상과 인생에서 무슨 일이 일어나고 있는지 파악하고 있어야 합니다.

자녀 몰래 뒤에서 살펴보거나 속임수를 써야 한다고 생각하지 않습니다. 그런 행동은 부모에 대한 자녀의 신뢰를 깨뜨리고, 관계를 무너뜨릴 수 있습니다. 그리고 앞으로 자녀가 부모의 말을 듣지 않으려고 할 수 있습니다. 건강하지 못한 갈등 관계로 이어질 수도 있습니다. 그러니 문제를 정식으로 거론하십시오. 당신이 자녀를 위해 하고 있는 일을 솔직하게 이야기하고, 그 이유를 이야기하십시오. 사랑하는 마음으로, 경건한 지혜로 자녀의 인생에 필요한 통제를 하겠다고 분명하게 이야기하십시오.

그동안 기독교 공동체는 모바일 기기의 위력을 순진하게 생각해왔습니다. 그래서 우리 아이들을 속수무책으로 빼앗기고 있습니다. 자녀에게 모바일 기기를 허용하는 것과 관련해 너무 수동적으로 대처하고 문화적 압력에 굴복한 결과 부모가 충격적인 현실을 맞닥뜨린다는 소식을 듣고 있습니다. 자녀를 위험에서 보호하는 것은 당연히 부모가 해야 할 일입니다. 자녀를 물리적 위험에서 보호하는 것이 당연한데, 도덕적 위험에서는 더욱 보호해야 하지 않겠습니까?

　　십대 자녀가 성장하면서 아이의 세계가 넓어지고, 선택의 폭도 넓어지며, 세상과 교류하고자 하는 욕구도 커집니다. 자연히 부모는 이런 변화의 압력을 느끼고 접근 방식을 달리하고 싶을 것입니다. "아이에게 실제로 필요한 것은 무엇인가? 하나님은 어떻게 아이를 보호하라고 부르시는가? 이 일을 하기 위해 나는 무엇을 해야 하는가?"라고 자신에게 질문해야 합니다. 당장은 힘들더라도 자녀를 보호하기 위해 노력을 기울이면, 하나님이 도움을 주시리라는 사실을 기억하기를 바랍니다.

질문 2 ── 이성 교제와 결혼에 관한 하나님의 계획을 십대 자녀에게 어떻게 가르쳐야 할까요? 요즘 십대 아이들은 또래 친구와 대중문화를 통해 복음과 완전히 정반대되는 메시지를 듣고 있습니다.

답 ── 십대 자녀와 대화할 주제로 이성과의 관계보다 더 실제적이고 중요한 주제는 없다고 생각합니다. 자녀와 이런 대화를 나눌 때 결혼 생활의 성결과 신성함을 깨우쳐주는 방향으로 대화에 임해야 합니다. 하나님과 맺은 관계를 제외하면 결혼 서약처럼 언약으로 규정될 정도로 중요한 관계는 없습니다. 오직 부부 관계만이 그 정도 수준의 의미를 지닙니다.

성경은 또한 성적인 유혹의 위력과 위험성을 경고합니다. 이런 유혹은 십대 시절에 시작됩니다. 일곱 살짜리 남자아이와 여자아이에게 똑같이 청바지와 티셔츠를 입히면, 겉보기에 남녀 분간이 거의 안 갑니다. 아들이 일곱 살이었을 때 여자아이들을 어떻게 생각하느냐고 물어보니 "여자애들은 세균이 득실거려요"라고 말하더군요. (그 세균이라는 것이 대체 무엇인지 아직도 오리무중이지만, 어릴 때 우리 아들들은 세균을 끔찍이 싫어했습니다!) 열일곱 살 된 소년과 소녀에게 청바지와 티셔츠를 입히면 한눈에 성별이 구분됩니다. 그런데 열일곱 살이 되면 갑자기 그 세균에 열광하더군요.

십대는 이성에 대한 호기심이 매우 강합니다. 그리고 그것은 잘못된 것이 아닙니다. 하나님은 우리 안에 그런 자각과 호기심과 욕망을 심어두셨습니다. 이성에 대한 감정은 아름답고 달콤하며 적절한 상황에서는 즐거운 것입니다.

그런데 데이트와 성과 결혼이라는 주제보다 더 중요하게 가르쳐야 할 것이 있습니다. 하나님이 우리가 즐거움을 누리며 세상에서 살도록 계획하셨다는 것입니다. 하나님의 현명한 선택입니다. 이 세상은 즐거운 곳입니다. 하나님은 우리에게 그 즐거움을 누릴 '문'을 주셨습니다. 바로 우리의 눈과 귀와 미각과 촉각입니다. 우리가 사는 세상의 쾌락을 누리길 원하는 것은 잘못이 아닙니다. 쾌락으로 즐거움을 얻는 것은 잘못이 아닙니다. 실제로 쾌락을 즐기는 가운데 하나님을 영화롭게 할 수 있습니다. 그러나 성경은 쾌락에 경계선이 필요하다고 가르칩니다. 무한정 쾌락을 쫓는 것은 파괴적입니다. 먹고 싶다고 다 먹을 수도 없고, 때를 가리지 않고 먹을 수도 없습니다. 먹고 싶은 대로 다 먹으면 건강을 해칩니다.

사춘기의 남녀 관계도 마찬가지입니다. 이런 관계에서 생기는 욕구는 경계가 필요합니다. 십대 자녀와 경계의 문제를 이야기해야 합니다. 단순히 육체적 관계의 경계뿐 아니라 감정과 욕구의 경계도 다루어야 합니다. 소년이 소녀를 자신의 욕구를 채우는 대상으로 대하면 안 됩니다. 소녀도 마찬가지로 소년을 자신의 욕구를 채우는 대상으로 대해서는 안 됩니다. '지금 이 사람 때문에 즐거워. 잠시 이 사람과 즐기다가 더 이상 관계가 즐겁지 않으면 그냥 차버릴 거야.' 이런 생각은 성관계까지 가지 않더라도 정말 끔찍하지 않습니까? 한 인격체를 물건처럼 대상화하는 잘못된 행동입니다.

부모는 십대 자녀에게 우정의 아름다움, 교제의 기쁨 그리고 타인의 지혜와 지식과 인격을 존중하는 방법을 가르쳐주어야 합니다. 이런 문제들에 대해 자녀와 충분한 대화를 나누는 부모가 많지 않은 것 같습니다. 함께 이런 대화를 나누며 결혼의 신성함을 이야기해야 합니다. 하나님이 선하신 지혜와 은혜로 일생을 헌신하는 관계를 예비해놓으셨기에 혼외 관계는 위험합니다.

이런 대화는 기초 성교육을 하듯이 어색하게 잔뜩 몸을 사리며 집중적으로 딱 한 번만 하고 끝내서는 안 됩니다. 십대 자녀가 이런 문제로 솔직하게 대화해도 안전하다는 인식을 심어주어야 합니다. 과민하게 반응하지 말아야 합니다. 쉽게 판단하고 정죄해서는 안 됩니다. 언제라도 대화할 수 있어야 하고, 자녀가 부모에게 조언을 구하지 않는다면(아마 대부분 그러할 것입니다) 부모가 먼저 주도해야 합니다.

세상은 성에 대해 끊임없이 이야기하는데, 슬프게도 그리스도인 부모들은 이 문제에 대해 침묵합니다. 이렇게 해서는 우리 아이들에게 도움이 되지 않습니다. 성과 관련한 문제를 두고 심도 있게 대화해야 합니다. 당혹스러워하면 안 됩니다. 성은 하나님이 주신 아름다운 선물입니다. 관계도 하나님이 주신 선물입니다. 남자와 여자로 창조하신 것은 하나님의 좋은 선물입니다. 교제도 하나님이 주신 귀중한 선물입니다.

십대 자녀와 이 문제에 대해 대화해야 하며, 아이가 스스로 알아서 잘하겠거니 기대해서는 안 됩니다. 적극적으로 나서서 개입하고, 십대 자녀가 스스로 세울 수 없는 지침을 제시할 기회를 찾아야 합니다.

질문 3 ── 아이가 포르노와 음란물을 보는 것을 최근에 알게 되었습니다. 이 문제를 어떻게 바라보아야 할까요? 집에서 음란물을 보지 않도록 막을 방법은 무엇일까요?

답 ── 자녀가 음란물을 보아왔고, 심지어 음란물과 음란 행위에 점점 중독되고 있음을 알게 되면 정말 두려울 것입니다. 그러나 한 걸음 뒤로 물러서서 이 문제를 성경적이고 더 폭넓게 생각해보라고 권면하고 싶습니다. 성경은 자녀가 죄인으로 세상에 태어났고, 그들의 더 큰 문제는 단순히 저 바깥 세상에 존재하는 악이 아니라 그들 마음에 있는 죄라고 지적합니다. 이 말씀에 따르면 죄인이 죄에 매료되는 것은 놀랄 일이 아닙니다. 우리가 외부의 악에 유혹을 받는 것은 항상 우리 안에 있는 악 때문입니다. 우리 자녀들은 마음에 죄악 된 탐욕을 지니고 있기에 물질주의에 끌릴 수 있습니다. 또한 이기적 욕망이 있기에 변태적 성욕에 매료될 수도 있습니다. 놀랄 필요가 없습니다.

명심해야 할 두 번째 중요한 사항이 있습니다. 경악해서 비난하고 정죄하여 자녀가 당신에게서 멀어지게 하고 마음을 닫게 하거나, 관계가 파국에 이르도록 해서는 안 된다는 것입니다. 이 고통스러운 문제를 인내하는 가운데 이해하며 측은한 마음으로 다루고 싶을 것입니다. "우리가 이런 세상에 살고 있고, 네 마음속에 너를 악한 방향으로 끌어들이는 거대한 힘이 있어서 너무 마음이 아프구나. 나도 너와 다를 바 없어. 관심을 두지 말아야 하는 데 마음이 끌리고, 가지 말아야 할 곳에 가거든. 잘못된 일을 숨길 때도 있어. 이런 우리의 상황을 너와 이야기해보고 싶구나. 나도 얼마든지 어리석은 행동을 할 때가 있어. 하지만 죄인에게 도움을 베푸시고 우리 힘으로는 누리지 못할 능력과 지혜를 주시는 하나님이 계시니 우리에게는 희망이 있어. 너도 도움이 필요하고 나도 도움이 필요해. 이 문제에 대해 너와 함께 마음을 나누고 싶구나."

이런 문제는 십대 자녀의 마음에 있는 문제이므로 외부의 유혹으로부터 보호하는 것만으로는 충분하지 않음을 꼭 기억해야 합니다. 자녀를 보호할 수 있도록 마음을 터놓는 관계를 반드시 유지하고, 음란물이나 폭력물을 쉽게 접할 수 없도록 보호 장치를 마련해야 합니다. 그러나 이런 콘텐츠를 가정이나 자녀의 기기에서 다운로드할 수 없도록 막는 전문 기술로는 충분하지 않습니다. 중요한 문제는 따로 있습니다. 십대 자녀가 사랑해서는 안 되는 것을 사랑하는 성향이 문제입니다. 보호하는 것은 중요하지만 충분하지는 않습니다. 사랑으로 오래 참으며 따뜻하게 죄의 존재와 위력과 하나님의 구속하시는 은혜에 대해 십대 자녀에게 이야기할 수 있는 시간을 마련해야 합니다. 자녀를 바깥 세상으로부터 보호하려고 아무리 노력해도 자녀가 하나님과 교제하지 않는 이상 문제는 해결되지 않습니다. 이렇게 음란한 세상에서 십대 자녀를 양육하는 일은 보호한다고 끝나지 않습니다. 끊임없이 인내하며 사랑하는 마음으로 상황에 맞게 죄와 은혜의 복음을 자녀에게 알려주어야 합니다.

자녀가 음란물을 보고 있다는 사실보다 훨씬 중대한 문제가 있습니다. 생명과 죽음과 영원이 걸린 이 문제는 바로 자녀가 저절로 하나님을 찾지 않는다는 사실입니다. 하나님을 마음에 모시지 않는다면, 하나님이 무슨 말씀을 하시든 개의치 않고 자기 욕망을 쫓아 어디든지 갈 것입니다. 하나님의 은혜가 함께하면 당신은 십대 자녀가 하나님을 경외하도록 도와줄 수 있습니다. 기회가 생길 때마다 자녀와 함께 하나님의 영광에 대해 이야기하십시오. 계란 프라이를 구울 때도 하나님의 영광에 대해 이야기하십시오. "하나님이 창조하신 계란이 신기하지 않니? 이 노른자 좀 보렴, 이게 네가 좋아하는 치킨이 되는 거야. 하나님이 널 위해 창조하셨어." 계란 한 알이든, 서쪽 하늘을 물들이는 석양이든, 새의 노래든 늘 하나님을 이야기하는 기회로 삼을 수 있습니다. 이렇게 해야 하는 이유가 있습니다. 십대 자녀에게 하나님을 경외하는 마음이 생겨야 하나님의 말씀을 듣게 됩니다. 하나님을 경외하는 마음이 없다면 말씀을 통한 그분의 부르심을 거부하기 쉽습니다.

성과 음란물과 싸울 때 단순히 보호하고 차단하는 식의 수평적인 싸움에 머물러서는 안 됩니다. 쉽게 유혹을 받는 취약한 십대가 하나님을 바라볼 때 비로소 부모는 영적 보호에 필요한 무기를 쥐게 되는 것입니다. 수평적인 보호도 필요하지만, 쾌락에 본능적으로 끌리는 삶의 방식이 자리 잡지 않게 수직적인 문제에도 집중해야 합니다.

질문 4 —— 성 정체성의 혼란을 느끼거나 성을 전환하고 싶다고 말하는 십대에게 복음에 입각하여 어떻게 반응해야 할까요?

답 ——— 우리는 성의 문제와 관련하여 매우 혼란스럽고 힘든 시대에 살고 있습니다. 이런 강력한 세력이 집안에 발을 붙이지 못하게 자녀를 세상에서 분리하거나 보호하면 된다는 식으로 생각해서는 안 됩니다. 학교는 성이라는 이 중요한 문제에 대해 성경이 말하는 내용과 근본적으로 다른 사고방식을 주입할 것입니다.

하나님은 인간을 남자와 여자로 창조하신 후 한발 물러나 피조물을 보시고 매우 좋았다고 말씀하셨습니다. 성경적인 세계관으로 접근하면, 원래 타고났어야 하는 육신이 아닌 다른 육신에 잘못 갇히게 되었다고 생각하는 것은 불가능합니다. 우리 문화에 이런 생각이 너무나 팽배하고 일상화되었다고 생각하면 너무나 가슴이 아픕니다. 1970년대에 위대한 기독교 철학자이자 신학자인 프란시스 쉐퍼(Francis Schaeffer)는 하나님의 계시를 떠난 인간 이성은 결국 비합리성으로 흐를 수밖에 없다고 일갈했습니다. 한번 생각해보십시오. 인간의 이성은 하나님의 계시로 구원받지 않으면 언제나 비합리적 결론으로 귀결되고 맙니다. 하나님의 계시를 저버린 문화가 결국 이런 형태의 비합리성에 매몰된다고 해도 놀랍지 않습니다.

십대 자녀가 성 정체성 문제로 싸우고 있다면, 실제로 심리적 혹은 정서적 신체 이형장애(실제로는 외모에 결점이 없는데도 스스로 외모에 심각한 결함이나 결점이 있다고 여겨 집착하는 상태-역자주)를 경험하고 있을 수 있습니다. 이런 문제를 가볍게 생각해서는 안 됩니다. 한 가지 예를 들어보겠습니다. 우리는 인간이 자신의 몸을 혐오하고 실제와 다르게 자신의 외모를 바라보는 지경에 이를 수 있음을 알고 있습니다. 거식증에 시달리는 사람은 자신의 몸을 다른 사람이 바라보는 것처럼 보지 못합니다. 성경은 죄 때문에 우리가 세상을 뒤틀린 시선으로 볼 수 있다고 선언합니다. 우리는 모두 실체를 제대로 보지 못하는 일종의 눈먼 상태에 있습니다. 당신의 자녀 역시 이런 병을 앓고 있을 수 있습니다.

이런 일이 일어난다면 두 가지를 해야 합니다. 첫째, 성 정체성 혼란 문제의 전문가가 되어야 합니다. 인터넷에 검색해보면 신실한 그리스도인 작가들이 이 주제에 대해 쓴 훌륭한 책을 많이 찾을 수 있습니다. 자녀의 내면과 이 문화 속에서 일어나는 역동을 이해해야 합니다. 이 문제를 경고하는 훌륭한 세속 작가의 책도 많습니다.* 반드시 이 분야에 전문가가 되십시오.

둘째, 자녀를 위해 도움을 구해야 합니다. 자녀가 성별 불쾌감(생물학적 성과 심리적 성 정체성이 일치하지 않아 겪는 불쾌감-역주)을 겪고 있다면 더 적극적인 외부의 도움이 필요합니다. 가정에서 이 문제로 계속 대화하는

*─── 유익한 책을 소개합니다. 아비가일 슈라이어(Abigail Shrier), 『돌이킬 수 없는 피해: 우리 딸을 유혹하는 트랜스젠더 열풍』[Irreversible Damage: The Transgender Craze Seducing Our Daughters(Washington, DC, Regnery Publishing, 2021)].

것은 쉽지 않습니다. 그렇기에 성경이 그리스도의 더 거대한 이야기를 들려주는 것입니다. 자녀는 이 문제를 이해하고, 친구가 되어주며, 더 심층적인 마음의 문제를 다룰 수 있는 확고한 성경적 상담가에게 상담을 받아야 할 수 있습니다. 자녀가 이 방향으로 갈 수밖에 없었던 원인이 양육 방식에 있을 수도 있습니다. 부모는 겸손하게 이런 가능성까지 염두에 두어야 합니다.

자녀가 미디어와 문화에 큰 영향을 받고 있을 수도 있습니다. 지금 세상에는 트랜스젠더리즘(transgenderism)의 열풍이 불고 있습니다. 자신이 성적으로 미결정 상태라거나 트랜스젠더라고 선언하는 모든 십대가 실제로 더 심각한 이형장애를 겪고 있으리라 생각하지는 않습니다. 이 문제가 복잡한 이유는 성 정체성에 관해 소위 '지혜'를 전하는 이들, 심리치료사나 소아과 의사나 학교 상담사가 이런 풍조의 비합리적 과열 상태를 차단하지 않기 때문일 것입니다. 사실 이렇게 말하며 오히려 부추길 때도 있습니다. "자녀가 이런 감정을 느끼고 있다면, 그 감정이 진실하므로 아이가 그 정체성을 받아들이도록 도와야 합니다."

자녀가 성 정체성을 새롭게 확인하도록 격려하는 학교 상담사와 대화를 나눌 수도 있습니다. 미국의 몇몇 주에서는 자녀가 부모의 허락 없이 호르몬 치료를 받는 것을 허용하기도 합니다. 사춘기 차단제나 호르몬 치료는 생물학적으로 자녀의 성장과 발달에 위험을 끼칩니다. 이런 시술 중에는 훗날 다시 되돌릴 수 없는 것도 있습니다. 이런 일련의 시술을 받은 사람들 중 신체 전환 수술 후에도 혼란이 해결되지 않아 고통스러워하는 이도 많습니다.

이 문제는 매우 심각합니다. 지금 대체 무슨 일이 벌어지고 있는지 알아야 합니다. 십대 자녀의 인생이 어떤 영향을 받고 있는지 파악하고 있어야 합니다. 저 바깥 세상에는 재미있고 멋진 인플루언서가 많습니다. 아주 설득력 있는 근사한 커뮤니케이터도 많습니다. 그들은 부모인 당신보다 십대 자녀에게 더 막강한 영향력을 발휘할 수 있습니다. 더 이상 수동적으로 자녀를 양육해서는 안 됩니다. 이 게임에 직접 발을 담가야 합니다. 부모는 전문가가 되어 자녀가 올바른 정체성을 세우고 하나님이 창조하신 대로 자신의 몸을 바라보는 사고방식을 갖도록 영향력을 미쳐야 합니다.

동시에 인내하고 이해하며 너그러운 마음으로 이 문제를 다루어야 합니다. 이 시기는 십대에게 문화적으로 매우 어려운 때입니다. 그 어느 시기보다 혼란스러운 때입니다. 자녀에게 부모의 도움이 필요한 이유는 우리가 모두 정상이 아닌 세상에 살고 있기 때문입니다. 우리는 하나님의 계시에서 벗어나 있으므로, 그에 따른 비합리성을 다루어야 합니다.

질문 5 ── 십대 자녀가 도무지 허용할 수 없는 옷을 입기 시작했습니다. 어떤 날은 도무지 옷이라 할 수 없는 것을 걸치기도 합니다. 자녀가 외모를 꾸미거나 패션으로 자신을 표현하려고 할 때 어떻게 대처해야 할까요?

답 ── 십대 자녀들은 부모처럼 옷을 잘 갖추어 입지 않을 것입니다. 부모와 같은 관점으로 옷을 보지 않을 것입니다. 모든 사람은 옷으로 자신을 표현합니다. 십대라고 다르지 않습니다. 누군가는 "옷은 내게 아무 의미도 없어. 그러니 내가 어떻게 보일지 개의치 않아"라고 말할 수 있습니다. 하지만 옷이 자신을 표현한다는 점에서는 누구도 예외가 없습니다. 그런데 이 점에 대해 너무 경직된 자세를 취하지 않도록 주의해야 합니다. 도덕적으로 문제가 되지 않는다면, 바보처럼 보이든 평범함과 거리가 멀어 보이든 십대 자녀의 선택을 인정해주어야 할 때도 있습니다.

나의 아들들은 청소년기에 스케이트보드 타기가 취미였습니다. 당시 스케이트보드를 타는 사람들은 매우 헐렁한 바지를 입었습니다. 카키색 바지를 사러 아들과 함께 백화점에 갔을 때 나는 자연스럽게 청소년 남성복 코너로 갔습니다. 그런데 아들이 보이지 않았습니다. 아들은 남성 작업복 코너에서 허리가 50인치인 바지를 고르고 있었습니다. 헐렁하고 편안했기 때문이었습니다. 이 경우는 단순히 패션 문제일 뿐입니다. 아들은 어엿한 성인으로 잘 성장했습니다. 이제 더 이상 헐렁한 바지는 입지 않습니다! 일시적인 취향임을 알았기 때문에 당시 나는 굳이 별다른 말을 하지 않았습니다.

그러나 도덕적으로 위험한 옷, 악에 이끌리거나 악을 암시하는 옷을 입는 경우는 완전히 다릅니다. 이 경우는 품위와 단정함이 걸린 문제입니다. 이 시대 십대 소녀에게 품위와 단정함이란 매우 어려운 문제입니다. 몸을 가리는 것이 아니라 오히려 몸을 드러내도록 디자인된 옷이 많습니다. 젊은 여성이 몸을 가리는 옷을 입었다고 해도 옷이 디자인된 목적에 따라 몸매를 고스란히 드러낼 수도 있습니다. 이런 문제를 무시하기란 불가능합니다. 십대 딸이 스마트폰을 사용하고 소셜 미디어 활동을 한다면, 수많은 인플루언서가 쉼없이 과시하는 각종 상품과 패션에 무차별적으로 노출됩니다.

이제 인내하며 넉넉한 마음으로 단정함의 문제를 다루어야 합니다. 우리의 자녀는 보호가 필요한 동시에 인내하며 이해하는 은혜도 필요합니다. 과민하게 반응하면, 자녀가 대화의 문을 닫아버리거나 부모의 바람과 반대되는 일을 하고 싶은 반항심만 더 키울 수도 있습니다. 이 문제를 무시하고 자녀가 원하는 옷을 입도록 내버려두지는 않습니까? 그런 선택을 내려서는 안 됩니다. 자녀가 당신의 말을 전혀 받아들이지 않는다고 해도 자녀를 사랑하고 가장 좋은 것을 주고 싶은 부모의 마음을 의심하지 않도록 자녀와 대화해야 합니다.

질문 6 ── 십대 자녀가 자살 충동을 느끼고 자해하는 것을 알게 되었습니다. 아이가 이런 일을 얼마나 심각하게 생각하는 잘 모르겠고 믿기 어렵습니다. 어떻게 해야 하나요?

답 ─── 부모로서 맞닥뜨릴 수 있는 가장 두려운 일은 자녀가 더 이상 살고 싶지 않다고 암시하는 경우일 것입니다. 당신의 자녀가 사는 것보다 죽는 게 더 좋다고 생각하다니 얼마나 두렵고 슬픈 일입니까? 할 수 있는 한 분명하게 말하고 싶습니다. 십대 자녀의 자살 충동을 절대 부정하거나 가볍게 보아서는 안 됩니다. 좋은 부모와 좋은 가족이라도 십대 자녀를 자살로 잃을 수 있습니다. 항상 심각하게 받아들이고, 자녀에게 도움을 주어야 합니다.

이런 상황에 처한 십대를 돕기 위해서는 단순히 물리적인 자살 행위를 하지 못하도록 보호하는 것 이상을 해야 합니다. 자살이나 자해 충동을 느낀다는 것은 마음에 더 깊은 무력감이 있다는 반증이기 때문입니다. 절망감은 세상을 바라보는 한 방편이자 왜곡된 방편입니다. 성경은 하나님의 은혜가 미칠 수 없을 정도로 어둡고 깊은 심연은 없기 때문에 누구도 절망할 이유가 없다고 가르칩니다. 누구에게나 소망이 있습니다. 그러므로 우리는 이렇게 자문해야 합니다. "나의 아이가 인생을 어떻게 인식하기에 삶보다 죽음이 더 매력적으로 보이고, 세상에 아무 희망이 없다고 느끼는 것인가?"

자살이나 자해할 생각을 막연히 말하는 아이와 실행할 방법을 구체적으로 표현하는 아이는 차이가 있습니다. 이렇게 말하는 것은 이미 생각이 진전되어 구체적인 계획을 세웠다는 뜻이기 때문입니다. 어떤 경우가 되었든 아이를 도와야 합니다.

그리고 꼭 해야 할 일이 또 있습니다. 그 아이가 부정할 수 없고 절대 고갈되지 않는 그리스도의 사랑을 압도적으로 경험하게 하는 것입니다. 그 아이를 사랑하고 사랑하며 또 사랑하십시오. 사랑으로 아이를 채워주십시오. 사랑은 우주에서 가장 놀라운 변화의 원동력 중 하나라고 일말의 망설임도 없이 단언할 수 있습니다.

심각한 우울에 시달리며 자살 충동을 느끼는 한 미혼의 남성을 상담한 적이 있습니다. 그는 주 중에 잠을 자다가 그 어느 때보다 더 절망적이고 괴로운 마음으로 잠에서 깼습니다. 그는 마침내 이 삶을 끝낼 날이 왔다고 생각했습니다. 그는 근처 약국을 찾아가 면도칼을 사서 집으로 돌아와 욕조에 물을 채우고 자살하려고 했습니다. 그러나 자살을 결행하기 전에 어머니가 떠올랐고, 어머니가 자신을 얼마나 사랑하는지 생각이 났습니다. 그를 너무나 사랑하는 형도 생각이 났습니다. 나중에 그는 나에게 이렇게 말했습니다. "제가 자살했다면 저는 세상에 작별을 고했겠지만, 가족의 마음과 뇌리에 영원히 그 끔찍한 장면을 남겨두어야 했을 겁니다. 나를 그렇게 사랑하는 이들에게 차마 그런 짓은 할 수 없었습니다."

"그래서 그다음에는 어떻게 했습니까?"

그는 빙그레 웃더니 "목욕을 했습니다"라고 대답했습니다.

이 사람이 마음을 돌이킨 이유는 무엇이었습니까? 그 어떤 이유도 아닌 자신을 사랑하는 사람들 때문이었습니다. 그래서 계속 삶을 이어가기로 결심했습니다. 자녀가 희망을 잃은 것 때문에 거부감과 죄책감을 느끼게 해서는 안 됩니다. 아무리 희망이 없어도 한 가지 확실한 사실이 있음을 분명히 알려주십시오. 자녀가 깊이 사랑받고 있다는 것을, 부모뿐만 아니라 하나님께 절대적 사랑을 받고 있음을 알려주십시오. 사랑은 사람을 구하는 놀라운 힘이 있습니다.

질문 7 ── 십대 자녀가 불안과 우울에 시달리고 있습니다. 어떻게 도울 수 있을까요?

답 ── 나의 자녀 중 한 명이 십대였던 어느 날 내가 냉장고 문을 열고 무언가를 찾았던 적이 있습니다. 아이가 나를 제지하더니 "유통 기한이 지났어요"라고 말했습니다. 아이가 서 있는 방향에서는 유통 기한 라벨이 보이지 않는 것을 알았던 나는 "이건 어때?"라고 물었습니다. 아들은 "그건 다음 주까지예요"라고 대답했습니다. 냉장고에 있는 모든 물건의 유통 기한 날짜를 다 꿰고 있었던 것입니다!

　몇몇 사람이 특별히 불안 지수가 높다고 해도 별로 놀랍지 않습니다. 또 어떤 사람들이 쉽게 낙심한다고 해도 별로 놀랍지 않습니다. 이 암울하고 엉망인 세상에서, 성경의 표현을 빌리자면 신음하는 세상에서 모든 사람이 우울에 시달리고 불안에 휩싸여 있지 않다는 것은 하나님의 일반 은총 덕분입니다. 하나님이 존재하신다는 증거는 이 세상의 삶이 고달프고 고단해도 우리 대부분이 희망을 품고 있다는 것입니다.

　이 모든 것을 고려할 때 수많은 사람 중 하나인 십대가 불안해하거나 낙심한다고 해도 분명히 놀랄 일은 아닙니다. 이 시기가 인생 중 얼마나 힘든 시기입니까! 어린이도 아니고, 그렇다고 어른도 아닌 어중간한 시기를 지나는 중이니 말입니다. 십대는 세상에 완전히 적응하지도 못하고, 온갖 종류의 정체성과 관계상의 발달 과정을 통과하고 있는 독특한 시기입니다. 십대는 거울을 들여다보고 코 모양이 마음에 들지 않아 속상해하거나, 더 키가 컸으면 혹은 키가 조금만 작았으면 하고 고민할 수 있습니다. 십대 자녀가 실제로 고민하는 문제에 관심을 기울여서 불안해하고 낙담하는 징후를 보이지 않는지 유심히 살펴보아야 합니다.

생리적 상태와 무관한 우울은 가짜입니다. 이렇게 가짜로 우울한 것이라면, 그것은 사실이 아닌 것들을 믿고 있기 때문입니다. 한번은 너무나 끔찍한 한 주를 보냈다고 말하며 우울에 빠진 사람을 상담한 적이 있었습니다. 나는 이렇게 말했습니다. "당신은 매일 아침 검은 페인트 한 통과 큰 솔을 가지고 깨어난다는 걸 모르실 겁니다. 아침에 눈을 뜨면 제일 먼저 당신의 세계관을 완전히 시커먼 색으로 칠하고, 한 걸음 물러서서 '봐, 네 세상은 어둡고 캄캄하구나'라고 말하는 겁니다." 당신은 망가진 세상에서 살고 있습니까? 끔찍한 일이 매일 일어나고 있습니까? 누군가가 당신을 비난하고 있습니까? 그럴 것입니다. 그러나 인간은 직접 경험한 사실을 기반으로 세상을 바라보는 것이 아니라, 사실에 대한 각자의 해석을 기반으로 세상을 대합니다. 그러므로 당신의 십대 자녀는 스스로 인식하지 못하는 상태에서 염려하고 낙심하며, 그 불안과 낙심을 더 복잡하게 만들고 있습니다. 세상을 바라보는 방식이 그러하기 때문입니다.

자녀가 불안해하고 우울해하는 모습을 보인다면, 자녀의 세계관을 이해하고 왜 그렇게 인생을 바라보는지 알아보아야 합니다. 자녀가 흔들리지 않도록 다독이고, 성경을 기반으로 조언해줄 지혜로운 사람에게 도움을 구하는 것이 중요합니다. 우울을 극복하도록 함께해줄 사람이 필요합니다. (우울에 빠지지 않을 3단계 치료법을 가르쳐줄 사람을 말하는 것이 아닙니다. 자녀가 어둠을 안고 살아갈지라도, 그 인생을 복음의 소망과 용기와 기쁨으로 살아갈 수 있습니다.) 다시 한번 말하지만, 자녀의 인생에 하나님이 함께하시고 사랑을 부어주고 계심을 몸소 깨달을 수 있도록 도와주십시오. 불안하고 낙심해도 결코 혼자가 아님을 잊지 않게 해주고, 어떤 경우에도 판단하거나 정죄하지 않도록 해야 합니다.

우울에 시달리며 경미하게 조현병 증세를 보이는 사람과 상담을 하고 있었습니다. 그는 상담실에 가만히 앉아 있지를 못했습니다. 그는 매일 아침, 가까운 대형 마트 안을 돌아다녔습니다. 마트를 방문한 사람들은 저마다 용무로 바빠서 자신에게 아무 관심을 두지 않는다고 생각하고 그곳에서는 안전하다고 느꼈습니다. 나는 상담실에서 그를 상담하는 대신 마트에서 그와 만나 함께 걸어다니기 시작했습니다. 우리는 매일 대형 마트 주변을 몇 번씩 걸었습니다.

마침내 그가 나에게 이렇게 말했습니다. "폴, 나하고 이렇게 걸어다니는 게 어색하지 않습니까?"

"네, 그런 감은 조금 있지요. 하지만 난 당신을 사랑합니다. 그 정도는 얼마든지 감수할 수 있습니다"라고 대답했습니다.

"당신이 나와 대화하기 위해서는 마트 안을 걸어 다니는 방법 외에

도리가 없다는 건 뭔가 바보 같다는 생각이 듭니다. 이제 상담실에서 만나도 괜찮을 것 같아요."

　　사랑의 힘이 바로 이런 것입니다. 이 사람은 내가 그를 너무나 사랑한다는 것을 깨달아서 그의 마음속 어둠을 나눌 용기가 생겼습니다. 그리고 그것은 그의 인생에 시작된 놀라운 변화의 첫걸음이었습니다. 십대 자녀의 인생을 이렇게 사랑으로 동행하는 동반자가 되어주십시오.

질문 8 ── 십대 자녀가 마약과 알콜에 손을 대고 있습니다. 자기 인생을 망치고 혹시 범법자가 되지 않을지 두렵습니다. 어떻게 해야 하나요?

답 ── 십대 자녀가 마약이나 알콜 문제가 있다면 즉시 거기서 벗어나도록 조치를 취해야 합니다. 십대는 생리적으로 성숙하는 과정에 있고, 두뇌 발달과 인지 발달도 진행 중에 있습니다. 이런 중요한 시기에 약물로 인생을 망쳐서는 안 됩니다. 그렇다고 성인은 마약을 해도 된다는 말이 아닙니다. 다만 많은 연구 기관에서 지속적인 마약과 알콜 남용이 특히 십대에게 치명적인 영향을 미친다는 연구 결과를 발표하고 있습니다. 나와 아내가 소중히 여기는 한 지인은 실제적인 의미에서 성인기를 여전히 십대로 살고 있습니다. 성장기인 사춘기 내내 마약에 절어 살았기 때문입니다.

이런 성장 과정은 단순히 생리학적인 부분에 국한되지 않습니다. 우리는 모두 어리석은 결정을 내리기 쉬운 성장기를 거칩니다. 십대 시절뿐 아니라 이십대 초반도 그에 해당합니다. 우리는 불편하고 어색한 일을 경험하면서 배우고 성장합니다. 이 시기에 십대 자녀가 약물을 지속적으로 복용하여 신체적, 정서적, 관계적으로 망가진다면 책임감 있는 성인으로 자라도록 준비하는 과도기에서 겪는 모든 어려움이 아무 도움이 되지 않을 것입니다.

이 문제는 매우 중요합니다. 사랑의 경계 안에서 자녀를 자기 자신에게서 보호하기 위해 필요한 일을 해야 합니다. 자녀에게 인기 없는 부모가 될 각오를 해야 합니다. 성경적으로 자녀를 양육하는 동시에 자녀가 부모를 멋지고 근사한 친구라고 생각하기를 바랄 수는 없습니다. 십대 자녀는 부모의 지혜와 보호와 울타리가 필요하지만, 사랑의 지혜와 교훈에 반항하기 쉽습니다. 부모의 간섭이나 제재를 좋아하지 않습니다. 하지만 부모는 반드시 이 문제에 개입해서 제재해야 합니다. 이런 유해한 물질들이 자녀의 생리적이고 기질적인 발달을 방해하면, 자녀는 하나님이 계획하신 대로 성장하지 못할 것입니다. 그러므로 단호하고 일관되게 행동하십시오. 포기해서는 안 됩니다. 십대 자녀가 부모의 개입을 고마워하든 싫어하든 부모로서 당연히 할 일을 해야 합니다.

질문 9 ── 아이가 나쁜 또래 집단과 어울리고 그들에게 악한 영향을 받고 있어서 걱정됩니다. 어떻게 하면 좋을까요? 십대 아이가 특정 친구들과 어울리는 걸 막아야 할까요?

답 ── 잠언에서 아버지의 교훈에 대한 말씀을 읽을 때, 함께 어울리는 부류가 얼마나 큰 영향을 끼치는지 수없이 반복해 강조하는 내용을 보았을 것입니다. 우리는 함께 어울리는 사람들의 영향을 받습니다.

잠언이 이것을 왜 그렇게 강조하는 것일까요? 청소년은 친구들을 선택할 때 지혜롭지 않을 가능성이 크기 때문입니다. 당신은 어땠을지 모르겠지만 내가 십대일 때 '이 친구들과 어울리면 도덕적으로 어떤 영향을 받을까요?'라고 부모님에게 물었던 기억이 전혀 없습니다. 분명히 당신도 같았으리라 생각합니다. 어렸을 때 우리는 근사해 보이는 친구들 무리에 속하고 싶어 했습니다. 그 모임의 일원이 될 수만 있다면 무엇이든 할 마음이 있었습니다. 어릴 때부터 배웠던 도덕에 어긋나고 경고 신호를 무시해야 하더라도 말입니다. 십대 시절을 되돌아보며 이렇게 말했던 30, 40대 사람들을 상담한 적이 있습니다. "그들과 관계를 끊었다면 좋았을 것이라고 후회할 때가 많습니다. 그들에게 인정받으려고 여러 나쁜 결정을 내렸는데 지금도 그 후유증으로 고통스럽습니다."

당신도 십대 자녀와 이런 대화를 해야 합니다. 자녀가 어떤 친구들과 어울리는지 관심을 갖고 지켜보아야 합니다. 물론 너무 공격적이거나 비난의 말투로 대화하여 십대 자녀가 오히려 자신을 숨기게 해서는 안 됩니다. 이런 식으로 대화하면 신뢰 관계가 깨지고, 자녀가 나쁜 부류의 친구들과 어울려도 당신은 전혀 모를 것입니다. 겸손한 마음으로 오래 참으며 따뜻하고 이해하는 마음으로 대화해야 합니다.

십대 자녀가 이런 대화에 부정적으로 반응하면서 현명하고 지혜로운 선택을 내리지 않는다면, 자녀를 자기 자신에게서 보호하는 것이 꼭 필요하고 적절합니다. 부모는 이렇게 말해야 합니다. "이렇게 계속 엇나가도록 손 놓고 볼 수는 없구나. 너의 귀와 마음을 좌지우지하는 친구들의 영향력이 얼마나 중요한지 얕잡아 보아서는 안 돼. 친구들은 도덕적으로 엄청난 영향을 미치거든." 십대 자녀가 좋아하지 않아도 꼭 개입해야 하는 부분 중 하나가 바로 친구 관계입니다. 자녀가 당신에게 감사하지 않고 심지어 반항하더라도 감수해야 합니다. 십대 자녀가 당신이 부모라는 사실을 좋아해주는 것을 매일의 목표로 삼아서는 안 됩니다. 그럴 경우 이와 같은 문제들을 타협하게 될 것입니다.

잘 알 것이라고 생각하지만, 이 말을 꼭 해야겠습니다. 친구들과 또래의 영향은 단순히 직접 만날 때뿐 아니라 디지털 기기를 통해서도 전달됩니다. 십대 자녀가 실제로 어떤 사람들과 만나고 어울리는지보다 온라인상에서 어떤 영향을 받고 있는지에 더 관심을 가져야 할지도 모릅니다. 단순히 개인적 관계에만 관심을 갖지 마십시오. 한쪽에서 벌어지는 싸움은 이기고 있는데, 정작 다른 싸움에서는 지고 있을 수 있기 때문입니다. 두 영역에 모두 관심을 갖고 살펴보십시오.

질문 10 ── 아이가 학업에 별로 흥미가 없습니다. 혹은 학업과 관련된 어떤 일에도 관심이 없습니다. 어떻게 게으른 십대 자녀에게 동기를 불러일으킬 수 있을까요?

답 ─── 부모로서 자녀의 장래와 자녀가 남길 유산에 관심을 기울이는 것은 당연합니다. 십대 자녀가 게으르다고 생각한다면 언젠가 집에서 독립해야 하는 자녀의 과도기가 걱정스러울 것입니다. '어떻게 먹고 살려고 하는 거지? 대학에 진학할 수는 있을까? 어디서 직장 생활을 할 수 있을까? 직장 생활을 하지 않는다면 벌어먹고 살 방법은 있는 걸까?' 자녀의 장래를 걱정하며 걷잡을 수 없는 불안에 휩싸일 수도 있습니다. 사랑이 그 밑바탕에 깔려 있겠지만, 앞으로 있을 일에 대한 두려움에 내몰려 자녀에게 반응해서는 안 됩니다. 두려움은 자녀에게 과잉 반응을 하게 하고, 해서는 안 될 말을 하거나, 하지 말아야 할 행동을 하게 할 수 있습니다. 또한 십대 자녀가 부모의 조언과 지혜를 듣지 않는 역효과가 날 수도 있습니다.

걱정스러운 일, 특히 자녀의 학업을 대하는 태도와 성실함이 걱정스러울 때 부모는 오직 주님에 대한 믿음으로 반응해야 합니다. 이런 믿음이 있으면 부모로서 나는 십대 자녀의 마음을 변화시킬 능력이 전혀 없는 사람이라는 겸손함을 갖게 됩니다. 부모로서 우리는 능력의 한계가 있음을 정직하게 인정해야 합니다. 인격적인 감화를 통해서든 논리적 설득이나 처벌의 위협을 통해서든 부모가 자녀의 마음을 변화시킬 능력이 있다면, 인간의 능력으로 변화가 일어날 수 있으니 예수님은 이 땅에 오실 필요가 없으셨을 것입니다. 그러나 성경은 마음의 근본적이고 지속적인 변화는 항상 하나님 은혜의 역사라고 가르칩니다. 그러므로 부모가 해야 할 질문은 "십대 자녀가 게으르지 않도록 내가 무엇을 해야 하나요?"가 아니라 "내가 어떻게 게으른 십대 자녀의 인생에 하나님 은혜의 도구가 될 수 있을까요?"입니다.

하나님 은혜의 도구가 되기 위한 최선의 방법은 투명한 것입니다. 당신 역시 쉽게 게을러진다는 것을 자녀에게 알려주기 바랍니다. 힘든 일은 하고 싶지 않고, 꼭 해야 하는 일을 미루기도 합니다. 이런 고백을 들은 자녀는 부모에게 마음을 엽니다. "그런 행동을 하다니 나는 생각도 할 수 없는 행동이야. 내가 네 나이일 때는 너처럼 빈둥거리는 건 상상도 할 수 없었어!"라고 말하는 것과 얼마나 다른 태도입니까? 자녀를 비난하는 것은 마음의 문을 닫게 할 뿐입니다. 부모의 모습을 진실하게 보여주십시오. 자녀에게 낮은 자세로 다가가십시오.

부모의 힘으로 자녀의 마음을 변화시킬 수는 없지만, 하나님 손의 도구가 되도록 자신을 내어드릴 수는 있습니다. 자녀에게 공부나 일을 대하는 놀라운 지혜를 보여주고자 노력하십시오. 자신의 한계를 받아들이고, 하나님이 십대 자녀의 인생에 구원과 변화의 도구로 사용해주시도록 기도하십시오.

질문 11 ─ 십대 자녀가 가족이나 여동생과 함께 시간을 보내려고 하지 않습니다. 억지로라도 가족과 함께 시간을 보내도록 해야 할까요?

답 ─── 십대였던 아들이 처음으로 나에게 스케이팅 파티에서 자신을 데리려 와달라고 부탁했던 때가 기억납니다. 아들은 "그냥 차 안에서 기다리고 계세요. 들어오지 마시고요"라고 말했습니다. 나는 "세상에, 십대가 되니 나와는 별로 어울리고 싶지 않은 모양이구나. 친구들에게 '얘들아, 우리 부모님이셔'라고 소개하고 싶지 않은거야"라는 생각이 들었습니다. 아들의 말에 상처를 받고 되받아치고 싶은 마음이 굴뚝같았습니다. '내가 누군지 몰라? 네 기저귀를 누가 갈아주었는지 알아? 아파서 토하면 누가 치웠는지 알긴 하니? 네 입으로 들어가는 음식은 누가 돈을 내서 요리하는지 알아? 그런데 어떻게 나와 시간을 보내고 싶지 않을 수 있니? 내가 아니었으면 넌 십대가 되도록 살아남지도 못했을 거야. 대체 뭐가 문제야?'

이런 반응은 십대 자녀가 듣도록 큰 소리로 하든, 마음속으로 혼자 투덜거리든 결코 건강하거나 유익하지 않습니다. 자녀에게 화를 내고 쏘아붙이는 식으로 대하게 되기 때문입니다. 자녀에게 상처를 받았다고 비난하거나 화를 낸다면, 부모의 상처가 치유되지도 않고 자녀에게 상처만 입힐 뿐입니다. 복음이란 이런 것입니다. 부모가 되는 것은 그분의 고난에 동참하도록 하나님의 부르심을 받는 것을 뜻합니다. 예수님은 멸시받고 거절당하셨습니다. 지상에서 일생 매일 슬픔을 겪으셨습니다. 십대 자녀가 인정해주거나 떠받들어주길 원한다면 자녀에게 끊임없이 화를 내고 속이 상할 것입니다. 이렇게 화가 나서 반응하면 자녀는 더욱 마음을 닫을 것입니다.

생각해볼 점이 있습니다. 강압적 요구로는 절대 사랑의 관계를 만들 수 없다는 것입니다. 우리를 하나님께로 이끄는 것은 하나님의 선하심, 즉 그분의 온유하심과 오래 참으심과 인자하심과 용서하심입니다. 우리에게 자격이 없을지라도 그분은 기꺼이 우리와 화목하고자 하십니다. 부모는 십대 자녀에게 이 사랑의 모델이 되어야 합니다. 자녀를 사랑으로 대하며 따뜻하고 친절하십시오. 자녀를 보고 웃으며, 잘못한 것은 솔직히 인정하고, 자녀가 잘못했을 때 끝까지 오래 참는 법을 배우십시오.

부모의 인내를 생각하면 하나님이 느부갓네살 왕에게 장차 임할 파국을 경고하신 순간이 생각납니다. 1년 후에도 하나님은 여전히 기다리시며 그에게 회개할 기회를 주시는 것을 보면 감탄할 뿐입니다. 자녀에게 "지금 바로 가서 네 방 청소 좀 해. 열두 달 말미를 줄게"라고 말하는 것을 상상할 수 있겠습니까? 자녀를 대할 때 이렇게 관대하라고 말하는 것이 아닙니다. 이 이야기는 하늘의 우리 아버지의 오래 참으심과 비교하면 부모로서 우리가 얼마나 인내심이 없는지 보여줍니다.

화를 내거나 잘못을 지적하는 대신 인내하며 이해하는 마음으로 '십대 아이가 왜 우리와 함께 있고 싶지 않은 걸까?'라고 자문해보아야 합니다. 이런 질문은 두 가지 방향 중 하나로 표현될 수 있습니다. (1) 우리와 함께 있는 것이 더 이상 편하지 않다니 마음에 무슨 문제가 있나? 그러면 그 마음의 문제들을 다루고 싶을 수 있습니다. 아니면 마음을 단단히 준비하고 이렇게 물어야 할 것입니다. (2) 아이가 우리와 시간을 보내고 싶지 않다니 부모로서 우리에게 무슨 문제가 있을까?

화를 내고 자기가 옳다고 우기며 규범을 앞세우는 부모를 둔 십대 아이들과 상담한 적이 무수히 많습니다. 그들과 앉아 대화를 나누며 '내가 이 아이였더라도 그 집에 있고 싶지 않았을 것 같다'는 생각이 저절로 들었습니다. 자신의 마음과 행동을 기꺼이 되돌아보고 '우리 안에 십대 자녀의 마음을 닫게 하는 태도는 없을까?'라고 자문할 정도로 자신을 낮추고 있습니까?

십대 자녀가 가족과 함께 있기 싫다고 생각할 만한 불쾌한 일이 항상 있을 것입니다. 그것은 성장 과정의 일부입니다. 하나님은 십대 자녀의 인생에 그들의 마음을 다루도록 부모인 당신을 두셨습니다. 바로 자녀를 양육하기 위해서입니다! 그런데 자녀의 마음을 다루든 부모의 마음을 다루든 모든 상황은 겸손하며 인내하는 가운데 넉넉히 이해하고 스스로의 한계를 인정하며 자녀에게 다가갈 기회가 될 수 있습니다. 먼저 자녀의 마음을 이해하고 읽어주지도 않으면서 억지로 가족과 함께하도록 강요한다면, 절대 이 문제는 해결되지 않습니다.

질문 12 — 우리 아이들은 하나님의 일에 아무 관심이 없습니다. 교회나 청소년부나 가정 예배처럼 가족과 함께 교회를 가거나 예배를 드리는 데 참석하려고 하지 않습니다. 어떻게 하면 좋을까요?

답 —— 십대 시절의 특징적인 측면 중 하나는 영적 거부 혹은 영적 내면화 과정입니다. 자녀가 가정에서 독립하여 책임 있는 성인이 될 때, 기독교 가정에서 자라며 아기 때부터 배운 모든 성경적 지혜를 내면화 하든지 아니면 하나님의 지혜에서 조금씩 멀어지게 될 것입니다. 이런 일이 한 번에 일어나지 않고 진퇴를 반복하겠지만, 이 과정은 매우 중요 합니다.

내면화와 거부는 모두 사랑에 뿌리를 두고 있습니다. 십대 자녀가 하나님을 사랑해서 그의 말씀과 명령을 따르며 헌신할 수도 있고, 자녀 의 마음에 세상을 사랑하는 마음이 싹트기 시작해서 어릴 때부터 배웠 던 기독교적 가치를 멀리할 수도 있습니다. 이것은 중요한 영적 전쟁입 니다. 둘 중 어느 사랑이 십대 자녀의 마음을 지배하여 인생의 방향을 어디로 끌고 갈지를 두고 벌이는 전쟁입니다.

이때는 자녀의 인생에서 매우 중대한 순간입니다. 십대 자녀가 인 생에서 특정 방향으로 나아갈 때 부모인 당신은 흥분할 수도 있고 두려 워할 수도 있습니다. 그 과정에 개입하며 동참하기를 원할 것입니다. 그 러나 자녀는 언제나 하나님의 손에 달려 있습니다. 부모는 어떤 경우에 도 자녀의 마음속에 하나님에 대한 사랑을 말 그대로 생겨나게 할 수 없 습니다. 이 말은 우리를 두렵게 합니다. 하나님을 사랑하는 부모라면 자 신의 자녀 역시 하나님을 사랑하기를 간절히 바랄 것이기 때문입니다.

우리는 모두 자녀가 하나님의 말씀 안에서 기쁨을 누리기를 원합니다. 하나님의 사람들을 사랑하고 하나님의 뜻대로 살기를 원합니다. 그러나 우리에게는 그 사랑을 창조할 능력이 없습니다. 통제하기를 포기하고 주님께 자녀를 의탁하는 것이 훌륭한 복음적 자녀 양육의 열쇠입니다.

물론 자녀가 하나님의 말씀을 내면화하고 하나님을 거부하는 길로 가지 않도록 도울 도구와 방법은 있습니다. 하나님이 우리에게 요청하시는 일 중 하나는 그분의 대사가 되어 자녀의 인생에서 그분을 대변하는 것입니다. 다시 말해 하나님의 방법과 말씀과 성품을 대변해야 합니다. 하나님이 사람들의 마음을 돌이키고자 하실 때 주로 말씀을 사용하여 역사하십니다. 그러므로 가정 예배를 드리고 자녀에게 참석하도록 요청하는 방법은 유익합니다. 개인적인 경험을 소개하면, 나의 아버지는 매일 아침 우리에게 성경을 읽어주셨습니다. 성경을 가르치시는 것이 아니라 단순히 창세기부터 요한계시록까지 쭉 읽고 다시 창세기로 돌아가 처음부터 읽는 방식이었습니다.

이런 식의 성경 읽기가 내게 미친 영향력을 다 알지는 못합니다. 하지만 내가 고등학생 때 겪었던 일을 나눠보겠습니다. 나는 연말 파티에 초대를 받았습니다. 알고 보니 마약과 술과 섹스로 질펀하게 노는 파티였습니다. 파티 장소에 도착한 나는 세상의 일이나 세속적 욕망에 대해 전혀 흥미가 생기지 않았습니다. 오히려 하나님을 향한 강력한 두려움이 일어났고, 하나님의 말씀을 떠올렸습니다. 그 파티 장소까지 다른 친구의 차를 얻어 타고 왔기 때문에 나는 그 집에서 도망치듯이 나와 약 8킬로미터를 걸어 집으로 돌아왔습니다. 나는 집으로 가는 동안 학교에서 놀림당할 것이라는 낭패감을 느끼지 않았습니다. 오히려 감사하면서 집까지 걸어왔습니다. 매일 드린 가정 예배와 아버지가 자녀들에게 읽어주신 성경 말씀 덕분에 주님을 두려워하는 마음이 생긴 것이라고 여전히 확신합니다.

부모들이여, 통제를 포기하고 자녀를 주님께 의탁하기를 바랍니다. 자녀의 마음에서 하나님의 말씀이 발휘할 능력을 과소평가해서는 안 됩니다. 당신은 절대 할 수 없는 일을 말씀은 능히 할 수 있습니다. 매일 그 시간이 즐겁지는 않았지만, 이른 아침의 가정 예배와 창세기부터 요한계시록까지 읽고 또 읽어주신 아버지께 오늘까지 감사드리고 있습니다. 나는 오직 하나님 말씀을 읽고 생긴 주님을 두려워하는 마음 때문에 인생의 중요한 고비마다 위기에서 벗어나 다시 방향을 틀 수 있었습니다. 부모라고 해서 주님을 두려워하는 마음을 강요하거나 주입할 수는 없습니다. 하나님을 사랑하도록 요구하거나 그 마음을 만들어낼 수 없습니다. 그러나 하나님의 말씀과 그 능력이라는 빛을 자녀에게 비춰줌으로써 그 마음속에 우리는 만들어낼 수 없는 것을 하나님이 창조하시게 할 수는 있습니다.

질문 13 ── 이제 나보다 덩치가 큰 십대 자녀를 어떻게 훈육하면 좋을까요? 예전의 훈육 방식이 더 이상 효과가 없을 때 어떻게 해야 하나요?

답 ──── 지금 나보다 키가 큰 두 아들이 십대일 때 집에서 독립할 준비를 하고 있던 때가 생각납니다. 갑자기 '내가 원치 않는 곳으로 가려고 하고, 나의 권위를 무시하기로 결정하면 어떻게 하지? 나는 어떤 선택을 할 수 있을까?'라는 생각이 들었습니다. 아들들과 주먹다짐을 한다거나 물리적으로 제압할 수는 없었을 것입니다. 감사하게도 하나님의 은혜로 아들들은 권위에 복종하고자 하는 마음의 준비가 되어 있었고, 나는 마지막 당부를 하고 아이들은 집에서 독립했습니다.

시간을 되돌릴 수는 없습니다. 하지만 이 질문에 대답하기 위해 조금 과거로 거슬러 올라가고 싶습니다. 자녀가 어릴 때 권위에 대한 싸움을 하는 것은 매우 중요합니다. 자녀가 어릴 때는 사소해 보이는 순간이라도 권위를 행사하고 훈계하는 것이 매우 중요합니다. 자녀가 편식을 못하게 하는 것이든 취침 시간을 엄수하고 마음대로 밤을 새우지 못하게 하는 것이든, 하나님은 부모를 사용하셔서 자녀의 마음을 형성하는 작업을 하고 계십니다. 하나님은 부모를 사용하셔서 자녀가 권위를 무시하지 않고 그 가치를 알고 복종하는 사람으로 자라게 하십니다.

권위는 하나님이 주신 선물입니다. 권위의 대사로서 당신은 하나님이 주신 권위를 아름다운 방향으로 사용해야 합니다. 생일 선물을 줄 때 선물을 휴지에 싸서 주지는 않습니다. 예쁜 리본을 두르고, 상대의 이름을 적은 라벨을 붙여 고운 포장지에 포장해서 줍니다. 권위를 행사할 때 고함을 지르고 소리치거나 욕을 하고 몸을 밀치거나 끌어당긴다면, 추하게 권위를 휘두르는 것입니다. 권위를 엉망으로 행사하면 자녀의 마음은 권위에 부정적인 마음을 품고 반항하게 됩니다. 권위를 행사할 때는 인내하고 친절하며 사랑으로 행하되 타협하지 않고 단호해야 합니다. 자녀가 어릴 때 이렇게 권위를 행사하면, 십대가 된 자녀와 동일한 종류의 권위 싸움을 할 필요가 없을 것입니다.

지금은 시기가 늦었을 수도 있습니다. 시간은 되돌릴 수 없고, 열일곱 살 자녀를 다섯 살처럼 대할 수도 없습니다. 그러나 자녀의 마음에 여전히 남아 있는 반항심을 확인하고 해결할 방법은 있습니다. 반항심이 신뢰와 자유의 기회로 연결되게 하는 것입니다. 아이가 자랄수록 훈육의 한 형태로 신뢰의 관계를 구축해가야 합니다. 십대 자녀와 신뢰 관계를 쌓도록 노력하십시오.

신뢰는 자녀가 원하는 자유의 출발입니다. 자녀에게 가정 밖에서 더 많은 자유를 주고, 원하는 것을 하게 해주려면 자녀와 신뢰 관계가 형성되어 있어야 합니다. 반항은 그 신뢰를 무너뜨립니다. 자녀에게 이렇게 말할 수 있습니다. "네가 믿을 만한 사람임을 증명하지 않으면 마음대로 할 자유를 주기가 힘들어. 우리는 너의 말을 신뢰하고 더 많은 선택의 기회를 주고 싶어. 억지를 부리지 않고, 순종하며, 우리와 협조하고, 권위를 존중하며, 복종하는 자발성을 보여주면 그런 자유를 줄 수 있어. 이렇게 할 수 없다면 네가 원하는 자유를 줄 수 없어. 우리 차를 네게 맡길 수도 없고, 친구 집에서 자고 오는 것도 허락할 수 없어. 너를 믿을 수 없으니까. 나이가 들수록 더 많은 자유를 누리고 싶다면, 우리가 너를 신뢰하게 해줘야 해."

그러나 나라면 여기서 한 걸음 더 나아갈 것입니다. "반항하는 이유가 무엇인지 궁금하구나. 왜 그렇게 권위에 부정적으로 반응하니?" 당신 역시 마음에 어리석음과 반항심이 있음을 주저 없이 솔직히 말해야 합니다. 당신은 십대 자녀와 하등 다를 바 없는 존재입니다. 구원의 필요성을 인정하고, 십대 자녀 역시 그 구원을 요청하도록 격려하기 바랍니다. 부모의 말을 듣지 않으려 해도, 부모의 말을 무시한다 해도, 포기하지 말고 그 말을 해주어야 합니다. 성령의 바람이 언제 자녀의 마음을 움직여주실지 우리는 모릅니다.

질문 14 ── 고등학교 졸업 후 자녀의 독립을 준비하면서 목표로 삼아야 할 것은 무엇일까요? 대학을 선택하고, 진로를 결정하며, 직장 생활을 하고, 군대에 가는 등의 여러 선택에 대해 부모가 어느 정도 개입해야 할까요? 자녀가 스스로 이런 결정을 내리도록 두어야 할까요? 아니면 어느 정도는 개입해야 할까요?

답 ── 먼저 목표로 삼아야 하는 것은 자녀가 하나님을 바라보도록 하는 것입니다. 이보다 더 중요한 일이 어디 있겠습니까? 하지만 부모의 힘으로는 자녀가 하나님을 사랑하는 마음을 갖도록 할 수 없습니다. 이 일은 오직 하나님만이 하실 수 있습니다. 그러나 하나님에 대해 이야기하고 그분의 말씀을 삶에 적용하도록 도울 기회는 있습니다. 십대 자녀는 하나님과 관계를 누리도록 창조되었고, 하나님을 섬기고 하나님을 사랑하도록 만들어진 존재입니다. 십대 자녀에 대해 세속적인 목표를 세운다고 잘못된 것은 아닙니다. 하지만 살아 계신 하나님과 맺는 영원한 관계가 가장 중요합니다.

그다음으로 자기 인식, 관계, 소유, 장기적인 관점의 사고력을 중요하게 생각할 수 있습니다. 당신의 자녀는 자신의 강점과 약점을 잘 알고, 죄에 대한 취약성과 어리석고 반항하는 마음을 자각하고 있습니까? 이런 문제들을 놓고 대화를 나누어야 합니다. 정죄하거나 화를 내는 것이 아니라, 열린 마음으로 연약함도 함께 이야기해야 합니다. 당신의 십대 자녀는 마음이 따뜻하고, 사람을 사랑할 줄 알며, 너그럽고 상대를 배려하는 사람입니까? 늘 사람들의 시선을 독차지하려고 합니까? 아니면 '먼저 된 자가 나중 되고 나중 된 자가 먼저 되는'(마 20:16) 진리의 아름다움을 알고 있습니까? 사람들을 이용합니까? 아니면 "형제 중에 지극히 작은 자"(마 25:40)를 섬기는 사람입니까? 비열하게 굴고 걸

핏하면 화를 내고 이죽거립니까? 아니면 성령의 열매가 그 삶에서 보입니까? 가는 곳마다 분란을 일으킵니까? 아니면 화평하게 하는 사람입니까? 최신 유행을 쫓으며 세상의 부를 쫓지는 않습니까? 자족할 줄 알고 감사하며 살아갑니까? 가진 것을 잘 관리합니까? 그동안 얻은 것을 잘 관리하는 선한 청지기가 된다는 것이 무엇인지 알고 있습니까? 마지막으로, 장기적인 관점으로 사고할 수 있습니까? 아니면 순간만을 위해 살고 있습니까? 즉각적인 쾌락에만 관심이 있습니까? 아니면 오늘의 결정이 미래에 어떤 영향을 미치는지 생각하며 결정을 내립니까?

자기 인식, 관계, 소유, 장기적 관점의 사고, 이 모든 것은 마음에서 나타나는 특징이며 십대 자녀가 매일 내리는 거의 모든 결정에 영향을 끼치는 요인입니다. 이런 부분에서 긍정적으로 발전하고 있다면, 자녀가 현명한 결정을 내릴 기초가 되어 있는 것이므로 자녀에게 결정권을 양도해도 무방하리라 생각합니다. 이런 자질들이 보이지 않는다면, 자녀의 결정을 점검하고, 생각한 것보다 더 자유를 제한해야 할지 모릅니다. 그들의 마음은 올바른 인생길을 걸어갈 수 있는 결정을 홀로 내릴 준비가 아직 안 되어 있기 때문입니다.

항상 자신에게 이런 질문을 던지십시오. '자녀의 마음은 어떤 상태인가? 장기적인 안목으로 현명한 결정을 내리기 위해 어떤 자질과 능력을 갖추어야 하는가?'